"非指示性"语文教育实习研究

郑逸农　著

ZHEJIANG UNIVERSITY PRESS
浙江大学出版社
·杭州·

图书在版编目（CIP）数据

"非指示性"语文教育实习研究 / 郑逸农著. —杭
州：浙江大学出版社，2022.9
ISBN 978-7-308-22870-1

Ⅰ. ①非… Ⅱ. ①郑… Ⅲ. ①语文课－教育实习－中
小学 Ⅳ. ①G633.302

中国版本图书馆 CIP 数据核字（2022）第 133680 号

"非指示性"语文教育实习研究

郑逸农　著

责任编辑	杜希武
封面设计	刘依群
责任校对	石国华
出版发行	浙江大学出版社
	（杭州市天目山路 148 号　邮政编码 310007）
	（网址：http://www.zjupress.com）
排　　版	杭州好友排版工作室
印　　刷	广东虎彩云印刷有限公司绍兴分公司
开　　本	787mm×1092mm　1/16
印　　张	19.25
字　　数	480 千
版 印 次	2022 年 9 月第 1 版　2022 年 9 月第 1 次印刷
书　　号	ISBN 978-7-308-22870-1
定　　价	69.00 元

浙江师范大学出版基金资助

Publishing Foundation of Zhejiang Normal University

内容提要

本书为"非指示性"语文教育系列研究成果之一,对"非指示性"语文教育实习做了较为系统的理论构建和实践探索。力图改变语文教育实习中容易出现的起点不高、入职后乏力的问题,提高语文教育实习的品质,并提供具有推广价值的"非指示性"教育实习样本。

"非指示性"教育是对以教师为中心的"指示性"教育的反拨,突出学生的自主成长;也是对以学生为中心的"非指导性"教育的反拨,重视教师的科学引导。它以"把人当人"为前提,以"自主成长"为目的,以"科学引导"为保障,以"自主实践"为途径。

本书研究如何通过科学引导和自主实践,让实习生自主成长,也让实习对象中小学生自主成长。其中的科学引导既指高校实习带队指导教师(包括中小学指导教师)对实习生的科学引导,也指实习生对中小学生的科学引导;自主实践既指实习生的自主实践,也指实习对象中小学生的自主实践。

本书基于作者对"非指示性"教育二十多年的研究和对教育实习带队指导十多年的探索,体现了对"非指示性"语文教育实习的理性思考和感性积累。

全书按照教育实习的时间顺序编写,以实习的"准备篇"和"实施篇"依次编排,学段涵盖小学、初中和高中,适合师范生、青年教师及研究人员等阅读,能带来理念上的启发和实践上的启示。

序：语文新教师的引路人

胡德方　　徐卫东

　　我校永康中学是浙江师范大学第一所签约制的附属学校。郑逸农教授作为浙师大第一位"外派校长"经常来我校指导，并把每年师范生的实习安排于此。从 2010 年到 2021 年，他带过来在永康中学实习的师范生已有 237 人。

　　弹指一挥间。郑逸农教授又一科研成果《"非指示性"语文教育实习研究》即将付梓之际，邀请我们为此书写序。我们两人仅为普通中学教师，但仔细一想也合乎情理，毕竟我们是这项研究成果形成过程的见证者！见证了他忘我工作的态度和对工作一丝不苟的精神，见证了他对实习生的严格要求和实习生的茁壮成长，见证了他反复实践日臻完善的一整套语文教育实习方略，幸甚至哉！掩卷之余，我们觉得此书与众不同，特色多多，不仅仅对实习生指导有方效果显著，更能引领语文新教师少走弯路事半功倍。

　　其一，夯实功底。师范生在大学期间的专业课程学习与教育实习中所积淀的功底和素养，决定了他们职业生涯的起始水平。但在参与语文教师面试招聘的学生乃至许多新入职的语文教师中，都不同程度存在专业功底不扎实的问题，比如教案设计照搬他人，课堂教学照本宣科，教学语言啰嗦冗长，板书设计随意潦草，教姿教态端庄不足等。郑教授以其客观、敏锐的目光发现这些问题产生的根源之一便是教育实习的不专业，对此他力图运用"非指示性"教育理念进行改革。从暑假两个月的准备期，到驻校两三个月的实施期，在历时五个月的集中学习中，实习生从写字、打字、朗读、说话、教案、课件等基础性训练，到课堂实施、课堂观察、作业自纠、教育调查等提升性训练，足以夯实他们的理论与实践功底。这一套有科学思考、有实践支撑、有变革精神的教育实习方案，深刻体现着郑教授对自己作为实习带队教师的学术追求与责任担当。

　　其二，提升素养。郑教授带实习，素以高标准严要求闻名。不论是教案设计还是课件制作，都要求原创，因此实习生所呈现的教案、课件、板书等都能体现出一定的新颖性。在训练实习生教学基本功的同时，他引导实习生在课堂观察、课堂实施中不断提升听课评课、总结反思等各方面的素养。就课堂观察而言，他要求实习生运用"非指示性"教育理念对名师的课堂、实习指导教师的课堂、自己的课堂、乃至实习同学的课堂进行观察、评价与反思，从中获取经验与教训。不论是课堂观察还是课堂实施，他都要求从三个维度出发进行评价，即执教者的学生意识、学科意识和技能意识，每一维度下又有细致的评价指标。这样如抽丝剥茧般的听课评课，让实习生的眼光也变得更加客观与敏锐，从而反过来影响自己的教学，让自己教学的每一步都体现出人文性、科学性与艺术性。

其三,培养特长。特长,即特别擅长的专门的技艺或研究领域,它既可以是专业能力,也可以是专业之外的与兴趣相关的技能。"一个无任何特色的教师,他教育的学生不会有任何特色"(苏霍姆林斯基语)。有个人特色或专长的教师往往更受学生喜爱。郑教授所设计的实习方案绝不是局限于教学,更有班级管理和教育科研,还鼓励其他特长的发展。实习生通过日志撰写培养习惯剖析自我,通过主题班会设计营造氛围引导成长,通过特殊学生教育掌握方法尊重包容,通过教育调查选点研究发展专长,通过专辑制作扬长避短合作共进……这些都为他们特长的发展埋下了饱满的种子,终将在未来持续的自我丰实中开出个性化的绚烂花朵。这一套"非指示性"语文教育实习方案,既强调着语文教育实习生必须完成的任务、达到的标准和具备的能力,也鼓励着实习生保持个性化,发展创造力。

"自主""引导""专业""原创""细心"……本书中无数次出现的这些关键词,是郑教授十多年来带着极强的责任心与恒心探索出的教育实习经验。"把人当人,自主成长"的理念渗透在他对实习生的每一次指导中,最后润物细无声地融入每一位实习生的心间。功到自然成。他亲手指导的实习生连续五届荣获全国师范生技能大赛冠军,就是有力的佐证。相信语文实习生和新教师在"非指示性"教育理念指导下,自主学习,自主运用,学用结合,一定能在高起点中走向专业成长,为早日成为优秀的语文教师奠定坚实的基础。

我们永康中学创建于1912年,为浙江省百年名校,系浙江省教师专业发展优秀等级学校,也是全国第一批教育硕士专业学位研究生联合培养示范基地学校。我们将与浙江师范大学继续携手,为培养更多的未来浙派优秀教师而努力。

是为序。

前　言

　　本书为"非指示性"语文教育系列研究成果之一,对"非指示性"语文教育实习做了较为系统的理论构建和实践探索。力图改变语文教育实习中容易出现的起点不高、入职后乏力的问题,提高语文教育实习的品质,并提供具有推广价值的"非指示性"教育实习样本。

　　"非指示性"教育是对长期存在的以教师为中心的"指示性"教育的反拨,突出学生的自主成长;同时也是对源自国外的以学生为中心的"非指导性"教育的反拨,重视教师的科学引导。"非指示性"是教育理念,其核心是把人当人,自主成长。即把学生当做平等的、独立的、积极的生命体,引导学生自主尝试、自主判断、自主反思、自主纠正,从而自主成长。与该理念相应的实施策略是:教师科学引导,学生自主实践。其中科学引导是自主成长的保障,自主实践是自主成长的途径。

　　本书研究如何通过科学引导和自主实践,让实习生自主成长,也让实习对象中小学生自主成长。其中的科学引导既指高校实习带队指导教师(包括中小学指导教师)对实习生的科学引导,也指实习生对中小学生的科学引导;自主实践既指实习生的自主实践,也指实习对象中小学生的自主实践。

　　本书的教师科学引导,就高校实习带队指导教师对实习生而言主要有以下特点:第一,高位,引导实习生朝着教育理想高位、教育理念高位、教育技能高位的方向努力;第二,联动,以"非指示性"教育理念的培养带动实习生教育理想的培植和教育技能的培育;第三,系统,将实习时间分为准备期(暑假两个月)和实施期(驻校两三个月),系统培养实习生在学科教学、学生教育、教育科研等方面的理念和技能;第四,系列,将以上三大方面分解成系列化的二十多个项目依次训练,包括写字、打字、朗读、说话、备课、上课、评课、作业、主题班会、特殊学生教育、教育调查等。而就实习生对实习对象中小学生而言,最主要的特点是引导的渐进性:实习初期"牵手",实习中期"松手",实习后期"放手",引导逐步开放,学生逐渐自主。

　　本书的学生自主实践,就实习生而言主要有以下特点:第一,原创,所有实习任务如教案、课件、上课以及教育调查等都要原创完成,不抄袭,不搬用;第二,完整,所有实习活动都要经历自主尝试、自主判断、自主反思、自主纠正的全过程,形成完整的自主实践链;第三,提升,所有实习活动都要在自主实践的完整过程中获得逐级向上的提升。而就实习生的实习对象中小学生而言,最主要的特点是实践的独立,所有实践活动都要走出教师主动、学生被动的依赖性学习和机械式学习,独立实践,做学习的主人,做自己的主人。

　　本书基于作者对"非指示性"教育二十多年的研究和对教育实习带队指导十多年的探

索,体现了对"非指示性"语文教育实习的理性思考和感性积累。

　　全书按照教育实习的时间顺序编写,以实习的"准备篇"和"实施篇"依次编排,学段涵盖小学、初中和高中,适合师范生、青年教师及研究人员等阅读,能带来理念上的启发和实践上的启示。

目 录
CONTENTS

绪　论　运用"非指示性"理念改革语文教育实习 ………………………… 1

准备篇

第一章　说写训练 ……………………………………………………… 9

　　第一节　设计意图:为教师的专业形象打底 ……………………… 9

　　第二节　实施要求:朝着高端标准自主训练 ……………………… 10

　　第三节　案例展评:走出自然体体现专业性 ……………………… 17

第二章　教案设计 ……………………………………………………… 24

　　第一节　设计意图:做能专业写教案的教师 ……………………… 24

　　第二节　实施要求:朝着专业方向自主设计 ……………………… 28

　　第三节　案例展评:具有层级性的教案设计 ……………………… 34

第三章　课件制作 ……………………………………………………… 61

　　第一节　设计意图:做能原创做课件的教师 ……………………… 61

　　第二节　实施要求:朝着原创方向自主制作 ……………………… 62

　　第三节　案例展评:兼具技术与艺术的课件 ……………………… 64

第四章　课堂观察 ……………………………………………………… 75

　　第一节　设计意图:做能专业观察课堂的教师 …………………… 75

第二节 实施要求：从三个维度观察课堂教学 …………………………… 77

第三节 案例展评：以平视眼光看待名师上课 …………………………… 81

实施篇

第五章 日志撰写 …………………………………………………………… 117

第一节 设计意图：做细心记录每天成长的教师 ……………………… 117

第二节 实施要求：选专业成长的内容自主撰写 ……………………… 119

第三节 案例展评：有自主成长意识的实习日志 ……………………… 120

第六章 课堂实施 …………………………………………………………… 135

第一节 设计意图：做具有三个意识的专业教师 ……………………… 135

第二节 实施要求：每一个方面都体现三个意识 ……………………… 138

第三节 案例展评：有意体现三个意识的实习课 ……………………… 143

第七章 课后反思 …………………………………………………………… 156

第一节 设计意图：做自主反思自主完善的教师 ……………………… 156

第二节 实施要求：以三个意识反思自己的教学 ……………………… 158

第三节 案例展评：深刻直面自身问题的反思稿 ……………………… 160

第八章 评同学课 …………………………………………………………… 174

第一节 设计意图：做互评互助共同成长的教师 ……………………… 174

第二节 实施要求：自主发现同学课堂的优缺点 ……………………… 175

第三节 案例展评：能全面评价的课堂观察报告 ……………………… 177

第九章 作业自纠 …………………………………………………………… 186

第一节 设计意图：做引导学生作业自纠的教师 ……………………… 186

第二节 实施要求：科学引导细心观察学生自纠 ……………………… 188

第三节 案例展评：体现引导与自纠过程的报告 ……………………… 190

第十章 班主任工作 ………………………………………………………… 205

第一节 设计意图：做人文与科学俱佳的班主任 ……………………… 205

第二节 实施要求：自主尝试教育的爱心与智慧 ……………………… 207

第三节 案例展评:体现爱心与智慧的教育案例 …………………… 211

第十一章 教育调查 …………………………………………………… 229

第一节 设计意图:做科学研究教育的专业教师 ………………… 229

第二节 实施要求:运用科学方法有效开展研究 ………………… 230

第三节 案例展评:初具专业性的教育调查报告 ………………… 233

第十二章 实习总结 …………………………………………………… 258

第一节 设计意图:做全面总结自身成长的教师 ………………… 258

第二节 实施要求:自主总结实习的成绩与问题 ………………… 259

第三节 案例展评:能全面反映实习成长的总结 ………………… 260

第十三章 专辑制作 …………………………………………………… 277

第一节 设计意图:做积木成林合作共进的教师 ………………… 277

第二节 实施要求:自主参与编辑合力做好专辑 ………………… 278

第三节 案例展评:记录实习组专业成长的专辑 ………………… 280

结 语 让实习生在高起点中走向专业成长 …………………… 285

参考书目 ……………………………………………………………… 288

后 记 ………………………………………………………………… 290

绪论　运用"非指示性"理念改革语文教育实习

写这本书,并不是要在众多已有著述的基础上继续对语文教育实习展开学理上的阐述,而是出于一个简单的初心:改变语文教育实习中容易出现的起点不高、入职后乏力的问题,提高语文教育实习的品质,并提供具有推广价值的"非指示性"教育实习样本。

绝大多数师范院校对教育实习都很重视,每年花在教育实习上的人力和财力等都不少,但获得的回报往往不成正比,教育实习的效果大多比较一般,专业性不强。

仅以语文方向的师范生为例,在教育实习中就容易出现以下共性问题。

首先,就教育技能来说,说话和朗读等大多是过于生活化的缺少艺术性的"自然体",写字和板书等往往是自己读小学以来自然形成的不专业的"粗放体",教案则可能是凭感觉写出的缺少科学性的"本能体",课件则大多是直接下载与搬用的缺少原创性的"他人体"。

其次,就学科素养来说,对于所任教学科的性质不一定能准确把握,不完全清楚语文是什么、语文教什么、语文怎么教,因此也就不清楚哪些内容必须教学、哪些内容重点教学、哪些内容不必教学、哪些内容不能教学。容易把语文课上成"泛人文课"或"泛科学课"。而且往往人家怎么教自己也跟着怎么教,盲目模仿,机械复制。

再次,就教育理念来说,虽然拥有一套要尊重学生的话语体系,但往往言行不一,教学中大多只关注举手的优势的学生,不太关注不举手的弱势的学生,忽视全体学生的学习获得,轻视班级的学习总分值。且总是满堂灌、满堂问或满堂演,不会有意激发学生的生命活力和自主意识,甚至课堂全封闭,教学全指示,教师全控制,学生全被动。

如果把上述教育技能、学科素养和教育理念分别视作执教者的技能意识、学科意识和学生意识,则三个意识都可能欠缺。

著者十多年前是以特级教师的身份进入高校从事师范生培养的,对于师范生的实习表现自然更加关注,也更加挑剔,对于他们的一些低水平现象,也更加不满意。

而师范生一旦教育实习专业性不强,毕业后参加工作,往往就会低起步,甚至很多方面都处于零起点。章熊先生曾经感慨说:"我们有一批极为优秀的教师,但同时也有极多的不合格教师(我比较悲观,认为超过半数)。"[①]孙绍振先生则直言:"在语文课堂上重复学生一望而知的东西,我从中学生时代对之就十分厌恶。从那时我就立志,有朝一日,我当语文老师一定要讲出学生感觉到又说不出来,或者以为是一望而知,其实是一无所知的东西来。"[②]

因此,教育实习非常重要,它直接影响到未来教师的素质,影响到教育的发展和学生的未来。

著者当年走上工作岗位也是低起点的,在中学盲目摸索了二十多年,才领悟到一些零碎

---

① 章熊.我对中学语文教材的几点看法——答顾之川先生[J].中学语文教学,2013(6):7.

② 孙绍振.名作细读·微观分析个案研究(修订版)[M].上海:上海教育出版社,2009:1.

的教育教学道理。如今在母校高度重视师范生培养的背景下回来工作,自然不能再让眼前的一届届师范生"重蹈覆辙"。因此每年下半年都会主动参与实习带队指导工作,全天候地陪着学生实习,白天听课评课,晚上开实习例会,尽可能让他们获得专业的成长。同时正告他们:作为新一代的师范生,你们的目标是一代超过一代,而不是一代重复一代,更不是一代不如一代。

但是,要实现这些"豪言壮语",绝非易事。一是师范生要有自主成长的意识,二是实习带队指导教师要能科学引导。

我国课程改革已经进行了二十多年,但中小学教育还是深受应试教育的影响,以教师为中心的"指示性"教育依然盛行,教师指示、学生听从,教师主动、学生被动。这些学生考上大学、进入师范院校后,大多不会因为以后要当教师就主动转型。

因此,需要运用"非指示性"教育理念,改革教育实习,从"心"入手,提高学生的独立人格和自主意识,唤醒学生的生命自觉意识,培养学生的自我生长力。

"非指示性"是著者的设名[①]。它是对长期存在的以教师为中心的"指示性"的反拨,重视学生的自主成长,突出人文性;同时它也是对源自国外的以学生为中心的"非指导性"的反拨,重视教师的科学引导,突出科学性。其中的"指示性"也是著者的设名,"非指导性"则是坦恩鲍姆博士为其导师罗杰斯的教学所取的名称[②],著者借用它来统称这一类的教学。但著者在已出版的《"非指示性"语文课堂观察研究》一书中特地做了区分:"罗杰斯的'非指导性'教学,是站在教育的高空提出的,体现了对理想教育的憧憬,如同马克思对共产主义社会的憧憬一样,都以人的终极发展为目标,因此它是高位的,令人敬佩的。而国内的一些'生本课堂',是低位的,令人深思的,源于对课堂教学本质的错误理解,是对'指示性'教学的矫枉过正,从教师中心这一极端走向了学生中心的另一个极端。"[③]

本书将"非指示性"统称为教育,为此将"指示性"和"非指导性"也统称为教育。

"非指示性"是教育理念,其核心是把人当人,自主成长。即把学生当做平等的、独立的、积极的生命体,引导学生自主尝试、自主判断、自主反思、自主纠正,从而自主成长。其中,把人当人是前提(以此反拨把人当物),自主成长是目的(以此反拨被动成长)。与此相应的实施策略是:教师科学引导,学生自主实践。即通过科学引导和自主实践,让学生走向自主成长。其中,教师的科学引导是自主成长的保障,可避免自主成长成为本能成长和低位成长;学生的自主实践是自主成长的途径,可防止自主成长成为无源之水、无本之木。该实施策略包含五个要义:第一,教师的引导必须科学(不管是学生自主实践前的引导、自主实践时的引导还是自主实践后的引导);第二,学生的实践必须自主(包括自主尝试、自主判断、自主反思、自主纠正);第三,教师和学生的作用是各自的、不可相互替代的;第四,教师和学生的作用是交互的、不可彼此分割的;第五,教师和学生的作用都指向学生的自主成长。[④]

运用"非指示性"教育理念改革教育实习,就是要以自主成长为目的,重视教师的科学引导,也重视学生的自主实践。纠正以教师为中心的"指示性"教育只重视教和以学生为中心

① 郑逸农."非指示性"教学模式初探[J].语文学习,2000(7):23-26.
② 张奇.学习理论[M].武汉:湖北教育出版社,1999:335.
③ 郑逸农."非指示性"语文课堂观察研究[M].杭州:浙江大学出版社,2017:10.
④ 郑逸农.二十年后再谈"非指示性"教育[J].中学语文,2020(12):3.

的"非指导性"教育只重视学的走极端现象，还原教育的本质，让教师和学生都发挥各自应有的作用。其中，学生的学是前提，教师的教是关键。学生的学必须是自主实践，而不是被动模仿，且必须包括自主尝试、自主判断、自主反思和自主纠正的全过程。教师的教必须是科学引导，而不是本能说教，且必须贯穿在学生自主实践的前、中、后三个阶段。

本书就是研究如何通过科学引导和自主实践，让实习生自主成长，也让实习对象中小学生自主成长。其中的科学引导既指实习带队指导教师（包括中小学指导教师）对实习生的科学引导，也指实习生对中小学生的科学引导；自主实践既指实习生的自主实践，也指实习对象中小学生的自主实践。

本书的教师科学引导，就实习带队指导教师对实习生而言主要有以下特点：第一，高位，引导实习生朝着教育理想高位、教育理念高位、教育技能高位的方向努力；第二，联动，以"非指示性"教育理念的培养带动实习生教育理想的培植和教育技能的培育；第三，系统，将实习时间分为准备期（暑假两个月）和实施期（驻校两三个月），系统培养实习生在学科教学、学生教育、教育科研等方面的理念和技能；第四，系列，将以上三大方面分解成系列化的二十多个项目依次训练，实习准备期有写字训练、打字训练、朗读训练、说话训练、教案训练、课件训练、评课训练，并阅读"非指示性"教育系列文章；实习实施期有日志撰写、写字续练、朗读续练、说话续练、教案原创、课件原创、课前试讲、课堂实施、课后反思、作业自纠、课堂观察、教育调查、主题班会设计、特殊学生教育等。要完成的实习专题和专辑有十四个：专辑1《暑期原创教学设计及自评》，专辑2《暑期原创教学课件》，专辑3《暑期名师视频课实录及评价》，专辑4《实习试讲及评价》，专辑5《实习三层级教学设计及自评》，专辑6《实习三阶段课堂实录及自评》，专辑7《对同学实习课的观察报告》，专辑8《作业改评与自纠研究报告》，专辑9《教育调查报告》，专辑10《主题班会设计及自评》，专辑11《特殊学生教育及自评》，专辑12《实习日志》，专辑13《实习总结》，专辑14《实习视图》。就实习生对实习对象中小学生而言，最主要的特点是引导的渐进性：实习初期为"牵手"，共选学习重点和难点等要点，教师组织得较为全面；实习中期为"松手"，共选学习重点等要点，自选学习难点等要点，增加教育的开放性和学生的自主性；实习后期为"放手"，自选学习重点和难点等要点，教育更加开放，学生更加自主。

本书的学生自主实践，就实习生而言主要有以下特点：第一，原创，所有实习任务如教案、课件、上课以及教育调查等都要原创完成，不抄袭，不搬用；第二，完整，所有实习活动都要经历自主尝试、自主判断、自主反思、自主纠正的全过程，形成完整的自主实践链系；第三，提升，所有实习活动都要在自主实践的完整过程中获得逐级向上的提升，在自主尝试后自主判断，自主判断后自主反思，自主反思后自主纠正，进而走向自主成长。而就实习生的实习对象中小学生而言，最主要的特点是实践的独立，所有实践活动都要走出教师主动、学生被动的依赖性学习和机械式学习，做学习的主人，做自己的主人。

本书体现了著者对"非指示性"教育二十多年的研究和对教育实习带队十多年的探索，展示了对"非指示性"语文教育实习的理性思考和感性积累，内容涵盖了高中、初中和小学三个学段。

全书以实习的"准备篇"和"实施篇"来编排设计。其中"准备篇"包括以下各章：说写训练，教案设计，课件制作，课堂观察；"实施篇"包括以下各章：日志撰写，课堂实施，课后反思，评同学课，作业自纠，班主任工作，教育调查，实习总结，专辑制作。

这些章节基于实习生在实习准备期和实习实施期所做的大量实习训练。

在实习准备期,实习生要完成的任务有七项:写字训练,打字训练,朗读训练,说话训练,教案训练,课件训练,评课训练。具体如下——

1. 写字训练。每天利用上午、下午和晚上三个时段各不少于 30 分钟,练写不少于正反两页(以 A4 纸为基准。练字基础较好的可申请只写一页)。暑期共练写 50 张(两页为一张)。练字方式:将纸竖着横写,密密麻麻写满,字距和行距都不能大;每张的左上角都写上姓名和日期。练字字帖:小学学段实习生可自选楷书字帖(如吴新如的或顾仲安早期的或李纯博的字帖等),中学学段实习生为指定的行书字帖(任平的绿皮字帖)。练字要求:要练出汉字的传统审美特质和独特文化气质。其中前后两张要写同样的文段(标点略去),且每行的相同位置写相同的字,以便于对比。所写内容,小学学段实习生可写《匆匆》第一段,中学学段实习生可写《琵琶行》或《黄花岗七十二烈士事略序》第一段。所写样式,小学学段实习生可写在方格纸上,中学学段实习生可写在横线纸上。其中第一行写姓名和日期。

2. 打字训练。每天练习电脑盲打不少于 1000 字。下载"金山打字通"等训练软件,先熟悉键盘,规范手型,再训练盲打。要用完整拼音打字;先求准确,后求速度。进入实习听课阶段能快速打下教师和学生的说话。

3. 朗读训练。每天利用早、中、晚就餐前后的零碎时间分散训练,每天朗读 60 分钟左右。借助《春》《黄花岗七十二烈士事略序》和《乡愁》三个文本,从语句的停顿和重音开始,训练语调的变化和语气的变换(语调上有高与低、轻与重、快与慢的节奏性变化,语气上有平和与高亢、喜悦与哀伤、沉郁与激昂的情感性变换)。运用相应的语调和语气分别读出三个文本的亲切感、庄重感和深沉感。

4. 说话训练。每天在朗读的基础上,自定一两个话题,让自己一口气往下说各 3 分钟左右。训练说话的准确、精练、流畅、优美和亲切,做到不偏离、不啰嗦、不阻塞、不苍白、不霸气(禁用"希望""给我",多用"敬请""建议"等)。要在"一口清"的说话中体现以上五个要求。

5. 教案训练。按照"非指示性"教育理念和实施策略,原创三个不同文体或专题的教案。既写喜欢的或擅长的,也写不喜欢的或不擅长的。中学学段实习生建议写散文、诗歌、文言文三个为主,小学学段实习生可共商自定。格式要规范,要有两个"分析"、三个"设计",每个方面都要有相应的规范化表述。内容要科学,要以"把人当人"为前提,"自主成长"为目的,"科学引导"为保障,"自主实践"为途径。设计要层进,为共选型设计、分选型(共选与自选结合型)设计、自选型设计三个逐级提升和逐渐开放的教案,为教学实施时的牵手、松手和放手做准备。具体为:第一个共选学习重点和学习难点等几个要点,第二个共选学习重点和自选学习难点等各一两个要点,第三个自选学习重点和学习难点等各一两个要点。(其中第二个设计可共选学习重点一个,或学习重点和次重点两个;自选学习难点一个,或学习难点和次难点两个。第三个设计同理。进入实习实施期及参加工作后,同一个单元连续两次设计同一层级的教案,则重点和难点第一次各选两个,第二次各选一个。)高中实习学段要有一个多篇教学(又称群文教学、整合教学、大单元任务式教学等)的设计,还可将重点或难点设计为整合性的任务形式。设计后要自评设计格式是否规范、设计内容是否科学,每个板块后用一句话随评,整个设计后用几句话分条总评。

6. 课件训练。原创两个风格迥异的课件。从课件白底起步,要加的颜色、要画的物象、要设的布局,都由自己独立完成。封面和封底上的物象要动态出现,且贯穿整个课件。每个课件做八页,包括封面页、目录页、主体页(边框装饰不重复的四页)、总结页和封底页。审美要求:一为内涵精致(包括用语精致不散乱,字体精致不杂乱,颜色精致不花哨,页数精致不繁多);二为样式精美[包括颜色精美,悦目而且醒目;物象精美,技术(通用性审美)和艺术(独特性审美)俱佳;装饰精美,传统(规整与对称等)与现代(灵活与变化等)融合]。

7. 评课训练。上网寻找一个名师视频课,先打字实录,后观察评价。要求运用"非指示性"教育理念和实施策略,观察执教者的学生意识、学科意识和技能意识,评价课堂的人文性、科学性和艺术性。评价分为随评(穿插在实录过程中)和总评(写在实录后面)。既从名师课堂中获得正反面的启发,也训练自己评课的能力。

另外还要阅读"非指示性"教育的文章。包括"非指示性"教育的系列书籍和"非指示性"教育微信公众号(zynfzsx)的系列文章等。通过学习,准确理解新理念,灵活运用新方法,且效果较为明显。

在实习实施期,实习生要完成的任务有十四项:日志撰写,写字续练,朗读续练,说话续练,教案原创,课件原创,课前试讲,课堂实施,课后反思,作业自纠,课堂观察,教育调查,主题班会设计,特殊学生教育。具体如下——

1. 日志撰写。每天撰写,从实习第一天写到最后一天(周末非实习时间不写)。每篇不少于 300 字。真实记录自己的实习生活(内容包括自己的教育、教学、教科研等,对象包括自己、老师、同学、学生等),也真切表达自己的实习反思。叙议结合,灵活运用,不啰嗦,不写流水账,让自己以后回头看有价值。

2. 写字续练。每天继续坚持练字(周末非工作日不练),每天两页,A4 白纸正反面写满(暑期练字基础较好的可减少;但要提出书面申请,申请书上的写字即为能否减少练字量的评判依据),左上角写上日期与姓名。每两周由推选出的练字组长组织练字成果的展示、交流与评比(无记名打分并排名),营造相互学习、相互促进、共同进步的氛围。实习结束时每人再写一次实习准备期首尾两次写过的文段,形成三次练字对比。

3. 朗读续练。利用早、中、晚就餐前后的零碎时间,继续分散训练,总时间不再限定。要继续借助三个文本《春》《黄花岗七十二烈士事略序》和《乡愁》,练习语调的变化和语气的变换。同时对要实习的课文提前进行朗读训练,并与实习组同学相互交流,相互学习。

4. 说话续练。每天对要上课的教案内容提前进行脱稿式的说话训练,一口清,不重复,无口头禅。要说得准,说得精,说得顺,说得美,说得亲。

5. 教案原创。每次上课前,都要按照"非指示性"教育理念和实施策略原创教案。格式规范(包括两个"分析"、三个"设计"),内容科学(以"把人当人"为前提,"自主成长"为目的,"科学引导"为保障,"自主实践"为途径)。实习初期、中期和后期的教案,要依次体现三个层进的阶段,从共选(重点和难点)型设计到共选(重点)与自选(难点)结合型设计再到自选(重点和难点)型设计,对应课堂实施的牵手、松手和放手。多篇教学类设计可将重点或难点设计为整合性的任务形式。其中代表三个实习阶段的三个教学设计还要做出书面自评,评价设计格式是否规范、设计内容是否科学,每个板块后用一句话随评,整个设计后用几句话分条总评。

6. 课件原创。每次上课前,都要原创课件。要把暑假原创的两个风格迥异的课件继续修改完善,使之内涵更精致(包括用语、字体、颜色、页数等)、样式更精美(包括颜色、物象、装饰等),并根据上课内容适当调整,随机运用。实习过程中要继续原创两三个课件。

7. 课前试讲。每次上课前都要试讲。试讲者要主动,小组长要组织,至少有三位小组成员参加。试讲后要坦诚交流,及时修改;再独立试讲,熟稔于心。

8. 课堂实施。每节课都要体现"非指示性"教育理念和实施策略,科学引导学生在自主实践中走向自主成长。三个实习阶段要经历牵手、松手和放手三个步骤,让课堂逐渐走向开放,学生逐渐走向独立,教师也逐渐走向智慧。第一阶段为"牵手",教师组织得较全面,引导学生开展共选式学习,要求教得准而实、学得稳而细,教师说话时间少于课堂总时间的二分之一。第二阶段为"松手",增加教学的开放性,引导学生开展共选与自选相结合的学习,要求教得准而活、学得细而深,教师说话时间少于课堂总时间的三分之一。第三阶段为"放手",教学更加开放,引导学生开展自选式学习,要求教得准而新(形式和内容都有新的体现)、学得深而活,教师说话时间少于课堂总时间的四分之一。

9. 课后反思。每次上完实习课都要基于"非指示性"教育理念和实施策略主动反思自己在学生意识、学科意识和技能意识的表现,并结合相应的阶段具体反思,形成三个意识的常规性反思和阶段性反思。其中代表三个阶段的三节课及被带队指导教师评过的课,还要写成书面反思稿,反思自己课堂教学的人文性、科学性和艺术性。

10. 作业自纠。运用"非指示性"教育理念和实施策略,引导学生自主反思、自主纠正。每人先批改了解,后发回作业,让学生独立面对、重新审视、自主反思,之后才讲评作业,讲评后学生自主纠正,并自主评价。作业改评与自纠实践要多次进行,其中一次要写成作业改评与自纠研究报告。

11. 课堂观察。运用"非指示性"教育理念和实施策略,主动观察实习组同学的课堂,并选择其中一位的一堂课(避开同学本人要评的三节阶段性的课及带队教师评过的课),运用课堂观察三维模型,结合相应阶段(前期、中期、后期)的教学特点(牵手、松手、放手),写成课堂观察报告,肯定优点,指出不足。

12. 教育调查。选择与毕业论文或研究兴趣有关的一个话题,设计调查问卷,发放和回收后用较先进的软件(SPSS、SAS 和 BMDP 为国际上最有影响的三大统计软件)对数据进行统计和分析,发现明显特点,得出主要结论,提出基本建议,并写成教育调查报告。全程独立完成,要求设计科学,撰写规范。

13. 主题班会设计。运用"非指示性"教育理念和实施策略,将从上到下、由外而内的灌输教育转向引导学生从下到上、由内而外的自主教育。面向全体学生,以团体辅导课的方式开展主题班会的教育实践,其中至少一节要写出实施方案,记录实施情况。要求格式规范(包括设计说明、设计过程、课后自评等),设计科学(其中设计说明清晰、设计过程精准、课后自评深入),训练自己面对班级集体的教育能力。

14. 特殊学生教育。运用"非指示性"教育理念和实施策略,由灌输转向引导,从指示转向唤醒。开展面向个体学生特殊问题的教育实践,选择三五个不同问题类型(如学习类、情感类、意志类、行为类、交往类等)的特殊学生,开展定制式教育和连续性引导,并随时记录,写成案例(包括教育对象、问题表现、引导设想、实施情况、效果反馈、自我评价等),训练自己面对学生个体的教育能力。

因此,本书来自以上真实而充分的教育实习实践,力图展示每一个实习活动中教师的科学引导和学生的自主实践。

准备篇

准备篇意味着进入了实习准备阶段。

准备篇由以下四章组成：

说写训练；教案设计；课件制作；课堂观察。

第一章 说写训练

第一节 设计意图:为教师的专业形象打底

只要进行教育活动,就离不开说话和写字。但"非指示性"教育实习的准备从说话和写字训练开始,是不是要求太低了?

当然不是,说话和写字是教师专业的起点。

一、教师的说话和写字有较高的专业要求

教师的说话和写字明显有别于社会上"自然人"使用的"自然体"。

就说话来说,一要说得准,语音准正,语义准确,让学生听得清晰;二要说得精,语句精练,语义精到,让学生听得明晰;三要说得顺,语流顺畅,语速顺适,让学生听得舒心;四要说得美,语调抑扬顿挫,语词生动优雅,让学生听得享受;五要说得亲,语气真诚友好,语义鼓励激发,让学生听得温暖。

就写字来说,一要写得正,没有字形和笔顺的错误,不误导学生;二要写得顺,不磨蹭不反复,不让学生看得心累;三要写得美,每个字都写出节奏美和协调美,不破坏学生对汉字的美好印象;四要写得清,每个字都清晰可认,不给学生造成视觉负担。

因此,让师范生的实习准备从说话和写字训练开始,是为教师的专业形象打底。没有扎实的说话和写字功底,教师的专业性就无从谈起。

二、现实中说话和写字的专业性不容乐观

这种不乐观存在于师范生中,也存在于在职教师中。

他们中的一些人接近于社会上的"自然人"所说和所写的"自然体",缺少专业性,无法给学生带来说话美和写字美的示范和引领。

就师范生来说,如果把非师范专业的学生请过来和他们一起说话,一起写字,可能很难区分谁是师范生,谁是非师范生,甚至有些师范生还不如非师范生。

就在职教师来说,如果把社会上非教师职业的公职人员(也包括非公职人员)请过来和他们一起说话,一起写字,可能也不容易区分谁是教师,谁不是教师;甚至有些教师还不如非教师的公职人员乃至非公职人员。

而作为在说话和写字两方面都应明显起到示范和引领作用的语文的师范生和教师来说,与其他专业的师范生相比,与其他学科的教师相比,也同样不一定有优势,甚至还可能是弱势。著者在每年的微格实训课和技能集训会上,都会发现中文专业及小教语文专业的师范生,板书时经常写错字形和笔顺,甚至连自己的姓名也写错。

这一方面可能是由于师范院校开设的课程有些不足。没有对所有师范生(更不用说语文专业的师范生)都严格开设说话和写字的专业训练课,系列化地从大一贯穿到大四。比如说话,需要依次训练个体的发音、个体的朗读,以及面对一个人的交流、多个人的交流,面对一个人的辩论、多个人的辩论,面对一个场景的艺术性主持和思辨性演说等。比如写字,需要依次训练每个人的握笔和运笔,以及楷书的共性化书写、行书的共性化书写,再到楷书的个性化书写、行书的个性化书写,乃至隶书的共性化书写和个性化书写、篆书的共性化书写和个性化书写等。

另一方面则是由于师范生和在职教师认识不到位,自身不够努力。以为自己会说话就能当教师,会写字就能上讲台,缺少专业的危机感和职业的敬畏感,不会因为自身的不足而高度重视并主动补课,自我加压。有些师范生和在职教师可能也曾有过一丝不安或愧疚,但看到身边的同学、身边的同事也比较弱,"彼此彼此",于是就自我减压,自我安慰,甚至自我满足了。和以前的师范生和教师相比,现在有些师范生和教师,可能已经不太会因为哪些同学或同事说话很专业、写字很专业而视之为榜样,心怀敬意地主动学习;也不太会因为哪些同学或同事说话不专业、写字不专业而心存警惕主动自省。

因此,让师范生从说话和写字开始训练,既是专业的需要,也是现实的迫使。

2018年1月,中共中央、国务院公布了《关于全面深化新时代教师队伍建设改革的意见》,其中有这样的要求:"强化'钢笔字、毛笔字、粉笔字和普通话'等教学基本功和教学技能训练。"[①]把写字和说话写到如此庄重的文件中,第一说明它们的重要,第二也说明现实的严峻。

说话和写字训练,都是见效偏慢需要持久进行的——这也是许多师范生和教师不想主动训练的原因之一。因此需要在实习开始前的暑假两个月就着手训练。

就写字来说,还有一种现代"写字"技能需要训练,那就是电脑打字。要训练学生不看键盘就能熟练打字的"盲打"能力,以便快速自如地在电脑上备课、听课、写作等。这是现代教师尤其是现代语文教师必须具备的能力。该内容在下一章的"教案设计"中再作展开。

第二节　实施要求:朝着高端标准自主训练

如何引导师范生进行说话和写字训练,需要研究和探索。

设计训练要求,一是师范生应做到的,二是师范生能做到的。前者能体现高校带队指导教师的科学引导,后者能体现师范生的自主实践。两者结合,形成共识和合力,就能顺利朝着高端标准自主训练,自主走向专业成长。

说话和写字的实施要求都包括质性和量化两大方面。

一、说话方面的训练

(一)质性的实施要求

包括五个方面:说得准,说得精,说得顺,说得美,说得亲。

---

① 中共中央、国务院. 中共中央、国务院关于全面深化新时代教师队伍建设改革的意见[EB/OL]. (2018-01-20) [2022-04-22]. http://www.gov.cn/zhengce/2018-01/31/content_5262659.htm.

1．说得准

即训练自己语音上的准正和语义上的准确。就前者来说，声母、韵母、声调等都不说错，语音标准，达到准播音员的水平；南方籍的师范生，还要在平舌音与翘舌音、前鼻音与后鼻音的区分等方面加强训练。就后者来说，语词运用不出现错误，语义表达不出现偏差。

2．说得精

即训练自己语句的精练和语义的精到。就前者来说，要做到"段中无余句"，不随意扩展，并努力做到"句中无余词"，包括没有多余的口头禅。就后者来说，要做到语义集中，主题明确，不随意夹带偏题甚至离题的话。

3．说得顺

即训练自己语流的顺畅和语速的顺适。就前者来说，能从容地往下说，不阻塞，不重复，也不空白。就后者来说，能中速地往下说，不会太快太急，也不会太慢太拖。

4．说得美

即训练自己语调的抑扬顿挫和语词的生动优雅。前者有高与低、轻与重、快与慢的相应变化，不平直，不呆板，让学生获得音韵美的享受。后者有语言艺术的巧妙运用，不苍白，不乏味，让学生受到表达美的熏陶。

5．说得亲

即训练自己语气的真诚友好和语义的鼓励激发。前者能让人感到亲切，获得尊重；后者能让人受到感染，获得动力。教师说话应温和有情味，文明有修养，不冰冷也不强势，不使用对他人居高临下、冷漠甚至傲慢的说话口气，也不使用"希望""给我"等颐指气使的强势甚至霸道的语词（换为"敬请""建议""期盼""祝愿"等）。

在说话训练的起始阶段，可对着一些典型的文本，跟着播音员的示范朗读，反复模仿，以此纠正说话的语音、语调和语气，奠定专业说话的基础。反复朗读能逐渐改善一个人的说话面貌。任何学科的教师，要改变说话面貌，提升说话品质，都可从朗读训练入手。作为语文教师，通过朗读训练，则既能培养说话能力，又能培养朗读能力，一举两得。

以下三个文本《春》《黄花岗七十二烈士事略序》《乡愁》，可作为训练说话的范本，依次训练说话的三个层级和类型：亲切感、庄重感和深沉感。

训练亲切感的《春》的文本如下——

春

朱自清

盼望着，盼望着，东风来了，春天的脚步近了。

一切都像刚睡醒的样子，欣欣然张开了眼。山朗润起来了，水涨起来了，太阳的脸红起来了。

小草偷偷地从土里钻出来，嫩嫩的，绿绿的。园子里，田野里，瞧去，一大片一大片满是的。坐着，躺着，打两个滚，踢几脚球，赛几趟跑，捉几回迷藏。风轻悄悄的，草软绵绵的。

桃树、杏树、梨树，你不让我，我不让你，都开满了花赶趟儿。红的像火，粉的像霞,白的像雪。花里带着甜味儿;闭了眼,树上仿佛已经满是桃儿、杏儿、梨儿。花下成千成百的蜜蜂嗡嗡地闹着,大小的蝴蝶飞来飞去。野花遍地是:杂样儿,有名字的,没名字的,散在草丛里,像眼睛,像星星,还眨呀眨的。

"吹面不寒杨柳风",不错的,像母亲的手抚摸着你。风里带来些新翻的泥土的气息,混着青草味儿,还有各种花的香,都在微微润湿的空气里酝酿。鸟儿将窠巢安在繁花嫩叶当中,高兴起来了,呼朋引伴地卖弄清脆的喉咙,唱出宛转的曲子,与轻风流水应和着。牛背上牧童的短笛,这时候也成天在嘹亮地响。

雨是最寻常的,一下就是三两天。可别恼。看,像牛毛,像花针,像细丝,密密地斜织着,人家屋顶上全笼着一层薄烟。树叶子却绿得发亮,小草也青得逼你的眼。傍晚时候,上灯了,一点点黄晕的光,烘托出一片安静而和平的夜。乡下去,小路上,石桥边,有撑起伞慢慢走着的人;还有地里工作的农夫,披着蓑,戴着笠的。他们的草屋,稀稀疏疏的,在雨里静默着。

天上风筝渐渐多了,地上孩子也多了。城里乡下,家家户户,老老小小,他们也赶趟儿似的,一个个都出来了。舒活舒活筋骨,抖擞抖擞精神,各做各的一份事去。"一年之计在于春",刚起头儿,有的是工夫,有的是希望。

春天像刚落地的娃娃,从头到脚都是新的,他生长着。

春天像小姑娘,花枝招展的,笑着,走着。

春天像健壮的青年,有铁一般的胳膊和腰脚,他领着我们上前去。

在朗读之前,要先做好蓄势上的准备:紧闭双唇,长长地深深地吸气——犹如面对很香很香的花尽情地吸气,并让气往下压,沉入丹田。再张开嘴巴,打开上颚(左右两手的食指按着上下颚交接处的耳朵口附近会有明显的凹陷感),再朗读题目"春",就会有鼻腔、口腔和胸腔的共鸣,声音饱满,音质浑厚。

就语气和语调来说,"春"要读得亲切平和,不宜大起大落;作者"朱自清"要读得平静庄重,读得字正腔圆。

朗读正文,则要读出明显的亲切感。"盼望着,盼望着",要在平和中体现盼望的急切,"东风来了",则要把感情读得更明显些,流露出喜爱之情。"春天的脚步近了",要读出更明显的喜爱之情。语调上则要在没标点的地方也读出适切的停顿:"东风/来了,春天的脚步/近了。"而"来"和"近"要读出重音,并适当拉长,同时把后面的轻声字"了"自然地弱化。往下一段,要把喜爱之情读得更分明,并在没有标点的地方适切地停顿:"一切/都像刚睡醒的样子,欣欣然/张开了眼。山/朗润起来了,水/涨起来了,太阳的脸/红起来了。"其中,"都像刚睡醒的样子"要读得紧凑些,把喜爱之情凸显出来。"一切""张""涨""红"则要读出重音,"的""了"则是短促的轻声,而第三声的"眼""山""水""脸"则要以夸张的方式读得慢一些,读出喜爱之情。

该文本反复朗读,能明显地改善说话面貌,不管是语气还是语调。"自然体"的朗读是以词为单位,气息一上一下地停顿,如:"风里/带来/些/新翻/的/泥土/的/气息,混着/青草/味儿,还有/各种/花/的/香,都在/微微/润湿/的/空气/里/酝酿。"而"专业体"的朗读则以意义为单位,以平顺的语流为底,随时根据语义的变化加入不同的语气,运用不同的语调,如:"风里/带来些/新翻的/泥土的气息,混着/青草味儿,还有各种/花的香,都在/微微润湿的/空气里/酝酿。"

朗读该文本,还能把人读得心里甜甜的,心情美美的。作为教师,"亲切感"是最基本的说话面貌,可以拉近与学生的心理距离。优秀教师对学生说话,往往是心里充满爱,话里带着甜。

训练庄重感的《黄花岗七十二烈士事略序》的文本如下——

黄花岗七十二烈士事略序

孙 文

满清末造,革命党人历艰难险巇,以坚毅不挠之精神,与民贼相搏,踬踣者屡,死事之惨,以辛亥三月二十九日围攻两广督署之役为最,吾党菁华,付之一炬,其损失可谓大矣。然是役也,碧血横飞,浩气四塞,草木为之含悲,风云因而变色,全国久蛰之人心,乃大兴奋。怨愤所积,如怒涛排壑,不可遏抑,不半载而武昌之大革命以成,则斯役之价值,直可惊天地、泣鬼神,与武昌革命之役并寿。

顾自民国肇造,变乱纷乘,黄花岗上一抔土,犹湮没于荒烟蔓草间,延至七年,始有墓碣之建修,十年,始有事略之编纂;而七十二烈士者,又或有纪载而语焉不详,或仅存姓名而无事迹,甚者且姓名不可考,如史载田横事,虽以史迁之善传游侠,亦不能为五百人立传,滋可痛已!

邹君海滨以所辑《黄花岗烈士事略》丐序于予。时予方以讨贼督师桂林,环顾国内,贼氛方炽,杌陧之象,视清季有加;而予三十年前所主唱之三民主义、五权宪法为诸先烈所不惜牺牲生命以争之者,其不获实行也如故。则予此行所负之责任,尤倍重于三十年前。倘国人皆以诸先烈之牺牲精神为国奋斗,助予完成此重大之责任,实现吾人理想之真正中华民国,则此一部开国血史,可传世而不朽;否则不能继述先烈遗志且光大之,而徒感慨于其遗事,斯诚后死者之羞也。

余为斯序,既痛逝者,并以为国人之读兹编者勖。

该文本整篇都充满了庄重感。

朗读标题,要在平顺的语流中加入庄重的语气,并运用相应的停顿:"黄花岗/七十二烈士/事略/序"。

朗读正文,则要更明显地体现出庄重感:"满清末造,革命党人/历/艰难险巇,以/坚毅不挠/之精神,与/民贼相搏,踬踣者/屡,死事/之惨,以/辛亥三月二十九日/围攻两广督署之役/为最,吾党菁华,付之一炬,其损失/可谓大矣。"就重音和慢速来说,"为最""大矣"要读得特别重,特别慢。

朗读该文本,可以读得激情满怀,热血沸腾,心里充满力量。作为教师,"庄重感"是重要的说话面貌,要通过自己的说话或朗读,把所学文本或所教内容所承载的人文精神或科学精神恰切地表现出来,不管是哪个学科的教师(更不用说语文教师)。专业的教师总是善于通过庄重的声音把学生带入庄重的学习情境。

训练深沉感的《乡愁》的文本如下——

乡　愁

余光中

小时候
乡愁是一枚小小的邮票
我在这头
母亲在那头

长大后
乡愁是一张窄窄的船票
我在这头
新娘在那头

后来啊
乡愁是一方矮矮的坟墓
我在外头
母亲在里头

而现在
乡愁是一湾浅浅的海峡
我在这头
大陆在那头

这是一首充满悲情的诗歌,深沉感明显。

朗读标题和作者,也要以平顺的语流进行,适当加入深沉的语气,把标题和作者都读得字正腔圆,饱满有余音。

朗读正文,要在深沉中读出从惆怅到伤感的层进感,如第一诗段:"小时候//乡愁/是一枚小小的邮票//我/在这头//母亲/在那头。"其中的"小小"和"那头"要读得更充分,以突出前者的惆怅和后者的伤感。

朗读最后一段,还要在深沉中读出从伤痛到哀怨的层进感:"而现在//乡愁/是一湾浅浅的海峡//我/在这头//大陆/在那头。"其中的"浅浅"和"那头"要读得更充分,以突出前者的伤痛和后者的哀怨。

朗读该文本,可以把人读得荡气回肠,哀痛不已。

"深沉感"是艺术性的说话面貌,用于抒情性的话语氛围。教师平时适当运用,可增加说话的感染力(但不能滥用,不然说话容易变得拿腔拿调)。而在朗读课文时恰切地运用,能引领学生快速走进作者深沉的情感世界。

在朗读训练时,语气和语调这两者既要有所侧重,又要相互兼顾。语气和语调是相互协助、密不可分的。"语调要借助语气来表达,语气也要通过语调来表现"①。

朗读训练,脱稿进行效果更好。要在正确朗读的基础上,熟读成诵,烂熟于心,经常以背诵式朗诵的方式脱稿训练,这样才能逐渐内化为自己的说话方式,提升自己的说话品质。

通过朗读训练打下说话的基本功后,就要独立进行说话的运用训练。

要求给自己设定话题,设置情境,一口气往下说,说得准,说得精,说得顺,说得美,说得亲,做到不偏离,不啰嗦,不阻塞,不苍白,不霸道。

所设的话题,除了可以谈对某篇课文的解读,谈对某位作家的认识,还可以谈对某个问题的理解,比如对教师职业的理解,对课程改革的理解,对语文教学的理解;也可以谈对某种方法的运用,比如如何适当运用项目化学习,如何有效开展群文教学,如何科学设计大单元教学,如何真正实施深度教学;甚至可以就某个问题谈看法,比如:有人说,一支粉笔、一块黑板的时代已经过时了,你怎么看? 或:有人认为,现在网络这么发达,资料这么丰富,已经没有必要备课了,你怎么看?

(二)量化的实施要求

朗读方面的量化要求:每天利用早、中、晚就餐前后的零碎时间分散训练,每天朗读 60 分钟左右(每个时段各 20 分钟左右)。

说话方面的量化要求:每天设定话题一两个,让自己一口气往下说各 3 分钟左右。

说话和写字一样,见效较慢,在一天之内分散开来多次训练,效果更好。

师范生在自主训练的过程中,需要充分利用团体动力学原理,建立 QQ 群或钉钉群、微信群等,成立互助小组,主动交流,相互评判,相互纠正,共同进步。

二、写字方面的训练

(一)质性的实施要求

包括四个方面:写得正,写得顺,写得美,写得清。

1. 写得正

即训练自己写字正确的能力。一笔清,无错误。既不出现字形上的错误,也不出现笔顺上的错误。不因自己的写错而误导学生。这是做一名合格教师尤其是合格语文教师的底线。

2. 写得顺

即训练自己写字顺畅的能力。小学学段实习生写字不磨蹭,不雕字刻字;中学学段实习生写字不反复,不涂写改写。这是做一名教师尤其是语文教师的基本要求。

3. 写得美

即训练自己写字美观的能力。小学学段实习生能写精美的楷书,中学学段实习生能写优美的行书;不但符合传统的汉字审美标准,而且具有个人的独特文化气质。这是做一名教师尤其是语文教师的重要特征。

4. 写得清

即训练自己写字清晰大方的能力。不因写字太轻而让学生难以看清,也不因写字太小

① 郑逸农."非指示性"语文课堂观察研究.杭州:浙江大学出版社,2017:99.

而让学生难以辨认,尤其是板书,不因此增加学生视力上的负担。这是做一名教师尤其是语文教师的保障性要求。

实习准备阶段写字训练主要是临摹字帖。写字正确率不高的同学还要购买《笔画笔顺字典》之类的工具书,边练字边纠正自己的书写错误。

但字帖的选择必须讲究。首先,要选简体字的字帖,不能选繁字体的字帖,不然会影响社会用字的规范;其次,要选单字的字帖,即按照部首编排的字典类型的字帖,不能选唐诗、宋词、美文等文章类型的字帖,不然影响练字的覆盖面;第三,要选文化人的字帖,这类字帖有学养,有灵气,有品位,有别于一些学历偏低、学养不高的社会人写的功底虽深但灵气不足、匠气有余的字帖;第四,要选与学段相符的字帖,小学学段实习生要重点选练楷书字帖,中学学段实习生要重点选练行书字帖。理由很简单:小学教师板书不能用"行书体",中学教师板书不应用"楷书体"。楷书字帖(以下均特指钢笔字帖),首选李纯博的;行书字帖,首选任平的。前者任职于中央电视台文艺部,后者任教于浙江大学文艺系。著者在《"非指示性"语文课堂观察研究》一书中曾评价说:"这两位书法家的字既有审美特质,又有文化气质;既有传承意识,又有创新品质。他们都师从魏碑,但都能从魏碑的刚硬和拙朴中脱颖出新,形成自己独特的楷书风格和行书风格,刚硬中显出秀气,拙朴中体现灵巧。"[①]其中李纯博的楷书恬静、优雅,有书卷气;任平的行书圆润、灵动,学养丰厚。李纯博的字帖,市面上基本没有以独体字字典类编排的,只有《读古诗学书法》(北京体育学院出版社 1989 年出版)等,还有他参与书写的《钢笔楷行书标准教材》(北京体育学院出版社 1989 年出版)、《新三字经四体钢笔字帖》(原子能出版社 1995 年出版)等。任平的字帖,大多以独体字字典类编排,如《学生常用汉语单词钢笔字帖》(可俗称为绿皮任平字帖,浙江文艺出版社 1997 年出版)、《多功能 3500 常用汉字钢笔字帖》(可俗称为黑皮任平字帖,杭州出版社 1998 年出版)、《多功能 3500 常用汉字钢笔两体字帖》(可俗称为蓝皮任平字帖,浙江文艺出版社 2006 年出版)。

其余值得推荐的钢笔字帖书写者,楷书如吴新如、田英章、顾仲安等。行书如骆恒光、王正良、杨为国等。

实习准备期的练字字帖要求是:小学学段的实习生自选;中学学段的实习生统一练写绿皮的任平字帖。

当然,让师范生在小学学段实习的练写楷书,在中学学段实习的练写行书,只是标配性和起步性的要求。日后要成为优秀语文教师,应该多种字体都能写——既能写楷书,又能写行书,还能写隶书,并能写基本的篆书。这样才能通过自己的专业技能多方面地表现汉字的优美,并能直观地展示汉字的字义以及字形的演变。

练字要用钢笔,不能用水笔等别的硬笔。钢笔字写好了,别的硬笔如水笔、圆珠笔、铅笔还有粉笔等,就都能写出汉字的美感来。

钢笔的选择也要有讲究。首先,只选对的,不选贵的。要选国产的品牌如英雄等,不选国外的品牌如派克等;后者虽然贵,但不太适合写汉字。其次,只选细的,不选粗的(这是指笔头)。细的笔头能使写字缺陷暴露无遗,便于发现问题;粗的笔头则会掩盖写字缺陷,不容易发现问题。再次,可选金的,不选铱金的(这也是指笔头)。前者可以连续写十几年甚至几十年,比如英雄牌 100 型号的金笔(著者 90 年代在中学任教时就买来送给班级练字优秀的

---

① 郑逸农."非指示性"语文课堂观察研究.杭州:浙江大学出版社,2017:101.

学生,现在则送给每位研究生)。铱金笔在耐用和好写方面略逊一筹,当然价格低廉,比如英雄616型号,价格只是前者的十分之一。

(二)量化的实施要求

每天三个时段,每个时段不少于半个小时;每天总量不少于两页纸。

三个时段,是指上午、中午和晚上。三个时段加起来一个半小时左右分散练字,效果优于一次性花一个半小时集中练字。

两页纸,是指以A4白纸为基准的正反面两页。不是在田字格的纸上只写几个字,而是一行行横着写,密密地挨着写过去,字距和行距都不能大。

实习准备阶段,要求练写50张左右。其中第一张和最后一张要写同样的内容(中学学段实习生写《琵琶行》或《黄花岗七十二烈士事略序》的第一段,小学学段实习生写《匆匆》的第一段。均删去标点),用于对比练字效果。中学的写在横线纸上,小学的写在方格纸上。第一行写上姓名和日期。

写字和说话一样,见效都很慢,需要在坚持中巩固,在反复中内化,直到形成质变后,写字面貌才能焕然一新,并终身受益。

在练字过程中,师范生也要充分利用团体动力学原理,建立QQ群或钉钉群、微信群等,成立互助小组,主动交流,相互评点,相互纠正,共同进步。

作为实习带队指导教师,则要在实习准备期结束时,组织说话和写字的交流和评比,让说话和写字训练效果好的同学得到鼓励,获得动力;同时也让说话和写字训练效果弱的同学看到不足,感到压力。然后让说话和写字练得好的介绍经验,并与练得不好的结对,在接下来的实习过程中除了自己继续训练说话和练字,还要帮助弱者更有效地训练说话和写字。

有了以上质性和量化的实施要求,才能保证实习生在说写方面取得训练效果。

第三节　案例展评:走出自然体体现专业性

在教师科学引导和师范生自主实践的交互作用下,实习准备阶段的说话和写字训练,大多能取得较为明显的进步,虽然只是处于进步的起始阶段,且每人的进步情况也有较大差异,但基本能走出"自然体",体现出说话和写字的专业性趋向。

一、说话方面

通过模仿朗读、熟读成诵、话题运用等,实习生的语气、语调及语用能获得较大的改善。

当然要真正做到说得准、说得精、说得顺、说得美、说得亲,还要在进入实习实施期后继续努力,一边坚持训练,一边自主运用。

进入实习实施期后,在朗读方面的要求是:继续借助三个文本《春》《黄花岗七十二烈士事略序》和《乡愁》,练习语调的变化和语气的变换(利用早、中、晚就餐前后的零碎时间分散训练,总时间不再限定);同时对要实习的课文主动进行朗读练习,并与实习组同学相互交流,相互学习;在说话方面的训练要求则是:每天对要上课的教案内容提前进行脱稿式的说话练习,一口清,不重复,无口头禅,要说得准,说得精,说得顺,说得美,说得亲。

本书限于篇幅,不在后面的实习实施期继续介绍说话训练。

下面展示的案例,是2017届高中学段实习生在实习结束前的欢送会上的即兴发言(没有稿纸)。著者作为带队教师,事先没有告诉他们每人都要发言,有意考验他们的临场应变能力。实习学校为永康一中,时间为2016年11月3日。

郭万里:各位领导和老师,各位浙师大实习的伙伴们,大家下午好! 我是郭万里,来自浙江绍兴。如果没记错的话,这应该是我们第三次来到这个会议室了,来一次少一次,今天是最后一次,所以我在这里非常想表达我自己个性化的感恩之情。从我踏进一中校门的那一刻,当我佩戴上一中校徽的那一刻,我就觉得我应该心怀感恩,感恩一中给了我们这么好的实习平台。在两个月的(实习)时间里,我每一天都心怀感恩,我感恩门卫的理解,感恩宿管阿姨的宽容,感恩食堂工作人员的每个微笑,更感恩我们一中的领导以及我的指导老师。有句话说:"莫把金针度与人。"但是我在一中却感受到了指导老师的那种"金针度人"的精神,我和我的指导老师每两天都有至少一个小时的深度交流,我们交流的范围非常广泛,可以是教育教学方面,也可以是当下高考改革的一些内容。从与指导老师的交流中,我慢慢地把自己的教育理想踏踏实实地落到了实处。我感恩一中让我坚定了我将要终身从事的语文教育事业,我感恩华校长领导的一中能够让我身为一名实习生也能够感受到在一中实习和工作的幸福和快乐。今后我要跟我的校长说,我曾经在永康一中实习,我在这里非常快乐,它也是我的母校!

孙晓雪:我就站在(会议室偏角的)这里讲,当作是给我指导老师的一份答卷。因为我上第一堂课的时候,我的老师就说:"你的声音太轻了。"我想,因为我实习了两个月,我要用最自信的、最响亮的声音来讲讲我的实习感受。在一中实习的两个月,我有两种角色,我是学生的一名教师,也是在座教师的一名学生。感谢一中,这个充满着浓浓的又满满的人情味的地方,让我做好学生,并学做一名好老师。两个月的荏苒时光,在我的(实习)日记里缓缓流淌,一点一滴都在圆着我的梦想,这个梦想是我的教师梦。这几天有学生笑嘻嘻地问我说:"老师,你会留下来吗?"我摇摇头。她说:"老师,那你会回来吗?"我说:"当然啦,这里也是我的母校!"

虞怡然:各位老师,各位同学,大家下午好! 我是来自浙江温州的虞怡然。今天永康的天气很好,临近离别了,再次回顾这座卉木蓁蓁的校园的时候,觉得这种离别的情绪更是随之高涨。在这两个月的(实习)时光中,跟学生们接触之后,我觉得再也不能忘掉他们说"老师(sī)好"这别样热情的带着乡音的话语,也不能忘记胡南益老师在指导我上课的时候对我说:"一定要让学生去思考。"也不会忘记我的班主任指导老师跟我说:"哪怕是校服没有扣好,哪怕是早操的动作没有做到位,这都可能决定成败。"我想这可能是我在一中这两个月来点滴细节上的最大收获。多年之后,当我再次听到"永康一中"的时候,我应该会非常真心地说:这是我的第一所工作的母校,这是我职业生涯的第一个起点。而华校长是我的第一位校长。

多措:尊敬的各位领导,老师们,大家好! 我是藏族的多措,来自青海。有一句话说:所有事情的结局都是美好的,如果不美好那就不是结局。对于我来说,这个结局是美好的。第一次来到这个意义非凡的会议室,我更多的是欣喜和紧张;今天最后一次站在这里,我更多的是不舍和收获。感谢的话同学们都说了很多,在这里我要感谢我的指导老师朱老师,和我所带班的学生! 我给你们鞠一个躬!

楼英：各位老师、各位领导、各位同学大家下午好！我是学科教学语文的研究生楼英，来自杭州余杭。今天的感受非常微妙，来的那天的天气和今天一样的好，只是我们身上的衣服渐渐地加厚了，我们对一中的情感也渐渐加深了。在这两个月的时间里，我接受着保安叔叔的关心和寝管阿姨的关心，还有指导老师对我们的倾囊相授，告诉我们如何上课以及职业生涯的规划。同时，校领导的关心也无处不在：有免费打印店，还有无线上网的办公室，等等。昨天我从食堂三楼走出来，看见东方微红的天空下一排排郁郁葱葱的树木，我突然很不舍得，因为在这里有太多的收获和感动！

沈明欣：尊敬的各位领导、老师，亲爱的同学们，大家下午好！我叫沈明欣，来自安徽，是课程与教学论语文专业的研究生。今天是我在永康一中度过的最后一天，在即将分别的时刻，我内心有太多的不舍。我不知道在今后的人生道路上以及职业生涯中，还能不能遇到这样一所充满爱与关怀的学校，能不能遇到像华校长一样有包容之心的好校长。所以，除了不舍之外，我最想说的还是感谢。我之前是一个站在讲台上说话都会发抖的人，但是经过两个月的实习，我的指导老师给我的评价是："你像一个老师的样子了。"所以我很感谢我的指导老师王建立老师。他对我说得最多的一句话就是："没事，我相信你！"在他的信任之下，我慢慢地获得了自信，也获得了教学与班主任管理方面的指导。最后也感谢在永康一中工作的叔叔阿姨们，让我们感受到了家的温暖。

方珍：各位领导、老师，同学们，大家下午好！还记得9月份来的那一天，也是在这个会议室里面，亮出了"浙江师范大学实习队欢迎会"，但是今天，却已经变成了"欢送会"。两个月很快就过去了，也是在这个会议室里第一次听到华校长对我们说您是我们的第一任校长。两个月下来，谢谢华校长的厚爱！也谢谢周副校长对我们的关爱，还记得您时常来我们办公室嘘寒问暖的身影，也记得那次在食堂偶然碰到一起吃饭的情景。也谢谢我的指导老师王老师，每次在我上课的时候都能坐在教室后面听课，还帮我拍照留念，平时则跟我像朋友一样地谈教学，聊生活。在这里有太多的感动，我就给各位老师鞠个躬吧。谢谢各位老师！

林宇琛：各位老师下午好！我是语文的林宇琛，是永康本地人。日本茶道有一个词叫"一期一会"，我觉得拿来形容我们的实习非常合适，因为在一段时间里跟某些事、物只有一次的相遇机会，所以非常值得珍惜。首先我觉得跟指导老师相遇是非常幸运的，我的指导老师是胡南益老师，他是一个气质非常儒雅的人，上课非常富有激情，学生也很喜欢他。他总能非常耐心地对我们的上课提出建议，备课的时候去找他也能给出非常多的修改意见。还有我的班主任指导老师陈帆老师，陈老师是很年轻的老师，所以我们交流起来没有代沟，他也教给我很多班级管理方面的建议。其次与学生的相遇是非常奇妙的，我带的是高一（8）班，每一个学生都非常可爱，他们思维很活跃，总是能提出自己的看法，跟他们熟悉起来不是很困难，但是想深入了解他们每一个人时间却不够了，实习马上就要结束了，也是他们让我们感受到了做老师的温暖。最后跟我们每一位队友的相遇是非常快乐的。我们队友大部分是人文学院，有几位则是其他学院的，我们之前可能并不认识，但是到了这里却跟兄弟姐妹一样，非常亲切。他们每一个人都非常努力，我也从他们身上学到很多。愿我们每一个人都能找到好的工作。这段实习经历是我非常怀念的，非常值得珍惜，我会铭记一辈子。谢谢！

陈恬妮：各位老师，各位一起奋斗了两个月的小伙伴们，大家好！我是永康一中实习队语文组的组长，我叫陈恬妮，来自浙江台州。作为我们实习队的最后一位发言者，也在这里做一个小小的总结吧。作为一个语文老师，我想改编一下《想北平》里的一段话作为开始：

"我对于一中的爱,不是枝枝节节的一些什么,而是整个儿与我的心灵相黏合的一段历史,每一细小的事件中都有个我,我的每一思念中都有个一中,只是说不出而已。"总结来说,我认为一中的爱有以下三点:学生可爱,师父关爱,学校大爱。一中的孩子很优秀也很可爱,在我上完最后一节课的时候,我让大家写一写对我这两个月以来教学和管理上的建议和缺点,想了解他们最真实的想法,让自己有更快的进步,没想到收到的却是一封封"情书"! 在学生眼里,他们看到的和感受到的都是老师的优点和闪光之处,即使你有缺点他们也选择无条件地包容你。我想也正是因为这些学生的爱,让我们坚定了当老师的决心。其次,比学生更有爱的是师父给的关爱,我们很幸运,除了带队老师郑老师之外,一下子就收获了两个师父,一个是班主任师父,一个是学科师父。我记得我的学科师父胡老师说过:"你上课,我放心!"我觉得这句话是对我最高的评价,也是在我许多迷茫的日子里为我点亮的一盏心灯。除此之外呢,华校长、周副校长以及其他许多老师也给了我们无微不至的大爱。一中很美,夜景特别美。因为它门口有一条江,晚上的时候人在桥上走,看见灯火掩映下的校园,想想教室里有一群孩子喜欢着我,办公室里有这么多小伙伴们陪伴着我,在学校里有这么多老师关心着我,这就是我二十多年来收获的最惬意、最满足的一份心情,一份感动! 我永远不会忘记。谢谢大家!

　　上面这个即兴发言的案例,是著者十几年实习带队历程中较为典型的一个,已经初步具备了语文教师说话的专业性。

　　一是说得准。语音都比较准正,尤其是语义都比较准确,能围绕"实习欢送会"这个特定的主题,准确地讲述自己的实习经历,总结自己的实习收获,表达自己的实习感受。二是说得精。语句都比较精炼,基本做到了段中无余句、句中无余词,也没有明显的口头禅(各种口头禅"嗯""啊""嘛""那个""那么""然后""就是"等等都在严格的要求中被他们"消灭"了);语义也比较精到,主题集中,没有偏离的话语。三是说得顺。语流都很顺畅,没有出现阻塞、重复和空白,语速也很顺适,中速进行,不会太快或太慢。四是说得美。许多实习生都能在注意语调抑扬顿挫的同时,讲究语词上的生动和优雅,如引用了"莫把金针度与人",运用了对称回环的"我是学生的一名教师,也是在座教师的一名学生",如将校园形容为"卉木萋萋",如巧妙地表达为"身上的衣服渐渐地加厚了,我们对一中的情感也渐渐加深了",还有借用日本茶道用语"一期一会"来表达珍惜之意,巧妙改编课文《想北平》的话来表达感激之情。五是说得亲。都很真诚地表达了对实习学校的感动、感谢、感激和感恩,甚至把实习学校视作自己的母校,把校长视作自己的第一任校长。有的还换一种表达方式,把这份感情情景化,因看到东方微红天空下的校园美景而突然觉得"很不舍得"。最后一位发言者则跳出校园来创设情境,走在校门外一条江的大桥上,想着教室里有喜欢自己的学生,办公室里有陪伴自己的伙伴,学校里有关心自己的老师,由此表达自己"最惬意、最满足"的心情和感动。特别值得一提的是,每人都不再使用"希望"这个祈使性的语词,都自觉地将它从自己的文明话语体系里剔除了,本来他们也是一开口就会对别人提希望。

　　上面五个方面,每个方面做到都不容易。因此在欢送会现场,实习学校的大部分领导和指导老师听着实习生的一个个即兴发言,都啧啧称赞。著者作为实习带队指导教师,对他们的发言表现也非常满意,在最后总结时忍不住对他们说:看来我们平时的训练没有白花,今天出成果了,已经转化为你们的表达智慧了!

二、写字方面

师范生对着指定字帖一天天临摹训练，写字会由量变一步步走向质变，逐渐脱离"自然体"，趋向专业性。

当然，这也只是起步阶段，必须在进入实习实施期后坚持练字，一边对着字帖模仿训练，一边在实习课的板书中自主运用。

进入实习实施期后，练字的要求是：继续坚持练字，每天两页，A4白纸正反面写满，左上角写上日期与姓名。每两周由推选出的练字组长组织练字成果的展示、交流与评比（无记名打分并排名），营造相互学习、相互促进、共同进步的氛围。实习结束时每人再写一次实习准备期首尾两次写过的文段，形成三次练字对比。

本书限于篇幅，也不在后面的实习实施期继续介绍写字训练。

下面分别展示小学和中学两类实习生的练字案例。

第一类为小学，训练的是楷书字，为实习生王莹写的《匆匆》文段。

左侧的一幅写于2021年7月4日，右侧的一幅写于2021年8月24日。

燕	子	去	了	有	再	来	的	时	候
杨	柳	枯	了	有	再	青	的	时	候
但	是	聪	明	的	你	告	诉	我	我
们	的	日	子	为	什	么	一	去	不
复	返	呢	是	有	人	偷	了	他	们
罢	那	是	谁	又	藏	在	何	处	呢
是	他	们	自	己	逃	走	了	罢	现
在	又	到	了	哪	里	呢			

燕	子	去	了	有	再	来	的	时	候
杨	柳	枯	了	有	再	青	的	时	候
但	是	聪	明	的	你	告	诉	我	我
们	的	日	子	为	什	么	一	去	不
复	返	呢	是	有	人	偷	了	他	们
罢	那	是	谁	又	藏	在	何	处	呢
是	他	们	自	己	逃	走	了	罢	现
在	又	到	了	哪	里	呢			

前后两幅楷书字，间隔50天，但训练效果已经较为明显了。练字之前的第一幅字，缺少楷书的传统审美特质，没有汉字运笔的顿挫等节奏之美，也没有汉字形体的端庄和匀称之美；而训练之后的第二幅字，已经基本具有汉字运笔的顿挫等节奏之美，也基本具有汉字形体的端庄和匀称之美。

第二类为中学，训练的是行书字，为实习生金艺成写的《黄花岗七十二烈士事略序》文段。

第一幅写于2020年3月1日，第二幅写于2020年5月12日。

两幅行书字，是70天前后的对比，训练效果比较明显。练字之前的第一幅字，运笔粗糙，结体松垮，整幅字流露着浮躁的气息，比较典型地体现了现在许多师范生的书写特点。练字之后的第二幅字，虽然还有不足，但已经获得了写字的革命性突破，运笔变得细腻，结体变得精巧，单体字圆润有韵味，整幅字宁静又不失活力，已经初步具备传统书法的审美特点，也初步展现了自己的个性气质。

著者所带实习生中的中文系学生，在大三第二学期的微格课期间，就引导他们每天练写行书字了，边上微格课边练字，直到两个多月的微格课结束。这两幅字的书写时间也前置到了该实习生跟着著者上微格课时的前后时间。许多师范生在微格课期间经过两个多月的行满清末造，革命党人历艰难险巇，以坚毅不挠之精神，与民贼相搏，踬踣者屡，死事之惨，以辛亥三月二十九日围攻两广督署之役为最，吾党菁华，付之一炬，其损失可谓大矣。然是役也，碧血横飞，浩气四塞，草木为之含悲，风云因而变色，全国久蛰之人心，乃大兴奋。怨愤所积，如怒涛排壑，不可遏抑，不半载而武昌之大革命以成，则斯役之价值，直可惊天地、泣鬼神，与武昌革命之役并寿。

满清末造，革命党人历艰难险巇，以坚毅不挠之精神，与民贼相搏，踬踣者屡，死事之惨，以辛亥三月二十九日围攻两广督署之役为最，吾党菁华，付之一炬。其损失可谓大矣。然是役也，碧血横飞，浩气四塞，草木为之含悲，风云因而变色，全国久蛰之人心，乃大兴奋。怨愤所积，如怒涛排壑，不可遏抑，不半载而武昌之大革命以成，则斯役之价值，直可惊天地、泣鬼神，与武昌革命之役并寿。

书训练，就能基本摆脱"自然体"，初步走向"专业体"，包括他们微格课上的板书。

下面是曹慧娜同学微格课期间的对比练字，两幅字分别写于 2018 年 3 月 18 日和 5 月 18 日，对比效果比较明显。

琵琶行 白居易 浔阳江头夜送客 枫叶
获花秋瑟瑟 主人下马客在船 举酒欲
饮无管弦 醉不成欢惨将别 别时茫茫
江浸月 忽闻水上琵琶声 主人忘归客
不发

琵琶行 白居易 浔阳江头夜送客
枫叶获花秋瑟瑟 主人下马客在
船举酒欲饮无管弦 醉不成欢惨
将别 别时茫茫江浸月 忽闻水上
琵琶声 主人忘归客不发

下面左右两幅行书字则是吴沁颖和章婷婷两位同学在微格课结束前和抽查考核时写的板书，已经具有较好的美感，分别写于 2020 年 5 月 13 日和 5 月 23 日。新冠肺炎疫情期间微格课及考核都移到了线上，板书也写在了纸上。

景美：良田、美池、桑竹
物美：屋舍俨然、鸡犬相闻
人美：老少并怡然自得
      虚实结合、理想社会

虚伪愚蠢

大臣 皇帝 百姓
华丽 精致 天双
     美极了
  人性的弱点

强

自欺欺人

说话和写字，都很不容易改变。但只要实习生在获得科学引导后自主实践，就能在训练中走出"自然体"，体现专业性，获得自我突破，走向自主成长，为以后成为专业教师打下重要的底子。

第二章 教案设计

第一节 设计意图：做能专业写教案的教师

"非指示性"教育实习，要求能专业地写教案。

可能有人会说：教师不是天天都在写教案吗？还需要专业训练吗？

确实，教师天天都在写教案，天天都在为写教案而忙碌，尤其是语文教师。但是，能专业写教案的其实并不多。

这一方面是因为许多教师当年在师范院校就读期间就没有入门，没有掌握专业写教案（本书将"写教案""教案设计""教学设计"视为同义）的技能，不懂得专业的教案到底该怎么设计，只是凭着自己的感觉写，写的大多是"自然体"而非"专业体"。但许多师范生并没有什么触动，毕业时走出校门，回望校门上的"师范"二字，往往并不感到愧疚，因为他们没有比较，并不知道自己写的只是不专业的"自然体"。

另一方面则是因为走上工作岗位后缺少自主钻研的意识，不会主动补课，而是继续凭感觉写着"自然体"的教案，没有逼迫自己往专业的方向走。如果还侥幸地得了奖，那就更不会主动转向了。

有的因为不专业，就干脆"退而求抄"。现在实习生抄袭他人教案的现象不在少数。在一次实习动员大会上，某高校中文专业所在学院的副院长就公开批评会场上的学生在实习前的试讲期间毫无顾忌地上网抄袭他人的教案，怒斥他们是"堕落"。这样的学生，毕业后当上教师会继续抄袭，继续放任自己，最终导致"没有原创的意识，也没有原创的能力"①。

不专业的教案设计，有哪些主要表现呢？

一、板块设计不专业

教案有其内在的设计逻辑：先要面对某个具体的文本，分析其个性特点和教学价值，以及所在单元的教学要求等；然后分析学生需要从中学到什么，是否具备了相应的学习基础，需要运用哪些学习方法；基于文本和学生的情况，要设计相应的教学任务，包括教学目标以及其中的教学重点和教学难点，并选择相应的教学方法；再将教学任务设计为具体的教学过程，以落实教学目标，突出教学重点，突破教学难点；教学过程中要有板书，还要对板书做出相应的独立设计。

因此教案设计就有五个必不可少的板块：文本分析，学生分析，任务设计，过程设计，板书设计（可俗称为两"分析"三"设计"）。但现在有些师范生和教师，却把板块设计得较为随

---

① 郑逸农.语文教学论课程要更接地气[J].北京：中学语文教学，2015(11)：10.

意,甚至比较杂乱,缺少设计的内在逻辑,也缺少合理的编排顺序,甚至还有这样设计教案板块的:作者介绍;内容分析;思想感情;课文线索。

二、文本分析不专业

面对要教学的文本(大多为课文),容易分析得泛,分析得浅,甚至分析得偏,分析得虚。

分析得泛,主要是指面对不同的文体,都用"语言朴素""感情真挚""以小见大"之类的"普通话"去套;或面对不同的文体,都用该文体的共性话语去套,比如只要是散文就是"形散神不散",只要是小说就是"人物独特""环境典型",只要是诗歌就是"节奏整齐""韵律和谐",不会基于文体的共性特点去分析文本的个性特色。分析得浅,主要是指停留在文本的表面,不会由表及里地深入分析。比如《乡愁》只看到作者对故乡的忧愁和伤感,看不到作者更沉更重的家国之痛;《故都的秋》只看到作者对于秋天的喜爱,看不到中国传统知识分子对于秋天的独特审美情结。分析得偏,主要是指用偏颇的思维和观念去分析文本,尤其是小说,总是用"阶级分析法"去分析,如把《皇帝的新装》理解为揭露皇帝和大臣等封建统治者的愚昧、昏庸和腐朽,没有跳出"偏门",看到从皇帝到百姓人人都有的虚荣乃至虚伪的人性弱点;如把《祝福》理解为以鲁四老爷为代表的地主阶级对劳动妇女的摧残迫害,殊不知不管是富人还是穷人、恶人还是善人,"都是被封建礼教思想武装起来的人"[①],都把祥林嫂往死里推。分析得虚,主要是指对一些有瑕疵的课文(小学、初中、高中都有),发现不了问题,只是一味地肯定,缺少理性审视和辩证分析。

以上列举的其实只是在分析文本表达的内容和情感方面容易出现的问题,而更容易出现问题的还是对文本表达的形式和技巧的分析,往往分析不到本文特有的、特别精彩的方面,领会不到作者表达的匠心和智慧。

从学段上说,文本分析出现的问题,中学多于小学,高中又多于初中。

三、任务设计不专业

这方面的问题,不管是小学、初中还是高中,都普遍存在。

最普遍的问题是:认知目标方面的行为动词设计得很虚,情感目标方面的行为动词设计得很泛。前者如使用行为不可观察、效果不可评价的"了解""理解""掌握"之类的动词,而不是使用可观察、可评价的"读出""说出"或"写出""画出"等能"面试"或"笔试"的外显行为的动词,来判断学生是否真的了解、理解和掌握了。后者则使用一两节课不可能达到的"培养""树立"等行为动词,如"培养学生热爱家乡的感情""树立学生正确的学习态度",而不是短时间内就能做到的"感受""体验"等动词。

第二个问题是:教学目标的表述句式不清爽,杂糅了多个目标。如"体会散文的语言特色,分析其中个性化人物的特点",这一个句式包含了两个目标:第一,散文语言的特色;第二,文中人物的特点。

第三个问题是:认知目标列得太多,眉毛胡子一把抓。大大小小的目标都列进来,包括"自读课文""了解作者"等,而本文特有的、特别需要学习的偏偏没有列进来。

① 郑逸农.“非指示性”语文教学设计研究[M].杭州:浙江大学出版社,2012:160.

第四个问题是:教学重点和教学难点没有从三维目标中截取,而是另起炉灶,重新编写,违背了设计的内在逻辑。

还有其他一些问题,比如教学重点列了好几条,与"重点"一语相悖;比如教学重点与难点糊在一起,甚至混为一谈,取名为"教学重难点";再比如教学重点取自"情感态度与价值观"这一维度,把语文课设计成"泛人文课"或"泛科学课",例如"体会作者对生活的热爱""感受生物入侵的危害"。

四、过程设计不专业

过程设计也会出现许多问题,最突出的是运用"指示性"教育来设计,以教师为中心,指示和控制的特点明显。

一是指示结论,运用演绎法设计教学过程。在新课导入环节,就直接告知学生课文题目是什么意思、作者是谁、写作背景是什么,甚至告知写作主题是什么。往下的教学变成了代入和验证,而不是发现和探索。比如教学《我的叔叔于勒》,会这样设计导入环节:"我们可能还没学习过批判资本主义社会人与人之间赤裸裸的金钱关系的课文,今天我们这篇课文,就是揭露这种关系的。"

二是全程控制,运用师问生答的方式设计教学过程。不仅预设了教师要怎么问,还规定了学生该怎么答,把每句话都写在教案上。请看下面的《望庐山瀑布》教案片段:

教师:同学们,你们从图片中读到了什么?

学生 1:瀑布的气势很雄伟,声音很大。

学生 2:瀑布溅的水花也很大很美丽。

教师:很好,大家都看到了瀑布气势的雄伟,那么现在我们一起来看看李白是怎么表达这瀑布雄伟的气势的吧。我首先想问问大家,第一句中,"紫烟"指的是什么?

学生 3:紫色的烟雾。

学生 4:瀑布的水汽。

教师:你们说得都有道理,李白看到了阳光下紫色的烟雾正在升起,这其实是瀑布的水汽之大,在太阳照射下看上去就像是紫色的烟雾一样了。从瀑布的水汽之大可以看出什么?

学生 5:瀑布的水多,落差大,气势大。

教师:很好,我们再来看看李白接下来是怎么写的,第二句中李白点明了自己观看瀑布的位置。你们知道他是在哪里看的瀑布吗?

学生 6:在比较远的地方,因为他是遥看瀑布。

教师:我们从"遥"字可以看出李白观看瀑布地理位置之远,那么他在那么远的地方看到了瀑布的形态是怎么样的呢?

学生 7:飞流直下三千尺。

教师:对呀,瀑布一泻而下,有三千尺那么高。一尺的长度是一米多,三千尺就是三千多米,瀑布真的会有那么高吗?

学生 8:不会!

教师:对,所以李白在这里用的是夸张的手法,为的是表现瀑布的壮美与磅礴的气势。我们再来看他接下来是怎么写的,疑是银河落九天。这里李白是怎样来表现瀑布的呢?

学生 9:把瀑布写作好像是银河从九天上落下来。

教师:对,这里李白也用了夸张的手法,而且还加上了自己丰富的想象,把瀑布想象成从银河上落了下来。你们觉得他这个想象如何?

学生10:很符合瀑布的形态,想象得很生动。

教师:对啊,李白运用了他常用的夸张和想象的手法,表现出了瀑布磅礴的气势和壮美的景色。你们现在能进一步体会到瀑布的气势和美丽了吗?

学生齐声:能!

教师:很好,那么现在请大家自己流利、有感情地朗读这首诗,要读出瀑布雄伟、磅礴的气势。

这样设计教学过程,教师就完全以自己的思考控制和取代了学生的独立判断。学生不是学习的主体,只是教学的工具。如果课堂上学生回答得未如教师所愿,教师可能会急着跳出来说:"不对!你应该这样回答……"然后拿着教案,把学生应该怎么回答的话读给学生听。

此外,教学过程设计还容易出现逻辑上的问题。一是并不是每个环节都是必需的,有些是可有可无的多余环节,同时却有重要的被遗漏的环节;二是环节之间并不是步步提升的,有的环节和前面的环节处在同一个层面。

还有环节名称老套的问题。不管设计什么教案,都搬用代代相传的"四步曲"名称:新课导入,整体感知,深入研讨,总结提升;甚至搬用什么学科都通用的名称:导入新课,探索新知,拓展提升,总结学习。

而过程设计的最后一个环节,也会被设计成思品课的类型。例如课文《老王》的结束语,就会被设计为:"这节课我们认识了两个人,一个是生活在社会底层却闪烁着人性光芒的三轮车夫老王;一个是有着善良品格还能不断反省自身的崇高学者杨绛。老师希望同学们能带着老王和杨绛所折射出的精神财富,泰然自若地面对苦难,真诚无私地付出情感,睿智深刻地反省自我。"这样的设计与思想品德课的设计没有区别。

教学过程的不专业,还可能体现在没有紧扣前面的教学目标展开设计,既没有突出教学重点,也没有突破教学难点,只是较为随意地自顾自设计一通。

五、板书设计不专业

板书设计最普遍的问题是只设计课文表达的内容和思想,而不设计课文表达的形式和技巧。

例如高中课文《烛之武退秦师》的板书设计:

烛之武:有智慧,爱国,怀才不遇。

郑伯:善于纳谏,敢于承认错误。

晋伯:富有谋略。

再如初中课文《背影》的板书设计:

第一件事:我和父亲回家奔丧。

第二件事:父亲嘱咐茶房陪我去车站,但终是自己陪我去了。

第三件事:我的父亲向脚夫讲价钱,及父亲嘱咐茶房照应我。

第四件事:父亲为我买橘子。

第五件事:父亲给我写信。

再如小学课文《我是什么》的板书设计：

云		池子
雨		小溪
雹	水	江河
雪		海洋

上面三个不同学段的板书,教师都只是带着学生把课文内容梳理一遍。有专家将这种现象概括为"以课文思想内容的理解为主要目标,并且围绕课文思想内容理解来组织教学"[①]。而语文课程是一门"学习国家通用语言文字运用的综合性、实践性课程"[②]。

上面列举了教学设计不专业的种种表现。由此可以得出一个基本结论:做一个能专业写教案的教师,不仅重要,而且不易! 因此要在实习准备阶段趁早努力,认真训练,培养自己原创设计的意识和能力。

第二节　实施要求:朝着专业方向自主设计

要让师范生日后成为能专业写教案的教师,就要设计实施要求,进行专项训练,让师范生朝着专业的方向自主设计。

实施要求既要体现高校带队指导教师的科学引导,又要突出师范生的自主实践。师生双方在理念上产生共鸣,在策略上形成共识,然后付诸实施。

实施要求包括质性和量化两大方面。

一、质性方面的实施要求

(一)原创写教案

原创即意味着师范生要运用自己的智慧独立备课,不搬用更不抄袭他人的教案。拿到一篇课文,独立素读,不看配套的教参,也不看他人的教案。先个性化解读,读出自己的理解;后还原性解读,读出作者的意旨。之后才看课文所在单元(或专题)的学习要求,以及课文前面的导语、课文后面的习题,了解教材编写的用意。再思考所教学生的认知水平和情感状况,确定教学的起点。在此基础上,独立撰写教案,形成教案框架。

教案基本成型后,再就其中较粗糙的、需要细化的,或有疑问的、需要明晰的方面主动学习配套的教参和他人的教案,将可取之处借鉴过来,形成自己的理解,运用自己的语言对教案充实完善。

原创备课,并不是要让师范生只做井底之蛙,让自己看到的天空更小,而是有意让自己先跳入井中,主动隔绝,静心思考,培养独立备课的意识和能力;在形成自己的独立思考后,再跳出小井,主动学习,看更广阔的天空。

原创备课,才能让自己走在专业成长的路上。原创备课一两年,所获得的成长超过抄袭

①　吴忠豪.语文课须围绕本体性教学内容组织教学[J].小学语文教师,2013(1):20.
②　中华人民共和国教育部.义务教育语文课程标准(2022年版)[S].北京:北京师范大学出版社,2022:1.

教案三五年。

(二)电脑写教案

电脑是现代教学最重要也是最基本的用具,今天的教师写教案要从一张纸、一支笔的原始方式转向一个屏幕、一个键盘的现代方式。用纸和笔写教案,与屏幕和键盘写教案,速度不可相提并论。除了能提高速度,提升做事效率,电脑备课还有许多优势:第一,修改方便,随写随改;第二,引用方便,可直接复制需要引用的资料;第三,交流方便,需要与他人交流或请教时,马上可把电子教案发给对方看。

当然本书对电脑打字是专业的要求,是不看键盘的快速盲打,想到什么或听到什么就能及时打下来,心手同步,快速呈现。

因此要在实习准备期的暑期两个月训练自己电脑盲打的基本功,与训练说话和写字一同进行,把电脑盲打作为现代教师的另一种写字技能来训练。先在电脑上学会正确摆放十个手指,规范手型,如同练习写字要先规范握笔姿势一样。然后下载"金山打字通"之类的练习软件,熟悉键盘上26个字母及标点符号等的相应位置,之后用全拼打字(以便强化每个汉字的正确读音),逐步掌握快速盲打的专业本领。

掌握了电脑盲打的基本功后,就可在键盘上"手舞指蹈",顺利自如地"书写"教案,并在进入实习实施期后快捷地写教案,写实习日志等,并带着电脑进教室听课,让自己成为专业使用电脑的新一代教师。

(三)专业写教案

1. 写出科学性

(1)教案板块的设计要有科学性

要按照教案设计的内在逻辑,设立五个必不可少的板块(可有可无的都不要),并依次取名为:文本分析,学生分析,任务设计,过程设计,板书设计。

(2)各个板块的内容设计要有科学性

第一个板块为"文本分析"。一要分析该文本选自哪里,要求准确。二要分析单元或专题的学习要求,要简洁、准确、全面(原话截取或提炼)。三要分析该文本的内容(小说还要分析主题),要求简洁、准确、全面。四要分析该文本的特点(通用的方法是前半句分析教材在编写形式上的特点,后半句分析教材在编写内容上的特点;但语文教材编写得大多不完全科学,除小学低学段外大多只能改为以文体的共性特点分条领起,进而分析文本的个性特点,如课文《祝福》的文本特点可分析为:主题深刻,对以封建礼教为代表的封建文化糟粕进行反思和批判;人物独特,塑造的祥林嫂是一个厄运连连的没有人生春天的女人;情节巧妙,先用倒叙写法突出悲惨,再用顺叙写法展现祥林嫂每况愈下的悲惨人生路;环境典型,鲁镇和鲁四老爷家两个一大一小的环境都有着浓重的封建礼教氛围),要求细致、准确、深入。五要分析该文本的教学价值(通用的方法是前半句分析该文本对后面章节学习所起的作用,后半句分析该文本对培养学生本学科素养所起的作用;但语文学科由于教材编写的非线性、非逻辑特点,除小学低学段外大多只能改为前半句分析该文本在文体运用形式方面的独特价值,后半句分析该文本在单元或专题学习要求方面的典型价值。如课文《苏州园林》的教学价值,可分析为:在文体运用形式方面,说明文文体特点明显;在单元学习要求方面,说明对象、说明方法和说明语言等都具有典型性),要求简洁、准确、全面。

第二个板块为"学生分析"。一要分析学生需要从中学到什么(前半句是认知方面的,将

第一部分中的文本特点等归类即可;后半句是情感方面的。如《苏州园林》可分析为:学习抓住苏州园林的特征,运用相应的说明顺序、说明方法和说明语言来说明的写法;体会苏州园林的艺术美),要分析得简洁、准确、全面。二要分析学生是否具备了相应的学习基础,在认知上如何(对文体或专题等的理解情况),在情感上如何(对文本内容的认识情况),要分析得简洁、准确、全面。三要分析学生需要采用哪些学习方法(其中第一个为语文学科最基本的方法诵读法,第二个则写该文体或专题或本节课最典型的方法,如研习法、想象法、概括法、探究法等),也要分析得简洁、准确、全面。

第三个板块为"任务设计"。包括设计教学目标、教学重点、教学难点和教学方法。

教学目标方面,以前大多设计为以下三维:知识与能力、过程与方法、情感态度与价值观(本书称之为"老三维");现在则可设计为以下三维:语言知识与能力、思维方法与品质、情感态度与价值观(本书称之为"新三维")。后者能体现语文学科核心素养四要素:语言建构与运用、思维发展与提升、审美鉴赏与创造、文化传承与理解;其中第一维和第二维与学科核心素养中的前两个要素"语言"和"思维"相呼应;第三维则涵盖学科核心素养中的后两个要素"审美"和"文化"(其中第一条设计审美方面的,第二条设计文化方面的)。"新三维"的设计模型源于高中课标中的一句话:"语文学科核心素养……是学生在语文学习中获得的语言知识与语言能力,思维方法与思维品质,情感、态度与价值观的综合体现。"[①]

教学重点和教学难点,要从前面的三维中截取。其中教学重点只有一条,要到"老三维"的第一维或到"新三维"的前两维去截取,以防止学科教学的泛化;教学难点偶尔可以有两条,可面向三维截取。

"老三维"的设计,以小学一年级课文《日月水火》为例,可以这样设计:(一)三维目标:1.知识与能力:(1)能读出"日""月""水""火""山""石""田""禾"八个生字;(2)能写出"日""火""田""禾"四个生字;(3)能说出象形字的特点。2.过程与方法:(1)能在读生字的过程中运用想象的方法;(2)能在写生字的过程中运用比较的方法。3.情感态度与价值观:(1)能感受汉字形体的魅力;(2)能体会汉字学习的乐趣。(二)教学重点:能读出"日""月""水""火""山""石""田""禾"八个生字。(三)教学难点:能写出"日""火""田""禾"四个生字。

"新三维"的设计,以初中二年级课文《苏州园林》为例,可以这样设计:(一)三维目标:1.语言知识与能力:(1)能说出说明对象的特征和内涵;(2)能解释说明语言的特点和作用;(3)能仿用文中说明的语言和方法。2.思维方法与品质:(1)能说出说明方法的特点和效果;(2)能解释说明顺序的方法和效果。3.情感态度与价值观:(1)能感受说明语言的严谨美(此为审美方面);(2)能体会苏州园林的艺术美(此为文化方面)。(二)教学重点:能说出说明方法的特点和效果。(三)教学难点:能解释说明语言的特点和作用。

教学方法方面,一般都可设计为:讲授法、提问法、点拨法、多媒体展示法等服从于学生学习需要的方法。

第四个板块为"过程设计"。要围绕教学目标及其中的重点和难点来设计。整个过程要设计出若干环节,每个环节都要设计出序号、名称及具体内容;环节名称大多直接或间接体现教学目标的相关条目;每个教学环节都是必需的,既没有可有可无的多余环节,也没有重要的却被遗漏的环节;教学重点和教学难点要设计得更具体,更突出。

---

① 中华人民共和国教育部.普通高中语文课程标准(2017年版2020年修订)[S].北京:人民教育出版社,2020:4.

第五个板块为"板书设计"。一是在内容的设计上，要抓住关键词(名词、动词、形容词等)来设计，其中来自文本的感性的关键词占三分之二左右，来自自己概括的理性的关键词占三分之一左右。后者最重要的一个词称为核心词，用红色书写，起到点睛作用。二是在形式的设计上，要用构图使整个板书形成一个整体，让学生的认知和情感都获得整体提升。

2. 写出人文性

(1)整个过程要立足学生的学来设计

要运用归纳法来设计整个过程，其中的导入环节起步要最低，只是依次激发学生学习本文的情感兴趣和认知兴趣，并不告知本文的内容，也不介绍作者和写作背景，让每人立足自身，自主探究，展开个性化学习，用自己的心灵去感悟，用自己的思维去创新。学有所得后，再了解作者和写作背景，走进作者的情感世界，深入探究，进行还原性学习。整个过程从低到高，循序渐进。学习结束时，还要让学生先说说自己的学习收获或学习启示，让他们自主总结，自主提升。

(2)每个环节都要设计"先生后师"五步骤

第一步，个人独立学习；第二步，小组交流完善；第三步，班级抽样明晰；第四步，教师评价介绍；第五步，教师反馈检测。其中，个人独立学习时，要设计学习的任务、要求和时间，防止学习的盲目和随意；小组交流时，要相互评判，相互完善，形成小组最佳答案，防止为交流而交流；班级交流时，要在自评和互评中形成班级明晰的共识，防止越交流越泛化；教师评价介绍，要先总体评价学习情况，让学生对刚才的学习有基本的认识，再介绍教师的基本理解(解读或解答等)，继续提升学生的学习，防止教师无作为；教师反馈检测，要先总体反馈，了解班级整体的获得情况，再现场检测，了解学生真实的获得情况，防止出现"烂尾楼"。

若是第一次学习某个类型的内容，还要再设计一个环节：教师目的说明。说明设置该学习内容的目的(比如第一次让学生初读课文，说说感受，就要设计以下说明：刚才让各位初读课文，说说感受，是要培养纤细的感受力，这是语文素养最重要的标志之一)，增加教学的透明度，也让学生主动反思自己的学习。

(3)多个教案要设计出逐渐开放的特点

同一个单元或专题的多个教案，或整个实习期的多个教案，要设计得逐级提升，逐渐开放，构建整体性、连续式的"非指示性"教学设计三级模型。其中第一层级为共选型设计，共选学习重点和学习难点等要点；第二层级为分选型(共选与自选结合型)设计，共选学习重点、自选学习难点等要点；第三层级为自选型设计，自选学习重点、自选学习难点等要点。单篇教学和多篇教学(又称群文教学、整合教学、大单元任务式教学等)的设计都是如此(只是后者有时将重点或难点设计成整合性的任务形式)。以此对应"非指示性"教学实施的三个阶段：牵手型教学、松手型教学和放手型教学。在设计和实施中让学生的自主意识和自主能力逐步提升。

设计第二层级和第三层级的教案时，其中的"任务设计"部分只写教师个人对教学重点和难点的基本设想，以此作为自己设计问题与学生现场交流的依据。

(4)自主学习前要设计思考和交流的环节

为保证自主学习的质量，要在学生自主学习前设计思考和交流的环节。

比如在共选学习重点的环节，要先请每人思考：要共选出学习重点，按照怎样的顺序操作比较可行也比较科学？让学生在思考和交流中努力形成基本共识：课文都有文体，也都来自教材(学生角度称为"课本",以下均改称"课本"),立足文体和课本的学习点看课文,会看到相应的精彩点,发现学习的重点。因此可从宏观到微观依次操作:先列出文体的学习点,总体了解该文体要学哪些;再列出课本的学习点(包括单元学习点和文后学习点),具体了解该课本要学哪些;后由此发现课文的精彩点,从中找到学习的重点。个人选出后经过集体交流,"同类项合并",就是班级共选的学习重点。

比如在自选学习难点的环节,要先请每人思考:要自选出学习难点,按照怎样的方法操作,比较准确?让学生在思考和交流中努力形成基本共识;难点源于课文的客观要求和自身的主观缺失;因此可立足课文的客观要求,反思自身是否存在缺失,缺失点就可作为自己的学习难点。

比如在选择了学习点后,要引导学生思考:要把它学实,可以从哪几个方面加以细化?细化的要求是什么?引导学生在思考和交流中努力形成基本共识:可将学习点细化为学习任务、学习要求和学习时间三个方面;细化的基本要求是:学习任务要明确可操作,学习要求要科学有层级,学习时间要合理稍紧凑。

比如还要引导学生思考:要让自己在班级学习中取得最大的效果,需要经过哪几个阶段?把学生的学和老师的教都列进来思考。让学生在思考和交流中努力形成基本共识:一般要经过"先生后师"的五个阶段和步骤:第一步,自己独立学习,取得尽可能大的学习收获;第二步,参与小组交流,在交流中提升自己的学习;第三步,参与班级交流,在交流中继续提升自己的学习;第四步,听取老师的评价和介绍,获得新的收获和提升;第五步,观察老师的反馈和检测,了解全班的过关情况,反思自己的学习收获。

上述每个问题提出后,都要设计学生独立思考、集体交流、教师介绍三个"先生后师"的过程,以逐渐形成共识,存异中求同。

设计思考和交流的环节,既能让学生获得自主学习的方法和能力,也能获得自主意识的提升,并能与教师形成学与教的默契,让课堂焕发出生命的活力。

3. 写出艺术性

(1)"过程设计"中的环节名称要有艺术性

形式方面,要求每个环节名称字数基本相同,句式基本一致,有整齐之美和匀称之美。

内容方面,要求环节名称不笼统,既不使用没有文体特点也没有文本特点的"通用语"(如设计为:新课导入,整体感知,深入研讨,总结提升),也不使用只有文体特点没有文本特点的"宽泛语"(如议论文的环节名称设计为:一学习论点,二学习论据,三学习论证)。

艺术性的环节名称设计,以共性的文体学习方式加上个性的文本学习内容(前后可换序),中间加逗号,前后各四字左右。以中学议论文《拿来主义》为例,第一种设计为文本在前、文体在后:一读"拿来",探究论点;二读"拿来",探究论据;三读"拿来",探究论证;四读"拿来",赏析语言。第二种设计为文体在前、文本在后:一探论点,明确"拿来";二探论据,明察"拿来";三探论证,明辨"拿来";四探语言,明晰"拿来"。第二种设计还要能用更鲜活的语言设计出艺术性。如:一探论点,何为"拿来";二探论据,为何"拿来";三探论证,如何"拿来";四探语言,何如"拿来"。再如:探究论点,定"拿来"之义;探究论据,悟"拿来"之因;探究论证,寻"拿来"之法;探究语言,品"拿来"之妙。

小学课文叙述类的较多,用共性的学习方式加上个性的文本学习内容来设计即可。如《北京的春节》,可设计为:激趣导入,启"春节"之情;初读感知,揭"春节"之幕;品析精彩,入

"春节"之境；知人论世，悟"春节"之理；总结拓展，汇"春节"之美。

（2）"板书设计"中的文字和布局要有艺术性

一是字符要少，二是布局要巧。字符要少，是要防止一句一句地板书，要提炼出关键性的词语，准确而且醒目。布局要巧，是要防止一行一行地排版，要构设成图形来布局，形象而且巧妙。

板书设计时，要先板书关键词，使之形成一个形象性的布局，然后在整个板书外用简笔线条勾勒，构成叶子形、花朵形或心形、眼睛等物形或圆形、三角形、阶梯形等图形（一般不全封闭，以免机械和刻板），使整个板书具有形象之美。

二、量化方面的实施要求

（一）电脑盲打每天不少于千字

以字数为单位，每天练习打字，不少于一千字。对着"金山打字通"等打字训练软件，在键盘上快速盲打，练出听课能打下师生说话的速度。打字训练比说话训练、写字训练容易见效；但用指要正确，动作要规范，不然以后很难改正。

实习准备期的打字训练可切分为三个阶段：第一阶段重点训练用指规范和熟知键位（不看键盘就知道相应的键位）以及全拼打字（做语文教师要能准确打出每个字的完整拼音），训练伊始就要求自己不低头看键盘，只抬头看屏幕；第二阶段重点训练看着文字（包括纯汉字、纯英文及中英文混合等）准确而快速地打字，可借助"金山打字通"等训练软件中的"打字测试"来训练；第三阶段重点训练听人说话（包括广播和电视上的）准确而快速地打字，打字过程中有意不看屏幕，打完后再看正确率。

（二）教案设计不少于三个类型

按照"非指示性"理念和策略，原创设计三个不同文体或专题的教案，既写擅长的，也写不擅长的。

三个教案，要体现"非指示性"教案设计的层级性和序列性：第一个为共选型设计，第二个为分选型（共选与自选结合型）设计，第三个为自选型设计。

每个教案设计后都要写自我评价，评价自己在格式和内容两个方面的优缺点，以随评和总评两种方式进行。其中随评用一两句话写在每个板块后面，总评用几句话写在全文后面。

格式方面着重从规范化方面评价。一要评价是否体现"非指示性"教案设计三个层级中某个层级的格式特点；二要依次评价每个板块（文本分析、学生分析、任务设计、过程设计、板书设计）中的编排样式是否规范以及语用形式是否规范等。

内容方面着重从科学性方面评价。先总评是否具备"非指示性"教案设计三个层级中某个层级的内容特点，后具体展开。三个层级的设计特点分别为：第一个层级（对应实习初期的牵手型教学实施）为共选型设计，即共选学习重点和难点等要点；第二层级（对应实习中期的松手型教学实施）为分选型（共选与自选结合型）设计，即共选学习重点等要点、自选学习难点等要点；第三层级（对应实习后期的放手型教学实施）为自选型设计，即自选学习重点和难点等要点（可选择重点和难点各一个，也可选择重点和次重点两个、难点和次难点两个。第二层级和第三层级的选择同理。进入实习实施期后，同一个单元连续两次设计同一层级的教案，则重点和难点第一次各选两个，第二次各选一个）。评价具体展开时，一要评价对该层级学习点的选择是否科学；二要评价学习点下任务、要求、时间等的设计是否科学；三要评价教师的引导是否科学;四要评价每个板块的设计是否科学,即文本分析是否准确、精到,学生分析是否准确、切实,任务设计是否准确、明晰,过程设计是否准确、新颖,板书设计是否准确、巧妙。

在教案设计自主训练的过程中,也要发挥实习团队的作用,由互助小组长组织大家在QQ群或钉钉群、微信群里主动交流,既分享取得的进步,也介绍出现的问题,相互帮助,共同进步。教案每十天上传一个,相互评判,并及时修改完善。教师也参与其中,并及时发现设计弱势的学生,让他们与优势学生结对。进入实习实施期后,继续结对帮助。

有了以上质性和量化的具体实施要求,才能保证实习生教案设计的质量。

第三节　案例展评:具有层级性的教案设计

在教师的科学引导和师范生的自主实践下,实习准备期两个月的教案设计训练基本能达到预设的要求,师范生都能通过电脑盲打训练,让自己的打字水平有量和质的提升;并以电脑盲打的方式完成原创性的三个不同层级的教案设计,迈出电脑备课和原创备课的第一步,为以后专业地当教师打下基础。

实习准备期(暑假)结束后,由师范生担任主编和编辑(在实习准备期开始前的集训会上就确定所有实习专辑的主编和编辑),完成实习准备期的专辑之一《暑期原创教学设计及自评》。

进入实习实施期后,师范生继续电脑备课、原创备课,主动提高专业水平。实习实施期结束之际,再次由师范生担任主编和编辑,选择每人在实习初期、中期和后期设计的教案各一个,编辑成实习专辑《实习三层级教学设计及自评》。本书限于篇幅,不在后面的"实施篇"中继续介绍教案设计,在此一并呈现。

下面展示小学、初中、高中三个不同学段的"非指示性"设计案例,分别为共选型设计、分选型(共选与自选结合型)设计、自选型设计三个层级和类型,对应教学实施中的牵手、松手和放手。这些案例边展示边随评。全书的案例均用仿宋体呈现。

案例一:小学记叙文共选型设计

设计者为实习生张思睿,设计的课文是四年级上册的《麻雀》。共需两课时,此为全课时的设计。

一、文本分析

本文选自小学四年级上册第五单元。单元学习要求,阅读方面为"了解作者是怎样把事情写清楚的",写作方面为"写一件事,把事情写清楚"。文后学习要求,识字方面,是要会认"嗅"等6个,要会写"萌"等16个;阅读方面,第1题为朗读课文,说说课文围绕麻雀写了一件什么事,这件事的起因、经过和结果是怎样的;第2题为课文是怎样把下面的内容写清楚的,找出相关句子读一读:老麻雀的无畏;猎狗的攻击与退缩。本文的内容是:打猎回来的路上,"我"的猎狗发现一只从巢里掉落的小麻雀,想要发起攻击,老麻雀飞下来舍身护犊,猎狗被强大的勇气震撼而退缩。本文的特点是:过程写得清楚,写出了起因、经过和结果;细节写得清楚，小麻雀的特点、猎狗的反应、老麻雀的表现都写得细致传神。本文的教学价值是：具有写清楚事情的过程和细节的鲜明特点；较为典型地体现了"把事情写清楚"的单元学习要求。

　　以上文本分析，比较精准，也比较干练。许多师范生容易写得内容空泛，话语啰嗦。要把文本的内容、文本的特点、文本的教学价值分析得精到，需要思考的功力和表达的功底。设计者基于单元要求来分析文本特点和教学价值，为后面确立教学目标和师生共选学习内容奠定了清晰的方向和科学的依据。

二、学生分析

　　学生需要从中学到的是：把事情的过程和细节写清楚，并体会老麻雀伟大的母爱。四年级的学生，已经基本具备了相应的学习基础：在认知上，通过前一单元神话的学习，已经了解事情的起因、经过、结果，但概括能力还需训练；在情感上，对母爱已经有基本的认识，但对麻雀的护犊之情还不太了解。学生需要采用的学习方法是：诵读法、想象法、概括法等多种自主学习的方法。

　　以上学生分析，精准、适切而且全面。设计者立足学段来分析，并结合前一单元的学习要求来分析，防止了分析的空泛和空洞。

三、任务设计

（一）三维目标

1. 语言知识与能力

（1）能读得正确、流利、有感情；

（2）能读出"嗅""奈""拯""嘶""哑""庞"共6个新字；

（3）能写出"萌""嗅""桦""呆""奈""巢"等16个新字。

2. 思维方法与品质

（1）能说出麻雀护犊的清晰过程；

（2）能解释麻雀护犊的清晰细节。

3. 情感态度与价值观

（1）能感受叙述顺序的清晰美；

（2）能体会麻雀护犊的情感美。

（二）教学重点

能说出麻雀护犊的清晰过程。

（三）教学难点

能解释麻雀护犊的清晰细节。

（四）教学方法

讲授法、提问法、点拨法、多媒体展示法等服从于学生学习需要的方法。

　　以上任务设计，比较科学。三维目标的用语，涵盖了语文核心素养中的四个要素：语言、思维、审美和文化。其中第三维"情感态度与价值观"中的第一条体现审美，第二条体现文化。而语言、思维两个维度中的行为动词，一是立足学生的学，以学生"能"怎么学开头，而不是立足教师的教，以"使学生"如何学开头；二是所用动词行为可观察、效果可评价（而不是随处可见的"掌握""了解"之类的空泛用词）。用"新字"代替俗称的"生字"，能让学生多一份亲近感。三个维度中的每个条目，都紧扣单元学习要求和文后学习要求（而不是自立一套）；而核心学习点"写清楚",在第一部分"文本分析"中原创性地切分为"过程写(得)清楚"和"细节写(得)清楚"之后,这部分的第二维"思维方法与品质"就对应着切分为"清晰(的)过程"和"清晰(的)细节"两个条目,体现了较强的专业性。

四、过程设计

(一)激发兴趣,导入新课

同学们好!先看老师在黑板上写两个字,请大家举起右手,跟着老师一起写。(板书:麻雀。)这两个字读什么?一起开口读。(读后提问)大家平时见过麻雀吗?(估计大多会说见过。)对麻雀印象好吗?喜欢吗?(可能许多同学会说印象不好,不喜欢。)请你用一个词来形容麻雀。(课件亮出可供填空的句式:一只____的麻雀。)每人七嘴八舌一起说。(只是导入,不必让每人动手写在纸上,口头"填写"即可。学生填写得较多的可能是"热闹""吵闹""叽叽喳喳"等否定性的语词。)那今天这篇课文,要向我们讲述一只怎样的麻雀呢?让我们走进课文,认真观察。

(设计意图:在提问中激发学生情感和认知两方面的兴趣,导入新课《麻雀》的学习。)

以上导入设计,立足学生的情感和认知,一步步向前引导,让学生带着对麻雀的原有认识走进课文,通过课文学习再来发现麻雀的另一面,循序渐进。设计得既有科学性,也有艺术性。

(二)朗读课文,整体感知

先请学生思考:面对一篇课文,我们先要做什么?

让学生在思考和交流中形成基本共识:面对课文要先朗读,在朗读中了解课文内容,并在朗读中培养语感,滋养情感。

再请学生思考:朗读要从集体开始还是个体开始?

让学生在思考中获得基本认识:朗读要从个体开始,让每人都获得个性化的理解和体验。

再请学生思考:朗读要达到什么要求?

估计学生大多知道,朗读的总体要求是正确、流利、有感情。

形成基本共识后,教师可在课件上现场打字亮出,如:每人自主朗读课文,正确、流利、有感情。

(设计意图:让学生的语文学习从朗读开始,通过朗读整体感知课文,并为共同选择学习内容做好基本准备。)

上面的环节可看出设计者对如何学习语文认识清晰。朗读课文的习惯要从小学开始培养(中小学语文课堂都应该书声琅琅),课堂上朗读课文要从个体开始,不能以齐读代替个体读(语文课要始于个体朗读,终于集体朗读)。同时朗读要有要求,要读出基本的美感和情感。小学生的朗读,可根据学段和班情,从低到高分为三个大的层级类型:响亮、清晰、正确;清晰、正确、流利;正确、流利、有感情。课件现场打字生成,体现了设计的智慧,也体现了设计的民主。

(三)共商共选,确定要点

先请学生思考学习内容:这篇课文,我们要学什么呢?要到哪里去找答案?

让学生在思考和交流中形成基本共识:课文学什么,到单元导语去找答案,这里有单元学习要求。

让学生齐读单元学习要求：了解作者是怎样把事情写清楚的。

继续请学生思考学习内容：看了单元导语，还要看哪里？它们和单元学习要求是什么关系？

让学生在思考中获得基本共识：还要看文后的学习要求，即课文后面的学习题目，它们是对单元学习要求的细化和落实。

再请学生思考学习顺序：我们先学什么，后学什么，可以按照怎样的顺序？

让学生在思考中形成基本判断：课文后面阅读题的编排顺序一般可作为课堂学习的顺序。

再请学生思考学习方法：听老师讲给自己听，和自己主动去学，哪个更重要？学习语言文字，需要哪些方法？

让学生在思考中形成基本共识：自己主动去学更重要，每人都需要主动，"我的学习我做主"；学习语言文字，需要朗读、想象、体验、理解等，并在学习过程中自主表达、自主书写、自主背诵、自主积累。

以上每个问题，都要经历独立思考、集体交流、教师介绍三个"先生后师"的过程，逐渐形成共识，让学生主动学习，科学学习。

（设计意图：让学生在民主和科学的课堂讨论中获得自主学习的基本方法。）

上面的环节设计得较为科学。共选型教学，就要让学生知道共选的方法和依据，让课堂变得科学，也变得民主，体现"把人当人、自主成长"的"非指示性"教育理念，走出教师为中心的"指示性"教育。

（四）共读"麻雀"一，理清过程

（过渡语：下面我们一起学习课文后面的第一道阅读题。）

课件亮出阅读题1：朗读课文，说说课文围绕麻雀写了一件什么事，这件事的起因、经过和结果是怎样的。

先和学生商量：这次我们用什么方式朗读课文？新字要不要在朗读时一起学习？

由于每人都已经朗读过一次了，这次可以换方式，比如从个人走向集体，在小组内相互朗读，并相互评价、相互完善，然后推举一人，参与班级朗读交流（但不必都把课文完整读一遍）。

学生朗读后，教师作为学习者中的一员，也示例朗读，并请学生评价。

新字分散在课文中，可边朗读边学习，借助课文注音学习，并借助字典或词典学习，音、形、义全面学习。

再和学生商量：这道题目除了朗读，"说说"后面的要求我们怎么作答？是每人口头说说吗？笔头要不要也写写？作答时比如"起因"是先写简洁些还是详细些？可以设置怎样的三级要求？作答大致需要几分钟？

让学生基于学习效果和学习规律思考和交流，努力形成基本共识。就学习效果来说，口头说加笔头写更好；就学习规律来说，一般为先简后详、先短后长；概括类的三级要求，较为科学的是简洁、准确、全面。作答时间要合理且稍紧凑，可现场决定作答时间。

最后请每人思考：要让自己在班级学习中效果最大化，一般要经过哪几个步骤？把学生的学和老师的教都列进来思考。

让学生在思考和交流中努力形成基本共识：一般要经过"先生后师"的五个步骤：第一

步,自己独立学习,取得基本的学习收获;第二步,参与小组交流,在交流中获得完善;第三步,参与班级交流,在交流中继续完善;第四步,听取老师的评价和介绍,获得新的启发和提升;第五步,观察老师的反馈和检测,了解全班的过关情况。

思考和讨论该问题,还能使学生和教师形成教学默契。

以上每个问题,都要经历学生独立思考、集体交流、教师介绍三个"先生后师"的过程,逐渐形成共识,在存异中求同。

共商后就要经过以下几个"先生后师"的教学程序。

个人独立学习。学习前教师在课件的任务(即阅读题1)下面,依次另起一行,现场打字:要求:简洁、准确、全面;时间:2分钟左右。

集体相互交流。首先在小组内交流,并相互评判,相互完善,形成小组最佳答案。其次班级交流,教师以抽样的方式随机点一两个小组的代表说说本组的最佳答案,并自评、互评,形成班级共识。

教师评价介绍。首先评价全班总体的学习情况(根据现场学习情况随机生成)。其次介绍自己的基本理解(随机应变,不机械照搬;先呈现简短的,后加上括号里的话,以梳理学生的作答思路):课文写的事情是:(打猎回来的路上,"我"的)猎狗发现(一只从巢里掉落的)小麻雀,想要(发起)攻击,老麻雀(奋不顾身飞下来掩护)拯救幼儿,猎狗(被强大的勇气震撼而)退缩。起因是:猎狗要攻击(一只从巢里掉落的)小麻雀;经过是:老麻雀(奋不顾身飞下来掩护)拯救幼儿;结果是:猎狗(被老麻雀的强大勇气震撼而)退缩。

教师反馈检测。首先总体反馈,让达到简洁、准确、全面三个层级的学生举手,并让不举手的学生说说自己出现的问题。然后现场检测,让随机抽点到的学生独立说说事情及起因、经过和结果。

(设计意图:让学生通过朗读和表达,理清老麻雀救犊事件的总体过程。)

上面的环节设计得较为民主。和学生商量怎么朗读,怎么学习新字,怎么作答,多少时间等等,在商量中还体现了细心,也体现了科学。

教师的朗读和解读等只是示例而不是示范,这既是教学的方法,更是平等的理念和科学的态度。

(五)共读"麻雀"二,品析细节

(过渡语:下面我们一起学习课文后面的第二道阅读题。)

课件亮出阅读题2:课文是怎样把下面的内容写清楚的? 找出相关句子读一读:老麻雀的无畏;猎狗的攻击与退缩。

先请学生思考学习内容:这个题目和第一个题目有什么相同和不同?

让学生在思考中形成基本共识:两个题目都是学习怎样把事情"写清楚";但第一个题目是学习怎样把总体的过程写清楚,第二个题目是学习怎样把具体的细节写清楚。

再请学生思考学习方式:这个题目的要求是"找出相关句子读一读",请问"读一读"就够了吗? 读了之后还要做什么?

让学生在思考和交流中努力形成基本共识:读了之后还要说一说。一是要说说相关句子中哪些词细致而生动地写出了老麻雀或猎狗的特点,二是要说说作者用了什么方法把这些细节内容写清楚的。

教师不能问结束后就自己主动说,主动指示,要让全体学生都加入学习。每个问题都要经历独立思考、集体交流、教师介绍三个"先生后师"的过程,努力形成一些共识,也鼓励学生同中存异。

之后让第一个任务(老麻雀的无畏)经过以下几个"先生后师"的程序。

个人独立学习。学习前教师在课件的任务(即阅读题2)下面,依次另起一行,现场打字:读一读,并说一说用了哪些词,用了什么方法;时间:2分钟左右。

集体相互交流。首先在小组内交流,随机选一人说给组内成员听即可,先说说写了哪些词,再说说用了什么方法,然后相互评判和完善。其次班级交流,以抽样的方式,请两个小组的代表说说即可,并自评互评,形成班级的基本共识。

教师评价介绍。首先评价总体的学习情况(根据现场学习情况随机生成)。其次介绍自己的基本理解(不机械照搬),继续提升学生的学习:这些词主要有:飞、落、挓挲、尖叫、浑身发抖、嘶哑、像一块石头似的、绝望、准备搏斗。把老麻雀伟大的母爱写得细致而生动。把这些细节内容写清楚的主要方法是:写看到的(如"飞""落"等),写听到的(如"尖叫""嘶哑"等),也写想到的(如"在它看来"等)。

教师反馈检测。首先总体反馈,主要了解对作者运用哪些方法回答不到位的情况。然后作为现场检测,让大家一起开口说说另一个任务"猎狗的攻击与退缩"中依次写到的细致生动的词语(如:慢慢、嗅、张开、露出、愣住、没料到、慢慢、向后退),再说说把这些细节内容写清楚的主要方法(主要是写看到的和想到的)。

(设计意图:让学生通过读一读和说一说,品析老麻雀救雏事件的具体细节。)

上面的环节设计得较为创新。开始时的教师提问与学生思考,不只体现了教师的民主,更体现了教师的智慧——加入"说一说",而且加入两个"说一说"的具体内容,就把本文的学习设计得细致而且充分。这就是教师应有的独立思考和原创能力,这样才能体现教师的科学引导。教师的智慧还体现在灵活上,将第二个内容"猎狗的攻击与退缩"设计成第一个内容的检测部分,作为第一个内容的迁移运用。

设计者只让学生说说相关句子中体现老麻雀或猎狗特点的词,而没有让学生展开来说印象,说感受("教参"曾有该教学建议),也值得肯定。目前小学生说话不简洁的不少,课堂发言一旦开口就停不下来,因此没必要非说不可。学生对这些词的印象或感受,即使不说出来,也能基本理解到体会到。

(六)自由式补充学习

(过渡语:刚才我们共同选择两个学习内容依次学习,现在为大家留出一个独立学习的时间,个性化地补充学习。)

每人根据自己的学习需要,或就自己感兴趣的内容自由赏析,或就自己有疑惑的问题自由探究,或就自己有想法的话题自由阐述,让学生的心灵和智慧多样化地自由绽放。

(设计意图:通过自由式补充学习,让学生在共性学习的基础上获得个性满足和多样提高。)

上面的环节设计得必要。虽然到了中学阶段,这个环节更需要,更重要,但尊重个性学习,鼓励自由学习,要从小学就开始培养。

(七)了解作者的写作

(过渡语:接下来我们了解一下作者的写作吧。)

这篇课文的翻译者是作家巴金。巴金曾说:"多少年来我一直热爱着屠格涅夫,并且身不由己地置身于他的影响之下。"巴金认为，屠格涅夫的迷人之处在于："善于用极其简练的文笔描写人的深刻复杂的感情，用真诚的热爱之情描写俄罗斯祖国大自然的美丽，但他从不用多余的字句冗繁这种描绘，也不分散笔力去描绘细枝末节。"同为俄罗斯作家的列夫·托尔斯泰则推崇他的写景能力："只要他描上三笔两笔，自然景物就会冒出芬芳，以至于他以后，没有人敢下手蹚这样的对象——大自然。"

（设计意图：通过简短的作者写作特点介绍，增进学生学习本文的兴趣。）

上面的环节设计得有价值，能让学生更喜欢作者屠格涅夫的写作，更喜欢读他的作品，并能让自己从中获得写作上的启发。

（八）美读课文，当堂积累

（过渡语：下面请每人再来美读课文，并当堂积累。）

第一步：美读课文。聚焦老麻雀挺身救犊的段落（全文第4段和第5段），放声朗读，读出感受和享受。

第二步：当堂积累。一是积累新字词，二是积累全文。其中的新字词可提高要求，将课文后面会认和会写的任务合并（且把"挓挲"等没有列入文后学习要求的新字词也列入学习），两者打通，字词的音、形、义都要过关。对于要积累的新字词，每人独立学习后，同桌间相互考；对于要积累的全文，同桌间相互背。

最后全班合上书本，背诵式朗读全文，展现学习成果，提升学习气氛。

（设计意图：通过美读和积累，让学生在语感和语料等方面获得新的提升，继续充实自己的语文学习底子。）

上面的环节设计得严格，也设计得清晰。语文学习，要有美读和积累的任务，而且要从课文开始，要在课堂上就起步，不要都往课外去。

其中的新字词学习在课堂上先后进行了两次，学习效果更好。

（九）总结收获或启示

（过渡语：学习了课文，你有什么收获或启示呢？请每人说一句结束语。）

先让大家再次填写：这是一只_____的老麻雀。用课件呈现出来。

后在学习纸上写下一句话总结。要求总结收获简洁、准确、全面，总结启示真诚、深刻、独到；时间：2分钟左右。

写完后每人在小组内交流分享，然后教师随机抽点三位、自主举手三位，在全班交流分享。

最后教师也说一句结束语：我把下面这句话送给每位同学，作为学习语文的勉励：人在语言中成长，心在文学中美化。

（设计意图：通过再次填写和总结学习收获或启示，让学生继续提升自己的学习。）

上面的环节设计得自然，也设计得巧妙。让学生再次填写对麻雀的印象（虽然这次多了一个"老"字），呼应了上课前的导入；让每人用一句话总结收获或启示，则深化了对课文的学习。教师的结束语，对语文学习也起到了促进作用。

（十）推荐课外阅读篇目

（过渡语：语文学习得法于课内、得力于课内，同时得趣于课外、得识于课外。我向大家推荐课外阅读篇目。）

篇目：《鲨鱼》。作者：列夫·托尔斯泰；翻译：吴懋之。

电子文本已预先粘贴在班级学习网页上,课外打开来阅读,并留下自己的一句话感想或评论,相互交流,相互促进。

(设计意图:通过课外阅读篇目的推荐,让学生在课外阅读中继续获得语文的认知成长和精神成长。)

上面的环节设计得可行。推荐的是一个单篇。课外读物推荐,可以优先推荐单篇,以提高阅读的可行性和实效性。《鲨鱼》写的是停泊在非洲海岸边的兵舰,因为天气变热,两个孩子最先跳入海里游泳,但鲨鱼朝他们游过来了,其中一个孩子的父亲是老炮手,情急之下奔到大炮前朝鲨鱼开炮,救下了孩子。王尚文、曹文轩、方卫平主编的《新语文读本》把它编入了小学卷7,对应小学四年级上学期的课外阅读。

以上的过程设计,落实了教学目标。有的实习生在设计教学过程时,并不关注教学目标的落实,让教学目标成了摆设。

五、板书设计

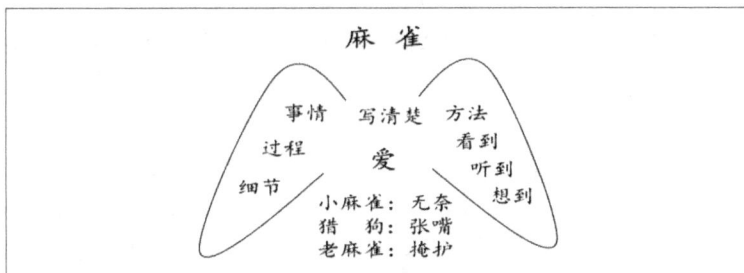

上面的板书设计得精准,也设计得巧妙。精准体现在内容上,抓住关键词来设计,中间的上方为本课的学习内容"写清楚",左边为(写的)"事情",右边为(写的)"方法"。其中"事情"的下方,为要写清楚的"过程"和"细节","方法"的下方,为要写"看到""听到"和"想到"的。中间的下方,为写的对象"小麻雀""猎狗"和"老麻雀"以及代表各自特点的一个词。核心词为红色的"爱",起到了点睛作用。巧妙体现在形式上,用麻雀的双翅构设和画图,整个板书形状看起来也像一个展开翅膀掩护幼儿的麻雀,富有创意。

这是第一个设计案例展示,比较典型地体现了小学学段共选型"非指示性"教案设计的特点。设计的科学性、人文性和艺术性都得到了较明显的体现。文本分析、学生分析、任务设计、过程设计、板书设计五个部分,内在逻辑较为严谨,整体感强。

案例二:初中文言文分选型设计

设计者为实习生张婷婷,设计的课文是八年级上册的《周亚夫军细柳》。共需两课时,这是全课时的设计。

一、文本分析

本文选自八年级上册第六单元。单元学习要求是:借助注释和工具书,整体感知课文内容大意;多读熟读,积累常见文言词语和名言警句,不断提高文言文阅读能力。文后学习要求,一是熟读课文,简要复述文中的故事,想一想汉文帝为什么称周亚夫为"真将军";二是《史记》写人时常用"两种突出的性格或两种不同的情势,抑或两种不同的结果,作为对照",

细读课文,说说文中哪些地方使用了对比、衬托的写法,对刻画人物起到了什么样的作用;三是解释"军""劳""之""居"四字的一词多义;四是《史记》长于记人,书中记述了各具特点的历史人物,从廉颇、蔺相如、屈原、项羽、张良、韩信、李广等人中任选一位,借助注释与工具书阅读相关的本纪、世家或列传,了解其生平事迹,领略人物的风采,感受《史记》的写人艺术。本文的内容是:汉文帝慰劳三个战备军营,只有周亚夫将军的军营纪律严明,不随意迎合,于是由衷地赞叹他为"真将军"。本文的特点有三个典型:方法典型,运用对比和衬托突出周亚夫;选材典型,通过有代表性的细节刻画"真将军";知识典型,"军""劳"等文言语词现象有一定的代表性。本文的教学价值是:在文体运用形式方面,人物塑造方法具有一定的独特性;在单元学习要求方面,文言语词具有一定的典型性。

上面的文本分析,设计者能紧扣本文的单元学习要求和文后学习要求来分析本文的文言特点和文学特点(文言文需要以"双文体"视角来分析,"言"与"文"兼顾,不然会设计成纯文言字词教学或现代文教学),且用三个典型来概括,体现了良好的解读能力。精准的文本分析,也为后面的共选与自选学习内容奠定了基础。上面列举的文后学习要求第四题,可在后面的"过程设计"中作为学生课外阅读的任务。语文课外作业应是阅读,而不是目前仍然盛行的做题刷题。

二、学生分析

本节课将在学习内容的选择上有所放开,不再面面俱到,而是有所取舍。此为"松手型"教学在该单元的第二次实施,因此该教学设计只引导学生共同选择一个学习重点,自主选择一个学习难点。对于学习重点的共性选择,学生可能会选择重点文言字词、内容大意、人物形象、写作技巧等;对于学习难点的个性选择,学生可能会选择写作技巧、写作思路、人物品格等。

上面的学生分析,设计者对"松手型"教学在同一个单元的第二次实施做了科学的定位。第一次实施可共选学习重点和次重点两个,自选学习难点和次难点两个;第二次实施则可减至各一个。每个单元的设计都要经历共选型、分选型(共选与自选结合型)、自选型三个逐级开放的层级;而同一个层级在同一个单元实施两次,也要逐渐放手,逐级开放。

三、任务设计

以下仅为教师自己的基本预设:

(一)学习重点

能说出对比手法下独特语词体现的周亚夫特点。

(二)学习难点

能解释汉文帝赞赏周亚夫话语中的文言语用特点。

上面的任务设计,体现了设计者较好的专业性。其中的学习重点,兼顾了课文的文言性和文学性;其中的学习难点,则突出了文言性。如果本文为在该单元第一次实施"松手型"教学,则可设计共选的学习重点和次重点两个,一"言"一"文",如:能说出典型文言字词的意义和用法;能解释对比衬托手法的特点和效果。而汉文帝称颂周亚夫的话语中,文言语用很有特点,学生容易忽视,同时也不容易学准、学细、学到位,可设计为学习难点。

四、过程设计

(一)激发兴趣,导入新课

同学们好,今天我们上什么课文呀?来,声音响亮,一起开口说。(在学生齐答课题"周亚夫军细柳"后继续引导。)我们已经进入八年级了,今天老师不写课题,换一种方式,请同学上来写一写,好不好?(学生可能会感到意外,反应一下子跟不上。)下面就请大家推举一位上来书写。(师生一起看着推举到的同学在黑板上书写课题,写完后随机做些点评和鼓励。)好,你的任务完成了,接力棒要传递到下一位同学手中了,请你随机点一位离你座位较远的同学起来。(被点的同学起来后)老师请你当"小老师",把课题"周亚夫军细柳"用现代汉语完整地说一遍给大家听,你可邀请全体同学当评委,判断一下你说得对不对、全不全。(等这位"小老师"说完后,让他随机点一位离自己座位较远的同学起来代表大家评价。可能他说得不对,同学评得也不全。用现代汉语说完整应是"周亚夫驻军在细柳",要加上"于"。教师可让全体同学随口评评刚才的两人,前一人说得对不对,后一人评得全不全。)那再请这位点评的同学,随机点一位离你座位较远的同学,说说这个课题中,哪些知识点需要提醒自己及同学注意,按照课题顺序依次说过来,请大家认真听,看看提醒得对不对。(需要提醒的有:"周亚夫"是人名;"军"是驻军,名词用作动词;"于"省略了,意为"在";"细柳"是地名。)(教师等点到的同学说完后转问大家)刚才提醒得对不对? 全不全?(在大家随口评价后)好,最后让我们对着标题,一起开口,用现代汉语说说这个课题的意思。

(设计意图:通过与现代文教学不同的导入方式,引导学生参与进来,激发他们学习文言文的情感兴趣和认知兴趣。)

上面的导入设计得灵活,上课伊始就体现了"非指示性"教育的特点,课堂由封闭走向了开放,同时也体现了教师循序渐进的引导。学生参与方式灵活,且有个体有集体。学习效果在导入环节就明显优于传统的以教师为中心的"指示性"教育。点离自己座位较远的同学来"接力",则体现了教师的清醒,可防止学生本能地朝着"最近区域"去点同学,有意让全体同学都参与到学习中来。

(二)初读课文,整体感知

(过渡语:下面我们就开始独立学习,初读课文,整体感知。)

每人以默读的方式初读课文,边读边用活动铅笔写一写、划一划,整体感知全文。对"言"的字词音义、句子意义,以及"文"的内容和思想、形式和技巧等有一个基本的认识。

(设计意图:让学生初读全文,整体感知,也为共选学习重点和自选学习难点做好基本的认知准备。)

设计者没有让课堂从教师的主动教、单向灌开始,而是从学生的独立学习开始,从主动感知全文开始,体现了"非指示性"教育下教学设计的基本特点。

(三)共选学习重点

(过渡语:今天的学习内容依然由你们做主,共同选择学习要点,并从中选择一个学习重点。)

先请每人思考:要共选出学习重点,按照怎样的顺序操作,比较可行,也比较科学?

让学生在思考和交流中努力形成基本共识:课文都有文体,且都来自教材(以下都从学生角度改称为课本);立足文体和课本的学习点看课文,就会看到相应的精彩点,就能选出学习重点。因此可从宏观到微观依次操作:先列出文体的学习点,总体了解该文体要学哪些;再列出课本的学习点(包括单元学习点和文后学习点),具体了解该课本要学哪些;由此发现课文的精彩点,从中找到学习的重点。它们在数量上由多到少。个人选出后经过集体交流,"同类项合并",作为班级共选的学习重点。

每人独立学习,依次分步写在学习纸上。只写关键词或短句。

第一步:列出文体学习点。一般有四个。作为文言文体,有"言"的字词音义,"言"的句子意义,"文"的表达内容和思想,"文"的表达形式和技巧。作为"记人"文体,有人物的形象特点,写作特点等(与前面的"文"一致)。

第二步:列出课本学习点。一般有三四个。如单元学习点为文言的词句和阅读能力;文后学习点则有:复述故事并想想为何称周亚夫为"真将军";对比、衬托手法对刻画人物的作用;解释一词多义;选读《史记》(此与课堂学习点选择无关)。

第三步:列出课文精彩点。一般有两三个。从中选取一或两个作为学习重点或次重点。这次只选一个。这是"记人"的文体,如写作手法上运用对比、衬托写"真将军";写作内容上运用独特语词写"真将军"。

以上三步独立完成。然后在小组内交流,形成"同类项";最后全班交流,继续形成"同类项"。

这是文言文,学生只选择一条作为学习重点,可能会选得像现代文学习,比如选择对比、衬托手法刻画人物,选得有"文"无"言"。可问问学生,这样选择,文体特点体现得完整吗?让学生知道,这篇课文,既是"记人"的文体,也是"文言"的文体。但对比、衬托手法可以不学吗?当然不可以。而学习重点只有一个,怎么办?让大家思考处理的办法,在这条中融入文言字词学习,"文"中有"言"。然后让大家写写学习重点的表述语。教师想到的是学习"对比手法下独特语词体现的周亚夫特点",在课件里现场打字给学生看。但并不一定是最好的表述,学生有更好的就换上。

共选学习重点的同时,允许一些学生坚持个人的选择,只要在往下的学习中能形成自己最大化的学习效果即可。

(设计意图:通过先思考后实践,让学生获得共性选择学习重点的基本方法和能力。)

上面这个共选学习重点的环节,设计了较为可行和科学的共选学习重点的步骤和方法,学生易懂易学。对于学生可能共选出如同现代文的学习重点,教师起到了科学引导的作用,兼顾了"文"和"言"。在做教学设计时就预想到进入课堂可能会出现什么情况,教师该怎么引导,既体现了设计的科学性,也体现了设计的人文性。这也是"非指示性"教育下教学设计的基本特点。

(四)共同赏析,明周亚夫担当

(过渡语:下面我们一起围绕学习重点,认真学习。)

第一步:教师组织学习

教师先就学习重点,设计出学习活动组织大家学习。

阅读下面删去标点的文段,完成后面的任务。

上自劳军至霸上及棘门军直驰入将以下骑送迎已而之细柳军军士吏被甲锐兵刃彀弓弩持满天子先驱至不得入先驱曰天子且至军门都尉曰将军令曰军中闻将军令不闻天子之诏居无何上至又不得入于是上乃使使持节诏将军吾欲入劳军亚夫乃传言开壁门壁门士吏谓从属车骑曰将军约军中不得驱驰于是天子乃按辔徐行至营将军亚夫持兵揖曰介胄之士不拜请以军礼见天子为动改容式车使人称谢皇帝敬劳将军成礼而去

(1)请放声朗读两遍,第一遍读得正确、流利、有节奏,第二遍读出流畅美、节奏美和情感美。

(2)请找出五个你认为难懂的字词并做解释。

(3)对周亚夫起到对比和衬托作用的话语中,哪两个字多次出现?请一一找出原话,简要说说你对这两个字的阅读理解或感受。

(4)周亚夫有什么特点?请用一两个词来概括。

以上题目不在课件上一次性亮出来,逐题呈现。且先让每人独立看题目和要求,有不懂的主动提出。教师对朗读中的"三美"准备的基本解释是:流畅美指读得流利顺畅;节奏美指读准重音和停顿;情感美主要指读准语气、语调等。

每人独立学习,然后在小组内相互交流,最后请课代表(多名课代表中专门负责课堂学习的一位)主持,随机抽取三个小组的全体组员依次起立,齐声朗读文段中的人物语言,要求读出流畅美、节奏美和情感美。读后组织自评和互评(包括别的小组代表和课代表自己),教师先不做评价。

学生交流和评价后,教师也说说自己的基本理解(此为预设的,课堂上不完全机械照搬):(1)教师先选一处容易读错停顿或停顿读得不明显的语句朗读:军士吏/被甲,锐/兵刃,彀/弓弩,持/满。再选几处人物对话朗读,有意读出对话的情感态度,如"天子且至",读出"天子"的重音,读出高傲和威压;"将军令曰'军中闻将军令,不闻天子之诏'",读出"闻"和"不闻"的重音,读出正气和不卑不亢;"吾欲入劳军",读出"吾欲"的重音,读出庄重和恳切;"将军约,军中不得驱驰",读出"约""不得"的重音,读出刚正和严肃;"介胄之士不拜,请以军礼见",读出"不拜""请"的重音,读出尊敬和坚定。(2)难懂的如几个动词,"被甲"的"被"通"披",穿着;"锐兵刃"的"锐"是使动用法;"彀弓弩"的"彀"是张开;"持满"的"持"是拉(由"拿着"引申出);"按辔徐行"的"按"是控制(由"摁住"引申出);"改容式车"的"式"通"轼",用作动词,扶轼。(3)多次出现的两个字,一个是"不"字,如:"不得入""不闻天子之诏""又不得入""不得驱驰""介胄之士不拜";一个是"乃"字,如:"于是上乃使使持节诏将军""亚夫乃传言开壁门""于是天子乃按辔徐行"。从"不"字,能读出军纪的严格和军令的坚定,没有通融和商量的余地,让人心生敬畏。从汉文帝的两个"乃"字,能感受到他的不悦和无奈,但也能感受到他对军令的尊重和服从;而从周亚夫传话开门的"乃"字,能感受到他的严谨和严格。(4)人物特点如忠于职守、刚正不阿等。学生可能会想到"军纪严明",但那不是概括人物特点的用词。

第二步:学生自主学习

让每人就学习重点设计出学习问题,并自主探究。

先请学生思考:学习重点是什么?让学生知道,设计问题要朝着学习重点去,不能偏离。再请学生思考:刚才老师组织学习的任务或方向自己还能继续设计问题吗?让学生在思考中发现,如果能朝着这个任务或方向继续细化和深化学习,也可以设计。最后请学生思考:要保证学习质量,对提出问题和探究问题可分别提出什么三级要求?可让学生讨论,努力形成基本共识,比如提出问题的三级要求为准确、深刻、新颖,探究问题的三级要求为准确、细致、深入。自主学习的时间也要让他们做出基本预设,比如五分钟左右;时间不够再增加,先紧后松。

教师在课件上亮出自主学习的基本句式:

就学习重点提出的问题:……

独立探究后的基本理解:……

然后现场打字在课件上。提出问题:准确、深刻、新颖;探究问题:准确、细致、深入;时间:5 分钟左右。

（设计意图:通过教师组织学习、学生自主学习,对学习重点依次展开较为细致和深入的学习。）

上面这个共选学习重点的环节,设计得较为扎实。一是学习板块上,先由教师组织学习,后由学生自主学习,并自主提问、自主探究。二是教师组织学习时设计了四个任务,有断句朗读,有字词解释,有阅读理解,有人物特点概括,多样而全面。三是对提出问题和探究问题分别设置了三级要求,保证了学习的质量。四是教师设计的任务从朗读开始,且从没有标点的"盲读"开始,注重基本功的训练。另外教师组织学习时,四个题目没有一次性亮出来"捆绑轰炸",细心可嘉。

需要注意的是,课本对字义词义的注释,有的并非"直译",而是"意译"。比如"按辔",直译应是"摁住缰绳",但课本的注释是"控制住车马"。学生会误以为"辔"是"车马"。教师要让每人自主查阅《古汉语常用字字典》(上文言文,每人桌面上都要有这本工具书,就如上现代文都要有《现代汉语词典》),对字义词义"正本清源"。不然学生会越学越粗放。

（五）自选学习难点

（过渡语:下面请大家自主选择学习要点,并从中选择一个学习难点。）

先请每人思考:要自选出学习难点,按照怎样的方法操作,比较准确?

让学生在思考和交流中努力形成基本共识:难点源于课文的客观要求和自身的主观缺失;因此可立足课文的客观要求,反思自身是不是存在缺失,缺失点就可作为自己的学习难点。课文的客观要求,既有文体的总体要求,也有课本的具体要求。因此可先列出文体的学习点,再列出课本的学习点,从中发现自身的缺失点,找到学习难点。

每人独立学习,分步写在学习纸上。只写关键词或短句。

第一步:列出文体学习点。一般有四个。学生已在选择学习重点时列过。

第二步:列出课本学习点。一般有三四个。学生也已在选择学习重点时列过。

第三步:列出自身缺失点。一般为一两个。列出后从中选取一个作为学习难点。

以上三步独立完成。然后参与小组交流和班级交流,从同学的发言中受到一些启发,对自己的学习难点,可以调整,可以完善,也可以坚持。

这篇课文的学习难点,学生可能会选得比较多样甚至比较初级,甚或直接选择文言字词句的解释和翻译作为学习难点。这时教师要引导学生思考:把某一两个字词意思的理解作为学习难点,合适吗?为什么?可让他们讨论表态,教师也顺势把他们往高处推,鼓励他们提高要求,朝着有一定综合性和层级性的难点去学习。但也要问大家:如果某一两个字词的理解能带动对整体乃至全文的深入学习,可以作为难点吗?他们一般会认可。

（设计意图:通过先思考后实践,让学生获得个性选择学习难点的基本方法和能力。）

上面这个自选学习难点的环节,对于如何选择学习难点,设计得比较科学。对于学生可能自选出过于浅显和初级的学习难点,设计者也做了基本预想,并设计了引导方案,把他们往综合性和层级性去引导。边设计边预想进入课堂可能出现的情况,设计在今天,就想着实施的明天,细心可嘉。

（六）自主探究,悟汉文帝胸襟

（过渡语:下面我们就学习难点开展自主学习。）

第一步:学生自主学习

请每人就学习难点,设计成学习问题(或活动),并自主探究。

教师在课件上亮出自主学习的基本句式:

就学习难点提出的问题:······

独立探究后的基本理解:······

自主学习前,先请大家思考:要保证学习质量,对提出问题和探究问题可分别提出什么三级要求? 与前面学习重点的设置区分一下。可让学生讨论,努力形成基本共识。比如提出问题的三级要求为准确、典型、深刻,探究问题的三级要求为准确、深入、全面。自主学习的时间也要让他们做出基本预设,比如八分钟左右;时间不够再增加,先紧后松。

教师可现场打字在课件上。提出问题:准确、典型、深刻;探究问题:准确、深入、全面;时间:8分钟左右。

学生独立完成后,小组内相互交流,然后由组长向全班介绍本组典型的问题和理解,让大家受到启发。

第二步:教师补充提问

教师将自己理解的学习难点,设计成学习问题,让学生在小组内现场探究,最后教师介绍自己的基本理解。

就学习难点提出的问题:汉文帝赞赏周亚夫的话语,很有特点,请你从多个方面做出分析。要求准确、深入、全面。再说说你能从汉文帝这些赞赏的话语中看到他怎样的心理活动? 这是一个怎样的皇帝?

教师准备的基本理解:汉文帝赞赏周亚夫的话语,有以下多方面的特点:第一,赞赏的感情很强烈,运用了两个感叹句。一是"此真将军矣!"二是"可得而犯邪!"后者是反问句,但汉文帝运用不容置疑的语气来表达对他带兵的放心。第二,赞赏的语气很充分,运用了多个虚词。如:"嗟乎,此真将军矣!"其中的"嗟乎""矣"删去后表意并无多大影响,但表现的感情大不一样,有这三个虚词,就能把赞赏的语气表达得淋漓尽致。第三,赞赏的态度很鲜明,运用了对比手法。将"霸上、棘门军"与周亚夫的细柳军直接对比,认为前者"若儿戏耳,其将固可袭而虏也",而"至于亚夫,可得而犯邪"。第四,赞赏的时间很长久,是郑重其事的。这可从课文最后一句话看出来:"称善者久之。"汉文帝的心理活动,可以概括为:震撼不已,惊喜不已,欣赏不已。这是一个宽宏大量、深明大义的皇帝。

如果上面这个问题学生已经基本探究过了,教师就启用下面的备用题:1.文章第一段可以删去吗? 为什么? 教师准备的基本理解:不能删,因为点明了事件发生的特殊背景,为展示人物性格提供了情境。2.课文最后一段,为什么要写群臣的"惊"? 教师准备的基本理解:写"惊"才符合常理,群臣自然会对没有周亚夫的命令不能进入军营的严明军纪和周亚夫只行军礼的行为感到惊讶;也会对汉文帝不但不怪罪周亚夫,反而扶着车前横木俯下身子对他表示敬意的做法感到惊讶。而这一"惊",就衬托出了周亚夫的刚正,衬托出了汉文帝的大义,也让读者更佩服作者运用对比、衬托手法的巧妙。

(设计意图:通过学生自主学习、教师补充提问,让学生对学习难点有较为深入的理解。)

上面这个自学学习难点的环节,设计得比较充实,也比较灵活。前面的共学学习重点环节,是先教师组织学习、后学生自主学习;这里则倒过来:先学生自主学习、后教师补充提问。根据不同的环节,设计不同的顺序,科学性强。教师补充提问部分还准备了备用题,考虑周到。汉文帝赞赏周亚夫的话语,设计者能从四个方面解读其特点,准确、深入而且全面,体现了良好的专业素养。有些学习难点,其实主要难在学生不容易学到位。

(七)教师介绍相关资料

(过渡语:下面老师介绍作者情况和删去的原文,以及专家的解读片段。)

作者介绍:

(课本已有基本的介绍,这里只做补充。)司马迁是我国古代伟大的史学家,被后人尊称为"史圣"。他写的《史记》,是我国第一部通史,开创了纪传体史书的形式,为"二十四史"之首。他因为写作水平高,还由"史学家"衍生成了"文学家",著作《史记》也被鲁迅称为"史家之绝唱,无韵之离骚",充分肯定其史学价值和文学价值。由于他的写作充满正气,"不虚美,不隐恶",因此他又被称为伟大的思想家。

原文介绍:

在课文"称善者久之"之后,原文还有一句话:月余,汉兵至边,匈奴亦远塞,汉兵亦罢。乃拜周亚夫为中尉。

解读介绍:

"奇"是司马迁《史记》的主要艺术特色。但司马迁绝非猎奇自炫、取媚流俗的作家。他的《史记》向称"实录",决非小说家言。《史记》之奇,乃善于在曲折奇特的情节中显示人物性格。他笔下的历史人物,性格统一,有血有肉,因此读之者感到文虽奇而事可信。这就是刘勰在其《文心雕龙·辨骚》中说的:"玩华而不坠其实,酌奇而不失其真。"

这段文字的章法结构,虽剪裁一节而自成篇章。一起写三位将军的防地,两陪一正,两虚一实,对比映衬,使周亚夫的形象更加鲜明突出。结尾文帝一段议论,仍以霸上、棘门作陪衬,一起一结,先后辉映,显得章法严整而不失自然。对文帝,对亚夫,一笔两到,既突出亚夫,又显示出文帝的知人善任,犹其余事。(节选自赖汉屏《〈周亚夫军细柳〉鉴赏》,《古文鉴赏辞典》,上海辞书出版社2014年版。)

(设计意图:通过作者、原文及专家解读片段的介绍,让学生的学习更深入一步。)

上面这个教师介绍资料的环节,设计得很有针对性。没有对课本上已有的作者和作品介绍机械重复,体现了设计的理性,也体现了设计的智慧。"非指示性"教学设计中完整的资料介绍一般包括三个部分:作者介绍、背景介绍、解读介绍(专家A、专家B的)。这里的"背景介绍"没有必要,改为介绍原文被删去的一句话,体现了设计的灵活。

(八)自主欣赏积累

(过渡语:下面请每人自主欣赏,并自主积累。)

第一步:自主欣赏。对学习重点的相关内容及其他精彩内容,自主欣赏,感受写作的巧妙和人物的精彩。

第二步:自主积累。先聚焦文言音义易错的字词,边读边积累,因人而异,不求统一;独立掌握后,小组内相互检测。再面向全文,美美地读,读出流畅美、节奏美和情感美,读出自己的感受和享受。最后熟读成诵,生成积累,并在同桌间现场展示一部分。

最后全班齐读(能脱稿的就合上书本进行背诵式朗读),充分展现认知上的理解和情感上的体验,把课堂气氛推向高潮。

(设计意图:通过自主欣赏和积累,让学生在语感和语料等方面获得新的提升,继续充实自己的语文学习基础。)

上面这个自主欣赏和积累的环节,设计得有价值。语文学习,要在课堂上就出效果,就打下积累的底子。不只要积累新鲜字词,还要积累精彩段落,甚至对全文也要背诵积累(即使教材没有提出要求)。这篇课文,就需要熟读成诵,背下全文。

(九)自主总结反思

(过渡语:最后,请每人对自己的学习自主总结,并自主反思。)

第一步:自主总结。总结这堂课自己的学习收获,简洁、准确、全面。

第二步:自主反思。反思这堂课自己的学习表现,真诚、细致、深刻。建议将自己的学习与同学的、老师的、研究专家的做比较,看看自己哪些方面值得肯定需要保留,哪些方面应该克服需要调整。

每人在学习纸上各写下一句话。然后在小组内坦诚交流,主动分享。之后教师先随机抽点三四位、后自主举手三四位向全班介绍,营造班级真诚和向上的学习氛围。

(设计意图:通过自主总结和自主反思,让每人自主判断、自主纠正,进而自主成长。)

上面这个自主总结和反思的环节,是"非指示性"教育下教学设计的重要特点。通过该环节,能进一步唤醒学生的生命自觉意识,培养学生的自我生长力。

(十)教师推荐课外阅读篇目

(过渡语:语文学习得法于课内、得力于课内,同时得趣于课外、得识于课外。我向大家推荐课外阅读篇目。读什么呢?请看文后学习任务第4题。)

文后学习任务第4题要求选读《史记》中的廉颇、蔺相如、屈原、项羽、张良、韩信、李广等一位人物。现在和大家商量:是统一选一位,还是自己任选?

教师预备的方案是:既可以共选第一位人物廉颇,共读《廉颇蔺相如列传》;也可以任选一位自己喜欢的比如屈原、项羽等;还可以两者相结合,以共选共读为主,同时允许自选自读。

下节课让语文课代表(多名课代表中专门负责课外阅读的一位)组织交流。交流的主题就是第4题的要求:"领略人物的风采,感受《史记》的写人艺术。"

(设计意图:通过课外阅读篇目的推荐,让学生在课外阅读中继续获得语文的认知成长和精神成长。)

上面这个推荐课外阅读篇目的环节,把文后学习任务第4题用起来了。阅读选择上,设计者也预备了共选阅读与自选阅读及两者相结合的方案,设想周到,方案可行。

五、板书设计

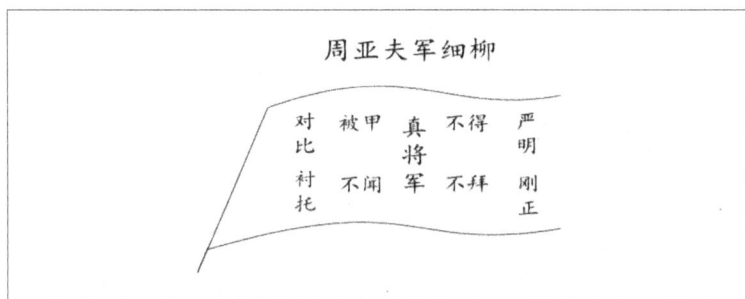

上面的板书设计,围绕周亚夫的形象刻画展开,中间为典型语词"被甲""不得""不闻""不拜",左侧为刻画方法"对比""衬托",右侧为治军特点"严明"和人物特点"刚正",正中间用红色的"真将军"点睛,整个板书用一面军旗来构图,突出其军威。设计得颇为巧妙。

这是第二个设计案例展示,比较典型地体现了初中学段分选型(共选与自选结合型)"非指示性"教案设计的特点。教师的科学引导和学生的自主实践,都得到了较明显的体现。作者张婷婷同学曾运用该教案参加实习学校永康中学的校本研讨周教学展示活动,获得好评。需要说明的是,"非指示性"教育下的引导和"指示性"教育下的指示,有着本质的区别。前者是基于尊重,是要强化学生的独立人格,培养学生的自主思考力,从而获得自主成长。后者却是基于控制,是要让学生获得现成的结论,被动地接受教师的观点,并不重视学生的独立人格和自主成长。

案例三:高中散文多篇类自选型设计

设计者为实习生辛雪等人,设计的课文是必修上册的《故都的秋》和《荷塘月色》。共需二至三课时,这是全课时的设计。

高中统编版教材实施后,整合教学、群文阅读成为常态,"从以前的'单点'变成现在的'套餐'"(统编版《教师教学用书》语文必修上册第224页用语)。为此,这里展示了两篇合上的"套餐"式教学设计案例。

但我们并不能因为统编版教材把许多课文编到同一个课序中(《故都的秋》和《荷塘月色》就被编入了同一课序第14课),提倡整合教学、群文阅读,就完全以多篇教学取代单篇教学。须知,饭是一口一口吃的,文章是一篇一篇读的。没有单篇教学打底就开展多篇教学,容易学得粗浅,学得粗糙,甚至学得杂乱,学得混乱(学完后可能连哪句话出自哪一篇都搞糊了)。因此仍需立足学生,从单篇教学起步,先获得基本的收获,打下基本的底子,特别是语言的收获和语言的底子。

同时要对两类课型的教学做出定位。在目标上,单篇教学是打底,要求准并求精、求细;多篇教学是提升,要求广并求深、求新。在课时分配上,如为两篇课文,可先单篇教学各上一个课时,后多篇教学共上一个课时,两者相加三个课时,比较经济,也比较可行。

但下面这个多篇教学的设计案例,有意选择了未经过单篇教学而直接进入多篇教学的设计,以体现设计类型上的代表性。

一、文本分析

两个文本选自高中必修上册,构成第14课中的两篇。单元学习要求是:学习本单元的写景抒情散文,体会民族审美心理,提升文学欣赏品位,培养对自然的热爱之情;关注作品中的自然景物描写和人生思考,体会作者观察、欣赏和表现自然景物的角度,分析情景交融、情理结合的手法;还要反复涵咏咀嚼,感受作品的文辞之美。文后学习要求是:阅读《故都的秋》,要抓住"秋味"这个中心,慢慢读,调动各种感官来体会故都之秋的"清""静""悲凉"等特点,看看作品是通过哪些景物的描写巧妙地表现这些特点的;作者没有详细描绘陶然亭、钓鱼台、西山等北平著名景点,而是着重描写牵牛花、槐蕊、秋雨、秋枣一类平凡细小的事物,这是为什么?再想想,悲凉的"秋味",为什么在郁达夫笔下具有特别的美?作者说中国的文人"与秋的关系特别深",有什么道理?阅读《荷塘月色》,应该多朗读,边读边沉浸到月色清淡、荷香缕缕的意境中去,品味那种优雅、朦胧、幽静之美;重点学习作者如何写景,如何在景物描写中自然地融入感情,以及如何通过比喻和通感来激发读者的联想和想象;学习时要关注两篇写景文章的语言艺术,可以从用词、句式等方面来细细品味:《故都的秋》开头多用短句,句中多停顿,起到了舒缓节奏和营造氛围的作用;《荷塘月色》善用叠词,语言朴素典雅、准确传神、贮满诗意;阅读时应多加体会。

两个文本的内容是:《故都的秋》描写故都清、静、悲凉的秋景,并联想到中外文人尤其是中国文人对秋的独特感情,表达热烈的喜爱之情;《荷塘月色》描写荷塘和月色的美景,表达淡淡的喜悦之情,并联想到江南的采莲旧俗,表达淡淡的思乡之情。

两个文本的特点是:《故都的秋》用"悲凉化"体现其写作的个性化;首先内容选择上悲凉化,写具有清、静、悲凉意蕴的牵牛花、槐蕊、秋雨、秋枣等日常生活中的故都秋景;其次语言运用上悲凉化,写景时直接用"破""静""疏疏落落""清闲""落寞""衰落""残""微叹"等语词;再次情感表达上悲凉化,文章开头就热切地表达对清、静、悲凉的故都的秋的喜爱,中间则自豪地总结中国文人浓厚的颓废色彩和颂秋情结,结尾又夸张地表达愿折寿来换取故都的秋的零头的心愿,体现独特的民族审美心理。《荷塘月色》用"典雅化"体现其写作的个性化;首先内容选择上典雅化,写传统文学意象中典雅的荷、月及相关古代诗歌;其次语言运用上典雅化,沿用从《诗经》就开始运用的叠词、比喻、拟人等典雅的传统手法写景,形象有韵味,诗意有情境;再次情感表达上典雅化,即使心境不宁,也含蓄不直露,平淡不浓烈,体现了传统文化的温和典雅特点。

两个文本的教学价值是:在文体运用形式方面,散文的个性化写法具有独特性;在单元学习要求等方面,景物描写、情景交融等具有典型性。

上面的文本分析,体现了设计者较好的功力。尤其是对两个文本特点的分析,将《故都的秋》概括为"悲凉化",将《荷塘月色》概括为"典雅化"。虽然两个词都略显生涩,但都能通过内容选择、语言运用和情感表达三个方面的具体表现来细化和印证,让人信服。高中学段的教师更需要以自身的思想高度来解读文本客观存在的(不是想当然的)深度,从本质上揭示作品,实现还原性解读。用"个性化"来概括散文的特点,比"形散神不散"更精准,更有学术性。

设计者没有对《故都的秋》和《荷塘月色》的文后学习要求做出评论。这些要求,体现了教材编写者对学生学习的关心,但可能并不妥当,把课本编得像读本,什么都现成地告诉学生,影响了学生独立学习能力的培养;而且用"要""应该"等语词开头,指示性明显,灌输色彩浓厚。作为教材编写,宜用提问的方式引导学生自主思考,不宜以结论的方式告知学生该怎么做。同时两篇课文的编排,《荷塘月色》在前,《故都的秋》在后,可能更符合学生循序渐进的学习规律。

二、学生分析

本次课将由教师教的学转向学生教自己的学,由学生自主选择学习重点、学习难点等要点。两篇文章为本单元的第一课,"放手型"教学为本单元的第一次运用,而两篇联上又没有经过单篇教学打底,因此本次教学将让学生自主选择和确定学习重点和次重点两个要点、学习难点和次难点两个要点,力求学得细致些;然后围绕这些重点和难点,自主设计任务,自主展开探索。学生学习这两篇课文,重点和次重点一般会围绕单元学习要求和文后学习要求所强调的景物描写等展开,难点和次难点可能会选择两篇课文的情感表达(比如为什么郁达夫对悲凉的秋会喜欢到愿意折寿的地步?为什么朱自清对荷塘月色美景总是压抑着感情?),还有内容选择(比如为什么《故都的秋》要写国外的悲秋内容,为什么《荷塘月色》要写古代的诗歌?)。当然这只是学习内容的主要选择方向,对于语文基础不好的学生,学习重点可能更不定,学习难点可能更多样。

以上的学生分析,体现了设计者的细心。《故都的秋》和《荷塘月色》是高中必修上册第七单元的第1课,又是该册第一次出现写景抒情散文,且没有经过单篇教学,设计时没有让教学步子迈得太大,学习内容也让学生选择了重点和难点之外的次重点和次难点,有利于细化课文的学习。对于学生可能会选择的学习重点和学习难点,也分析得比较切合实际。

三、任务设计

以下仅为教师自己的基本预设:

(一)学习重点和次重点

1. 能说出两篇课文景物描写的特点和效果;

2. 能读出两篇课文景物描写的美感和情感。

(二)学习难点和次难点

1. 能说出两篇课文内容选择的特点和方法;

2. 能解释两篇课文情感表达的特点和原因。

以上任务设计,体现了设计者良好的学科素养。学习重点和次重点紧扣景物描写预设,且有说、有读,形成了语言学习的基本链条,能把课文学细、学实。学习难点和次难点朝着内容选择和情感表达去预设,能把课文学深、学厚。学习重点和学习难点的设计,有意朝着散文的三个"个性化"展开:个性化的语言运用、个性化的内容选择和个性化的情感表达。

每个学习目标的行为动词"读出""说出""写出",看起来似乎不如"掌握""理解"厚重有分量,但这才是可操作、可测评的,体现了设计的科学性。

四、过程设计

(一)教师介绍教学方式

同学们好,这节课我们将完全转变方式,不再由老师确定学习要点特别是重点和难点来组织大家学习,而是请每人独立进行,自主选择和确定学习重点和学习难点,并围绕重点和难点,自主设计学习任务,自主探究问题答案,最后分享各自的学习成果。这节课的学习效果,就看我们各位的主动性和创造性了。

(设计意图:通过介绍,让学生明白这节课将怎么学习,做好认知上和心理上的准备。)

以上的导入设计,不再是一般的情感激趣和认知激趣,而是任务告知,成长告白,让学生知道自己长大了,需要独立面对、自主学习了。学生要成长,需要教师的理性和"狠心",需要走出热情过头、包办有余的"指示性"教育。

(二)初读课文,概括文体特点

(过渡语:下面我们就开始独立学习,初读课文,整体感知。)

每人以默读的方式依次学习两篇课文,边读边用活动铅笔写一写、划一划,整体感知,对课文表达的内容和情感、形式和技巧有基本的认识。然后根据自己对两篇散文的认识,概括说说散文这种文体有什么特点。不用"形散神不散"来概括,每人试着用自己的话来概括,在学习纸上写下来。

独立完成后在小组内相互交流,边交流边简要解释理由,并努力形成小组的基本共识。然后教师随机抽点几个小组的代表向全班介绍本组的共性观点和个性理解。

最后教师也说说自己的基本理解,与学生交流,并请学生评判:说起散文的特点,以前我们都会不假思索、异口同声地说"形散神不散",但这个概括还没有深入到散文的本质。郁达夫说:"现代的散文之最大特征,是每一个作家的每一篇散文里所表现的个性,比以前的任何散文都来得强。"刘锡庆则说:散文姓"散"(散行成体),名"文"(文学),字"自我"(具有独特个性的真实作者)。因此散文是最富有个性化的,可以用几个"个性化"串起一句话来概括它:散文是作者选择个性化的内容、运用个性化的语言、表达个性化的情感态度价值观的文体,带有明显的个性化的写作技巧。

(设计意图:让学生初读全文,整体感知,并概括散文的特点,为自主选择学习重点和学习难点做好认知上的准备。)

这个环节设计很重要。学生只有整体感知全文,深入认识散文,才能站得高,看得准,以专业的态度开展自主学习。教师对散文的界定,学生不一定能很快地接受,但有助于以独立的眼光看待散文文体,有利于培养学术精神和独立人格。

(三)自选学习重点和学习难点

(过渡语:下面请每人自主选择学习重点和学习难点。)

先请每人思考:一篇课文要学习的有课文表达的内容和情感,以及课文表达的形式和技巧(包括词句的、篇章的、材料的、文体的)。学习重点一般往哪个方面和方向去选择? 学习难点又往哪个方面和方向去选择? 为什么?

让学生在思考和交流中努力形成基本共识:语文课程是一门学习国家通用语言文字运用的综合性、实践性课程;语文学习的初心和核心,是要学习课文语言运用的范例,提高自己语言运用的能力。因此学习重点一般要选择课文表达的形式和技巧,通过它来感知和感受课文表达的内容和情感;学习难点则两者都可以选择。

再请每人思考:经过前面第二阶段"松手型"的学习,我们已经知道选择学习重点和学习难点的步骤和方法了;今天要在选择学习重点的同时选择学习难点,该怎么做? 请用简要的话归纳步骤和方法。

让学生在思考和交流中努力形成基本共识:将选择学习重点和选择学习难点的步骤和方法整合起来,即可归纳出从宏观到微观的三步法:先列出文体的学习点,总体了解该文体要学哪些;再列出教材(以下从学生角度改称为课本)的学习点(包括单元学习点和文后学习点),具体了解该课本要学哪些;由此发现并列出课文的精彩点,从中选出学习重点;也由此发现并列出自身的缺失点,从中选出学习难点。

明确选择的方法和步骤后,每人默读课文,在学习纸上分步写下一些学习要点(关键词或短句即可),再确定学习重点和学习难点。

教师在课件上亮出选择的步骤和格式:

第一步:直觉中选择。根据课文精彩点和自身缺失点,较快地写下学习重点和学习难点。

第二步:综合中选择。根据文体学习点和课本学习点(单元学习点和文后学习点),思考着写下课文精彩点两个左右,自身缺失点两个左右,确定自己的学习重点和次重点、学习难点和次难点。

第三步:交流中选择。参与小组交流、班级交流和师生交流(教师也列出几个可作为学习重点和难点的,让学生受到一些启发),在辨别中写下来。对前面已选的学习重点和学习难点,或调整,或完善,或坚持。

(设计意图:通过选择学习重点和学习难点,让学生获得自主学习的基本方法和能力。)

以上自选型设计,明显有别于教师放任不作为的"非指导性"教育,教师起到了科学引导的作用:既引导学生思考学习重点和学习难点选择的方面和方向,也引导学生归纳学习重点和学习难点选择的步骤和方法。同时该设计也重视学生的自主实践,让学生将上述两者的思考付诸实施,且依次在直觉中选择,在综合中选择,在交流中选择,逐级向上。

(四)自主探究学习重点

(过渡语:下面我们先就学习重点开展自主探究。)

每人围绕学习重点和次重点,自主选择学习内容,设计学习任务、学习要求和学习时间,然后自主探究。

在自主设计前,先请每人思考:选择学习内容,设计学习任务,设置学习要求,设定学习时间,各有什么要求?分别用一两个词来限定。

让学生在思考和交流中努力形成基本共识:选择的内容要精准且典型,设计的任务要可行有新意,设置的要求要科学有层级,设定的时间要合理稍紧凑。同时教师可就设计任务的新意提出建议:可主动跳出老师平时常用的"用了什么手法,有什么效果"之类的"常式",在"常式"外灵活设计一些有新意的"变式";有时还可把任务设计成活动项目(当然要可行)。

教师在课件上亮出自主设计的基本句式:

内　容:……

任　务:……

要　求:……

时　间:……

在自主探究前,也先请每人思考:探究过程中要不要、能不能到资料书上找答案?

让学生在思考和交流中努力形成基本共识:先独立探究,形成自己的基本理解;再向资料书学习,细化和完善自己的理解;之后向同学学习,在集体交流中继续获得提高。

教师在课件上亮出自主探究的基本步骤:

第一步,独立中探究。只看课文,不看别的,凭已有的基础探究。

第二步,借助中探究。借助手头的多种资料探究。

第三步,交流中探究。参与小组交流和班级交流,介绍独立中探究和借助中探究的成果,在交流中获得启发,完善自己的探究。

教师在后面有提问和共同探究的环节,此时基本不做评价,也不轻易说自己的理解,但要把自评和互评组织到位,要把班级分享交流的个例作为全班重要的学习资源,在评价和讨论中获得启发和提升。

(设计意图:通过对学习重点的自主探究,让学生在内容选择、任务设计、要求设置和时间设定中获得自主学习的基本方法和能力。)

上面这个自主探究的环节设计,继续体现了教师的科学引导。既在自主设计前引导,也在自主探究前引导,保证了自主学习的质量,起到了教师应有的作用。同时也继续重视学生的自主实践,让他们依次在独立中探究,在借助中探究,在交流中探究,让探究逐级提升,逐步完善。特别值得肯定的是,教师还关注到了学生手头资料书的运用问题(著者当年在中学任教时还曾和几位志同道合的同事一起,把教师用的教参全部发给学生),既重视培养学生的独立学习能力,也重视发挥资料书的辅助作用。

（五）教师补充提问学习重点

（过渡语：下面老师也把自己确定的学习重点设计成了一个活动项目，供大家在独立思考后，小组成员一起学习。）

请设计一个"美景美读美评"的活动项目，选择《故都的秋》和《荷塘月色》两文中你认为最美的语段分别美读，读出流畅美、音韵美和情感美；然后美美地点评两篇课文各一两处鲜活的用词或用句，让人看了你的点评，能进一步理解作者的用语之妙和用意之巧。

下面为教师准备在学生学习后和他们交流的基本内容：关于美读，选择《故都的秋》第4段关于落蕊的描写，《荷塘月色》第4段关于荷塘的描写，依次朗读，读后请大家评判是否读出了流畅美、音韵美和情感美。关于美评（以下内容用课件亮出），一是评《故都的秋》中落蕊的描写：作者在用句上先写触觉：脚踏上去，"声音也没有，气味也没有，只能感出一点点极微极柔软的触觉"；后写视觉：扫街的在树影下一阵扫后，"灰土上留下来的一条条扫帚的丝纹，看起来既觉得细腻，又觉得清闲，潜意识下并且还觉得有点儿落寞"。触觉和视觉相加，短句和整句结合，让人充分感受到了景物描写的细腻，也体会到了感情表现的细腻，能获得语言美的陶冶和情感美的熏染。二是评《荷塘月色》中荷叶的描写：作者的比喻极为新奇独特，给人全新的阅读体验："叶子出水很高，像亭亭的舞女的裙。"既写出了荷叶的高和圆（前者用"亭亭"来表现，后者用"舞女的裙"来表现），写出了形态的特点，也写出了形态的美好；还在创新的用语中表现了他的女性情结，体现了对女性高洁之美的喜爱和赞颂。短短几个字，见形又见情，意蕴满满。

（设计意图：通过教师的提问和解答，让学生在重点内容学习上获得更多的启发，起到以教促学的作用。）

上面这个教师补充提问学习重点的设计，对学生学习重点的学习，起到了细化和美化的作用。细化作用，是学生自主学习时可能会比较粗糙，朗读不细腻，比较本能；解读不细致，比较直觉。美化作用，是学生自主学习时可能会比较理性，朗读理性，解读也理性，没有明显感受到课文的语言之美和情感之美，也没有展现出自己朗读的美和解读的美。教师的补充提问，体现了设计的专业性。

（六）自主探究学习难点

（过渡语：下面我们再就学习难点开展自主探究。）

每人围绕学习难点和次难点，自主选择学习内容，设计学习任务、学习要求和学习时间，然后自主探究。

教师先提建议：经过前面学习重点的学习，如果自己对学习难点有新的认识，可以做出调整。

在自主设计前，先请每人反思：刚才在学习重点的学习环节，自己在选择学习内容，设计学习任务、设置学习要求和设定学习时间上，有什么优点和不足？请每人在反思中调整和完善，争取比前面做得更好。

教师在课件上亮出自主设计的基本句式：

内容：……

任务：……

要求：……

时间：……

在自主探究前,也先请每人反思:刚才在学习重点的学习环节,自己在自主探究中有什么优点和不足?让每人主动反思,主动调整和完善。

教师在课件上亮出自主探究的基本步骤:

第一步,独立中探究。只看课文,不看别的,凭已有的基础探究。

第二步,借助中探究。借助手头的多种资料探究。

第三步,交流中探究。参与小组交流和班级交流,介绍各自独立中探究和借助中探究的成果,在交流中获得启发,完善自己的探究。

教师在后面有提问和共同探究的环节,此时仍然基本不做评价,也不轻易说自己的理解,但要把自评和互评组织到位,要把班级分享交流的个例作为全班重要的学习资源,在评价和讨论中获得启发和提升。

(设计意图:通过对学习难点的自主探究,让学生在内容选择、任务设计、要求设置和时间设定中获得自主学习的基本方法和能力。)

上面这个学生自主探究学习难点的设计,体现了教师的细心和严格。细心,是教师建议学生在解决学习重点后,如对学习难点有新的认识可以调整。严格,是教师没有让学生机械重复刚刚经历过的自主探究学习重点的行为,而是让每人主动反思,主动改进和完善。

(七)教师补充提问学习难点

(过渡语:下面老师也把自己确定的学习难点设计成了一个任务,供大家独立学习。)

请以"矛盾与不矛盾"为话题,分别谈谈两篇散文所写内容和所抒感情之间表象上的矛盾与实质上的不矛盾,各写成两百字左右的文段,要自圆其说,并让人读懂蕴含在其中的民族审美心理和传统文化现象。

每人独立完成,然后相互交流和评价。

(过渡语:下面老师也介绍一下自己写的百字小论文,与各位分享,并请各位评判。)

《故都的秋》所写的内容都是清、静、悲凉的,但作者在情感上却分外喜欢,开篇就说从杭州不远千里辗转到北平,只是想尝一尝那"来得清,来得静,来得悲凉"的故都的"秋味"。初看不合情理,清、静、悲凉,难道是美吗?但作者说中国的文人学士尤其是诗人都带着很浓厚的颓废色彩,中国的诗文里颂赞秋的文字特别多,与秋的关系特别深,就能理解这是独特的民族审美心理,也就能进一步理解文章末尾的夸张,说自己愿意把寿命的三分之二折去,换得三分之一的零头。《荷塘月色》把荷塘和月色写得很美,竭尽用语之妙;但作者的喜爱之情却总是被压抑着,"颇不宁静"的心情也不直接外露,甚至说"热闹是它们的,我什么也没有",特别是联想到了《采莲赋》中活泼的嬉游光景,与自己的冷静更形成了强烈的对比。这似乎矛盾,但细想又不矛盾,儒家文化下的传统知识分子,情感大多是内敛的含蓄的,"整饬而温和,庄重而矜持",这也是独特的传统文化现象。

(设计意图:通过教师的提问和解答,让学生在难点学习上获得更多的启发,起到以教促学的作用。)

上面这个教师补充提问学习难点的设计,提升了学生的学习品质。教师提出的问题"矛盾与不矛盾",有深度且富有哲理性,有意培养高中生的理性思考和辩证思维。该问题还将作者个性化的内容选择与个性化的情感表达融合起来,让学生更整体地学习课文。学生就学习难点的自主学习,可能学得零碎,也学得局部。教师的补充提问着眼于整体和本质,起到了弥补和提升的作用,体现了"非指示性"教育中教师的科学引导。

（八）自主概括文本特点

每人各用一个词,分别概括两篇散文的个性化特点,然后分别从内容选择、语言运用和情感表达三个方面依次阐述其个性化的具体表现。要求简洁、准确、深入。在学习纸上写下来。

教师在课件上亮出基本句式:

《……》用……体现其写作的个性化;首先内容选择上……;其次语言运用上……;再次情感表达上……。

个人独立学习后,在小组内交流,努力形成最佳共识,然后参与班级交流,继续形成班级最佳共识。

之后教师随机抽取两个小组的代表上去书写所填写的内容,作为这节课的板书。

最后教师也用课件亮出自己的解读,努力提升班级学习:《故都的秋》用"悲凉化"体现其写作的个性化;首先内容选择上悲凉化,写具有清、静、悲凉意蕴的牵牛花、槐蕊、秋雨、秋枣等日常生活中的故都秋景;……《荷塘月色》用"典雅化"体现其写作的个性化;首先内容选择上典雅化,写传统文学意象中典雅的荷、月及相关古代诗歌;……(此处限于篇幅不完全呈现,省略部分见前面的"本文分析"。)

介绍结束后,教师用课件展示自己的板书设计(单列在后面)。

上面让学生自主概括文本特点,设计得有品位。就本节课来说,教师把学生一步步往高处引,至此是"独上高楼,望尽天涯路"了;就学段来说,体现了教师对高中学段学生自主学习的专业性要求。把学生概括性的书写作为这节课的板书内容,则体现了设计的灵活和智慧。

（九）教师介绍相关资料

(过渡语:下面老师介绍作者及专家解读的相关资料,拓展大家的视野。)

1．作者介绍

（1）郁达夫

现代作家。3岁丧父,家道衰贫。少时已有古典文学基础,17岁赴日本留学又受到了欧洲及日本各种社会思潮和文艺作品的熏陶。六年后入东京帝国大学经济学部,但饱受屈辱和歧视的异国生活激发了他的爱国热忱,从研究经济转向了文学创作。郁达夫主张"文学作品,都是作家的自叙传",侧重从主观内心世界出发,表现自我的真挚感情。他虽为"五四"新文学健将,思想上属于激进民主主义,但在气质上没有完全摆脱中国传统士大夫"放浪形骸"的处事态度,他的生活和创作都包含着深刻的矛盾。他的充满浪漫主义感伤色彩的小说、散文和诗歌,是他本人坎坷人生道路和曲折创作历程的写照,也表现出"五四"以来一个性情复杂而富有才华的现代作家鲜明的创作个性和独特的艺术风格。(取材于统编版《教师教学用书》。)

（2）朱自清

现代作家。散文家、诗人、学者、民主战士。朱自清之名是他1917年报考北京大学时改用的,典出《楚辞·卜居》"宁廉洁正直以自清乎",意为廉洁正直使自己保持清白。同时取字佩弦,语出《韩非子·观行》"董安于之性缓,故佩弦以自急",意为弓弦常紧张,性缓者佩弦以自警。1928年出版第一本散文集《背影》,以平淡朴素又清新秀丽的文笔独树一帜。郁达夫在《中国新文学大系散文二集·导引》中说:"朱自清虽则是一个诗人,可是他的散文仍能满贮着那一种诗意。文学研究会的散文作家中,除冰心女士外,文章之美,要算他。"

2. 解读介绍

(1)关于《故都的秋》

接下来写到北平秋天的树和花,本来可供选择的不计其数,但是,郁达夫却只选中了槐树的花。这在北方可能是很不起眼的一种花了。可郁达夫所欣赏的,偏偏不是长在树上的生气勃勃的花,而是快要死亡了的"像花而又不是花的一种落蕊"。这就把前面对于秋草朴素的雅趣引向更为深刻的境界。生命衰亡的迹象,虽然从世俗观念上看,并不漂亮,但是也很动人的。这种动人之处,不在一般的感觉之中,而是在非常细致的、非常文雅的心灵感觉之中才有的。早晨起来,发现满地槐树的落蕊,一般人是没有感觉的,不但视觉如此(颜色形状不起眼),听觉也如此(声音也没有),嗅觉也一样(气味也没有);在一般人,触觉也是没有的。但是,作者把"脚踩上去"(当然是穿着鞋的),如果不是感觉极其精致的艺术家,谁会有"极微细极柔软的触觉"呢?有了这种感觉,对于生命的消亡就有了深邃的感触了。

…………

在郁达夫的《故都的秋》中,传统的悲秋主题有了一点小小的变化,那就是秋天的悲凉、秋天带来的死亡本身就是美好的,诗人沉浸在其中,却并不是什么悲苦,而是一种人生的享受,感受秋的衰败和死亡是人生的一种高雅的境界。

(孙绍振,《追求大雅和大俗的交融》,节选自《解读语文》,福建人民出版社 2010 年版。)

(2)关于《荷塘月色》

《荷塘月色》是现代文学脍炙人口的佳作。读着这篇散文,一幅清新、美丽的景象立即映现眼前:绿叶田田,荷花朵朵,清香缕缕,月色溶溶,像朦胧的幻梦,像缥缈的歌声。那里有画,有诗,有情,有深邃的意境。但是,在那诗情画意里,却蕴含着作者艺术上的孤诣与苦心。朱自清曾说,作家应"于人们忽略的地方,加倍地描写,使你于平常身历之境,也含有惊异之感"。荷塘就在清华园里,是作者"日日走过"的,可谓"平常身历之境"了,但他却以诗人灵敏的触觉去感受它,不但游目骋怀地观察,而且严辨淄渑地品味,从而细致地描绘了令人"惊异"的"无边的荷香月色"。

…………

在《荷塘月色》里,作者还运用了许多叠字叠词来深化物态情貌的形象感,如用"田田"来形容荷叶的密度,以"层层"来表明它的深度,用"曲曲折折"来表示荷塘的广度。又如"蓊蓊郁郁"是"蓊郁"这一双音节词的重叠,不但说明树木之多,而且加强了夜色浓重的气氛;"远远近近,高高低低",是远近高低的连用,极写了荷塘四面树丛之茂密。这种例子很多,简直俯拾即是,这些多样形态的叠字叠词不仅富有艺术表现力,而且节奏鲜明、韵律协调,富有音乐美。总之,《荷塘月色》的语言艺术确是达到了如作者所追求的"顺口""顺耳""顺眼"的境地(《诵读教学与"文学的国语"》)。

(刘泰隆,《荷香月色,诗情画意》,节选自《朱自清作品欣赏》,广西人民出版社 1981 年版。)

(设计意图:通过作者和相关专家典型解读的介绍,让学生的学习更深入一步。)

上面的相关资料介绍,本来可以包括作者介绍、背景介绍和解读介绍三个方面,这里略去背景介绍,较为合适,这两篇散文都很容易因为背景介绍而被过度解读。"非指示性"教学设计把作者放在后面介绍,就是为了防止结论先行,避免教学的"指示性",培养学生的独立阅读和自主探究。对作者郁达夫的介绍,只在课文已有注释的基础上做针对性的补充;对作者朱自清的介绍,课文没有相应的注释,设计时只是基于学习散文《荷塘月色》的需要,做了相应的介绍。这样设计,体现了教师的理性和干练。

(十)自主欣赏积累运用

(过渡语:下面请每人自主欣赏,自主积累,并自主运用。)

第一步,自主欣赏。对学习重点相关的两篇课文景物描写的精彩内容,再次自主欣赏,感受语言之美和情感之美。

第二步,自主积累。先聚焦新鲜字词,边读边积累,因人而异,不求统一;独立掌握后,小组内相互检测。再聚焦《故都的秋》第3~4段(写驯鸽、牵牛花和槐蕊的段落)、《荷塘月色》第4~5段(写荷塘和月色的段落),熟读成诵,然后全班背诵式朗读。课外继续把两篇课文全部背下来。

第三步,自主运用。从校园中选取两处景物,一处模仿《故都的秋》的景物描写,从听觉、视觉、触觉等多个角度写一段话,细腻地描写景物、表现情感;一处模仿《荷塘月色》的景物描写,运用叠词、拟人及比喻(普通比喻、特殊比喻通感和连续性比喻博喻)等多种手法写一段话,典雅地描写景物、表现情感。

(设计意图:通过自主欣赏、积累和运用,让学生在语感、语料和语用等方面获得新的提升,继续充实自己的语言底子。)

上面这个欣赏、积累和运用的设计,体现了对语文学习的本质认识。语感、语料和语用,是语文学习的核心和初心;学生要通过朗读培养语感,通过背诵积累语料,通过表达训练语用。该设计既体现了教师的科学引导,又贯穿了学生的自主实践。其中从段落背诵到全文背诵,教材并没有提出要求,但教师"该狠心就狠心",值得充分肯定。

(十一)自主总结反思

(过渡语:最后,请每人对自己的学习进行自主总结,并自主反思。)

第一步,自主总结。总结这堂课自己的学习收获,要求简洁、准确、全面。

第二步,自主反思。反思这堂课自己的学习表现,要求真诚、细致、深刻。建议将自己的学习与同学的、老师的、研究专家的做比较,看看自己哪些方面值得肯定,需要保留,哪些方面应该克服,需要调整。

最后,教师也说一句鼓励性的话:散文是离作者心灵最近的文体,我们也要用自己的心灵去感悟,并以高中生的身份,用自己的观点去判断,用自己的思维去创新,用自己的语言去表达,提升语言素养,也提升思维、审美和文化素养,自主走向语文成长。

(设计意图:通过自主总结和自主反思,让每人自主判断、自主纠正,继续获得自主成长。)

上面这个自主总结和反思的环节,在高中学段设计得更有必要,更需要让学生在自主总结和自主反思中走出被动式学习和依赖式学习。教师在学生总结和反思后的鼓励性话语,有意立足高中学段来激发他们,体现了引导的细心,也体现了引导的学理性。

(十二)教师推荐课外阅读篇目

(过渡语:语文学习得法于课内、得力于课内,同时得趣于课外、得识于课外。我向大家推荐课外阅读篇目。)

郁达夫的另一篇写景抒情散文《江南的冬景》,以及学者孙绍振评价《故都的秋》的全文《追求大雅和大俗的交融》;朱自清的另一篇写景抒情散文《绿》,以及学者刘泰隆评价《荷塘月色》的全文《荷香月色,诗情画意》。请打开班级学习网页学习(已粘贴在上面),也可上专业网站继续学习。

(设计意图:通过课外阅读篇目的推荐,让学生在课外阅读中继续获得语文的认知成长和精神成长。)

上面的推荐课外阅读篇目,设计了两个不错的类型,一类是课文作者的其他散文作品,一类是学者评价课文的作品。篇目不算太多(不然没有效果),且获取方便(不然没法阅读),实用性好。

五、板书设计

	故都的秋	荷塘月色
总特点:	悲凉化	典雅化
内容选择:	悲凉的物象牵牛花等	典雅的物象荷与月等
语言运用:	悲凉的语言写景	典雅的语言写景
情感表达:	悲凉热切的喜爱	典雅温和的喜悦

上面这个板书设计,体现了多篇教学的特点。它与单篇教学有所不同,板书内容以理性概括为主,概括的内容大多基于同一个比较的维度。这样就能让学生一目了然地发现多篇课文的同与异乃至高与下。多篇教学的板书不重活泼,而重学理。这个板书设计,也体现了自选型教学的特点,由学生参与,在动态中生成。

这是第三个设计案例展示,比较典型地体现了高中学段自选型"非指示性"教案设计的特点,也体现了多篇教学设计的基本特点。可能有人会觉得综合性、融会式方面做得还不够,步子还不够大,其实高中第一学期不必过于追求综合性和融会式,最需要追求的是打破课堂的封闭,走出教师的控制,摒弃教师的"学术表演"。

前面的三个案例,依次代表了"非指示性"教案设计的三个层级和类型:共选型、分选型(共选与自选结合型)、自选型。它们的主体环节设计各有特点,共选型为:共选学习内容、顺序和方法,共学内容一,共学内容二,共学内容三,共学内容四;分选型(共选与自选结合型)为:共选学习重点,共学学习重点,自选学习难点,自学学习难点;自选型为:自选学习重点和学习难点,自主探究学习重点,自主探究学习难点,教师补充提问并共同探究。而它们相同的环节设计,教师方面前面有激发兴趣、导入新课(第三类为介绍教学方式),中间有介绍作者、背景及解读资料,后面有推荐课外阅读篇目;学生方面主要有:自主欣赏、积累和运用,自主总结(收获、启示)和反思。

实习生只要主动设计以上三个层级和类型的教案,就能走出课堂全封闭、教学全指示、教师全控制、学生全被动的"指示性"教育,体现教育的民主和科学。

第三章　课件制作

第一节　设计意图：做能原创做课件的教师

"非指示性"教育实习，要求能专业地写教案，还要能原创地做课件，具备全面的专业技能。

原创地做课件，对于众多在职教师来说，几乎是不太可能的事。一是当年在师范院校就读期间没怎么学过，二是走上工作岗位后也没有要求必须学习，三是觉得这是信息技术等教师的事。因此除了少数教师会主动钻研怎么做课件，一般教师只会选取现成的课件模板，把文字粘贴上去，粘贴完就算是做出课件了。即使有些课件模板与上课内容不协调，教师也奈何不了，只能被动地使用。而有些课件模板虽然与上课内容比较一致，但用的人已经很多了，教师也只好继续搬用，无法体现课件的独特性，更无法体现课件的新颖性。著者在不同的时间和地点听课，经常会看到一些相同的课件被反复使用。

平时教师们打开电脑，打开课件时，大多不太关注页面上方的功能区，对于其中的"开始""插入""设计""切换""动画""放映""审阅""视图"等一个个功能，大多没有确切的了解，更不能自如地使用。

基于这样的"前车之鉴"，课件制作要从师范生抓起，在他们还没踏入中小学工作前，充分利用年轻人动手能力强的优势，把原创做课件这项技能训练出来。

原创做课件，就意味着能独立面对电脑，运用自己的技能，通过键盘和鼠标，把课件从无到有地做出来，包括原创封面页，原创目录页，原创主体页，原创总结页（指可现场打字总结的页面），原创封底页等。

就原创封面页来说，要能独立制作封面的颜色，独立制作封面上的标志性物象并动态出现，独立制作封面上的饰条，独立制作课题等文字的字体、字号和字色，独立制作页面的整体布局。

就原创目录页来说，要能独立制作目录页的颜色、饰条、文字、布局，以及与封面一致的贯穿整个课件的小物象等。

就原创主体页来说，要能独立制作多个主体页的颜色、饰条、文字、小物象，以及整个页面的布局。几个主体页要制作得风格一致，但又有一些灵活的变化。

就原创总结页来说，要能独立制作该页面用于现场互动打字的文本框及布局，还有颜色、饰条、小物象等。

就原创封底页来说，要能独立制作封底页的颜色、文字，以及与封面相呼应的动态出现的物象，还有页面的整体布局等。

此外还有原创链接页，要能独立制作链接页上的照片放大器、文字触发器、视频播放器等功能链接。链接页大多用于师范技能竞赛。

原创做课件,在技术性方面,并不是说要达到信息技术等教师的专业水平,而是要具备基本的通用的制作技能;在艺术性方面,则要在通用性审美的基础上,具备学科的独特审美。

因此,技术性与艺术性,前者是原创做课件的前提,后者是原创做课件的关键。没有基本的技能,原创就无从谈起;没有良好的审美,就很难做出学科特点明显的赏心悦目的课件。就艺术性来说,在细节上,对颜色,要有审美的精准度,知道什么颜色有什么独特的表现效果,什么颜色和什么颜色组合是协调的;对字体,要有审美的敏感度,知道什么字体有什么样的表现力。课件做得不好看,除了物象问题,有的是因为颜色用得不好看,如要么都是单一的灰色,要么都是刺眼的紫色,要么都是炫目的红色等,或一页中用了太多的颜色;有的是因为字体用得不好看,如每页都用细细的楷体,或都用粗粗的黑体,或都用扁扁的隶书,或一页中用了太多的字体;有的是因为字号用得不好看,要么太小,要么太大,要么大小混杂。仅就字体来说,有些教师包括语文教师对宋体、仿宋、楷体、行书的字体特点并不清楚,不能恰到好处地发挥不同字体的独特审美价值,有的甚至连字体的名称都不太清楚。而对物象的审美把握,更是考验制作者的艺术性。

因此,做能原创做课件的教师,不仅指具有技术性,具有基本的操作能力;还要具有艺术性,具有较高的审美能力。前者比较容易做到,经过一段时间的训练就能基本过关;后者往往不容易做到,需要更长久更综合的训练,需要在颜色的设计、物象的制作、饰条的选择、文字的运用,以及布局的构设等各个方面,都具有较为专业的艺术眼光。

第二节　实施要求:朝着原创方向自主制作

要让师范生日后成为能原创做课件的教师,就要设计实施要求进行专项训练,朝着原创的方向自主制作。

设计实施要求,一是师范生应做到的,二是师范生能做到的。前者能体现高校带队指导教师的科学引导,后者能体现师范生的自主实践。两者结合,形成共识和合力,就能朝着原创的方向自主走向专业成长。

实施要求包括质性和量化两大方面。

一、质性方面的实施要求

(一)培养技术方面的原创能力

在技术方面,要能对电脑页面上方功能区中的"开始""插入""设计""切换""动画""放映""审阅""视图""开发工具"等一个个具体的功能都有清楚的了解,并能自如地运用。

即在制作课件的封面页、目录页、主体页、总结页、封底页等每一个页面时,都能从"开始"的功能区起步,进而自如地运用"插入""设计""切换""动画""放映""审阅""视图""开发工具"等相应的功能区,独立制作出自己预想的一个个页面来。

比如,在制作封面页时,能从"开始"的功能区开始,从其中的"版式"功能键中选择"空白",形成白底页面;再切换到"插入"功能区,点击其中的"形状"功能键,选择相应的图形、线条等,制作相应的物象,形成该课件的标志性图案;再切换到"设计"功能区,设计该封面页的颜色,并设计该物象的颜色;后切换到"切换"功能区,制作出页面出现的形态;再切换到"动画"功能区,制作出物象等出现的形态;之后切换到"放映"功能区,制作出课件放映的方式等。

比如,在制作主体页时,能通过相应的功能区,选取所需要的功能键,制作出该页面的颜色和样式等;然后设计文字,自如地切换到"开始"功能区,为文字选择字体、字号、字色、字距等;再切换到"动画"功能区,设计文字出现的形态。主体页设计不少于四页,每页的边框设计等都要在保持风格一致的前提下不重样,有变化。

比如,在制作总结页时,能自如运用"开发工具"中的"文本框控件",制作出能代替在黑板上书写的现场互动打字的空白"面板"来。上课时就可以在该课件页面上由教师或学生直接打字,总结课堂学习收获,并可用于总结前的其他互动。

(二)培养艺术方面的原创能力

在艺术方面,要能在课件制作的过程中,运用功能区中通用的"开始""插入""设计""动画""放映""审阅""视图""开发工具"等一个个功能,制作出个性的具有语文学科美感的课件。

比如页面颜色,要制作得悦目又醒目。悦目,就意味着颜色不花哨,看起来舒适;醒目,就意味着颜色不暗淡,看起来精神。大红、大绿、全白、全黑、全灰等,大多不符合悦目又醒目的审美要求。

比如封面物象,要制作得优美又独特。优美,就意味着形象有意境,而不是抽象的苍白的;独特,就意味着新颖有创意,而不是老套的滥俗的。四边形、三角形、大括号等物象缺少意境,书本、课桌、太阳、飞机等物象缺少新意,大多不符合优美又独特的要求。

比如页面上的布局,要制作得严谨又空灵。严谨,就意味着页面上的主要空间有安排得规整的物象或文字;空灵,就意味着页面上的其他空间有所"留白"。页面被制作得太实太密,或太空太疏,都不符合严谨又空灵的审美要求。

比如页面上的饰条,要制作得简约又巧变。简约,就意味着装饰用的线条以直线、单线、细线为主;巧变,就意味着这些饰条有时有所变化,以曲线、复线、粗线等方式出现。页面上的饰条制作得太单一或变化太多,都不符合简约又巧变的审美要求。

比如页面上的文字,要制作得匀调又突出。匀调,就意味着一个页面上的文字,在字体、字号和字色等方面都是匀称的协调的;突出,就意味着课堂上要重点教学的字词等要换用更醒目的字体、字号和字色等。页面上的文字制作得太多样或太单调,都不符合匀调又突出的审美要求。

比如整个课件,要制作得主体性与辅助性相结合。主体性,就意味着整个课件只有一种主体性颜色,只有一种主体性物象,只有一种主体性字体等;辅助性,就意味着适当加入点缀性的颜色、物象、字体等作为辅助,增加课件的灵活性。两者没有兼顾,就不符合主体性与辅助性相结合的审美要求。

总之,语文学科的课件,要制作出通用的技术之美,又具有独特的艺术之美,包括色彩之美、物象之美、文字之美,以及意境之美。既有实用性,又有艺术性。技术为底,艺术至上。

二、量化方面的实施要求

以月为单位,每个月原创一个课件,精雕细琢,在两个月的实习准备期里做出两个风格迥异的课件,不管是颜色上的风格(比如恬静的与热烈的),图案上的风格(比如工笔的与写意的),饰条上的风格(比如精致的与粗放的),还是文字上的风格(比如端庄的与活泼的),都要有明显不同的特点。换言之,两个课件不能做成A与A'的关系。每个课件做八页左右,具体为:封面页、目录页、主体页(共四页)、总结页和封底页。

每个月又切分出三个阶段,以十天为单位。第一个十天以制作封面(颜色、物象、饰条、文字等)为主,第二个十天以制作目录页及主体页(共四页)、总结页、封底页为主,第三个十天以修改完善整个课件为主。实际操作中不一定这么机械,但分步制作、分解制作对师范生熟悉步骤、强化技能有好处。

课件制作在自主训练的过程中,更要发挥实习团队的作用,成立互助小组,让大家主动在实习的QQ群或钉钉群、微信群里交流问题,也介绍经验,相互帮助,共同进步。并由组长组织十天一次的阶段性展示,相互评判,相互促进,直至六十天假期结束。教师也参与其中,说说自己的理解,并在展示的过程中发现课件制作的优势学生,让他们与弱势的学生结对,及时帮助。实习开始后继续结对帮助。

同时,教师还可让前面几届实习生中课件制作得优秀的同学担任指导者的角色,把自己的课件及制作过程和制作方法做成视频,让大家边学习边制作,边制作边完善。

有了以上质性和量化的具体实施要求,学生就能在课件制作上取得最大化的效果。

第三节　案例展评:兼具技术与艺术的课件

在教师的科学引导和师范生的自主实践下,实习准备期两个月的课件制作训练基本能够达到预期目标,师范生能原创出兼具技术性与艺术性的两个课件。虽然会出现较大的个体差异,有的做得比较稚嫩(尤其是艺术性方面),但毕竟迈出了原创课件的第一步。

曾有许多师范生回忆说,刚开始做课件的时候,自己什么都做不来,面对着电脑,无从下手,于是对这个训练任务特别不满,对实习带队指导教师很有意见。但经过两个月的训练,看着自己一笔一划原创出来的课件成果,又变得自信甚至自豪了。

实习准备期(暑假)结束后,由师范生担任主编和编辑,完成实习准备期的专辑之一《暑期原创教学课件》。

进入实习实施期后,每人把自己的两个原创课件运用起来,边用边完善,并在实习过程中继续原创两三个课件,再由这四五个课件衍生出"变式"课件,使每次实习上课的课件尽量不重样。

每届实习结束时,中小学实习学校的指导教师大多会要求实习生把课件留给他们使用,这让实习生又多了一份成就感。

下面展示的多个课件案例,包括小学学段和中学学段。限于篇幅,只有一两个为完整的"全页码"课件,其余均为节选。由于印刷的原因,彩色全都变成了黑白,比较明显地影响了展示的艺术效果。

一、小学学段实习生王童心的课件

下面这个原创课件,最大的特点是富有绘画美。首先是封面页标志性物象的绘画美,枫

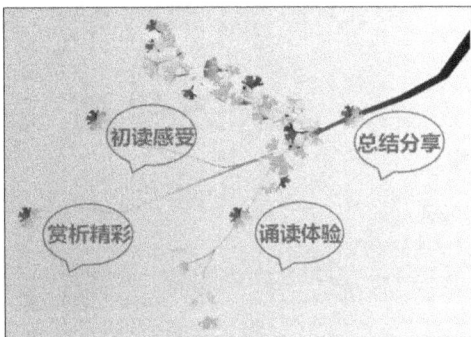

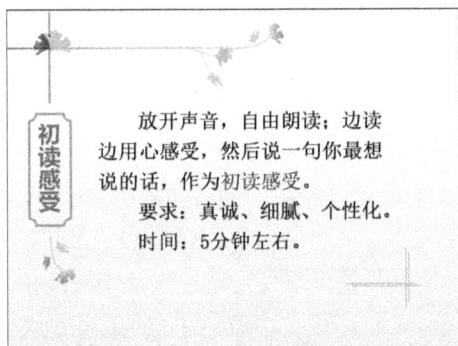

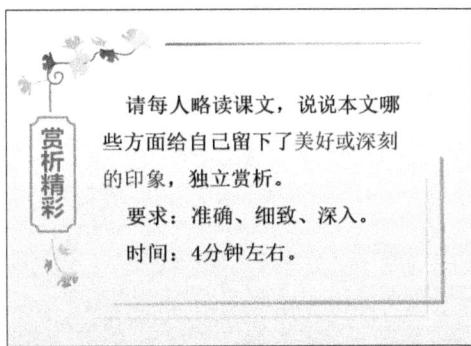

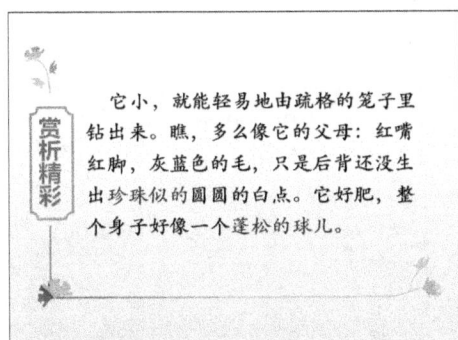

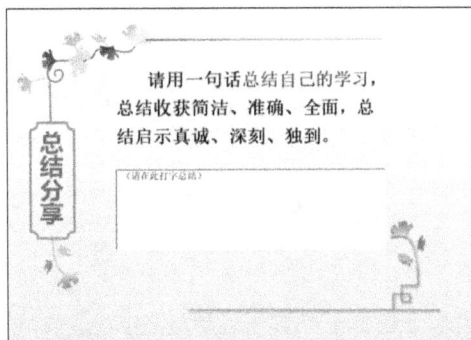

树枝上叶子茂盛,色彩绚丽,有的是鲜艳的黄,有的是炫目的红,有的则黄红相间,美不胜收。封面页打开"放映"时,树枝和树叶动态出现,生机盎然,富有感染力;"定格"后又如同一幅水彩画,赏心悦目,令人陶醉。其次是目录页、主体页和总结页每个构图的绘画美,其中主体页的文字外边框都用单条的枫树枝叶等组成,与封面风格一致,但每页都不重样,形成了几幅精美的装饰画。作者把鼠标当画笔,技术性和艺术性都堪称出色。该课件的底色为淡褚色渐变(封面页与目录页稍浓一些),适合做"水彩画"的底色。

细节方面,总结页的左上方构图与一主体页的较接近,可做一些变化;封面页上的作者和课文出处,可通过"文字阴影"功能键稍作强化,使之与深褚色的课题文字"珍珠鸟"更协调。

二、小学学段实习生章勤依的课件

下面这个原创课件,既工又巧。其"工"体现在封面的花卉上,一笔一划绘成,非常精致;

秋天的雨

陶金鸿

统编版小学语文三年级上册

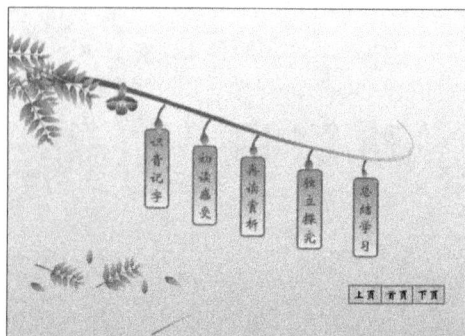

读音记字 初读感受 齐读赏析 独立探究 总结学习

上页 首页 下页

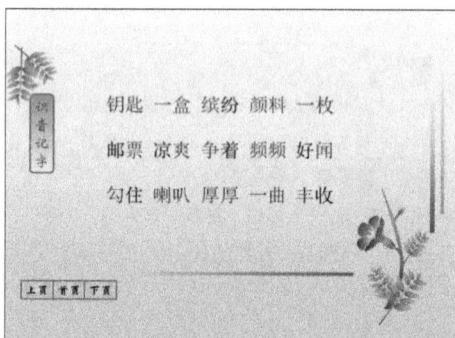

钥匙 一盒 缤纷 颜料 一枚
邮票 凉爽 争着 频频 好闻
勾住 喇叭 厚厚 一曲 丰收

上页 首页 下页

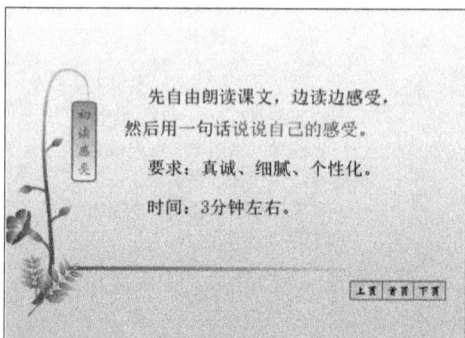

先自由朗读课文,边读边感受,
然后用一句话说说自己的感受。

要求:真诚、细腻、个性化。

时间:3分钟左右。

上页 首页 下页

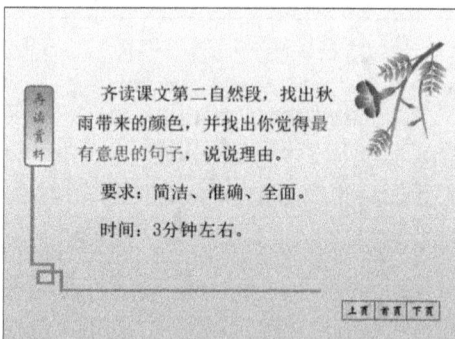

齐读课文第二自然段,找出秋
雨带来的颜色,并找出你觉得最
有意思的句子,说说理由。

要求:简洁、准确、全面。

时间:3分钟左右。

上页 首页 下页

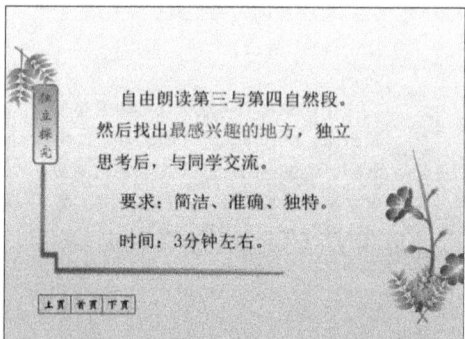

自由朗读第三与第四自然段。
然后找出最感兴趣的地方,独立
思考后,与同学交流。

要求:简洁、准确、独特。

时间:3分钟左右。

上页 首页 下页

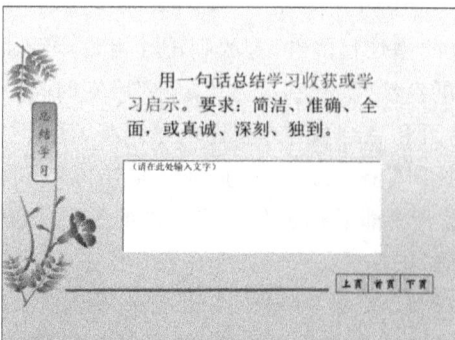

用一句话总结学习收获或学
习启示。要求:简洁、准确、全
面,或真诚、深刻、独到。

(请在此处输入文字)

上页 首页 下页

谢 谢

红花与绿叶相互映衬,增加了几分严谨。其"巧"体现在四幅主体页,文字外面的装饰图都截取自封面的花卉,但在构设上都有变化,不机械重复;封底页上的花卉虽然与封面上的相同,但位置和方向都做了改变。目录页则融合了工与巧,五个环节名称的"竖牌"排列整齐,而将它们串在一起的"树干"形态灵巧,富有活力。该课件底色为淡绿向鹅黄的渐变色,能鲜明地衬托绿叶、红花以及众多文字。

细节方面,封面页右下角的教材出处用字,字号可再大一些,黑体也可改为楷体,颜色可由黑色改为深灰,以增加封面的协调性;每个主体页右下角的"上页""首页""下页"用黑颜色过于突出,可改为深灰色;目录页的五个环节名称所用颜色偏淡,可改为深灰色。

三、小学学段实习生林滨锐的课件

下面这个原创课件,标志性的物象是荷叶、荷花和青蛙,既可爱,又活泼,体现了语文学科的特点,也体现了小学学段的特点。其中四个主体页文字外面的装饰性线框,也设计得可爱又活泼,且四个线框样式不重复。封面和封底呈现的都是播放后的效果,播放前青蛙都在左侧的第一张荷叶上,播放后封面页的青蛙跳到了中间的荷叶上,封底页的青蛙则跳到了最右侧的荷叶上,并在其上方配上了"再见"二字,形成了动态的呼应。课件底色为渐变的碧绿色,富有生命活力。

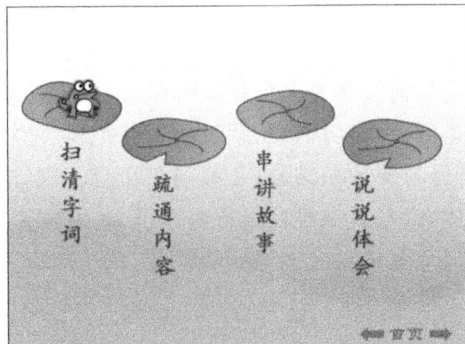

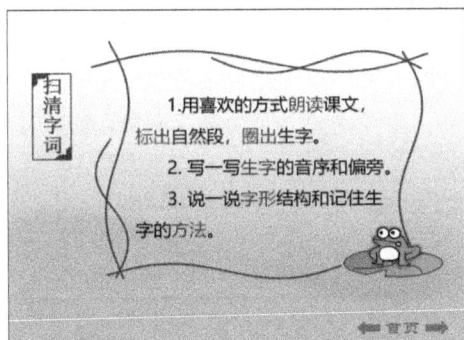

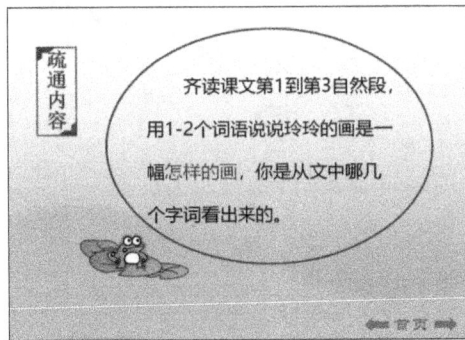

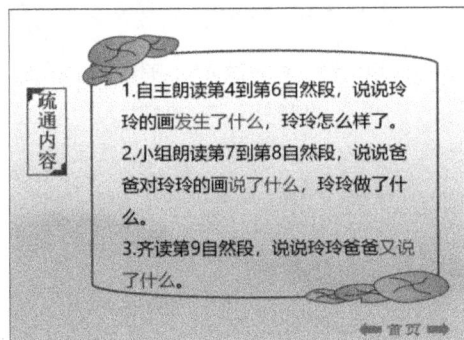

细节方面，每个主体页右下角的"首页"二字，隶书字体过于突出，与整个页面不太协调，可改为楷体；两侧的箭头也可由实心改为空心，使之适当弱化。

四、小学学段实习生吴皓月的课件

下面这个原创课件，充满了诗情画意。整个课件的底色为淡土色，看似普通，但与银杏深褐色的树枝和黄色的树叶等组合在一起，古典的意境美就"跃然纸上"了。该课件特别值得称道的，一是封面页，飘飞的落叶把课文"秋思"的情感和意境渲染得非常充分；二是目录页，严密与疏放相结合，工整与灵巧合一身，既有传统审美特点，又有现代审美特质；三是每个主体页，每页都设计得很有情境，仿佛江南园林中的一个个美景。

每个主体页文字外面的框式，风格略有不一，有的为方形，有的为矩形，可做基本统一。

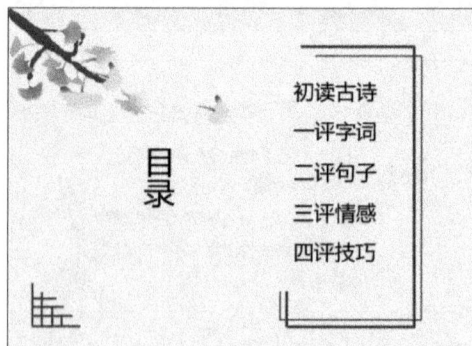

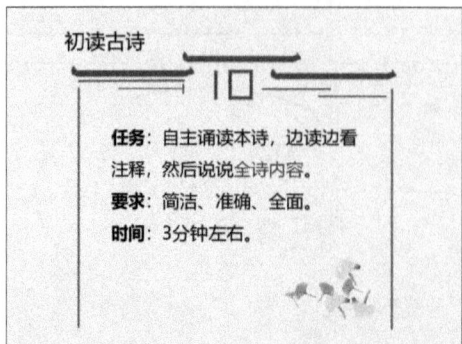

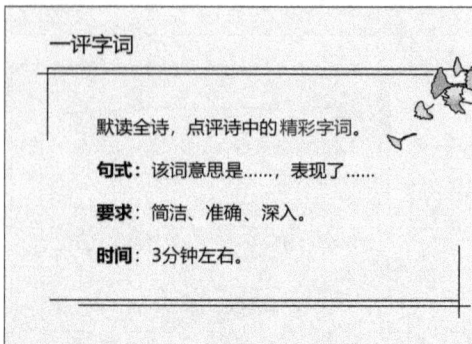

二评句子

再读全诗，点评诗中的精彩句子。

句式：该句意思是……，表现了……

要求：简洁、准确、深入。

时间：4分钟左右。

三评情感

三读全诗，深入体验，点评本诗表达的情感。句式：这首诗表达的情感是……

要求：简洁、准确、全面。

时间：3分钟左右。

四评技巧

四读全诗，点评诗歌的写作技巧。

句式：技巧一，体现在……

要求：简洁、准确、深入。

时间：3分钟左右。

用一句话反省自己的学习得失。

要求：简洁、深刻、全面。

五、中学学段实习生冯丝源的课件

下面这个原创课件，富有精巧之美。首先是精致。如果说前一个课件是写意风格，那么

我与地坛

史铁生

苏教版高中语文必修二第一单元

目录

初读感受　精彩赏析　知人论世　总结分享

首页

初读感受

任务：自主诵读课文，用一句话概括自己的初读感受。

要求：真诚、细腻、个性化（三个要求逐级提升）

时间：5分钟左右。

首页

精彩赏析

四百多年里，它一面剥蚀了古殿檐头浮夸的琉璃，淡褪了门壁上炫耀的朱红，坍圮了一段段高墙又散落了玉砌雕栏，祭坛四周的老柏树愈见苍幽，到处的野草荒藤也都茂盛得自在坦荡。

首页

这个课件就是工笔风格,封面上三朵盛开的荷花,都是一笔一划精心勾勒出来的,还有未盛开的"荷箭"和已开过的"荷蓬",也清晰可辨;目录页中教学环节名称的排版、主体页中文字外边框的设计、链接页中视频播放器的美化等,也都体现了精致。其次是巧妙。封面上的荷叶、荷花、荷茎等,样式都不重复,三朵荷花的色彩也不一样,从上到下依次为白色、紫色和粉色;主体页中两个文字边框的设计也不重复,且两个边框都在右下角打开一个口子,将中国传统的对称之美、闭环之美融入一份现代的变化之美、开放之美,其开口处用荷箭或用荷花点缀,两页不重复;所有页面的底色均为上绿下黄的渐变色,自然不呆板,也体现了巧妙。

细节方面,链接页"知人论世"两页右下角的荷箭与荷蓬组图可与前面主体页"初读感受"的稍作变化;封底页的荷叶、荷花也可与封面页的不重复,另做设计——当然重复也可能有首尾呼应的效果。

六、中学学段实习生陈艺心的课件

下面这个原创课件,是本节所列举的八个课件案例中做得最早的,但该课件封面页上的标志性物象蒲公英动态飘飞的视觉效果,已经做得非常惊艳(第一幅是"放映"前的,第二幅是"放映"后的)。封面页的底色也设计得醒目,从左上角的深紫向右下角的浅蓝渐变,非常有精神气,也能衬托出蒲公英的洁白和纤丽。封面上下两条白色带,也与白色蒲公英相协调。课题"始得西山宴游记"用行书字体,呼应了蒲公英的动态感。整个封面的排版严谨又不失灵动。目录页四个环节名称的"挂牌",相互间也形成了动态的呼应,"挂牌"的样式和颜色都做得比较精美。

细节方面,封面"放映"后五朵飘飞的蒲公英,中间上下两朵中的下一朵,可往右边移一个"身位",以与最右边的一朵形成呼应,并带动左边的三朵,增加画面的动态感;两个主体页

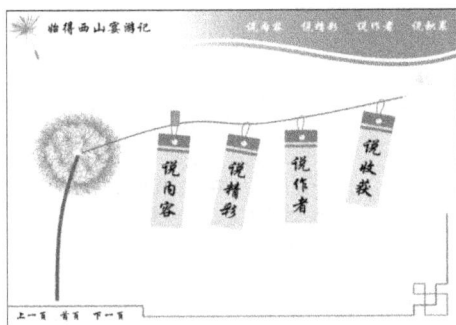

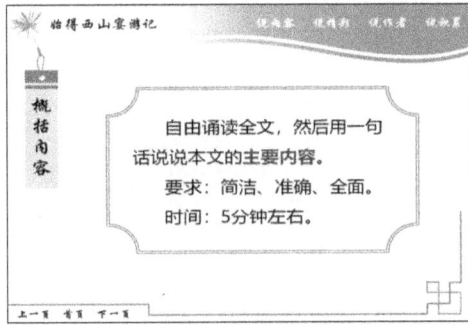

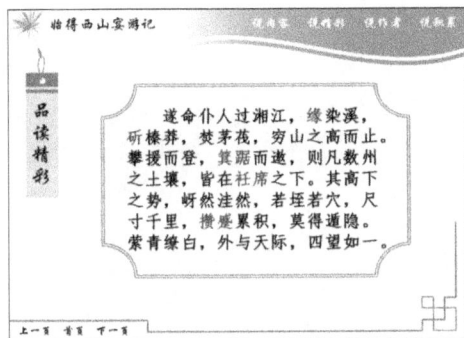

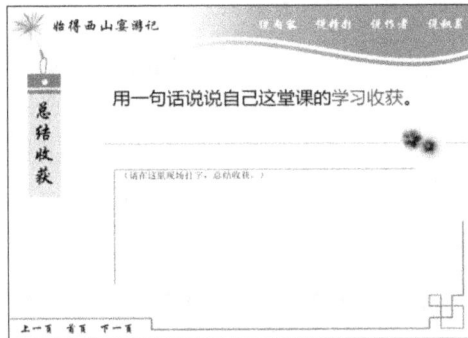

的文字外边框样式相同,可做些变化(著者当时未作明确要求);总结页用一句话呈现任务,既可以说是优点——比较简洁,也可以说是不足——过于笼统,缺少具体的学习要求。

七、中学学段实习生谢嘉乙的课件

下面这个原创课件,标志性的物象银杏设计得很美。首先是银杏叶的色彩很美,有的是成熟的黄,有的是新鲜的绿,有的则黄中带绿,绿中泛黄;叶子不多,但每片都很有美感;封面的底色是从右下角向左上角逐渐变淡的嫩绿色,把银杏衬托得更恬美。其次是银杏叶的飘落很美,封面页"放映"时,大部分叶子随风飘落(下面的封面页和结束页分别是"放映"前和"放映"后的样子),飘落速度不紧不慢,闲适优雅,最后一片叶子则飘往右侧,从上而下,巧妙地带出封面的课题和封底的感谢语,富有诗意。主体页及链接页都用银杏叶贯穿,每页的几片杏叶都很精美,色彩不同,形态各异。

细节方面,银杏叶落地时五片"堆积"的"造型"可更有变化,有疏有密,有动有静,比如最

右侧那一片黄叶,可逆时针旋转 45 度,叶柄朝下,"叶心"向上,朝着右上角的方向,与页面左上方的银杏树和叶形成呼应;封面页可适当增加文字,在课题的左下方加上课文作者;结束页的文字"谢谢您"中的最后一个字,没有用于师范技能大赛时可删去。

八、中学学段实习生陈恬妮的课件

下面这个原创课件,主动求变求新。首先,封面一改底色全覆盖的样式,上一半白色(本色),下一半为从右上方向左下方由浅入深的渐变紫色;竖排的课题"荷塘月色",前两字放在白色区域,用深紫色;后两字放在紫色区域,用白色;下方的横向文字"人教版高中语文必修二"也用白色来突出,并往右倾斜,与紫藤花形成呼应。其次,物象选取紫藤花,也体现了自我突破,这种花在生活中很美,但做到课件里,既难做又不容易有美感,但在作者的"画笔"下,不管是单个花瓣还是整个"花组",都设计得很有美感。再次,两个主体页的文字外边框

也一改封闭对称的基本样式，设计成了另两种开放的样式；总结页也在中间加了一实一虚两个叠加的小方块。

细节方面，每页右下角的两个一左一右的箭头中间，"首页"两个汉字也可改为和箭头一致的标识，比如改为小圆形；总结页中间两个叠加的方块可缩小一些，使上面的文字与下面的互动打字区靠近一些；同时互动打字区中已打入的文字"在此输入你的学习收获或学习启示"也可删去——当然不删也可能对同学起到提醒作用。

著者每年带实习期间，也发现一个现象，那就是先让每人设计课件，再代入课文教学，有时会出现课件的物象、情境等与要上的课文不协调。比如把前面那个封面上画有青蛙和荷叶的课件用到说明文《新型玻璃》的教学中，就会出现明显的反差。虽然不可能让实习生每教学一篇课文就定制一个相应的课件；但可以让实习生多制作几个不同风格的课件，运用到不同类型的课文中去。

　　以上八个课件案例,制作于不同的实习年份,体现了著者指导课件制作的一些动态过程。总体趋势则是引导实习生把原创的课件做得越来越美,越来越活,越来越有新意。

　　上述案例展示中的好几位师范生,在实习结束后参加师范技能的省赛和国赛,竞赛成绩都比较出色。他们曾在同一年中包揽了省赛的前四名,也曾在连续五年的国赛中囊括了第一到第五届的一等奖且均为第一名。

第四章　课堂观察

第一节　设计意图：做能专业观察课堂的教师

"非指示性"教育实习前的诸多准备工作中，不但要让师范生学会专业地设计教案，专业地制作课件，还要学会专业地听课评课——现在统称课堂观察。

在职的许多教师，课堂观察专业吗？不一定。著者当年在中学任教近十年后参加一个省级的大型教研活动，评起课来也还是糊里糊涂的，没有专业性可言，虽然人家听起来像评课。这一方面是因为工作后没有主动学习，另一方面是因为就读师范院校期间没有受到专业的训练。

因此要让师范生在实习准备期就认真学习，主动训练，努力做一个能专业观察课堂的未来教师。

课堂观察，需要观察哪些方面或者说哪些维度呢？

这可以倒过来推设：我们需要什么样的课？或者说，什么样的课才是理想的课？

虽然不同的人会有不同的理解，但如果透过现象，从本质上去理解，就可以概括为：我们需要科学性、人文性和艺术性俱佳的课。这样的课才是理想的课。

因此，课堂观察，要观察教师在课堂中是否体现了教学的科学性、人文性和艺术性。

要有科学性，课堂教学就要充分体现所教学科的本质特点，培养学科的核心素养。要有人文性，课堂教学就要充分遵循所教学生的学习特点，关注学生的学习成长。要有艺术性，课堂教学就要充分发挥教师自身的教学技能，展示课堂的魅力，提高教学的效率。

而这"三性"背后，需要教师有良好的学科意识、学生意识和技能意识。因为，有学科意识，课堂教学才有科学性；有学生意识，课堂教学才有人文性；有技能意识，课堂教学才有艺术性。

但在日常生活中，人们的评课还是比较琐碎，眉毛胡子一把抓，而且条理不太清晰，逻辑较为混乱，评得不够本质，也不够高位。因此许多中小学校开展教研活动，到了评课环节，教师们会听得昏昏欲睡，甚至心生厌烦，只有评课者说得喋喋不休，独自兴奋。

另一方面，人们的评课即使评到了教师的三个意识（虽然大多不会用上这三个术语），但大多只关注教师的学科意识和技能意识，较少关注教师的学生意识，虽然课程改革已经进行了二十多年，"以学生为主体"的口号已经出现了三四十年。

比如，教师在教学过程中，大多只关注举手的会说的学习优势的学生，不太会关注不举手的不会说的学习弱势的学生。甚至在点名之前还要加上一句提醒语："来，知道的请举手。"似乎不举手的不知道的就不用关注了。而一旦有人举手回答正确，这个教学环节很可能就过去了，似乎学生都已经学到了。这个现象从小学、初中到高中，都普遍存在。而即使点举手的发言,也往往只点眼前的两三排,别的区域往往视而不见,因此有人调侃说前面是学习区,中间是娱乐区,后面是养老区。但这种缺少学生意识的反教学的现象,评课者往往观察不到,评价不到。

这种评课方式,同样出现在对待名师的课堂上。许多"走穴式"上课的名师,技能意识好,学科意识也好,但学生意识未必好,同样也可能只关注举手的会说的学习优秀的学生。但听课的教师往往发现不了,评课时总是放大名师的优点,缩小甚至忽视名师的缺点。这让许多名师获得了鼓励,继续走在重表演、轻效果的"示范"之路上,一心想着如何点到举手的优秀的学生,通过他们的精彩发言赢得整个听课会场教师们的热烈掌声。

同时,课堂观察即使观察到了上课教师的学科意识和技能意识,也不一定评得专业。

比如,在评价教师的学科意识时,大多关注教师对文本表达的内容和思想教得是否准确,是否深入,却不一定关注教师对文本表达的形式和技巧教得是否准确,是否深入,更不一定观察教师是否把课文作为语言运用的范例,通过多种实践活动提高学生语言运用的能力。因此,即使课文的作者来到现场听教师们上课和评课,可能也不一定满意,因为自己特别用心写就的一些精彩的语言运用形式(包括词句运用的形式、篇章运用的形式、材料运用的形式和文体运用的形式),并没有被上课的教师关注到,也没有被评课的教师观察到;或者即使关注和观察到,但并没有准确理解文本独特的形式和技巧表达了作者怎样独特的思想和情感。而教师重点关注的思想和情感,可能也会变成干巴巴的说教,而不是让学生聚焦语言运用形式本身,去朗读、想象、体验,获得入眼、入脑又入心的精神内化效果。这些在评课时更是不容易被指出来。

而在评价教师的技能意识时,可能大多只是关注教师声音是否响亮,说话是否简洁,不太会关注教师有没有朗读,朗读的语气语调如何;大多只是关注教师写字好不好,字号大了还是小了,不太会关注内容写得准不准,布局做得巧不巧;而中学教师板书时运用楷体为底子的一笔一划的"自然体",评课时可能还会受到表扬,很少会有人指出中学教师应该写行书,更不会找出依据说课标已经明确要求初中学生就要转型写行书了,教师理应做出示范和引导;也不太会有人指出教师的板书不应总是以句子为单位什么都写,不应总是横着排列不会灵活地布局,指出这样会缺少精准性,也缺少艺术性。

因此,虽然许多部门都在组织各种各样的教学研讨活动,甚至组织得轰轰烈烈,交流得热热闹闹,但如果观察得不精准,评价得不深入,就会在低水平的层面反复打转,听课的教师就不容易得到正面的引领和反面的警示。而在现实生活中,还较多地存在着缺少人文性、科学性和艺术性的语文课,点举手的学习优势学生发言仍是课堂点名的常态,以楷书为底子的"自然体"仍是中学语文教师的板书主体,没有语文教师示例朗读的课还是普遍存在。语文教学高耗低效现象仍然严重。吕叔湘先生1978年批评语文课"少、慢、差、费"的问题,在四十多年后并没有得到根本的扭转,"语文之问"仍是我们的"语文之痛"。

至此,课堂观察的重要性,也就不言而喻了。一方面,它能让听课者通过准确的观察和评价,有所学习,也有所警惕,让自己少走弯路,顺利成长;另一方面,它也能让听课者在倾听他人准确的观察和评价中,获得不曾注意到的学习点和诚勉点,丰富自己的思考,提升自己的专业认识。如果在教研活动中,专业的观察越来越多,那么现实中负面的教学现象就会越来越少。

所以,课堂观察要从师范生的实习起始阶段就开始训练,让他们在实习前两个月的准备期内,就尝试着对网络上的名师视频课进行客观全面的观察,高起点地训练自己的课堂观察能力,并从观察中获得正面的经验和反面的教训,在之后的实习中高起点地开展自己的课堂教学。

第二节 实施要求:从三个维度观察课堂教学

要让师范生日后成为能专业地进行课堂观察的教师,就要设计实施要求开展专项训练,让他们根据"非指示性"教育的评课模型,从三个维度尝试着观察名师的课堂教学。

如前所述,重教轻学、缺少学生意识是我国课堂教学的积弊(也是顽疾),"非指示性"教育就是对这种以教师为中心的"指示性"教育的反拨,重视学生的自主成长。同时也是对近年来出现的以学生为中心的"非指导性"教育的反拨,重视教师的科学引导。要让学生自主成长,就需要教师具备学生意识;要让教师科学引导,就需要教师具备学科意识;而要让这两个意识体现得更有效,就需要教师具备技能意识,艺术化地进行教学。

该三维评课模型,就是从执教者的学生意识、学科意识和技能意识三个维度来观察,以此评价其课堂教学的人文性、科学性和艺术性。

因此,这里把"学生意识"排到了三个意识的最前面,以突出对"积弊"乃至"顽疾"的高度重视和教学的人文性的高度强调。三个意识中,学科意识是前提,技能意识是保障,学生意识则是关键。

运用"非指示性"课堂观察三维模型进行课堂观察,既能体现高校带队指导教师的科学引导,也能突出实习生的自主实践。师生双方形成实施共识,就能自主观察名师的课堂教学,自主走向专业成长。

实施要求包括质性和量化两大方面。

一、质性方面的实施要求

(一)选择名师视频课

每人根据自己将要实习的学段,从网上选择一位该学段名师的优秀视频课,作为观察和评价的对象。

先写下自己对名师所上课文的教学分析,训练自己文本解读和教学构设的基本能力。句式为:该文本的内容是:……。该文本的特点是:……。对该文本的教学建议是:第一,在认知目标的学习上……;第二,在情感目标的学习上……。

(二)实录名师视频课

每人边看视频课,边打字实录。实录必须清晰,分出教学步骤,写出步骤名称。实录必须完整,不管是教师的教学行为还是学生的学习行为,都要完全照录。实录必须细致,课堂上发言的学生,是男生还是女生,是自主举手的还是随机点名的,是第几大排第几桌的(包括能知道的姓名),都要一一照录。

(三)观察名师视频课

每人在实录的文字稿上评课,以随评和总评两种方式进行,观察教师在学生意识、学科意识和技能意识三个方面的表现。其中随评写在实录的过程中,以括号的形式呈现;总评写在实录的后面,先写两句话,第一句介绍评价依据("非指示性"理念),第二句介绍评价结论(前半句写优点,后半句写问题。句式为:这节课最大的优点是:……;最大的问题是:……);然后分三个板块,依次就教师的学生意识、学科意识和技能意识展开细致的观察。观察的三维模型具体如下。

1. 维度之一:观察教师的学生意识

(1)是否正确定位教师和学生的作用

第一,有没有杜绝以教师为中心的"指示性"教育。"指示性"教育的特点是:教师指示、学生听从,教师主动、学生被动,教师忙碌、学生空闲。教学中不能有以教带学的满堂灌和满堂问等影响学生自主成长的行为,也不能有以教代学的满堂演(如朗读表演、解读表演、解释表演、解题表演)等扼杀学生自主成长的行为;教师教的时间要少于学生学的时间。

第二,有没有警惕以学生为中心的"非指导性"教育。"非指导性"教育的特点是:学生积极、教师无为,学生热闹、教师旁观,学生展示、教师捧场。教学中不能有以学带教甚至以学代教的行为,教师必须发挥应有的科学引导作用,包括学习前主动说明、学习时有效组织、学习后及时促进等。

第三,有没有构建师生交互作用的"非指示性"教育。"非指示性"是教育理念,其核心是把人当人,自主成长。即把学生当做平等的、独立的、积极的生命体,引导学生自主尝试、自主判断、自主反思、自主纠正,从而自主成长。其中"把人当人"(而不是把人当物)是前提,"自主成长"(而不是被动成长)是目的。与该理念相应的实施策略是:教师科学引导,学生自主实践。即通过科学引导和自主实践,让学生走向自主成长。其中,教师的科学引导是自主成长的保障,能避免自主成长成为本能成长、低位成长;学生的自主实践是自主成长的途径,能防止自主成长成为无本之木、无源之水。该策略包含五个要义:第一,教师的引导必须科学(不管是学生自主实践前、自主实践时还是自主实践后);第二,学生的实践必须自主(包括自主尝试、自主判断、自主反思、自主纠正);第三,教师和学生的作用是各自的、不可相互替代的;第四,教师和学生的作用是交互的、不可彼此分割的;第五,教师和学生的作用都指向学生的自主成长。就独立的一节课的实施来说,要体现"非指示性"理念和策略,即要以"把人当人"为前提,以"自主成长"为目的,以"自主实践"为途径,以"科学引导"为保障。就多节课组成的单元(或专题)教学的实施来说,还要经历牵手、松手和放手三个步骤和阶段,让课堂逐渐走向开放,学生逐渐走向独立,教师也逐渐走向智慧。通过循环往复的实施,走出教师主动、学生被动的"指示性"教育,也避免教师放任无为、学生低级重复的"非指导性"教育。

(2)是否引导学生循序渐进地自主学习

第一,有没有在情感和认知的双激趣中导入学习。要求教师立足文本,面对学生,通过情感和认知由表及里地依次激趣,引导学生进入新课学习。

第二,有没有在文本和自身的双权衡中自选学习。要求教学具有开放性,学生能基于文本特点和自身特点,自主参与内容选择,包括共选型、分选型(共选与自选结合型)、自选型三种选择,分别为共选学习重点和学习难点等几个要点,共选学习重点、自选学习难点等各一两个要点,自选学习重点和学习难点等各一两个要点。松手型教学在一个单元连续实施两次,则第一次共选学习重点和次重点两个、自选学习难点和次难点两个,第二次则共选学习重点一个、自选学习难点一个。放手型教学与此同理。

第三,有没有在发现和探索的双方式中渐进学习。要求不让结论先行,不在上课伊始就介绍题目含义、作者情况、写作背景甚至写作主题,如同理科不能一开始就介绍公式、定理等结论,不让往下的学习变成代入式和验证式的学习。

第四,有没有在成绩和问题的双反思中总结学习。要求下课前让学生自主总结各自的学习,既肯定成绩,获得信心;也直面问题,提出对策。

(3)是否引导学生一步不虚地有效学习

第一,有没有在学生自主学习前主动说明。包括说明学习的任务、要求和时间三个要素。

第二,有没有在学生自主学习时有效组织。包括组织学生个人独立学习、小组交流完善、班级抽样明晰三个步骤。

第三,有没有在学生自主学习后及时促进。包括教师评价介绍和教师反馈检测两个程序。

(4)是否引导学生一个不少地加入学习

第一,有没有关注全体学生的学习参与。包括呈现学习任务后,有没有给每人独立学习的时间;完成学习任务后,有没有面向全体随机抽点(而不是只面对举手的学生点名)。

第二,有没有关注全体学生的学习疑问。包括有没有给每人提出疑问的机会,有没有给每人解决疑问的时间,有没有给每人交流疑问的场景。

第三,有没有关注全体学生的学习达成。包括有没有分级要求,差异对待;有没有及时反馈,全面了解;有没有随机抽查,细致检测。

2. 维度之二:观察教师的学科意识

(1)是否正确把握学科性质(方向正)

第一,是否知道本学科是什么。即是否体现学科特点。语文是"学习国家通用语言文字运用"[①]的综合性、实践性学科。

第二,是否知道本学科学什么。即是否体现学习方向。要紧扣文体特点和单元(或专题)特点,学习每个文本特有的语言风格和表达技巧,从中获得语感、语料和语用,也获得思维、审美和文化。其中前者是核心内容,后者是由前者衍生的内容。

第三,是否知道本学科怎么学。即是否体现学习特点。语言学习要有借助朗读、想象等认知理解和情感体验的赏析性学习、积累性学习和运用性学习;文字学习要有通过书写(字形)、朗读(字音)、表达(字义)的赏析性学习、积累性学习和运用性学习。

(2)是否准确选择教学内容(内容准)

第一,是否知道哪些内容必须教学。必须教学的有语言、思维、审美和文化四个学科核心素养。

第二,是否知道哪些内容重点教学。重点教学的是语言,包括语感、语料和语用三个"语链"。

第三,是否知道哪些内容不必教学。学科上脱离文本语言的思维、审美和文化不必教学;学情上学生一看就懂的不必教学;学段上"超纲"难度的不必教学。

第四,是否知道哪些内容不能教学。不是语文学科文本语言背景下的泛学科的思维、审美和文化不能教学。

---

① 中华人民共和国教育部.义务教育语文课程标准(2022年版)[S].北京:北京师范大学出版社,2022:1.

　　该板块如能结合执教者的教案来观察更好,比如"哪些内容必须教学""哪些内容不必教学""哪些内容不能教学"看教案中的三维目标设计即知;"哪些内容重点教学"看教案中的教学重点设计即知。

　　(3)是否精准设计教学程序(环节精)

　　第一,有没有留下多余的非必需环节。离开文本特定语言空泛地教学思维、审美和文化的就是非必需的环节;学生已经掌握的或不必掌握的也是非必需的环节。

　　第二,有没有遗漏重要的不可少环节。学科核心学习内容——语言的学习就是重要的不可少的环节,包括通过朗读培养语感、通过背诵积累语料、通过表达训练语用等。

　　第三,有没有出现重复的无提升环节。和前面环节的内容在同一个学习起点上甚至更低的即为重复的无提升的环节。

　　(4)是否精巧设置教学题目(题目巧)

　　第一,是否数量少,每道题目都是必需的。题目包括课内的和课外的。"必需"指没有多余的可删减的,也没有重要的被遗漏的,如课外没有多余的练习题,课内不缺少重要的语用题。

　　第二,是否质量高,知识方法能力都练到。学生能通过题目训练获得准确的知识,并获得灵活的方法和应变的能力。

　　第三,是否类型多,有操作和阅读两大类。有语言文字的认知理解和情感体验等赏析类、积累类和运用类的操作题目,也有拓展视野、丰富阅历、提升精神的阅读篇目。其中前者主要在课内,后者主要在课外。

　　3.维度之三:观察教师的技能意识

　　(1)是否仪态雅

　　第一,是否青春有朝气。要求在站姿、眼光、说话、写字等方面富有青春与朝气,体现教师的活力。

　　第二,是否端庄有雅气。要求在穿戴、举止等方面表现出端庄与优雅,体现教师的美感。

　　第三,是否谦诚有和气。要求在表情、手势、语词和语气等方面对学生谦虚真诚、友善和气,体现教师的修养。

　　(2)是否眼光活

　　第一,是否大方不躲避。要求主动与学生眼神交流,大方对视,说话时不躲避,听说话时也不躲避。

　　第二,是否灵活不定向。要求不朝着一处长久地定向看,而以巡视的方式灵活均匀地看着全体学生。

　　第三,是否机智不漠视。要求看到学生走神或发生意外时机智处理,不漠视不管,不放任自流。

　　(3)是否说话美

　　第一,是否语词精练。要求说话不啰嗦,不拖沓,精到干练,具有简洁美。

　　第二,是否语音顿扬。要求说话不平板,语调有变化,语气有变换,具有艺术美。

　　第三,是否语流顺畅。要求说话不阻塞,一口清,无口头禅,脱稿说,具有流畅美。

　　(4)是否写字巧

　　第一,是否字符美观。要求小学教师写楷书,中学教师写行书,且既符合传统的审美标准,又具有独特的文化气质,体现写字的专业性。

第二,是否书写流畅。要求速度快,一笔清,不涂改,不写错,体现写字的实用性。

第三,是否布局精巧。要求板书用语精致,由关键词和核心词组成;排版巧妙,用图示化、形象化来呈现,体现板书的艺术性。

（5）是否课件精

第一,是否内涵精致。要求用语精致不散乱,字体精致不杂乱,颜色精致不花哨,页数精致不繁多。

第二,是否样式精美。要求颜色精美,悦目而且醒目;物象精美,技术和艺术俱佳;装饰精美,传统与现代融合。

以上三维模型细分条目较多,需要在课堂观察训练中先学习,后运用;并边运用,边继续学习。拓展学习材料为《"非指示性"语文课堂观察研究》一书。

本来还有学生意识、学科意识和技能意识在三阶段（牵手、松手、放手）的不同观察和评价要求,但这些不宜用来评价他人的课,只能用于实习过程中观察和评价自己的课及实习组同学的课。三阶段的要求在后面的章节再做阐述。

二、量化方面的实施要求

（一）第一个月认真学习

读通读懂《"非指示性"语文课堂观察研究》一书,深入领会三个意识即学生意识、学科意识和技能意识的具体内涵。

（二）第二个月灵活运用

对名师视频课进行实录整理和观察评价,十天左右完成,前面五天完成课堂实录,后面五天完成课堂观察。

当然以上只是大致的时间切分,不一定要这么机械,也不一定要这么松垮和拖拉。

在课堂观察的训练过程中,也要发挥实习团队的作用,建立互助小组,让有疑问的同学主动在实习的 QQ 群或钉钉群、微信群里展示和交流,相互帮助。一般的问题同学之间能够帮助解决;不能解决的或理解有偏差的,带队教师才参与其中,及时说说自己的理解,引发学生的自主反思和自主判断,达到助人自助的目的。

有了以上质性和量化的具体实施要求,才能保证开展名师课堂观察和评价的质量。

第三节　案例展评:以平视眼光看待名师上课

让师范生在实习的准备阶段就尝试着评价他人的课尤其是名师的公开课,能达到多种效果。一是能从中获得提醒,变得清醒,让自己在接下来的实习中知道一堂课该怎么上,不该怎么上;二是能从中获得信心,变得理性,让自己能以平视的眼光看待名师上课,知道他们有很多优点值得学习,但也可能有一些缺点需要避免,不盲目崇拜,全盘接受。

这份清醒和理性也会在他们的课堂观察稿中直接体现出来,有的还直接体现在题目里,如《文本解读创新多元,学习达成未受重视》《教学环节灵活新颖,对象意识不够充分》《文体学习较到位,问题设计欠巧妙》《对学生有引导,对课件太依赖》《语言学习出色,板书设计冗杂》《朗读指导扎实,学生落实不够》《理性引导有余,感性创设不足》。

实习准备期(暑假)结束后,由师范生担任主编和编辑,完成实习准备期的专辑之一《暑期名师视频课实录及评价》。

下面展示的案例即选自该专辑。小学学段和中学学段各选取一个。出于对上课名师的尊重和保护,隐去真实姓名(课堂上教师的自称也做了虚化处理),上课地点以及材料来源也有意隐去。

为让本书读者从下面两个名师课例中获得更多的正面启发和反面警示,反思以教师为中心的"指示性"教育背景下的许多反教学现象,著者在两位师范生点评之外,特地加上了"补评",用宋体字排版。

案例一:小学学段实习生施丽蓉的课堂观察

形式丰富　内容浅表
——名师视频课《黄鹤楼送孟浩然之广陵》实录及评价

第一部分:教学分析

该文本的内容是:作者李白写自己在黄鹤楼送孟浩然去扬州,看着他坐的帆船慢慢远去,直到天边;表达与故人离别时的依依不舍和惆怅伤感。

该文本的特点是:寓离情于写景。诗歌以绚丽斑驳的烟花春色和浩瀚无边的长江为背景,重点刻画目送孤帆远影的细节,表达依依惜别的深情厚谊。

对该文本的教学建议是:第一,在认知目标的学习上,要让学生明白这首古诗的精彩。首先,让学生自主梳理、概括古诗的写作内容,感受古诗的内容之美;其次,帮助学生会认会写古诗的新字词,领会汉字汉语的美妙;再次,引导学生合作探究诗人用词造句的精妙;最后,引导学生学习古诗寓情于景的表达技巧,感受诗人写作的巧妙。第二,在情感目标的学习上,让学生在朗读等学习中体验诗人与故人离别时的依依不舍和惆怅伤感,感受朋友之间美好的情意,感悟古代诗歌中的送别文化,并体验送别文化中独特的语言审美。

第二部分:实录评价

【背景与对象】

材料来源:(此处隐去)

执教教师:(此处隐去)

执教学段:四年级

执教地点:(此处隐去)

【过程与随评】

一、导入新课

上课铃响后,学生起立向教师敬礼,教师板书课题:黄鹤楼送孟浩然之广陵。

(随评:教师不应在学习前就背对学生写好课题。)

(补评:教师静态地单向板书课题的现象比较普遍,没想过要把它作为现场导入的资源,边导入边写课题,而且拆分成词依次写,写完后学生就对课题留下较深的印象了。)

学生:老师好!

(随评:教师应在学生问候前主动向学生问好。)

（补评：学生起立向教师行礼后，教师不主动回礼问好的现象也比较普遍，没想过要在学生面前做文明礼貌的示范者。可能教师心中多少还存留着"指示性"教育下师尊生卑的不平等观念。）

教师：请坐！

播放背景音乐。

教师：孩子们，伴着这曼妙而古典的歌曲，走进今天的课堂，此时的你，有没有想起我们学过谁的古诗啊？谁愿意来？

（随评：播放古筝轻音乐有助于营造课堂氛围，但教师的提问过于宽泛，没有紧扣课题。）

（补评：还没学习课文的语言就先播放音乐的现象也比较普遍，没想过这样做给学生留下第一印象甚至更深印象的是音乐而不是课文语言，缺少科学性。听着音乐就能想起谁的古诗，更缺少科学性。）

点第二大排第一桌一举手的男生，该生背诵孟浩然的《春晓》。

（补评：点名从举手的开始而且从眼前的第一桌开始的现象也比较普遍，缺少面向全体学生的意识。没想过这样点名，对于距离教师远的特别是后桌的和角落的同学来说，是会感到被冷落甚至被遗忘的。）

教师：这首古诗的作者是谁呀？

该生：孟浩然。

（补评：但前面问的是"有没有想起我们学过谁的古诗"。该男生能答出孟浩然，可不是听了音乐，而是看了板书。）

教师：大家一起说，是谁？

学生：孟浩然。

（随评：能有意识地引导全班学生参与。）

教师：好，请你坐下。今天我们要学习的就是孟浩然的诗歌。学这首古诗，老师不得不提起我国唐代的大诗人李白。

（补评：教师的课堂语言不准。"要学习的就是孟浩然的诗歌"，应是诗歌所写的对象就是孟浩然；"不得不提起……李白"，好像很无奈，再说本诗作者就是李白。）

板书：李白。

教师：谁能说说李白，你了解的李白，或者是背一下李白的古诗，谁能来？

（随评：教师的提问不够明确、凝练。）

（补评：用"谁能"引出学生举手回答的现象也比较普遍，这是面向少数的典型用语。没想过这样说虽然激发了学习优势的学生，却把学习弱势的学生抛在一边了，成了课堂的旁观者甚至无关者。）

点第三大排第三桌一举手的女生，该生背诵李白的《夜宿山寺》。

教师：很好，谢谢你，请坐下。谁再来？

点第一大排第一桌一举手的男生，该生背诵李白的《独坐敬亭山》。

教师：好，谢谢你，请坐。有没有李白送别的诗歌？

（随评：教师反馈语缺少针对性，滥用"好""很好"。）

（补评：教师滥用"好""很好"甚至"非常好"的现象也很普遍，没想过换为"背得正确""背得流畅""背得有感情"等具体的评价才是有针对性的。）

点第一大排第一桌一举手的女生,该生背诵《黄鹤楼送孟浩然之广陵》。

(补评:至此点了四位学生,点的都是举手的,而且有三位都是第一桌的。性别取样还好,男女生各一半。点学生发言,要在层级、区域、性别三个方面都有取样的典型性。但课堂上常见的情景是只点举手的——层级取样不典型,且只点眼前的——区域取样不典型,女教师还喜欢倾向于点男生——性别取样不典型。)

教师:很好啊,同学们,今天我们就要学习刚才这位同学背诵的这首古诗。

(补评:这是不是可以称为"圈套式"教学呢? 如果"这位同学"没有背到"这首古诗",是不是就绕不回来,没法往下上课了呢?)

教师:那么说起李白,这首古诗是李白写的,谁能说说你了解到的李白是一个怎么样的一个大诗人。你觉得李白写的诗怎么样啊? 多不多?

(随评:教师提问较为随意,"李白写的诗多不多"与本诗的学习无关;且带有指示性的提问"多不多",会让学生不假思索地说出教师预设的答案"多",对学生的思考并无帮助。)

(补评:学习课文内容前,总是先学习作者的情况,甚至还要学习写作背景和写作主题,这种现象也很普遍,这是"指示性"教育下的教学俗套之一。没想过这是以教为中心的结论先行的演绎式教学,每人的学习独立性和自主探究权都被剥夺了,学生只要带着这些既定结论被动地去验证和代入就可以了。要培养独立自主的学习品质,就要立足学生,让每人带着自己的认知和情感,自主学习,个性阅读,读出自己,用自己的心灵去感悟,用自己的思维去创新;等学有所得后再了解作者,走进背景,还原阅读,读懂作者。)

学生:(齐声)多。

亮出课件:

李白写的诗:想象奇特,飘逸洒脱,充满了浪漫主义色彩,人们称他"诗仙太白"。是唐朝写诗最多的诗人。

(随评:李白并不是唐朝写诗最多的诗人,存在知识性错误。"想象奇特""飘逸洒脱"也不是本诗的风格特点。教师在学习古诗前就让学生了解李白诗歌的特点,是演绎式教学,会影响学生的探索。)

(补评:介绍作者总是介绍得很泛很全,这种现象也很普遍。没想过哪些介绍才是与要学的课文相关的。比如介绍老舍,明明要学的课文是他的散文,却还要介绍说他是剧作家,并把他的一个个剧作很详细地列出来。)

学生齐读。

教师:很好,那么李白写的诗,在二年级的时候,我们学过他的一首《赠汪伦》。同学们一起来背一背。

学生齐背李白的《赠汪伦》。

(随评:这一环节应放在本诗学习之后。)

教师:好。桃花潭水深千尺,不及汪伦送我情。那么这一首诗是送别诗,今天我们学的这首古诗也是送别诗。

板书:送别诗。

(补评:用已学过的课文的特点推出要学的课文的特点,这种现象也比较普遍。教师没想过这样做也会影响对要学的新课文的独立探索,也没想过可以在学了新课文后再回顾以前学过的同类课文,在比较中丰富和加深对新课文的理解。)

教师:在古代,交通特别不方便,那么"送别"就常常成为诗人笔下常见的题材。今天我们来学习李白的一首送别诗。

(随评:导入新课用时五分十八秒,耗时,费力,效果不好。)

(补评:导入环节喜欢花很多时间泛开去"漫谈",这种现象也很普遍。没想过是不是需要,也没想过是不是科学。)

二、研读课题

教师:请你自己读一读课题,这题目特别特别的长,但是在这长长的题目里边含有很多很多的信息,我看细心的孩子谁能读懂。来,自己读一读。

(随评:善于激励学生自主探究。)

(补评:"谁能读懂"对学习优势的学生具有激励性和刺激感,但对学习弱势的学生却具有排挤性和压迫感。换为"你能读懂吗",可能更能激发每人的学习积极性,更有温暖的关心和鼓励。)

学生自由朗读。

教师:你知道了就请举手。好,这个男孩子,请你来说,你来读一遍再说。

(随评:教师应先了解全班学生的学习情况。)

点第二大排第二桌一举手的男生,该生朗读课题"黄鹤楼送孟浩然之广陵"。

教师:这个题目,你读懂了什么?

该生:我读懂了李白在黄鹤楼送孟浩然去广陵。

教师:嗯,那"黄鹤楼"是什么呢?介绍的什么?送别的什么?

(随评:学生已经简洁、准确、全面地说出了答案,教师没有必要进行追问,使课堂变得繁琐、拖沓。)

(补评:把学生的回答搅得复杂,这种现象也很普遍。没想过教师的作用是提升和促进,而不是重复和转圈。)

该生:送别的地点。

教师:对,送别的地点。同不同意,你们?

学生:(齐声)同意。

教师:请你坐下。黄鹤楼啊,是江南的三大名楼之一(播放相关图片)。那么三大名楼有湖南的岳阳楼,还有湖北的滕阁楼。那么同学们看一下,黄鹤楼是当时唐朝的时候达官贵人常常聚会的好地方。在这个地方,李白送谁呀?

(随评:教师介绍江南三大名楼犯了知识性错误,滕王阁是江西的,不是湖北的。)

(补评:先播放图片或视频,会限制学生的想象,不符合语言学习的特点,也不符合学生学习的顺序。出现知识性错误,则可能是因为课前准备不太到位,自身学习不够认真。)

学生:(齐声)孟浩然!

教师:刚才我们有一位孩子就背诵了孟浩然的哪一首古诗,你们学过的?

学生:(齐声)《春晓》!

教师:孟浩然也是唐朝的一位非常了不起的什么?

(补评:教师提问时喜欢说半截子的话,这种现象也很普遍。语文教师是语言运用的示范者和引领者,最不应该这样说话。)

学生:(齐声)诗人。

教师:送他的好朋友孟浩然到哪个地方?

学生:(齐声)广陵。

教师:广陵也是什么? 孟浩然要去的什么?

学生:(齐声)地点。

教师:广陵啊是当时唐朝繁华的大都市,相当于现在北京和上海在人们心目中的地位。那么,这个题目老师有一个小问题,哪一个字是"到"呢?

学生:之。

教师:"之"字就是到的意思。我们一起再来说一说,唐朝大诗人李白在哪个地方?

(随评:关注学生不容易理解的"之"字,教学细心;但如能进一步讲解"之"字字形演变,让学生真正理解字义,教学就更专业了。)

(补评:"之"字为什么就是"到"的意思,小学教师不能在黑板上直接书写篆书等古文字让学生快速了解、直观理解的现象也比较普遍;而公开课上学习某个新字时却喜欢在课件上大搞"字源秀",从甲骨文到金文到籀文到小篆——罗列"展览",让学生看花了眼的现象也很普遍。没想过教师现场写给学生看,才最容易激发学生对汉字的认知和情感。)

学生:(齐声)黄鹤楼。

教师:送谁呀?

学生:(齐声)孟浩然。

教师:大诗人孟浩然到哪里去呀?

学生:广陵。

(补评:教师对课题只拆散不还原,这种现象也很普遍。没想过最后要让学生把课题连起来说一遍,获得整体的认知;更没想过前面并不需要点一个个学生说,只要让全体学生抬起头来,看着黑板或课件上的课文标题,一起开口依次说过来就行了,这样既节省时间,又能发现哪些同学没有开口或口型对不上,班级学习的底限马上就能了解到了。)

三、理解内容

教师:广陵就是古诗当中的扬州。多么盛大而伤感的送别,已经让我们感到了有一点失落的味道,对不对? 好,来,现在请你们把书打开,翻到20课《古诗两首》,自己看一看这首古诗。好,在看之前,老师有一个问题。同学们四年级了,我们学习古诗用什么方法来学习? 你想用什么方法来学习今天这首古诗? 你来说。

(随评:课堂上教师的指示性太强,代替了学生的自主感知。教学的推进缺乏逻辑上的考究。)

(补评:到现在才让学生"把书打开",教学过于低速和低效。但能让学生思考学习古诗用什么方法,体现了教学的民主,也体现了教学的科学。)

点第一大排第三桌一举手的女生:先把古诗读通顺,然后在读通顺的基础上理解古诗的意思。

教师:读通顺,理解,然后呢?

该生:然后再读出诗的韵味。

教师:也就是说要了解诗人想要表达的什么?

该生:诗人表达的感情。

教师:然后带上感情最后把这首古诗怎么样呢?

该生:背诵出来。

教师:背诵出来,很有感情地把它朗诵出来,你们同意她这个方法吗?

学生:(齐声)同意。

(随评:教师可以适当"退让",让学生把答案说完整,说不完整时可以让其他学生补充,而不是一味地追问甚至逼问。)

(补评:语文教师太喜欢说话,感性有余,理性不足。这种现象从小学到高中都普遍存在,课堂上经常响着教师的声音,导致学生越学越被动。大部分语文课上教师的说话可能有一半是多说的。但是有些该说的话,可能偏偏没说,比如上面的提问,在学生回答之后,教师没有引导大家把"答案"清晰地梳理一遍,完善一番,让每人都形成学习方法上的共识,然后开始下面的学习。)

教师:请你坐下,很好! 我们就(从)第一步开始,把古诗的字音读正确,把诗句读通顺。快开始吧,自己读自己的。

学生自由朗读。

教师:自己读,再根据下面的注释看一看。在同桌之间相互读一读,他读给你听,你读给他听,给同学一定的评价,来试一试。

(随评:注重学生之间的合作与反馈,引导具有一定的科学性。)

(补评:能让同学互评,比较细心。不过没有评价标准,学生会评得比较随意甚至比较随性。可先设置朗读的三级要求,比如正确、流利、有感情,或根据班级情况提出更高的三级要求流畅美、音韵美、情感美。这些朗读的要求,读后就是评价的标准。互评之前还可让学生先自评。)

点第一大排第三桌一举手的女生朗读。

教师:后面那位女生,看你听得特别专心,你对她的朗读来评价一下。

点第一大排第四桌一未举手的女生:我觉得她读得很好。

教师:读得很好,那你能不能想试一试,再来挑战一下她。

(随评:学生的评价较为宽泛,教师的反馈较为随意,可以让这位学生具体地说一说好在哪里。)

(补评:评价宽泛笼统甚至没有针对性的现象,在学生和教师中都较普遍地存在着。这就更需要设置三级学习要求,让教学从随意走向科学。)

该生朗读古诗。

教师:谁愿意来评价一下?

(补评:与前面布置的任务不对应。既然前面让学生在同桌之间相互读、相互评,那这时就要随机抽点一两组同桌,现场展示互读和互评,并让全班评价。这是教学的清醒和严格问题。)

点第二大排第一桌一举手的男生(第二次发言):字正腔圆。

教师:哎哟,他用了一个词语叫"字正腔圆",你想不想向她学学? 你们觉得她读得怎么样啊? 还是很不错的,是不是? 那老师觉得她刚刚读得稍稍快了一点点,请你坐下。你来试一试行吗?

点第二大排第五桌一未举手的女生朗读。

教师:好,谢谢你,请坐下。老师来评价她,她读得很好很不错,然后就是读的时候呢节奏比刚才那位孩子呢稍微慢了一点儿。同学们读的时候就应该这样慢一点点,进入诗歌的意境中去。那么刚才孩子们把这首古诗能够正确地、通顺地读出来,但是这样学习还远远不够。想不想听听我来读?

(随评:教师语言较为随性。)

(补评:教师对学生朗读的评价语需要改进,一是用"很好""很不错"来评价,过于笼统也过于夸张;二是用读快了还是读慢了等来评价,要求太低。这种现象存在于小学,也存在于初中和高中。)

学生:(齐声)想。

教师:在我读古诗之前,老师想告诉你们,我今天读古诗的方法和你们刚才读古诗的方法有点儿不同,听好了。今天我读古诗的方法,说它新也不新,是我们几百年以前,很久很久以前我们的祖先,我们的古人就是这样读古诗的,是按照平仄的方法。那么我们汉语拼音里边,第一声、第二声属于平声,那么平声就要读得稍长一点。平声声调我们用"—"来表示。仄声是三声和四声,稍微读得短一点,我们用"丨"来表示。好,老师呢就将这首古诗标上了平仄声调,来看一下。

(随评:平仄知识的讲解不够到位;可以让学生先读一读古诗中不同声调的字词,再引导学生总结不同声调的发音特点,理解"平仄",再尝试诗歌朗读。)

(补评:教师喜欢现成讲给学生听,却没想过引导学生边学习尝试边思考总结,理解会更深入,印象会更深刻,更容易内化为自己的学习方法。)

亮出课件:

丨 — — — — 丨 —
故 人 西 辞 黄 鹤 楼
— — — 丨 丨 — —
烟 花 三 月 下 扬 州
— — 丨 丨 丨 — 丨
孤 帆 远 影 碧 空 尽
— 丨 — — — 丨 —
唯 见 长 江 天 际 流

教师:听老师来朗读,想不想听?

学生:(齐声)想。

教师朗读。

(随评:"黄鹤楼"的"楼"字虽为平声,但读得过于扬长,略显拖沓。)

教师:感觉什么样啊?怎么样啊?给我一点鼓励行吗?

(补评:教师朗读后喜欢向学生讨掌声,这种现象从小学到高中都存在。教师没想过这样做会让学生摒弃自己甚至"消灭"自己,无条件地向教师看齐;而教师的朗读似乎就是"标准答案"——许多教师还将自己的朗读称为"范读"。要从"指示性"向"非指示性"转型,教师就要主动"降级",把自己的朗读当作一个示例而不是范例,并在朗读后主动请学生客观评价自己朗读的优点和缺点,培养民主意识,也培养科学精神。)

学生鼓掌。

(随评:教师没有给学生足够的时间感受、消化、回味。)

教师:好,谢谢孩子们的鼓励! 那你们想不想学着李老师用这种方法来吟诵着这首古诗啊?

(补评:把平声读得"长一点",把仄声读得"短一点",究竟对表现诗歌的音韵美和诗人的情感美是不是起到了更好的作用? 学生不一定明白,甚至可能没感觉到,可教师就让他们跟着学了,既不民主,也不科学。)

学生:(齐声)想!

(随评:课堂上教师频繁运用带有指示性的提问,如"想不想"。)

教师:想吟诵好这首古诗,就要像刚才这位同学说的,我们首先要读正确;第二步,我们要(在)理解这首古诗的基础上,才能够把它读好。谁来试一试? 根据当下你们刚才有书的注释,接着理解一下,我们才能够像李老师这样把感情读在里边。来试一试,这首诗描绘的是怎样的一幅场景? 所述的是什么样一个意思? 谁能告诉我?

(随评:任务冗杂,教学在曲折的提问中逐渐迷失了方向。)

(补评:教师说得越多,越容易变得啰嗦,甚至变得含糊难懂。控制说话,减少说话,是目前语文教师最需要做的一件事。)

点第一大排第四桌一举手的女生(第二次发言):李白在黄鹤楼送孟浩然去扬州。

教师:那么第一句诗谁给她补充一下? 我觉得好像有一个词语没有理解出来。

(随评:可以让该生自己补充。)

(补评:发言的学生没讲完整,教师就转向他人,让别人来补充,这种现象也很普遍。教师没想过发言者会难过甚至难堪,更没想过让发言者直接面对,就能继续获得学习的提升。)

点第一大排第二桌一举手的女生:李白在黄鹤楼送他的老朋友去扬州。

(随评:应该点距离远一点的学生发言,兼顾全班的课堂参与。)

(补评:教师点下一位发言时,大多点与上一位距离近的,这也是一种普遍的现象,没有想过距离远的才容易走神,才需要通过抽点让他们随时加入到当前的学习中来。)

教师:很好! 她说到了刚才她没说到的一个词语,是哪个词语,她补充到的?

学生:(齐声)老朋友。

教师:老朋友就是诗中的——

学生:(齐声)故人。

教师:好的,你接着说第二句。

点第一大排第四桌一举手的女生(继续发言):烟花三月下扬州。

教师:是什么意思,你觉得?

(补评:教师不宜面向个体不断地追问,这样会让课堂变得零碎、拖沓,也变得耗时、低效。但这种现象普遍存在着。其实简单的问题让每人一起开口回答即可,那样既省时,又高效,还能防止学生走神。)

该生:繁花似锦的三月,李白在黄鹤楼送他的老朋友去扬州。

教师:其实你说得基本上正确了。请你坐下。那么后面两句谁来试试?

点第一大排第三桌一举手的女生(第二次发言):孤帆远影碧空尽,就是说故人的小舟在江上越行越远。

(随评:教师长久地站定一个位置,对于其他学生来说是一种"忽视"。)

教师:越行越远,最后怎么样呢?

该生:唯见长江天际流,就是小舟已经看不到了,只看见长江留在天边。

教师:嗯,说得很好!那么你们有没有问题想要问她,哪个词语?李老师想问一下,"孤帆"是什么意思?

点第一大排第五桌一举手的男生:竹筏小舟。

教师:"孤"是什么意思?

该生:孤单的小舟。

教师:一只孤孤单单的小舟,是不是?好,谢谢你,请坐下。好,请你继续来,最后一句诗。

点第一大排第三桌一举手的女生(继续发言):"唯见长江天际流",指那只孤孤单单的小舟已经看不见了,只看见长江涌向天边。

(随评:重复理解最后一句古诗,教学不够干练。)

教师:噢,只看见浩浩荡荡的江水向天边流去,是不是?好,坐下,谢谢。这首诗歌,经过刚才我们的理解,基本上能理解了。那么,理解、知道了这是一首李白在黄鹤楼送他的好朋友,谁啊?

学生:(齐声)孟浩然。

(随评:没有必要提这个问题。)

教师:有了这样的理解才能像李老师刚才那样读,同学们想不想试一试?

(补评:朗读之前要让学生理解诗句的意思,这位教师说得对。只是学生的理解还很浅表和单薄,并没有感情的体验,也没有情境的感受,教师没有在这方面做出艺术化的引导和情境化的营造。)

学生:(齐声)想。

教师:那么请开始,来试一下第一句诗。该怎么样把他的那种对朋友的那种情意,把它给吟诵出来。谁来试一下?注意平长仄短。

点第一大排第二桌一举手的女生朗读。

教师:李老师觉得有一点点味道了,是不是?

学生:(齐声)是。

教师:请你坐下,谁再来试一试呢?

点第二大排第二桌一举手的男生朗读。

(随评:课堂上点名区域过于集中在第一、第二大排靠近讲台的桌位,较为忽略后桌学生的课堂参与。)

(补评:教师点学生发言,往往集中在前三条桌位,后面的基本属于"楚河""汉界"之外的了。这种现象较为普遍。需要教师克服感性主义,跳出本能行为。为什么后面的学生成绩大多不如前面的?这与教师的课堂关注面偏小是不是有些关系?与这种关注度下点发言区域偏前的方式是不是有些关系?值得研究和思考。)

教师:我们应该怎么样啊?

学生齐声鼓掌。

教师:这位小男生读得很好,那我们全班来试一下。

全班齐声朗读。

教师:"故人"再拉长一点,再来一次。

全班齐声朗读。

教师：这样就比刚才好多了。

（随评：学生朗读时，教师给予了细心的指导，但都是单向指示。）

（补评：一个学习任务下去之后，不是让每人先尝试，而是马上点个体发言，这种现象也较为普遍。上面的朗读就可先让全体学生自主进行，然后随机抽点，现场交流，一起完善，最后再齐读。这样就能使学生的学习逐级提升。）

四、体会情感

教师：这位故人在诗中是指谁呀？大家一起告诉李老师是谁。

学生：（齐声）孟浩然。

教师：故人是指孟浩然，李白和孟浩然是忘年交，那么李白平常很敬仰孟浩然，他们之间是无话不谈的好朋友，经常在一起饮酒作诗，谈人生谈梦想，常常在一起。有一句这样的话：世上黄金容易得，人间真情最难得。所以读这句诗的时候，应该读出一种怎么样的感情出来？对朋友的什么样的感情？

（随评：教师应引导学生好好理解"故人"一词，由此体验诗人的情感。）

（补评：这些解说不是可有可无的，体现了教师的科学引导。如果能对着一些关键词，引导学生结合自己的认知和情感去认识和体验，而不是教师一个人主动地介绍和单向地灌输，效果可能会更好。）

点第一大排第六桌一举手的女生：依依不舍。

教师：依依不舍，要走的对不对？要饱含浓浓的友情，同意吗？

（补评：教师这样说话，看似民主开放，实则强势封闭。）

学生：（齐声）同意！

教师：你再来试一下第一句诗。

该生朗读。

教师：很棒，把李老师刚才说的，我听出来了，我感觉读出了那种朋友的很深很长的那种情意出来。请坐下。我们全班再来试一试。

（补评：教师的语言大多不太干净，要少说、精说。其中少说是前提，精说是目标。）

全班朗读。

（随评：先个别朗读总结经验，再集体朗读，有策略。）

教师：很好！好朋友孟浩然要到什么地方去呢？是在诗歌中的，哪一句诗告诉我们呢？

点第三大排第二桌一举手的男生：第二句诗。

教师：第二句诗，你把它补充完试一试。

该生朗读。

教师：很好。到哪里去啊？

（随评：这些问题前面都已经梳理过了，教学过程重复。）

该生：到扬州去。

教师：扬州就是我们题目上面的什么？

该生：广陵。

教师：对了！这是同一个地方，扬州就是广陵，广陵就是扬州。请坐下。那么第二句诗，你自己读一读，试一试，你读懂了什么，第二句诗里边。就按刚才这个方法试一试。

学生自由朗读。

教师:知道了的请告诉我。

点第二大排第一桌一举手的女生:我知道了李白送孟浩然的时候是在阳春三月。

教师:哎哟,真不错。真是个细心的孩子,你们读到的和她的是不是一样的?

(补评:小学教师称呼学生为"孩子",这种现象也很普遍。这样称呼,看似友好亲切,实则感性本能。没想过这样称呼是不是影响了他们对自己学生身份的正确认知。)

学生:(齐声)是!

教师:也就是说,在第二句诗里边告诉了我们送别的什么?

学生:(齐声)时间。

教师:请你坐下,是从哪个词语看出来的?

点第一大排第一桌一举手的男生(第二次发言):三月。

教师:三月,什么样子的三月啊?

点第三大排第一桌一举手的女生:繁花似锦的三月。

(补评:教师提出一个问题,就要点一个甚至多个学生发言,这种现象在小学语文课上特别普遍。教师满堂说,满堂问,满堂点,满堂转,这"四满"几乎就是小学语文教师课堂教学的"标配",值得反思,需要改变。)

教师:也就是"烟花三月"对不对?繁花似锦的三月,请你坐下,真是会想象的孩子!请你们想象一下,"烟花三月"会是一番怎样的景象呢?能不能用你学过的一些词语或成语形容一下?你脑子里想象一下。想象一下诗歌描写的画面。烟花三月的扬州会是一番怎样的景象。

(随评:教师应先引导学生理解"烟花三月"中的"烟花"一词,感受诗人用词的精妙。)

点第二大排第三桌一举手的男生:就是春意盎然。

教师:春意盎然,这个成语说得很好!请你坐下。

点第四大排第四桌一举手的女生:是万紫千红的景象。

教师:噢,万紫千红,真美呀!

点第一大排第三桌一举手的女生(第三次发言):会是春暖花开、莺歌燕舞的景象。

教师:春暖花开、莺歌燕舞的景象,真美呀!对不对?

(补评:"真美呀",连续说就不美;"对不对",控制了就不对。)

学生:(齐声)对!

点第一大排第一桌一举手的女生(第二次发言):会是一番柳暗花红的景象。

教师:说得很好!请你坐下。烟花三月的扬州繁花似锦、春意盎然,整个扬州城都沉浸在花下,请看一看,这是老师截取的扬州的四幅美丽的画面。三月正是鲜花盛开的时节。今天我们是在学古诗,学以致用,能不能把你学过的古诗来形容一下烟花三月的扬州怎么样呢?谁能告诉我?想象一下,用你学过的诗歌。

(随评:教师先让学生想象,再放出图片让学生联系已学古诗描绘"三月的扬州",设计合理。)

(补评:用学过的古诗来形容烟花三月的扬州,调动了学生的已有积累;但把写别处的诗句移用到扬州来,可能会破坏扬州的独特美。)

点第一大排第一桌一举手的女生:好雨知时节,当春乃发生。随风潜入夜,润物细无声。

教师:把掌声送给她! 很不错! 她想到的是春雨中百花盛开。

(随评:给予学生及时、恰当的鼓励与反馈。)

点第一大排第六桌一举手的女生(第二次发言):迟日江山丽,春风花草香。泥融飞燕子,沙暖睡鸳鸯。

教师:真是个爱读书的孩子! 还有没有?

点第二大排第三桌一举手的女生:竹外桃花三两枝,春江水暖鸭先知。芦蒿满地芦芽短,正是河豚欲上时。

教师:多美的一幅景象啊! 烟花三月的扬州还会是一番怎样的景象呢? 你来说。

(随评:教师的反馈有变化。)

点第四大排第五桌一举手的男生:黄四娘家花满蹊,千朵万朵压枝低。

教师:哎呀,你看多好啊! 鲜花盛开,树都压弯了。烟花三月的扬州,碧玉妆成——

学生:(齐声)一树高,万条垂下绿丝绦。

教师:烟花三月的扬州,还会是怎么样的呢? 拂堤杨柳——

学生:(齐声)醉春烟。

教师:烟花三月的扬州,日出江花——

学生:(齐声)红胜火,春来江水绿如蓝,能不忆江南?

(随评:教师可以再适当总结,三月扬州的水、草等等,帮助学生有序地在脑海中构想画面。)

教师:让我们再美美地读一下,烟花三月的扬州这句诗吧,让我们把那种美好的情感读出来。

(补评:引了这么多诗歌,现在收回来,"再美美地读一下""烟花三月的扬州"这句诗,学生对扬州的理解虽然丰富了,但也变得杂乱了,把"扬州"错当成了"别处",把"别处"都当成了"扬州"。)

学生朗读。

教师:李白的好朋友孟浩然要到这么美的扬州城去,你们想象,此时李白的心里会怎么想? 他要到这么美的扬州城去,李白心里会怎么想呀?

点第四大排第四桌一举手的女生(第二次发言):他很羡慕孟浩然。

教师:很羡慕孟浩然,心里会怎么样呢?

该生:心里也很想去。

教师:噢,心里也想跟随这位老朋友到美丽的扬州去,是不是有这样的想法啊? 包括李老师都看出了这样的想法,你们有没有啊?

(补评:虽然解读得细致,想象得细腻,但说作者"也想跟随"孟浩然到扬州去,"这样的想法"可能有些多余。不只是冲淡了作者主题的表达和情感的表现,还可能歪曲了作者的意思。)

学生:(齐声)有!

教师:还会想到什么呢?

点第二大排第一桌一举手的男生(第三次发言):祝他在扬州玩得开心。

教师:哎哟,那么你就是李白,我就是孟浩然,你会对我怎么说? 我是孟兄,你是太白兄,你会怎么说? 来,你来试一下。

该生:孟兄,祝你在扬州玩得开心,有机会再来我们这儿喝酒。

教师:谢谢你,告辞,我下次一定来! 告辞了,太白兄! 好! 请你坐下,还有谁再来说一说。

(随评:师生互动有智慧。)

(补评:这些引导体现了教师的智慧,把学生引入了角色和情境。)

点第一大排第三桌一举手的女生(第四次发言):孟兄,下次你回来我们再一起赏桃花。

教师:哎呦,我们一起去饮酒作诗,欣赏美丽的桃花。我要走了,真是舍不得,太白兄请留步。谢谢你,请坐下! 我们的孟兄要到这么美的扬州城去,李白的心里好向往,是不是?

(补评:说"李白的心里好向往",冲淡了李白对即将远行的"故人"孟浩然的依依不舍和惆怅伤感。不是锦上添花,而是画蛇添足。做人要有人之常情、人之常理,做语文教师则要有语文教学的人之常情、人之常理,不能过于个人化。教学有别于个人的研究,要走寻常路。)

学生:(齐声)是!

教师:特别的美,让我们读出李白的向往,读出诗句的美丽,再来一二句,一起。

学生朗读诗歌。

教师:读"烟花"的时候再柔美一点。

学生再次朗读诗歌。

教师:这样就好多了。那么烟花三月的扬州,是多么美丽。当李白站在江边,看着孟浩然渐渐远去的帆影,此时李白的心里会是怎样的一番情怀呢? 我们一起来读一读最后两句诗,读一读,想一想,会是一番怎样的情怀呢? 自己试一下,自己读自己的。

(补评:让每人自己试,自己读,教学落到实处了。但"情怀"一词用得不准。)

学生自由朗读诗歌。

教师:谁能来告诉老师,你觉得最后两句诗里边的李白是一种怎么样的情怀,对朋友?

点第二大排第二桌一举手的女生:很难分难舍。

教师:很难分难舍,很好。他们舍不得怎么样啊?

该生:很舍不得分开。

教师:也就是说他们舍不得分开,有一个词语叫——

学生:(齐声)依依不舍。

教师:也可以说"依依惜别"。

(补评:学生说的是"依依不舍",教师预设的是"依依惜别"。这种强扭过来的现象也很普遍。教师需要灵活,不能机械死守。如果要坚持自己预设的词,那就要让学生现场比较,自主判断,让他们从中获得方法,也获得求真的态度。)

板书:依依惜别。

教师:那么最后两句诗里边,哪些字或者词,你能读出这种依依惜别的情怀呢? 赶快拿出笔来,在书上,你觉得哪个字或者哪个词语能够体现出依依惜别? 在下面打三角形,或者划圈也可以。找到的请举手,示意老师。(十秒后)有一个孩子找到了,有两个……,很爱动脑筋。最后那位男生,请你告诉我哪个字或者词语能够体现他们之间那种依依惜别的情怀?

点第四大排第六桌一举手的男生:我从"尽"和"唯"这两个字中感受到依依惜别的感情。

教师:"尽"字是不是? 这里的"尽"字是什么意思? 指什么? 你能告诉老师吗?

（随评：教师主动性太强，可以问问学生为什么是从这两个字中读出了诗人之间依依惜别的情怀，让学生自己解释。）

该生：小船慢慢地行驶，消失在江边。

教师：消失在尽头，没了，看不见了，对吗？那么这个"尽"字你为什么会体会到一种依依惜别呢？小船都看不见了，李白还怎么样呢？

该生：李白还站在江边，望着天际——

教师：思念友人，目送着好朋友远去，对吗？好，请你坐下。他从这两个字感受到。还有不同的吗？从哪些字里面体会到这种依依惜别的情怀？

（随评：漏了学生还提到的"唯"字，不够细心。）

（补评：可能教师备课时没有预设到"唯"字，即使学生现在提到了，也不以为意，主动放弃了，没有随机调整，主动跟进。教学要以预设为基础，以生成为基准。）

点第二大排第二桌一举手的女生（第二次发言）：可以从"孤"和"远"。

教师：你来说一说"孤"是什么意思。

该生：一只小船孤孤单单地行在江上。

教师：说得很好，李老师也和她一样的，从"孤"这个词语能够体会到依依惜别的这种情怀。请你坐下。那么，我有问题了，你们有问题吗？谁来提问题。我来提，你们答，行吗？

（补评："情怀"一词错用了六次。说得越多，对学生的误导就越大。语文教师必须有准确、细腻的语感，这样才能培养学生准确、细腻的语感。"我来提，你们答"，这种方式很常见；但如果能倒过来让学生来提问，教师来回答，那就获得教育理念和教学行为的大突破了，既能体现教学的民主，也能体现教师的上进。）

学生：（齐声）行。

教师：在唐朝盛世的江面上，你们想象一下，唐朝是我们历史上经济最发达的那个朝代，在浩浩荡荡的长江面上，难道只有一只船吗？只有一只船吗？大家告诉我，只有一只船吗？会有什么？

（随评：把握住了教学难点。）

（补评：体现了教师的教学智慧。虽然这个问题不一定是教师自己原创的，但用得准，也用得巧。）

学生：（齐声）会有很多很多的船。

教师：是不是李白这位诗人在这里写错了？

学生：（齐声）没有。

教师：应该是多船多帆，为什么要用"孤"呢？我觉得他写错了，请你们思考一下，为什么他用这个字呢？

点第一大排第四桌一举手的男生：因为孟浩然坐的那只船只有孟浩然一个人。

教师：有没有同意他这种方式的理解？你们同意吗？他肯定是一个人乘着船，这里指的是一只船，而不是船上的一个人。为什么？

（补评：教师主动指示、现成告知了。下面也变成自问自答了。这就不是学生在学习，而是教师自己在学习。）

点第三大排第三桌一举手的女生（第二次发言）：因为在李白眼里只看见孟浩然这艘船。

教师：这一艘小船是吗？在李白的眼里，其他的船，他怎么样啊？他看不见，他视而不见。请坐下。因为他的眼里只有谁啊?

学生:(齐声)孟浩然。

教师:他的眼里只有孟浩然,因为在李白的心里,只有谁?

学生:(齐声)孟浩然。

教师:过尽千帆皆不见,李白心里只有——

学生:(齐声)孟浩然。

(补评:如此理解"孤",可能有些突兀和生硬,缺少由物到人、从景到情的循序引导过程。)

教师:正应了那句歌词:我的眼里只有你。那么,从这里可以看出,朋友之间那种浓浓的深情、浓浓的朋友情。这么好的朋友要离开,所以他的心里非常的怎么样啊?

学生:(齐声)依依惜别。

(随评:可以让学生先理解,理解之后再回味"孤帆"一词,认真体会作者构思的巧妙和用词的精妙。)

(补评:教学比较拖沓和低效,总是在一处打转。)

教师:李白站在江边上,看着孤孤单单的小船渐渐远去,他站在那里看,他的心里此时就涌现出了这样一句诗——

学生:(齐声)孤帆远影碧空尽,唯见长江天际流。

教师:在李白的心里只有小船,他在那里看呀看呀,看着自己的老朋友的小船渐渐地远去了,他还是怎么样啊?

学生:(齐声)舍不得。

教师:他还是站在那里以什么相送老朋友?

学生:(齐声)以目相送。

板书:以目相送。

(补评:教师的提问似乎只是为了引出板书。问得生硬,也问得无趣。)

教师:李白站在江边看着小船渐渐远去,他心里开始吟诵起这样一句诗——

学生:(齐声)孤帆远影碧空尽,唯见长江天际流。

教师:小船越走越远,你脑子里想到了画面没有啊?李白站在江边,踮起脚,望啊望啊,但是他还是怎么样啊?

学生:(齐声)舍不得离开。

(随评:重复情感体验,削弱了对语言文字的赏析。)

教师:他的脑子里想起昨日的种种,他们在一起的那种欢乐的场景,他心里又想起了这样的两句诗——

学生:(齐声)孤帆远影碧空尽,唯见长江天际流。

教师:我从孩子们的朗读声中,我也听出了朋友之间的那种不舍,难舍难分的那种感情。难道这种感情只有李白的心里有吗?

学生:(齐声)不是。

教师:还有一个人的心里也是有着这样难舍难分的一份感情的,是谁啊?

学生:(齐声)孟浩然。

教师:对!在孟浩然的心里也是同样有着这份难舍难分的感情的,但是当李白想到孟浩然要到这么美的扬州去,这份浓浓的离别的情意当中又有一份愉快的心情,使得这首诗情意绵绵,又豁然雄浑,怎能不千古流传啊! 让我们读出朋友之间的那种,李白心中的那种复杂的情感,让我们再一次来吟诵这一首古诗。

学生朗读诗歌。

教师:读最后一个字的时候,我们感觉是浩浩荡荡的江水向天边涌去,但是朋友之间的那种情断了没有啊?

学生:(齐声)没有。

教师:读最后一句诗的时候,我们要读出那种声音断了,气息没断的那种感觉,再来试一试最后两句。

(补评:朋友之间的"情断"与最后一句诗的"声音断"是两回事。这样说可能有些误导。)

学生齐声朗读。

五、吟唱古诗

教师:滚滚长江东逝水,我们读过了,想过了,如果按古人的吟诵方式,按平仄的声调,我们把古诗,诗歌诗歌,诗其实就是歌,我们把它唱出来,会感觉很美很好,这也是一种不错的学习方法,想不想来学一学?

学生:(齐声)想。

教师配乐歌唱。

教师:掌声送给我。来,你们跟着我一起来学一学,好不好?

(补评:再次向学生讨掌声,而且要求学生"跟着我"一起学,不妥当,这是在学生面前人为制造个人崇拜,在学生幼小的心灵里种下唯师是从的种子。要先引导学生理性分析该方法好不好,教师的示例好不好,然后独立尝试,自主评判,这样才能培养学生自主的意识和科学的精神。)

学生:(齐声)好!

教师:实际上,这种吟唱方式,当代的一位乐师说过,跑调的唱歌就是吟唱。好,我们一起来试一下。大胆地唱,走调了都没有关系。

(随评:教师可以鼓励学生大胆尝试,但鼓励用语要谨慎、细心。)

(补评:教师的鼓励用语不仅要谨慎和细心,还要科学和专业。)

师生吟唱。

教师:你们这样唱,感觉怎么样啊?感觉很不错的是不是?今天学了这种方式,你们回家去了以后,你们可以把你们学过的古诗也用这种平长仄短的方式吟诵出来。滚滚长江东逝水,不思量,怎能忘?孩子们长大了,或许你们有机会登上美丽的黄鹤楼,你一定会想起这样两位大诗人,谁呀?

学生:(齐声)李白,孟浩然。

教师:你也一定会想起这首千古流唱的古诗,站起来,我们全班一起来朗诵这首古诗。

学生齐声朗读古诗。

(补评:下课前的起立朗读,这是全国中小学语文课堂尤其是小学课堂的共性优点,值得继承和发扬。)

教师:短短的一节课的时间就要结束了,孩子们,让我们说再见了,希望你们以后多读古诗,多读经典。谢谢孩子们! 好! 下课!

学生:老师再见! 同学再见!

(随评:用吟唱的方式结束古诗教学,不错的收束方式。)

(补评:下课前还要让他们说说自己的学习收获或学习启示,继续提升每人的学习。)

附:板书设计

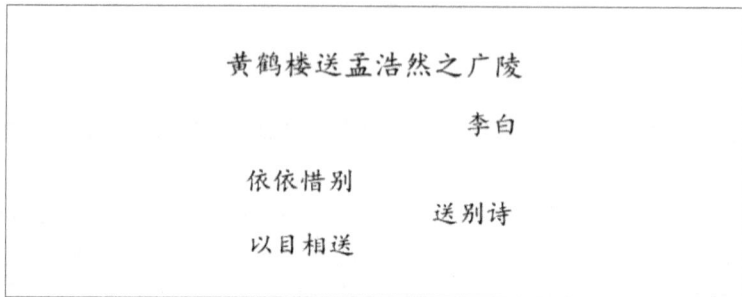

```
        黄鹤楼送孟浩然之广陵

                        李白

    依依惜别
                    送别诗
    以目相送
```

(补评:上面的板书过于简单,基本没有起到以教促学的作用。师范生往往板书过多,忙于写板书;在职教师则往往板书过少,忙于说话和提问。这两个极端都不妥。)

【总体评价】

该评价立足"非指示性"教育理念和实施策略展开。这节课最大的优点是:教学贴合学情,注重师生互动。最大的问题是:教师学科意识较弱,教学环节缺乏设计,反复、拖沓,逻辑性不强。

一、学生意识

教师能在教学过程中关注学生的情感体验,在学生发言之后及时给予反馈,并用鼓掌等方式鼓励学生参与课堂。师生互动时,能关注全班学生的课堂参与,在每个环节结束时让全班学生参与学习。这些都值得我学习。但这位教师也存在以下问题:其一,缺少让学生独立学习的意识,提问之后总是马上点学生发言,而且是点主动举手的学生发言,没有给全体学生独立学习的时间,导致学生说得粗糙,学得浅表;其二,缺少让学生自主学习的意识,教师一直占据主宰地位,提问带有较强的指示性,导致课堂问答基本上是以教师的理解代替学生的见解。

二、学科意识

这位教师能够准确把握学习内容,并根据学习内容采用相应的学习方法。比如学习"烟花三月",让学生联系学过的成语、古诗展开联想。教学中注重诵读方法的引导,还引导学生吟唱古诗,让学生感受古诗的特点与魅力。存在的问题是:第一,教学环节缺乏设计,多余、反复的环节很多,备课时缺乏理性思考;第二,教学中出现了许多知识性错误,教师的专业基础不够扎实;第三,过于注重情感体验,对字词的理解与讲解都不够深入,更缺少对古诗字词句的鉴赏性学习,学生对这首古诗的写作技巧认识不深。

三、技能意识

教师仪态大方而且自信,穿着有仙气的裙子上课,衣着优雅。教学气氛较好,说话响亮,刚柔得当,吐字清晰,语速适中,说话流畅。但有明显的口头禅,"是不是啊""想不想啊""哎呦"等频繁出现。朗读时语调抑扬顿挫,会吟唱古诗,有一定的专业技能。课件制作较为普通,缺乏美感。教师眼光灵活,关注发言学生的同时能随时巡视全班学生。板书简洁,但字体不够美观,板书内容都是对古诗所表达的情感的概括,内容单一且不够科学。

上面这份小施同学的课堂观察,具有以下优点:

第一,实录很完整。把教师的教和学生的学都一一实录下来了,教师的主动甚至主宰,学生的顺从甚至被动,都能通过实录真实地观察到。

第二,实录很细致。课堂上发言的学生,男生还是女生,坐在第几大排第几桌,甚至第几次发言,都实录下来了。还有发言的是否举手,也写下来了,由此可让我们发现整节课教师的点名情况(只点了两个没举手的)。

第三,评价较准确。体现了自己作为评价者较好的学生意识、学科意识和技能意识。比如:在"导入新课"环节,教师主动介绍李白诗歌的特点,就评价说:"教师在学习古诗前就让学生了解李白诗歌的特点,是演绎式教学,会影响学生的探索。"教师让学生一起背诵《赠汪伦》,就评价说:"这一环节应放在本诗学习之后。"导入环节结束时又评价说:"导入新课用时五分十八秒,耗时,费力,效果不好。"在"研读课题"环节,教师让大家自己研读,读出信息,然后点了一个举手的学生,就评价说:"教师应先了解全班学生的学习情况。"在"体会情感"环节,教师让学生想象一下"烟花三月"会是一番怎样的景象,就评价说:"教师应先引导学生理解'烟花三月'中的'烟花'一词,感受诗人用词的精妙。"对于板书的问题则评价说:"板书简洁,但字体不够美观,板书内容都是对古诗所表达的情感的概括,内容单一且不够科学。"

第四,评价较深入。在准确的基础上,还能发现一般人发现不了的问题。比如评课题目用了"形式丰富,内容浅表",虽然有些苛求,但评得比较本质。比如"理解内容"环节,教师现成介绍平仄声调和朗读特点,就评价说:"平仄知识的讲解不够到位;可以让学生先读一读古诗中不同声调的字词,再引导学生总结不同声调的发音特点,理解'平仄',再尝试诗歌朗读。"当教师在提问中说了一大串任务后,就评价说:"任务冗杂,教学在曲折的提问中逐渐迷失了方向。"在"体会情感"环节,面对教师重复的过度的体验,则评价说:"重复情感体验,削弱了对语言文字的赏析。"这些评价,都具有较好的专业性。

虽然该课堂观察有时评得过于宽泛,还有可完善之处,但已经体现了师范生从事教育实习良好的认知准备。

案例二:中学学段实习生吴如瑶的课堂观察

文本解读别出心裁　　学生意识有待加强
——名师视频课《我的叔叔于勒》实录及评价

第一部分:教学分析

该文本的内容是:"我的叔叔于勒"年轻时是个行为不正的败家子,受到家人的讨厌,被"我的父亲"打发到美洲。当他写信回来说自己赚了钱之后,经济状况并不很宽裕的"我们"一家对其态度转为亲密。而当在游船上发现于勒现在依然是穷光蛋之后,一家人又选择不认于勒,彻底地抛弃他。

该文本的特点是:主题深刻,揭露了金钱社会人际关系的冷漠无情;人物鲜活,势利的菲利普夫妇,善良的若瑟夫都给读者留下了深刻印象;情节曲折,菲利普夫妇从满心盼望于勒回来到不经意发现真相之后逃避与于勒相认,故事发展富有戏剧性;环境典型,故事不同阶段都有巧妙呼应人物心理状态的环境描写。

对该文本的教学建议是:第一,在认知目标的学习上:要有学生意识,不要指示甚至控制学生学什么,而要让学生自主思考小说要学习哪些内容,本文特别精彩的又是什么内容,比较难懂的又是什么内容,由此确定学习的要点、重点和难点。第二,在情感目标的学习上:要有学科意识,不要想当然地认为本文揭示了什么,而要基于本文语言,自然地得出结论,自然地获得思想教育。

第二部分:实录评价

【背景与对象】

材料来源:(此处隐去)

执教教师:(此处隐去)

执教学段:九年级

执教地点:(此处隐去)

【过程与随评】

一、直接导入

教师已把课题"我的叔叔于勒"提前在黑板上写好了。

(补评:看来老师们大多喜欢在公开课上预先写好课题。这样就缺少课堂的互动和现场的生成,没有充分利用课题这个独特的学习资源。)

教师:接下来,上课。

学生起立。

女生班长:向左转,向(听课的)老师问好。

众学生:(鞠躬)老师好!

女生班长:向右转,向(听课的)老师问好。

众学生:(鞠躬)老师好!

教师:同学们好!谢谢!请坐。

学生坐下。

教师:这节课,小说阅读欣赏,欣赏经典的外国短篇小说《我的叔叔于勒》。一起朗读作家简介,莫泊桑,读。

(随评:导入环节缺乏激趣,切入过于直接。)

(补评:直接告诉学生"这节课"是"小说阅读欣赏",开门见山;但过于理性,缺少中小学课堂应有的情境导入,上得像大学课。)

亮出课件:

莫泊桑,法国著名作家。一代短篇小说巨匠。长篇小说代表作有《一生》《漂亮朋友》等;中短篇小说代表作有《羊脂球》《菲菲小姐》《项链》《我的叔叔于勒》等。

(补评:语文课先介绍作者、写作背景等,如同数理化等学科先介绍公式、定理等,都是结论先行,都是以教为中心的演绎式教学,往下就是代入和验证,而不是发现和探索。)

学生齐读课件上的文字。

二、文本介绍

亮出课件:

作品简介之一

《我的叔叔于勒》主要写菲利普夫妇对亲弟弟的无义寡情,这是通过少年若瑟夫的视角来表现的。

（随评：教师继续直接告知结论。）

教师：作品简介之一，朗读"《我的叔叔于勒》"（这段），读。

学生齐读上面课件亮出的话。

教师：若瑟夫视角，就是儿童视角，从儿童的眼睛的角度来写故事。

（补评：这样上课，没有学生意识。不是引导学生循序渐进地探究，而是现成地把课文的内容和特点告知给学生。即使这些不是本节课"小说阅读欣赏"的重点，只是基本准备，也不宜主动指示，直接灌输。）

亮出课件：

作品简介之二

也有人认为，这篇小说的主题表现的是小人物生活的辛酸。

教师：再读（上面的）"作品简介之二"，"也有人认为"，读。

学生齐读。

教师：为什么菲利普一家人不认于勒？他（们）本身的生活都过不下去，有的人也这样认为。所以小说的主题是多角度的。

（补评：教师继续指示和灌输，直接告知结论。）

亮出课件：

情节简介

菲利普一家因于勒的挥霍陷入困境。菲利普一家等待在海外发财的于勒归来解困。船上发现于勒破产成了穷光蛋。菲利普夫妇弃他而去。

（补评：这样上课，课件也成了教师指示和灌输的"助手"。）

教师：读一读（上面的）"情节简介"，"菲利普一家"，读。

学生齐读。

教师：哎，这种情节的简介，其实也是概括文义。

（随评：这个环节，教师统统包办了。）

（补评："指示性"教育就教师的教来说，自然是优点，很短时间就能教很多的内容；但对学生的学来说，则是明显的缺点，学生只能被动地接受，学习的过程成了被指示、被灌输的被动过程。即使有成长，也是被动成长，甚至是被迫成长，而不是主动成长，自觉成长。）

三、字词讲解

亮出课件：

拮 jié 据　栈 zhàn 桥　糟蹋 tà　牡 mǔ 蛎 lì　女婿 xù　嘟囔 nang　阔绰 chuò　褴褛 lán lǚ

教师：好，把有关的字词读一读，"拮据"，读。

（补评：教师单向地列出新字词的做法并不科学。列出的不一定是学生没掌握的，而没列出的可能也有没掌握的。但这种教学方式非常普遍。没有让每人立足自身，面向课文，借助注释和词典，自主梳理，然后相互交流，相互检测，最后教师再随机检测。）

学生齐读字词两遍。

教师：好，伸出指头在桌上，把这几个字写一写，画一画。（教师伸出手指）

学生在自己的练习本上写字，教师此时开始在黑板前小幅来回走动。

（补评：许多教师让学生快速读两遍就过去了，似乎读过了就掌握了，殊不知这是在制造

"烂尾楼"。但这位老师比较细心,让学生先用手比画,后用笔书写。)

(约1分钟后)

亮出课件:

拮据:手头紧,经济状况不好。褴褛:形容衣服破旧。阔绰:排场大,生活奢侈。与日俱增:随着时间的推移而不断增长。狼狈不堪:形容困苦或受窘的样子。莫名其妙:没有人能说明它的奥妙(道理)。

教师:理解若干字词的词义,"拮据",读。

学生齐读这些字词的词义。

(补评:教师很好心,连新词的解释都列出来让学生齐读了。这种现象也很普遍,但效果未必好。一是并不是齐读过了就掌握了,二是把新字词从课文中挑出来脱离了语境。)

四、纵向品析,体味"船"的作用

读完后亮出课件:

文学欣赏课

教师:开始我们的文学欣赏课。这文学欣赏课就是由每一位同学来参与欣赏的过程,强调老师和同学们的对话,一起来欣赏。

(补评:教师的理念很不错,强调这节文学欣赏课要"由每一位同学来参与欣赏",并强调"老师和同学们的对话"。可惜往下并没有做到,而是完全相反。)

亮出课件:

纵向品析

教师:首先告诉大家一种欣赏的方法,叫"纵向品析"。什么叫"纵向品析"呢?就是从起笔到收笔,从课文的第一段到最末一段,全部都要浏览到。而且在老师的指导下,集中观察一个方面的内容,纵向比读。

(随评:学法指导较为到位,有学科意识,但落实情况如何有待观察。)

亮出课件:

《我的叔叔于勒》欣赏

发现构思秘密

教师:开始我们的纵向品读。目的是发现这篇小说的构思的秘密。请大家抓住这一个话题来观察课文内容,一起把(下面)这个句子读一读,"研读课文",读。

亮出课件:

研读课文,体味"船"的作用

学生齐读。

教师:那么纵向解读,就是要把这篇小说中所有关于船有关描写内容,把它圈画出来。

(随评:文本分析的教学点选择较为新颖,注重培养学生文本细读的能力。)

教师:然后请问为什么要把船的作用凸显出来呢?老师先告诉你们这样一个例子。

亮出课件:

可是每星期日,我们都要衣冠整齐地到海边栈桥上去散步。那时候,只要一看见从远方回来的大海船开进港口来,父亲总要说他那句永不变更的话:"唉!如果于勒竟在这只船上,那会叫人多么惊喜呀!"

教师:你看写了船了,"可是每星期日",读!

学生齐读。

教师：你看，写了船了，"如果于勒竟在这只船上，那会叫人多么惊喜呀！"这个细节太有味道了，它是和后续的内容相呼应的。我们读了小说之后就会发现，于勒真的就在那个船上，可惜那就不是让人惊喜呀，那是叫人恐惧。所以我们研读"船"，一定会有新的收获。下面学习方法是每个学生用五分钟的时间把所有跟船有关联的描写圈出来，然后思考，"船"在这个小说中的作用，开始。

（随评：学习要求较为清晰合理，但没有让学生动笔写下自己的思考。）

学生开始在书本上圈出有关船的描写。教师半分钟后开始巡视学生学习情况，从讲台下来，由教室左侧走到学生后方，再走回讲台。之后教师在第四组前停留观察片刻，然后走到第一、二大排过道中间巡视，随后返回讲台。教师拿起讲义在教室前部左右来回踱步片刻，再一次从第一、二大排之间的过道穿至中部并观察两侧学生的情况，随后返回。

（随评：教师的巡视不够科学，两次都只走到教室的一、二大排之间。）

教师：好的。五分钟很快就过去了。现在我们一起来思考，说一说"船"在这篇小说中的作用，或者概说，或者就某一处分析都是可以。主要是要敢于说话，要表达自己分析的观点。（教师从讲台右侧走回讲台中间）好吧，我们开始说话。

（随评：教师的指导语言有些不恰当。）

（补评：教师的引导不够科学。一是前面用没有外显行为的"思考"学了五分钟，没有让每人动笔写或开口说；二是怎么"思考"并不明确，现在才说"或者概说，或者就某一处分析"；三是"概说"或"细说"要达到怎样的要求，比如简洁、准确、深入，没有明确。更不用说没有在每人独立学习后，让他们参与小组交流，在交流中获得提升，然后参与班级交流，继续获得提升。这种高耗低效的现象在中小学课堂普遍存在着，值得反思和警惕。）

教师：（举起右手示意学生）开始表达你的分析（教师放下右手），"船"在这篇小说中的作用。请举手（教师再举起右手，随后放下）。（十二三秒后有一男生缓缓举手示意）好，谢谢。

（补评：点举手的发言，就只是面向少数学习优势的学生了，就会变成这少数人的"表演秀"。这种现象在中小学课堂普遍存在着，教师缺少细心、清醒和严格。既然前面说"由每一位同学来参与欣赏"，那就应该随机点，点到任何人都要能开口，都要展示五分钟思考的成果。并自评、互评、教师评。）

第二大排第八桌一举手的男生：大家看到第七自然段，就是"人们按照当时的惯例，把他送上勒阿弗尔到纽约的商船，打发他到美洲去"。就是我从这句话里面看出来，就是我们就是非常讨厌他。我们的生活已经非常拮据了，他还在吃我们，我们希望打发他到美洲去后他可以有一些出息。然后还有后面的"父亲总是重复那句永不变更的话"，就是说明了，嗯，父亲就是非常希望他有出息，然后回来，就是让我们的生活变得更加富裕一点。

教师：非常赞赏你的发言（教师挥手示意学生坐下），你发现了第一个地方是把于勒送到商船，打发他到美洲去。这个船太重要了，它就开始了故事的序幕，然后于勒就消失在大家视野中，于勒的生活就成了虚写的内容。正是因为打发到美洲去，于是后面的所有的细节情节都和这里相照应。包括你刚才所说的，菲利普非常盼望他回来，就是美妙的照应。

（随评：对学生回答的信息点把握得较为到位，但给予的引导不足。）

（补评：该发言者的说话面貌不好，说了七个"就是"，教师没有及时干预，结束后也没有点评。这种现象在中小学课堂也普遍存在，教师对学生的说话问题大多"视而不见""听而不闻"。)

教师:这个点说得太好,谢谢。

(随评:对学生回答的点评不够客观科学,只是一味地"鼓励"。)

第三大排第八桌一男生举手。

教师:听你说话。

该男生:就是,嗯,我根据这篇文章,然后我归纳了三个关于船的。第一个是,嗯,见到他的来信后,然后他在那边说生意做得还不错,然后我父亲就开始望船,嗯,望船,然后就盼着他归来。然后这个,然后后面又乘,因为他们去旅游,然后乘船的时候,然后又遇到了他,然后,嗯,这里是与他相遇,然后知道了他并没有到那边发财,而是依旧的那个嗯老样子,然后,嗯,后来他就那个改乘,然后就是再躲着他。

(补评:该生说话面貌更差,一段话说了六个"嗯"、十二个"然后",教师仍然没有做出引导。)

教师:这位同学从小说重要的细节入手,分析船的作用。特别有意思(的)是我觉得菲利普他盼望的时候是写的大海船,大海船就是大客船,有钱人坐的船,啊,总是希望于勒发财归来呀。

(随评:没有引导全体学生发现文本语言表达的特殊之处,只由教师自己直接给出观点。)

教师:但是相遇之后很失望,于勒仍然是老流氓,仍然是败家子,穷光蛋。于是换了船离开了。"船"贯穿全文,而且不断地变化它的场景,表现故事重要的情节和细节。好,这位同学的分析美妙(教师从第二、三大排过道走回讲台,此时教师已经在教室后方持续待了三分多钟)。

(随评:学生回答得啰嗦且混乱,却评价以"美妙",对学生的自我提高没有起到帮助和提醒作用。)

教师:好,继续说。(教师注意到第四大排第一桌一女生的示意目光,与其小声交流后请其发言)好,谢谢。

该女生:嗯,"船"应该是这篇文章的线索。因为船就可以把整个文章的故事情节串联起来。开始,就是我们用船把他送到美洲,开始了序幕。然后觉得于勒,因为船长告诉,因为于勒给我们写了信,船长又告诉我们于勒已经租了大店铺,所以我们又每天都盼着船,就会盼望于勒的归来。然后我们于是坐船去旅游,然后才碰到了于勒。所以船将整篇文章串联了起来,就构成了这个故事。

(补评:教师没有对前面两位举手发言者的说话品质做出引导,直接导致第三位发言者承续低品质的说话面貌。)

教师:你刚才说的一句话很有价值,就是我们坐船去旅游,碰到于勒。这就叫巧合。

(随评:教师能从基本上只是在复述已讲过的观点的学生回答中提取出"巧合"的点来推动教学。)

教师:小说常常用巧合、巧妙的方法推进故事情节的发展。影视作品也是这样。往往有巧遇,往往有偷听,这都是巧合,于是故事情节就向前发展。所以"我们"坐船去旅游,它有两个含义,一个含义就是"我们"觉得"我们"一定会有钱啦,于勒叔叔要回来了,于是"我们"就放心地去旅游。恰好在这一个思想支配下,在船上巧遇于勒,故事情节立刻发生了美妙的变化。啊！船的作用太重要。

教师：好吧。还有没有同学能够展示一下？（从第一、二大排过道走至第一大排第六桌一女生旁，看她举手，请她回答）谢谢。

该女生：嗯，请大家看到第三段和第十三段，嗯，这两处对大轮船的描写，我觉得它两处都写的是从远方回来和从天边驶过来，我觉得有一种就是在汪洋大海中有一种可望不可及的感觉，然后就暗示了后面那个菲利普夫妇就是没有得到那个于勒的钱这个结果。

（补评：这位学生做了过度的解读，玄乎的解读，但教师并没有做出回应，引导学生正确解读文本。）

教师：这个两次描写，都是表现老菲利普心中的期盼。这就叫渲染。反复渲染，结果遇到了于勒是那样一种状况，于是形成巨大的反差，情节就在这里产生跌宕（教师走回教室前方）。

（随评：使用了一个比较高级的词汇，但没有解释或板书，不利于学生理解。）

教师：啊，四位同学发言都不错，大家要知道"船"是美妙的文学作品的构思手法之一。你们小学时候学过《草船借箭》，故事发生在船上；你们初一学过《社戏》，美妙的故事发生在船上；你们都熟悉影视作品《泰坦尼克号》，故事发生在船上；古代白话小说《杜十娘》，她的悲剧也发生在船上。所以船往往是文学作品的构思着眼点，这是一项重要的知识。当然汽车、火车、房屋也都是可以作为构思的着眼点（教师从讲台后方走到黑板前方）。现在我们一起来看一看这篇小说它的美妙的线索。

（随评：连续五次使用"美妙"这个词，教师词汇匮乏。）

（补评：教师的解读有水平。但现成说给学生听，不太妥当，容易变成教师在秀场。）

亮出课件：

人们按照当时的惯例，把他送上从勒阿弗尔到纽约的商船，打发他到美洲去。

教师：我们一起来读吧，"人们按照当时的惯例"，读。

学生齐读。

教师：故事开始了，继续读。

亮出课件：

有一位船长又告诉我们，说于勒已经租了一所大店铺，做着一桩很大的买卖。

学生继续齐读。

教师：噢，这里扬了一下，而且是船长告诉我们，这是虚写的船长。再读。

亮出课件：

于是每星期日，一看见大轮船喷着黑烟从天边驶过来，父亲总是重复他那句永不变更的话："唉！如果于勒竟在这只船上，那会叫人多么惊喜呀！"

学生齐读。

教师：反复渲染，前后形成照应。再读。

亮出课件：

哲尔赛的旅行成了我们的心事，成了我们时时刻刻的渴望和梦想。后来我们终于动身了。我们上了轮船，离开栈桥……

学生齐读。

教师：小说的高潮就要来到了。再读。

亮出课件：

父亲客客气气地和船长搭上话，……谈到我们搭乘的这只"特快号"……

学生齐读。

教师：有了这次谈话，故事立刻达到高潮。

亮出课件：

我们回来的时候改乘圣玛洛船，以免再遇见他。

教师：再读。

学生齐读。

（补评：还是全封闭、全控制的"指示性"教育。前面还说要"由每一位同学来参与欣赏"，要"强调老师和同学们的对话"呢。现在许多公开课都喜欢先挂一个好听的名头，但往下实施还是老一套，还是以教师为中心，课堂全封闭、教学全指示、教师全控制、学生全被动——这"四全"是"指示性"课堂教学的标志性特征。而听课教师大多只看上课者在秀场，课后评价时往往发现不了上课者学生意识的缺失，只是满口赞美、满心推崇，回到学校后又"如法炮制"，无意中助推了"指示性"教育。）

教师："以免再遇见他。"故事到此收束，留下无穷的余味。

亮出课件：

可是每星期日，我们都要衣冠整齐地到海边栈桥上去散步……我们回来的时候改乘圣玛洛船，以免再遇见他。

教师：啊，这就是文中所描写的各式各样的与船有关的情节和细节，这就是发现这篇小说构思的奥秘。请大家做笔记。

（补评：语文课要做笔记，不太妥当。毕竟语文是一门学习国家通用语言文字运用的实践性学科，而不是死记硬背的知识性学科。而这堂"文学欣赏课"要做笔记，更不妥当。）

亮出课件：

"船"：《我的叔叔于勒》构思的着眼点。

教师："船"，《我的叔叔于勒》的构思的着眼点。啊，大家终于品尝到纵向品析的味道。

（随评：实际上从师生互动来看，"纵向品析"并不是学生自主学习的所得，更多的是教师直接的观点呈现，并没有很好地发挥学生学习的主体作用。）

教师：老师继续给你们讲知识。

（补评："继续给你们讲知识"，说得太不妥，把语文课当作知识性学习课，把教师当做知识的指示者和灌输者，把学生当做被指示被灌输的容器。这与前面教师自己确定的"由每一位同学来参与欣赏""强调老师和同学们的对话"，更不一致了。）

亮出课件：

船

线索

教师：船是整篇小说的线索……

亮出课件：

船

线索

伏笔

教师：……它处处埋下伏笔，为故事高潮的来到做好铺垫。船是故事的重要场景……

亮出课件：

船

线索

伏笔

场景

教师：……特别是在"特快号"船上相遇，一家人面对面了，这是故事的重要场景。大家还要知道船设置了悬念……

亮出课件：

船

设置悬念

教师：……用商船把于勒打发到美洲，他会怎么样呢？显现虚实……

亮出课件：

显现虚实

教师：……所有关于于勒在海外的传闻都是虚写，特快号船相遇的描写，才是实写。

（随评：又是教师直接进行知识点呈现，完全没有让学生独立学习获得认知的过程。）

五、纵向品析，赏析写作手法

教师：现在开始我们的第二次赏析。

亮出课件：

选点赏析

教师：我们刚才赏析的是一个字——"船"。我们这一次赏析两个字，"船长"。就是选一个段落来看，其中的妙处。

亮出课件：

《我的叔叔于勒》欣赏

赏析高妙手法

教师：通过品析船长来体味作者铺展情节、显现人物的高妙手法。所以我们一起来赏析高妙手法。当一家人面对于勒的时候，都不敢直面去认他，不敢和他打招呼，恐怕惹火烧身，但又不敢准确地判断这个人到底是不是于勒。

亮出课件：

"特快号"船船长作用欣赏

教师：于是老菲利普就走到船长跟前和他搭讪，有了一番对话。所以我们开始进行"特快号"船船长作用欣赏。

（随评：接连两次用"所以"，语言衔接单调乏味。）

亮出课件：

船长本已不耐烦我父亲那番谈话，就冷冷地回答说："他是个法国老流氓，去年我在美洲碰到他，就把他带回祖国。据说他在勒阿弗尔还有亲属，不过他不愿回到他们身边，因为他欠了他们的钱。他叫于勒……姓达尔芒司，——也不知还是达尔汪司，总之是跟这差不多的那么一个姓。听说他在那边阔绰过一个时期，可是您看他今天已经落到什么田地！"

教师：我们一起来把这一段话读一读，"船长本已不耐烦我父亲那番谈话"，读。

学生齐读课件上的话。

（补评：将朗读泛化为机械地读课件，从"作品简介之一"一直读到课文选段，而且都是教师一声令下的齐读。）

教师：在《我的叔叔于勒》这个小说中，这一个片段就是神来之笔，它有极其重要的美好的作用。

（随评：前有"美妙"，此有"美好"，然而表达得毫无艺术性可言。）

教师：而且这个细节极耐欣赏，耐得住我们欣赏。好吧，我们就思考一下。这一段船长的话，有哪些地方值得我们欣赏呢？他写出了什么？他表现了什么？他让我们知道了什么？请精读这段文字三分钟（教师在教室前方从左侧走到中后方），手中的笔随时注意批注，把你的粗读的感觉，精读的感觉，用关键词批注在旁边。

教师：（走回教室前方）这一段话作用太重要。好，请大家安静地读课文，请大家安静地读，精读这一个段落。（在教室前方来回走动约一分钟，随后走到教室中间环视学生，短暂停留后回到第一桌前）好的。我觉得这一次说话的同学应该更多一些。我们看起来好像是读这个片段，其实一定也是连贯上下文。请发言（教师举手示意学生发言）。（第二大排第四桌的一女生举手）谢谢。

该女生：我觉得这个自然段是，嗯，这篇文章的一个，嗯，内容上的转换，然后也是，嗯，就是我们这一家人对，嗯，叔叔于勒的感情上的变化，就是从盼望他归来，然后到后面一直就是躲避他。然后但是呢他又通过船长的话来表述，然后就显得很自然。

教师示意该学生坐下。

（补评：看来教师对学生说话的低品质还是没有什么感觉，并没有任何引导。）

教师：在情理上是很自然的。因为我们一家人就是怕这个穷鬼再出现，所以就通过船长来打听。这个情节很自然，但它又是一个重要的转折点。你刚才说得好。继续，刚才你举手了（教师走到第一大排第六桌一女生旁边，此为第二次请该女生发言）。

该女生：嗯，这个船长他连那个于勒他姓什么，他具体不知道，我觉得可能是因为他觉得于勒已经落到这般田地，所以说就是于勒，嗯，就是那个船长有一点不尊重别人，然后有点嫌贫爱富的感觉。

教师：换一种说法，出现这个船上的于勒。现在叫水手。我们看一个老水手，船长说，去年我在美洲碰到他，就把他带回祖国。去年到今年起码一年的吧，一两年呐，这个船长连水手的姓都不知道！可见于勒地位卑微，谁都瞧不起，不理他，穷鬼，这就叫侧面映衬。因为他的地位太卑微了，船长不屑于知道他是一个什么样的人，穷鬼啊。就是某一个侧面也反映出一种社会的现象。啊，你们发现，可以。啊？再说话。（第四大排第七桌一男生举手，教师走到其座位旁边）谢谢。

该男生：那个船长，他这他最后说他听说于勒在这个那边阔绰过一个时期。嗯，这种事应该是外人应该是不可能知道的，可以说可以了解到是于勒他自己在吹嘘他以前的生活，由此可以看出来他于勒他完全没有改掉以前的坏毛病。

（补评：这位男生也把文本解读泛化了。教师也没有做出相应的引导。）

教师：你发现这句话很重要。听说他在那边阔绰过一段时间，船长的话照应了于勒的流浪生涯，侧面地表现出这个人的败家子的形象。他到了美洲，他发了财，有了店铺，但他终于又破产。所以船长说他是一个法国老流氓，尽管阔绰，但是败家。船长每一个字都很有表现力(教师走到第一桌)。好的,继续说话。(没有学生举手)还需要有人阐释。看这句话:"据说他在勒阿弗尔还有亲属,不过他不愿回到他们身边,因为他欠了他们的钱。"这句话是有含义的。好,分析一下,谢谢(第二大排第八桌一男生举手,教师走到其身边请其发言)。

该男生:就是我认为就是这句话首先他说的意思,就是你这个于勒他就是没有改改一下自己的习性,还是那样做一个流氓就没有努力地生活。然后他说在勒阿弗尔还有亲戚的话,就是他知道自己这样做是不对的,还欠了他们的钱,所以不愿意回去,就虽然一直那种,然后还有就是家有的……文中有个句子就是(离开)家里十多年了,他都没有回信,就说明了他依然都是这样的人。

(补评:这个班级的发言者,说话面貌竟然都这般差。而上课的教师竟然能耐着性子认真地听,并百般包容。如果教师及时干预,主动引导,处在语言学习关键期的学生,就能及时改掉不良的说话面貌,走向新的进步,甚至焕然一新。)

教师:我们似乎能够感受到于勒内心还是很惭愧。他有点自重,他觉得回去了肯定受人轻视(教师走回黑板前),所以他不愿意回到亲属的身边。这个话通过船长转述出来,就更有意义。

(随评:教师的点评和学生的回答基本上没有关系,所谓的"请学生分析",只不过是一个"抛砖引玉"的客套话,教师连引导学生靠近答案的尝试都没有,直接给出了自己的分析。)

(补评:看来教师要控制自己说话,要控制自己指示,并不是一件容易的事。)

教师:船长的话就把于勒的形象整个的给勾勒了一下。好吧,同学们,我们一起来了解一下,这个小说中船长的重要作用,请动笔。

亮出课件:

"船长",证实了一次奇特的巧遇。

教师:"船长",证实了一次奇特的巧遇。巧遇就是小说手法,就是文学手法。

亮出课件:

"船长",照应了于勒的美洲之行。

教师:"船长",照应了于勒的美洲之行。原来的虚写在这儿得到了证实。所以这个细节非常严密。

亮出课件:

"船长",补全了于勒生命的轨迹。

教师:"船长",补全了于勒生命的轨迹。我们终于知道于勒到了美洲发大财,然后又破了产,然后又到处流浪,乃至到了"特快号"船当水手,回到祖国。

亮出课件:

"船长",衬托了于勒的卑微低下。

教师:"船长",衬托了于勒的卑微低下。没有人瞧得起他。他就是一个流氓,就是一个受人轻视的人,就是一个很穷的人。

亮出课件:

"船长",给故事增添了美妙的波澜。

教师:"船长",给故事增添了美妙的波澜。

(随评:第四次"美妙"出现。)

教师:啊,故事发展到这,就穿插了菲利普和船长的对话,在这儿漾起波澜。

亮出课件：

"船长"，推动了故事情节的迅速发展。

教师：船长最重要的作用是推动了故事情节的迅速发展。如果没有船长这个角色的出现，"我们"这一家人面对水手于勒，怎样证明他就是于勒呢，那可能还要颇费周折。所以于勒，船长的一句话证明这就是于勒，故事情节立刻到高潮，"我们"一家人就走了。故事的结局很快地产生，所以船长作用太重要。

（随评：教师直接替代学生发言，完全没有给予学生自主概括的机会。）

（补评：这样上课，就离学生越来越远了。陶行知说，先生的责任是教学生学。但这节课是先生教自己学。）

六、总结拓展

教师：我们这节课欣赏三个字，船，船长。这就是小说欣赏。小说欣赏就是纵向的、片段的，但都是和全文所有的细节相关联。

亮出课件：

《我的叔叔于勒》欣赏

还有很多话题

教师：同学们，这个小说很耐读啊，还有很多话题需要大家去欣赏。

亮出课件：

于勒称呼欣赏；照应手法欣赏；语言描写欣赏；神态描写欣赏；波澜手法欣赏……

教师：比如于勒称呼欣赏，太美妙了。通过于勒的称呼，表现出各色人等的思想境界。文中严密的照应处处照应的手法值得我们欣赏。克拉丽丝、菲利普、"我"的语言描写欣赏，还有菲利普夫妇的神态描写欣赏，还有对整篇小说的专题欣赏，波澜手法欣赏，还有他的虚实的写作手法，还有他的语言文字运用的简洁、美好、精炼、有表现力，都是我们可以欣赏的。那么有空的时候大家就可以再读再思考。

（随评：拓展部分格局相当开阔，显示出教师在文本解读方面的能力较为出众，对学生来说是一种比较好的"打开"。）

（补评：教师的解读水平令人佩服。但这样上课，没有学段特点了，直接把初中的语文课上成了大学的文学课。这种现象在中小学课堂尤其是中学课堂普遍存在，有的还被当成经验，对外推广。）

下课铃声响起。

教师：好，这节课我们就上到这儿了，谢谢同学们！

（补评：整节课基本上是教师在表现自己的"知识"才华，确实应该"谢谢同学们"的配合。）

亮出课件：

完

（补评：把什么都做到课件里去了，连"完"字都没落下。如果突然停电，这节课可能就没法上了。整节课亮出了至少37个页次，把课件当做自己单向灌输的工具。）

教师：下课！

学生起立。

众学生：老师再见（鞠躬）！

教师:谢谢!

【附】板书设计

(板书空白,整节课没写过一个字。)

(补评:完全忽视了板书的作用。公开课更应该对听课的教师们起到正面引领作用。)

【总体评价】

该评价立足"非指示性"教育理念和实施策略展开。这节课最大的优点是:学科意识强,文本解读别出心裁,且突出文体特点;最大的问题是:学生意识不足,教师讲解过于主动,缺乏对学生的引导。

一、学生意识

(一)没有正确定位教师和学生的作用

这是一堂比较典型的以教师为中心的"指示性"教育的课。首先,在确定学习内容时缺乏民主性,只由教师单方面确定,没有给学生思考和选择的机会。其次,师生互动虽然采取了问答形式,但大部分知识及讨论结果最后都是由教师给出了看似标准的解答,学生的回答只是引出教师答案的铺垫,学生成了教师的附庸。再次,课堂活动较为单调,只有师生问答,缺乏合作学习等活动,不利于学生交流学习收获,并在交流中加深对文本的认识。

(二)没有引导学生循序渐进地自主学习

首先,没有在情感和认知的双激趣中导入,甚至连激趣都没有。其次,没有让学生在文本和自身的双权衡中自选学习,教学没有开放性。再次,没有让学生在发现和探索的双方式中渐进学习,一开始就介绍作者和写作主题等,结论先行,是代入式、验证式的演绎式教学。最后,没有在成绩和问题的双反思中总结学习,甚至根本就没有让学生自主总结,而是由老师总结说"这篇小说还有很多值得学习的地方"。

(三)没有完全引导学生一步不虚地有效学习

首先,在学生自主学习前,没有完整地说明学习的任务、要求和时间三个要素,尤其是学习要求,没有明确,教学不够科学。其次,在学生自主学习时组织不到位,缺乏小组的交流完善。再次,在学生自主学习后,基本做到了及时促进,能主动介绍教师自己的解读,但缺少反馈。

(四)没有引导学生一个不少地加入学习

首先,教师没有关注全体学生的学习参与,独立学习时大多给了学习的时间,但发言的只是举手的或者主动示意要回答的学生,没有抽点那些表现不突出的弱势学生。其次,教师没有及时关注学生的疑问,没有给每人提出问题和解决问题的时间,更没有给每人交流疑问的机会。再次,教师没有关注全体学生的学习达成,没有分级要求,差异对待,也没有全面了解。

二、学科意识

(一)能正确把握学科性质

教师的学科意识在授课过程中体现得相当突出。首先,对课文的字词进行梳理,让学生夯实语言文字基础;其次,重视朗读,穿插了大量朗读的环节,让学生的语感获得有效锻炼;第三,有意识锻炼学生的阅读能力,在课堂活动中给予学生运用阅读技巧的机会,引导学生学习阅读小说的方法。

（二）基本能准确选择教学内容

教师选择了这篇小说的构思和手法作为本课的教学重点，比较有新意，也体现了小说的文体特点，从"船"和"船长"入手，对小说的人物、情节、技巧等进行品析。

（三）基本能精准设计教学程序

整堂课可划分为六个环节：直接导入；文本介绍；字词讲解；纵向品析，体味"船"的作用；纵向品析，赏析写作手法；总结拓展。基本没有多余或重复的环节，也基本没有遗漏重要的环节。

（四）基本能精巧设置教学题目

教师在课堂上设置了两个主要的问题，都是必需的，但是要求不够明确，而且也没有锻炼到学生的语用能力。

三、技能意识

（一）仪态比较雅

教师的教态较为儒雅谦和，着装也十分得体。

（二）眼光比较活

教师在授课过程中有一定的眼光流动，基本上能关注到各个区域的学生。

（三）说话不太美

教师说话干练，语速也比较适中，有一定的节奏感，但语词运用比较单调，不够鲜活。对学生回答的评价语也较为单调，大多只是较为宽泛的鼓励话语。

（四）写字技巧没有体现

教师从头到尾没有写过一个字，没法让学生借助板书掌握课堂学习要点，获得学习提升。

（五）课件不太精

教师的课件全部以纯白色背景和黑色字构成，没有任何物象和装饰，样式普通，不够精美。课件中的用语较为精致，便于学生理解。课件页数极多，一边说话一边不断地翻课件。

上面这份小吴同学的课堂观察，总体写得不错。

第一，课堂观察的题目概括得到位。用"文本解读别出心裁，学生意识有待加强"来概括，比较精准，也比较客观和全面。揭示了中小学语文课堂（包括公开课、竞赛课、名师示范课等）普遍存在的优点和缺点——学科意识强，学生意识弱。这位上课的教师，从"船"和"船长"的作用来解读文本，专业学养令人佩服；但教学的指示、课堂的封闭，也令人深思。

第二，第二部分的"实录评价"写得认真。一是实录细致。教师点名发言的学生是举手的还是不举手的，是男生还是女生，是第几大排第几桌的，都如实做了记录。包括教师举起右手，示意学生举手发言时，"十二三秒后有一男生缓缓举手示意"的细节，也照录下来。还有教师在学生独立学习时，怎么从讲台下来，往哪边走，走了多远，又怎么回到讲台，也都一一实录。这样就为评价打下了客观全面的基础。二是评价深入。比如一位女生发言时只是基本重复前面男生说过的话，教师从她的话语中提炼出了某一点，就评价说："（教师）能从基本上只是在复述已讲过的观点的学生回答中提取出'巧合'的点来推动教学。"比如教师机械地重复说"美妙"，就评价说："连续五次使用'美妙'这个词，教师词汇匮乏。"比如教师在学生回答后，似乎在点评，其实是另起炉灶说一通，就评价说："教师的点评和学生的回答基本上没有关系，所谓的'请学生分析'，只不过是一个'抛砖引玉'的客套话，教师连引导学生靠近答案的尝试都没有,直接给出了自己的分析。"甚至教师只是在第一、二大排走动,也做出评价:"教师的巡视不够科学,两次都只走到教室的一、二大排之间。"三是评价全面。主要体现在"总体评价"这个板块,基本按照"非指示性"课堂观察三维模型,从学生意识、学科意识评到技能意识,并在每个意识下主动细分出条目,依次对应着评价。同时,有些"随评"里没写到的,在"总体评价"中写到了,比如总是点举手的优势学生发言;比如没有关注全体学生的学习达成;比如板书一个字都没写,影响学生对整节课学习内容的总体把握;比如在确定学习内容时缺乏民主性,只由教师单方面确定,没有给学生思考和选择的机会,还有在教学方式上仍是典型的代入式、验证式,等等。

当然有的还可细化。比如"学生意识"这个维度下评价"是否引导学生一个不少地加入学习",虽然已经评价说"发言只是举手的或者主动示意要回答的学生",但如果具体点出这节课发言的学生人数只有六位学生——第二大排第八桌一位男生(发言两次)、第三大排第八桌一位男生、第四大排第一桌一位女生、第一大排第六桌一位女生(发言两次)、第二大排第四桌一位女生、第四大排第七桌一位男生,就更能凸显教师的学生意识之弱。

上面展示的小学和中学两个学段的课堂观察案例,观察的精准度和评价的深刻性,总体较好,可能还超过了许多在职的教师。他们在做课堂观察前,都已认真阅读了《"非指示性"语文课堂观察研究》一书,对"非指示性"理念和策略有了较为准确的理解,对学生意识、学科意识和技能意识有了较深入的思考,因此在"随评"和"总评"中,用语比较成熟老练,看不出初学评课的稚嫩和粗浅。

这也给了我们一个启示:专业技能是需要系列训练的,师范生是需要系统培养的。

需要郑重说明的是,这两位名师在课堂上出现的许多问题,源于"指示性"教育的大背景,带有普遍性,绝不是他们自创的。同时,这两个课例也只是他们过去的课堂教学,相信他们现在早已自我超越,自我突破了。

实施篇

实施篇标志着进入了实习实施阶段。

实施篇由以下九章组成：

日志撰写;课堂实施;课后反思;

评同学课;作业自纠;班主任工作;

教育调查;实习总结;专辑制作。

第五章　日志撰写

第一节　设计意图：做细心记录每天成长的教师

"非指示性"教育实习，要求师范生从进入中小学实习的第一天开始，就要撰写实习日志，做一名细心记录每天成长的教师。

让师范生的实习从日志撰写开始，是不是可有可无，小题大做？当然不是。

撰写实习日志，能培养师范生日后成为优秀教师所需要的许多好习惯，包括认真的习惯，细心的习惯，反思的习惯，写作的习惯，坚持的习惯。

一、认真的习惯

当好教师，要从认真开始。师范生来到实习学校的第一天，就要有认真的开头。撰写实习日志，能让师范生获得认真开头的仪式感和敬畏感，并在仪式感和敬畏感中获得积极的情感体验和正面的心理暗示，强化自己的认真态度，主动面对整个教育实习阶段的各项工作。之后每天坚持撰写实习日志，又会继续强化已有的认真，促进良性循环，提高实习质量。

大凡教育实习质量平平的，往往缺少认真的开头，缺少对实习的敬畏感，不会认真记录，更不会主动撰写实习日志。

目前要求师范生撰写实习日志的，可能为数较少。这既与师范院校制定的培养要求有关，也与实习带队指导教师的认识有关，更与实习生自身的态度有关，人有懒惰的一面，实习生也大多不太会主动加压。

如果实习期间没有养成认真的习惯，那以后走上工作岗位，就不太容易变得认真。因此，实习期间的认真表现，会直接影响入职后的发展。

二、细心的习惯

教育是培养人的工作，不但需要认真，还需要细心。撰写实习日志，正是一项需要细心才能完成的工作。一是需要细心关注每天进行中的教育实习，从中发现值得记录的"故事"；二是需要细心斟酌记录的方式，努力把实习"故事"记录得精练、清晰；三是需要细心发掘不同"故事"中的实习意义，正确表达自己的情感、态度和教育观；四是需要细心留意每天的实习日志撰写时间，不因实习事务忙碌而忘记连续性的日志撰写。

因此，每天撰写实习日志，有利于细心的培养，促进师范生养成细心的习惯。

有的师范生本来就比较细心，甚至还有写日记的习惯；但大部分师范生的细心度还需要培养，需要通过实习日志的撰写获得正面的强化。

三、反思的习惯

要让自己在实习期间达到尽可能大的进步,就需要对教育教学现象进行理性反思,汲取正面的经验,警惕负面的问题,杜绝错误的做法。撰写实习日志,不只是叙述实习"故事",还要表达实习反思——既要反思自己,也要反思实习同学和实习学生,甚至还要反思实习指导教师。

中小学教育教学在新课改后已经有明显的进步,但问题仍然不少,情况并不乐观,并没有完全跟上社会发展的强劲步伐。首先,教育的人文性仍然缺少,教师强势甚至霸道、责骂甚至体罚的现象仍不少见,课堂教学则大多还是全控制、全封闭的,以教师为中心的"指示性"教育仍然根深蒂固。其次,教育的科学性仍然欠缺,课内教师满堂灌、课外作业满天飞的现象仍然盛行,苦教苦学、高耗低效的问题仍然突出。这些现象和问题并没有随着"双减"政策的实施而完全消失。师范生如能在实习阶段就对教育的人文性和科学性问题主动反思,主动辨别,那么毕业后走上工作岗位,就能主动告别不良现象,成为一代超过一代的教师,为推动我国教育事业的进步做出积极的贡献。

因此,需要在撰写实习日志的过程中,培养反思的习惯,擦亮眼睛,明辨是非。

四、写作的习惯

实习期间天天写日志,就会逐渐养成写作的习惯,哪一天没写,心里就会感到不踏实。

当好教师,要有写作的习惯。以后要成为优秀语文教师,要能写作,这既是教育教学的需要,也是教育科研的需要,而且是指导学生写作的需要。现在有些语文教师不太会写,工作期间没有公开发表过教育教学论文,大多源于平时没有写作的习惯。巴金说:"只有写,才会写。"一旦没有写作的习惯,不去写、不想写,也就逐渐变得不会写、不能写。

师范生每天在撰写实习日志的过程中,自然会思考如何用特定的语言运用形式表达特定的内容、情感和思想,会关注词句运用的形式、篇章运用的形式、材料运用的形式甚至文体运用的形式。写作习惯培养的过程,也就成为写作能力提升的过程。写作能力提升后,又反过来强化师范生的写作习惯。以后参加工作,就可能把写实习日志的习惯迁移到写教育教学日志中去,让自己加速成长。

五、坚持的习惯

撰写实习日志,不能三天打鱼两天晒网,更不能半途而废,需要一天天进行下去。实习期间两三个月不间断,就会逐渐培养自己坚持的习惯。

学生学业优秀者,大多具有坚持的习惯。日复一日,持之以恒,最终由量变走向质变,成就了优秀。教师教学优秀者,也往往具有坚持的习惯,他们中的许多人常年坚持写教育教学日记,魏书生就是其中的代表,他一日不落地坚持写了几十年,还把自己写日记比喻为"道德长跑",称为"与自己对话"。

"优秀是一种习惯,而不是一两次心血来潮的行动。"古代哲人对坚持与优秀之间的关系早已做了深刻的揭示。师范生养成了坚持的习惯,还会多一些宁静,少一些不满;多一些执着,少一些浮躁。日后也就多了一份成为优秀教师的可能。

苏霍姆林斯基在《给教师的建议》一书中高度重视教育教学日记的撰写。他在《我怎样写教育日记》一文中这样写道："凡是引起你的注意的,甚至引起你一些模糊的猜想的每一个事实,你都把它记入记事簿里。积累事实,善于从具体事物中看出共性的东西——这是一种智力基础,有了这个基础,就必然会有那么一个时刻,你会顿然醒悟,那长久躲闪着你的真理的实质,会突然在你面前打开。"[①]这就是坚持带来的回报。

对于师范生来说,实习日志撰写的过程,就是在认真、细心、反思、写作和坚持五个习惯中日渐成长的过程,也是为以后成为优秀教师打下重要基础的过程。

等他们实习结束时,看自己的实习日志,大多会充满自豪。曾有一位实习生说:"这虽然只是小小的文字组成的一些日志,但是每一篇都记录了我的成长。一件件事情被我写下,我的进步与成长都在这里。"这能代表每一位撰写实习日志的实习生的心声。

第二节　实施要求:选专业成长的内容自主撰写

要让师范生成为细心记录每天成长的教师,就要设计实施要求,让他们选取专业成长的内容自主撰写。

设计实施要求,一是师范生应做到的,二是师范生能做到的。前者能体现高校带队指导教师的科学引导,后者能体现师范生的自主实践。两者结合,形成共识和合力,就能让实习生在实习日志的撰写中自主成长。

实施要求包括质性和量化两大方面。

一、质性方面的实施要求

（一）电脑撰写

要在电脑中打字撰写,以屏幕为纸,以键盘为笔,快速便捷地进行,不用原始的纸和笔撰写。每天写完后及时拷贝到优盘或网盘,以防丢失。

（二）独立撰写

要以独立者的身份撰写,不受他人影响,更不抄袭实习同学的内容,即使同一天经历了相同的实习过程,听同一位老师上课,听相同几位老师评课,也要独立撰写,以自己的独立视角写自己的实习生活,以自己的独立思考写自己的实习感受及实习反思,保持表达的独立性和思考的独立性。

（三）规范撰写

每天的实习日志第一行要写年月日的具体时间,写星期几的具体周序,写天晴或是下雨的具体天气,在撰写格式上符合基本的规范。

第二行要先写实习"故事",后写实习感受或实习反思。先叙后议,循序渐进地撰写。不能只有叙述,没有评议;也不能只有空泛的评议,没有事实的叙述。要在撰写内容上符合基本的规范。

（四）优质撰写

一是内容优质。从自己的教育（班主任工作等）、教学（备课、上课、作业等）、教科研（教

---

① 苏霍姆林斯基.给教师的建议[M].杜殿坤,编译.北京:教育科学出版社,1984:444.

育调查研究、课堂观察研究、作业自纠研究等)中,选取有典型意义的实习"故事",表达自己正确的学生观、学科观和技能观。不面面俱到地写流水账。不写自己网上购物、点单外卖之类的生活琐事,也不写自己对哪个人、哪件事不满甚至怨恨等情绪发泄的内容。

二是表达优质。要表达精到,做到篇中无余段、段中无余句,并努力做到句中无余词;还要表达严谨,不能出现基本的语法错误和用词不规范及错别字。每段写完就回头审读。

二、量化方面的实施要求

(一)每天都要写

从实习的第一天写到实习的最后一天,不间断。周末非实习时间除外。不能停写几天,再一口气补写好几天。

(二)每次不少于三百字

每天的实习日志都不少于三百字。只设要求不高的下限,以避免重数量轻质量的形式主义倾向。虽然实习日志的实际字数大多有六七百字,但设置为不少于六百七百字,实习生可能会觉得字数太多,负担太重。

实习组也撰写集体的实习日志,记录当天实习组重要的事情,包括哪些人上课,哪些人参加了什么活动,以及每人的实习思考等。基本内容到每个实习生的实习日志中截取,由实习组大组长领头,组织学段组长和学科组长(每年实习都有其他学科的实习生)参与完成。

著者作为实习带队与指导教师,也主动撰写实习带队日志,且每年都写,已写了十多年,记录实习带队与指导的全过程,包括听课的情况、指导的情况等。前者主要记录听课过程中发现的优缺点;后者主要记录白天集体评课的指导要点,以及每天晚上在不同实习学校(起初为两个,近年均为小学、初中、高中三个)轮流式的指导,或在线上的集中指导,或编辑成文字发到实习群上的指导等内容;近年又新加了每天一个的主题教育指导内容。

带队指导教师写实习带队日志,对实习生写日志也能起到促进作用。

有了以上质性和量化的具体实施要求,才能保证实习生日志撰写的效果和质量。

第三节 案例展评:有自主成长意识的实习日志

在教师的科学引导和实习生的自主实践下,实习日志撰写能达到预设目标,每人都能在日志中写下自己重要的实习实践和实习反思,使实习日志成为记录每人自主成长的真实记录本和珍贵纪念册。

下面选取不同实习时段的实习日志稍作展示。这些时段主要包括第一天来到实习学校、第一次听指导老师上课、第一次自己上实习课、第一次听同学上实习课、第一次处理学生事务、实习结束前参加实习队秋游、实习结束时告别学生,以及实习日志的其他内容。限于篇幅,每个类型选取了小学和中学两个学段,其中中学或选自初中,或选自高中。日志中所写到的实习学校、指导教师及实习同学均为实名,未作虚化处理。篇末还顺带展示了一些著者的实习带队日志。

案例一：第一天来到实习学校

小学学段，选自胡俊同学的实习日志——

2017 年 9 月 11 日　周一　雨

今天，是我来到（附属）花园外国语学校实习的第一天。最初，在选择实习学校的时候，许多人听说这个学校所在地是一个村，就不愿意来了，我也有过这种想法，但是因为是郑逸农老师带队，为了学到更多的东西，我选择来到了这里。今天我见到花园村的第一眼，就被震撼住了，因为这完全不像一个村，太大了！太豪华了！各种店铺一应俱全，比我们四川的县都是有过之而无不及的。

之前以为花园外国语学校在村里就会条件不好的同学要大失所望了，这所学校里的设施、住宿（当然，食堂我还是最爱浙师大～）等等绝对可以排在我们实习学校里的第一名。就拿住宿来说吧，在杭州一所实习小学的同学们 20 个人住一个宿舍，还没有空调。但是花园这里却是每个同学一间 30 平方米的教师公寓，热水器、空调、洗衣机、电视机应有尽有。最大的缺点可能就是（新房子）味道太重了，室内甲醛超标吧……

花园的老师们对我们浙师大实习生也是非常的欢迎，下午在大家整顿好之后组织召开了一次实习生会议。陈书记对我们日后两个月的实习工作寄予了厚望，并表示"只要你们实习优秀，实习结束后请你们吃饭"，以此当作对我们的勉励。其次是包副校长（也是我对应的指导老师），对我们提出四点要求：1.要有较强的组织能力；2.要配合协助班主任做好班级管理工作；3.作息时间要根据（实习）学校的要求做出调整；4.不要单独带着一群学生活动，至少有班主任或副班主任在场。包校长之前在公立学校任职，如此年轻就成了小学语文特级教师，她身上必然有许多值得我学习的地方，我要好好把握这次机会。再是主管学生这块的赵副校长，她也强调了我们要做好班级管理工作，因为有效的班级管理是教育教学的基础，她希望我们能与其他老师做好沟通与合作，学习老教师的管理方法，并且希望我们在日后的课上做到动静结合，充分了解孩子的年龄特点。最后是我们的实习带队老师郑逸农老师讲话，郑老师对我们的实习非常认真负责，他在会议上提出八个字："做人细心，做事用心。"这既是他对我们的要求，也是他自身的体现，因为郑老师平时的一举一动无不体现着这八个字。作为小教专业的学生，我上过郑老师的两门课，之前老师给我最深刻的印象就是对待我们的学业严格、认真，我在心里对老师也有种隐隐的恐惧感。但在跟着老师实习的短短几个小时，我真的真的真的被老师的人格魅力折服了——老师特别有绅士风度，进出门总是帮我们开关门，让我们女生先行；老师会关注到我们的生活细节，方方面面为我们考虑；晚上同学想去医院，老师还陪同着去，足足等了一个小时也没有表现出不耐烦；还带我们逛校园、跟我们玩自拍，如果不是下雨还打算带我们去逛学校附近的一个风景湖（想不起来啥名了……）哈哈哈，郑老师已经成为我的男神啦……

明天就要跟班实习了，第一个难关就是跟小朋友们自我介绍了，嗯……怎样才能新颖又有水平呢？让我再好好想一下。

小胡同学的实习日志，颇有小教专业实习生的共性特点：第一，好奇心强，对实习的畏惧感不大；第二，表达热烈，情感倾向明显。

与前一条相佐证的，就有卢婕妮同学的实习日志："我就像一个要去春游的小学生一样，在实习的前一天晚上,兴奋得直到凌晨两三点才睡着,今天早上,六点不到就精神抖擞地醒来了。这是一个崭新的开始。"而就后一条来说,实习生的热烈情感也覆盖到著者这个实习带队指导教师身上。实习带队且全程指导,一方面很辛苦,另一方面也很容易取得实习生的信赖和偏爱。

中学学段,选自黄惋莉同学的实习日志——

2013 年 9 月 12 日　周四　晴

今天是实习的第一天。经过一个多小时的车程,来到目的地。华校长和高一学段的段长胡南益等老师很热情地在行政楼会议室接待了我们,交代了一些实习期间的注意事项,还给我们发了钥匙和饭卡。拿到同一把钥匙,进同一个寝室,接下来,我们将和新认识的初阳(学院)的同学一起度过两个月的实习寝室生活,成为彼此的革命战友。寝室的条件不是很好,既没有空调,也没有热水器,连风扇都没有,我们也都没带,有点担心晚上会不会热得睡不着。

收拾完毕,坐下来,想起昨天晚上在师大打包行李的场景,如今来到陌生的永康一中校园,心情还是相当激动的。激动,一方面是因为期待,对即将相遇的指导老师的期待,对班级里可爱的孩子们的期待,对多姿多彩实习生活的期待,另一方面,激动也因为一点点的担心,担心自己不能让学生扎扎实实地学到知识,担心会不会忙碌得没日没夜。但是一切,都还刚刚开始,一切,都还有可能。我想,这会是一段令我铭记一生的记忆。

小黄同学的实习日志,写出了大多数实习生初到实习学校时的共同心情:对实习中将要遇到的人(老师和学生等)带着种种期待,对实习中可能出现的事(上课和事务等)则带着些许担心;同时也理性地激励自己,自信地展望未来。

案例二:第一次听指导老师上课

小学学段,选自张佳龄同学的实习日志——

2017 年 9 月 13 日　周三　晴

今天,我第一次听了指导老师赵晓丽老师的两节语文课《鸟的天堂》。下午时分,赵老师主动与我们三四年级的实习老师交流语文教学,令我十分感动。晚上整理了赵老师的课堂实录,颇有心得:第一,赵老师的课注重学生语言运用的学习,通过朗读体会语言的美感和情感,在反复朗读中,学生越读越好,融入的情感更加充沛;第二,赵老师的课给足学生自主学习的时间,并根据学生的情况,在提问时降低难度,给予学生支架;第三,赵老师的课十分流畅——这也是我们这些菜鸟教师所不能比的。同时,在赵老师的课上见证了智慧平板在朗读检测上的功用,学生只要将所需朗读的片段录进去,系统便能就完整度、流畅度、正确性等方面自动评分,也能就学生存在的错误方面做出总结,由此,学生便可以根据自己的薄弱之处加以改进。就这点而言,智慧教育确实大有益处。

小张同学善于思考和总结,能在听指导老师上课后主动发现诸多优点,而且还是有意从赵老师的学科意识、学生意识和技能意识三个维度分别来概括的;同时也总结了智慧平板在朗读检测上的特殊教学功用。

中学学段，选自陈艺佳同学的实习日志——

2015 年 9 月 9 日　　星期三　　晴

今天早上去听了指导老师陈颖智老师的课。陈老师是一位优雅的老师，她上课很从容，讲话不紧不慢，但还是在一堂课中完成了《就英法联军远征中国给巴特勒上尉的信》的教学。给我的启示就是，教学要抓住重点，不要有太多不必要的环节，也不要在次要环节上花太多的时间；教师应该引导学生去思考，而不是在一堂课上拼命地讲；教师应该调动起学生的学习积极性，而不是只有自己在教；要多给学生鼓励。课后陈老师告诉我们，上课时叫的一组同学是班里成绩最差的，但是他们回答得很好，老师让全班鼓掌表扬他们，我观察到这一组学生都很开心。于是我知道，在课堂当中加一些细心的小环节对于带动课堂气氛很有帮助。

小陈同学刚进入实习，就能从陈老师的课堂上获得这些重要的教学启示，难能可贵。其观察的敏锐性和思考的深刻性，已超出了一般的初学者，说明实习准备期她对名师视频课的实录与评价训练，练出了效果，打下了基础。

指导老师对学生尤其是学习层级处于低位的弱势学生的关注，大多会被实习生观察到并记录下来。比如汤佳露同学在实习日志中这样记录指导老师胡耀珍老师对学生的细心关怀："在听课的过程中，我发现胡老师说话不仅声音洪亮，而且抑扬顿挫，带有感情。她对每一个同学都很了解，做评价不仅是看问题回答是否正确，而是和前几次比较，看看有没有进步。对于学习比较困难，或者性格内向的同学，她采用多关注、多鼓励的方式，比如班里的徐琛罡同学比较腼腆，她就多给他发言的机会，即使回答得不理想还是给他鼓励。相信这样的做法，对学生的身心发展都是有利的。"

案例三：第一次自己上实习课

小学学段，选自卢婕妮同学的实习日志——

2018 年 9 月 26 日　　周三　　晴

盼望着，盼望着，实习第一课来了，郑老师（听课）的脚步近了！

早读课上，孩子们都像刚睡醒的样子，朦胧地张开了眼——不，这可是我在花园（外国语学校）上的第一节课，怎么能让这群孩子们在我的课堂上变成树袋熊呢？于是，我拿出了制胜法宝巧克力，引诱着孩子们的注意力。我先着重表扬了几位昨日表现较好的同学，再表扬了几位早读课上表现认真的同学，并承诺，上课认真的同学也能得到巧克力的奖励。我的话音刚落，孩子们眼中瞬间绽放出了极大的光芒，将教室里的"困倦阴雨"一扫而光。

正式上课开始了，准备许久的我驾轻就熟地开始了上课。孩子们在本次上课期间表现得很积极，虽然也有一些小朋友有些走神，没有跟上上课的节奏，但已经让我很是欣慰了。

今天这堂课我犯了许多郑老师以前就提及的共性问题。这说明：第一，我在课堂之中个人控制力不够好，容易出现一些无意识的错误举动；第二，我在教学设计时考虑不够仔细，没有将郑老师此前强调的问题考虑其中；第三，我在此前听（集体）评课的时候态度存在问题，没有再三提醒自己相关错误，并牢牢记住。以上不足，值得自我批评与深刻反思，今后一定牢记！

对于自己的第一堂实习课，小卢同学叙述得挺浪漫，以模仿朱自清的《春》开头，表达了对实习第一课的期待，继而颇为自豪地介绍了引起孩子们注意力的"制胜法宝"，末段则转换了叙述风格,面对著者指出的问题,郑重地总结出三条,作为深刻的"自我批评与深刻反思"。

中学学段,选自庞美美同学的实习日志——

2018 年 9 月 21 日　周五　晴

今天我要开始上课了。由于太紧张,一大早就闹了个乌龙,原本是七(2)班上午第三节是语文课,七(1)班上午第四节是语文课,结果我第一节上课前就去了七(2)班,最后只能与英语老师换课。小插曲过去后,我简要地向学生们介绍了第一堂实习课的意义,并为大家加油打气。随后,课堂正常展开,中间虽有学生插话、小组合作气氛冷淡等问题,但一节课还是比较顺利地结束了。下一节在七(1)班上得也比较顺遂。课后反思,在学生意识方面,我细心引导学生说初读感受和概括文本内容,但占用了过多的教学时间,且没能一直关注点名的性别、区域、层级的取样典型性;在学科意识方面,我没有兼顾学情实际与文本特点,过度重视学习方法的培养,也没有合理规划教学时间,严重拖慢了教学的进度;在技能意识方面,我的语言表达能力很弱,说话太多,不干练,要立刻纠正过来,板书也退步了,需要加强练字。这两堂课虽然上得好于预期,但也暴露了很多问题,其中还包括一些低级错误,在深刻反思之余,要立马纠正过来,争取下次上课不再犯。

小庞同学记叙的"乌龙"事件,颇具代表性和夸张性,把实习生第一次上课的紧张表现推到了"极致"(当然更"极致"的还是潘甜同学,她在实习日志里说:"今天,一夜难眠。眼睛一闭上,上课的情形就会在我的脑袋里一遍又一遍地闪过,准备的讲课稿不受控制地蹦了出来。凌晨四点,我就起床再一次进行了独自一人的试讲。")课后的反思,也代表了第一次上课的实习生的认真态度,主动从自己的学生意识、学科意识和技能意识三个维度依次评价自己的不足。能这样深刻反思,自然就会节节向上,不断进步。

著者每年带着不同学段(小学、初中、高中)的实习生在不同的中小学实习,学校多,人数多,而第一次上实习课的时间比较集中,无法听到每人的第一节实习课,这让有些同学感到失落。比如陈伟梅同学在上完实习课《雨巷》后,获得了所在学校指导老师吕老师的高度评价,满脸笑容地连连夸她"上得很成功",也获得了一起实习的同学的认可,但她在实习日志里说:"唯一的遗憾是郑老师没能到场。我是郑老师的学生,第一堂实习课没能得到郑老师的肯定或者批评,心中总有一丝遗憾。"

案例四:第一次听实习同学上课

小学学段,选自易倩同学的实习日志——

2017 年 9 月 15 日　周五　阴

今天星期五,是一周的最后一天。实习队的小伙伴们陆陆续续开始上课了,今天有三位同学上课。

上午第一节是程瞻的课,授课内容是《火烧云》,上课前阿瞻做了充分的准备,写教学设计、做课件、试讲、与指导老师沟通交流等等。整堂课上下来,教姿教态亲和大方,控场能力极强,班级秩序良好,教学内容有重点,没有多余环节,总体来说是一堂不错的课。上课伊始,阿瞻得知学生并未预习课文,随机应变立马改变上课策略,这一点是值得我学习的,课前备课一定要考虑各种情况。

优点夸完了,不足也说一说,阿瞻初读课文时要求学生读得正确、流利、有感情,一般初读课文时不要求有感情的;《火烧云》是一篇略读课文,整堂课进程有一点慢,这可能跟学生没有预习也有关系。"非指示性"教育要求把课堂还给学生,以学生为主体,我们要相信学生,给予他们更大更自由的空间。

小易同学第一次听实习同学的课,就不写虚话和空话,实打实地谈自己的想法,既夸优点,也谈不足,在学风上可能超过了一些在职教师的评课:当面讲好话,浅表地恭维;背后却讲坏话,刻意地否定。著者对实习生的评课要求是:当面讲坏话,背后讲好话。

中学学段,选自陈艺心同学的实习日志——

2014 年 9 月 22 日　周一　晴

今天是实习第 10 天。上午第一节课在高一(9)班听队友陈伟梅的课《雨巷》第一课时。伟梅准备得很充分,她按照郑老师的"非指"思路一步步下来,整个课堂非常流畅,同学们也都非常配合。看得出,伟梅班上的孩子们都很喜欢她,平时在与伟梅的交流中也知道她与同学们很亲近。我心里羡慕得很,也希望能和自己班的学生更亲近些,但是想到班主任嘱咐我的"不要和学生走得太近",心里又觉得把握不住这个度。也许,和学生的相处,也是一门艺术吧! 我还要继续斟酌。

小陈同学不只是对陈伟梅的顺利上课非常羡慕,几天前她对另一位队友丁淑敏的上课也以同样的方式评价说:"我从头到尾都听得很入神,都愿意听,其他一起听课的队友们也一致觉得这堂课让人听得很'舒服'。我认为,实习生的第一堂课能上成淑敏这样,挺不容易。"这次她听陈伟梅的课,还想起了自己的"困惑",主动对照和反思,态度认真。

有的实习生听同学上课,则还想从中受到启发,思考接下来自己怎么上好第一堂实习课。下面这篇童悠然同学的实习日志,就有一定的代表性——

2015 年 9 月 9 日　周三　晴

今天上午,听了两位(实习)同学在初二年级上的第一次实习课,分别是《亲爱的爸爸妈妈》和《就英法联军远征中国给巴特勒上尉的信》。这次听课,对我第一次课如何上,该注意哪些地方,颇有启发。第一,要有意识。(教师)提出学习要求后,要有意识解释给学生听,理解后再开始学习;组织交流时,要有意识让学生自评(和)互评,评完后还要说说为什么没有达到,可让他自己修改,也可以请同学帮他;每个教学环节结束前,也要有意识组织反馈,并自问一下:"这个环节的内容学生学会了吗?"第二,要调动,不让课堂沉闷。我设想上课时,让各个小组比一比,看哪个小组得出的答案最棒! (或许只适合小学生和初中生。)也可以在开始学习前就告知要抽检,抽检到的学生要依次说说自己的答案和小组(交流后形成)的最佳答案。第三,要多方面。在品析语言时,要多读,多想象,多体会;在总结学习收获时,要让学生从思想内容和语言文字等多方面总结。

小童同学听实习组同学上课的过程,成了设想自己该如何上好第一次课的过程,由人及己,这样也就把听课效果最大化了。

案例五:第一次处理学生事务

小学学段,选自顾冰怡同学的实习日志——

2018 年 9 月 11 日　周二　雨

刚刚和许老师交流完教学设计,回到班里发现卢帅佐和包力荣在窗户边的过道发生了争执,卢帅佐眼泪汪汪受了极大的委屈似的,我走了过去了解情况。事情是这样的,卢帅佐下课的时候在过道蹲下玩耍,但是堵住了过道,包力荣想要走过去,让卢帅佐让一让,但他却置之不理。因此包力荣用较为严厉的口吻,请卢帅佐在 6 秒钟内让开,卢帅佐依旧装作没听见,仍堵住过道。包力荣就踢了他一脚,卢帅佐顺势抓起对方的铅笔盒刚想要砸过去时,就被我制止了。

这是班级管理中突发的小事故,我们在《班级经营》课中已有理论层面的学习。于是我先让双方冷静下来,然后让他们一个一个说。针对他们所说的情况进行判断,不说一个好,也不说一个坏,毕竟双方都有错误才会引起争执。但是令我没有想到的是,在我劝说卢帅佐冷静下来,要懂得尊重他人时,卢帅佐反倒狡辩了起来:"这是公共场地,凭什么他叫我让我就得让,他又没给我钱。"这句话一时让我语塞,幸好此时许老师进来上课。为了不让事情闹大,影响正常的上课秩序,我坐在教室后面,思考着接下来该怎么办。

上课的时候卢帅佐因为这事,一直闷闷不乐,做着数学题目就哭了起来。于是我就过去,蹲下来和他说:"卢帅佐,你要站在他的角度想想,如果也有这么一个人,在你请求他让一让之后依然置之不理,你是什么样的感受?你要换位思考,多站在别人的角度想想。""那他为什么不能站在我的角度想?"卢帅佐哭着鼻子,十分委屈。"你不能去要求别人怎么做,你只有自己做到了,才能够更好地理解别人。"这时有其他学生问我问题,说完这句话我就走了。

后来我在辅导其他同学的时候,看见卢帅佐偷偷瞄我。我想他虽然嘴巴上挺犟的,但是应该想明白了。在这件事上,我有很多处理不到位的地方,直到现在我还未想到怎么更好地处理换位思考的问题,我打算问一问班主任老师,向他取取经。

实习生第一次与学生交流,大多会碰壁,然后就会认真思考如何进行科学引导。著者也明确要求每位实习生运用"非指示性"理念和策略,面对学生个体和班级集体,科学引导他们自主判断、自主反思、自主成长。后面第十章的"班主任工作"中有具体的阐述和展示。

中学学段,选自章郑贤秀同学的实习日志——

2013 年 9 月 27 日 周五 晴

今天发生了一件让我不知所措的事。在早自修时,我刚到办公室,就有学生跑来很着急地让我到教室去。我莫名其妙,不知道发生了什么。她一边走一边和我说:"周浩然一来就哭了,问他为什么也不说。"我赶到教室,果然,他正趴在桌上哭。我走到他身边,问他为什么哭,他也不说。旁边同学说他去年也有一段时间会这样。我只好让他先到办公室。他哭哭啼啼地告诉我他头疼。我一时间手足无措,班主任还没来,我不知道应该怎么办。但是如果这么放任周浩然哭下去,万一出了什么事怎么办呢?正当我手忙脚乱时,班主任来了。在她的指导下,我打电话给周浩然的妈妈,告诉她情况,并让她到学校来接孩子回去。然后陪周浩然在办公室,避免他还有什么不舒服。

事情虽然解决了,但是我永远不会忘记当时自己的无措。作为一名即将踏上教师岗位的人,我居然在学生身体不舒服的时候,完全不知道该干什么,这是非常危险的。我一定要努力锻炼自己,让自己处变不惊,同时了解各种突发情况的处理方法,让今天这么危险的事再也不要发生。

小章同学在经历了"不知所措"后,做了深刻的自我反思。作为实习班主任,要面对的事情很多,有学生之间的各种纠纷,有特殊学生的各种问题,而身体问题是最基本的问题,也是最需要马上面对和解决的问题。

案例六：实习结束前参加实习队秋游

小学学段，选自邵雨蔚同学的实习日志——

2018 年 11 月 10 日　周六　晴

"明天上午花(园)外(国语学校)实习点的同学一起去附近的一个叫周塘的花田赏花游玩，建议你们穿漂亮一点(还可以带点换穿的外套去)，我给你们多拍点照片，留作纪念。明天可以玩到下午三四点再回来，那个时间没地方吃饭，但可以到一家品味不错的沙县小吃去集体买各种吃的，带回来放到实习办公室聚餐，饮料和酒也可以买些回来，我请客。"昨晚在群里看到郑老师说的这些话，我们几个都笑开了花。能和郑老师还有实习组的同学们一起去秋游，真是一场放松心灵的旅行。

灿烂的阳光下，美丽的花田间，郑老师笑着为我们拍了许多照片，这是我们以前跟着他上课时从未想象过的画面。原来他严肃的外表下也藏着一颗柔软的心。而且郑老师拍的照片采光、构图都很讲究，比我们自己拍的照片要好多了。秋游结束后，身体虽然很累，心却是幸福而充满活力的。今天的回忆十分珍贵，我会永远在心间珍藏。

每届实习将近结束时，著者都会组织一次实习队集体秋游活动，以此调节紧张的实习氛围，并增进感情，增强凝聚力。每届秋游也都会为他们拍照，留下美好的实习纪念。叶楠同学曾在日志里说："郑老师真是一位尽职尽责的摄影师，一直举着照相机，拍我们正面照，也拍我们玩闹照，用自己的双眼捕捉那些美好的瞬间。"秋游回来的当天晚上，著者会在实习教室用投影仪现场播放照片，把活动气氛推向高潮。实习带队，一方面要在工作上严格要求，另一方面则要在生活上细心安排。也借此让他们既懂得工作，也懂得生活；以后当了教师，也能引导学生既热爱学习，也热爱生活。

中学学段，选自朱旭霞同学的实习日志——

2016 年 10 月 30 日　周日　晴

今天实习队的同学一起去(永康)方岩(风景区)，大家疯狂地拍照，玩得挺开心的。这其中我又发现郑老师带队的一些奥秘。

首先，团体活动是不可以缺少的，必须重视一起出游一起娱乐的机会。教师最好能多多地拍照，保持一种极大的兴趣以带动学生游玩的积极性，同时照片是一个很好的记录方式，游玩的当天最好就能把照片亮一亮，可以分享拍照的成果，同时又可以把那种兴奋的心情在今天就释放尽，不至于把兴奋的感觉带到第二天的学习和工作中。这么说来，教师就应该备一台相机(带着备用电池和数据线)，同时应该有充分的体力和高效的执行力。

其次，对于大学生来说(中午在景点聚餐吃饭时)喝酒是促进情感释放，或者激发情感升温的一个好办法。虽然我暂时没有想到初高中或者小学应该用什么有效的办法，但是至少要明确自己应该准备一些仪式感的内容和要求。比如郑老师要求每桌必须有桌长，桌长必须起到倒酒、敬酒、点燃气氛的作用。

最后，教师带着学生做活动，本人要能投入其中。教师每年都会遇到许许多多学生，一批又一批，来了又走，假如教师自己觉得重复无味，那就会觉得没意思。所以要用一种新鲜的眼光看待那些每年与不同的学生看到的新的风景。郑老师年年来方岩(风景区)，却保持一颗带学生游玩的赤子之心。敬佩之余,只有好好学习,才能对得起他的培养。

小朱同学的用心令人佩服,她能从著者带他们集体秋游的活动中发现"带队的一些奥秘",想到以后当上教师该怎么组织集体活动。著者历年带师范生实习,去得最多的是永康,而永康最有名的风景区就是方岩。实习组的吕翔宁同学是永康本地人,她曾在实习日志中说:"其实一开始对于要去方岩,我是排斥的,因为以前去过方岩,又想到这么一大群人去肯定会叽叽喳喳很聒噪,没想到过得很开心。"并说她通过实习"爱上了这个小团体,觉得比在大学里的班级更加有爱"。章勤依同学则在实习日志里说:"在实习队中,我还收获到了一种特别宝贵的财富,叫集体,这其实是我大学中缺失了三年的名词。然而在这短短的两个月中,我又感受到了它的美好,点点滴滴充盈心窝。"虞怡然同学则在实习日志里说:"今天郑老师带我们实习队去方岩爬山。说实话,方岩就是高高低低的一些丹霞地貌,就景致而言不及(我老家的)温州永嘉雁荡美景。但是因为有集体,有老师,一切都变得生动起来。老师负责拍照,我们负责微笑。"孙姣姣同学则在实习日志里说:"今天跟郑老师一起去了方岩。我是真的很喜欢这样的活动,和每天朝夕相处的同学,和大学最敬爱的老师一起领略大自然的风光,尽管疲累却也是非常值得的体验。由此想到,其实在平时周末,组织班级学生一起进行短距离的旅行也是增强学生之间的感情的好方式。"他们都能从集体活动中主动获得教育启发。

案例七:实习结束时告别学生

小学学段,选自潘甜同学的实习日志——

2017年11月16日 周四 晴

今天是我去班上的最后一天。跟(指导)老师告别完,本想今天晚上趁孩子们不在(教室)悄悄地给他们送上礼物,谁知班主任指导老师何老师早早通知了班上的孩子,所以我就直接在大课间时间去班上送礼物,孩子刚开始很开心,就是不知道怎么发着发着,大家就都哭了,我强忍着不哭,发完本子,提醒他们做好下节课的课前准备。我多想给你们留下我的地址、我的联系方式呀,可是我知道不能,老师终将是你们生命里的过客,你们一定要好好的。

最后一节英语课,我在班上听课,有几个小男生一边看我一边哭,最后忍不住跑到我面前,把花送给我,问我为什么要走,问我可不可以留下,我终于忍不住了,抱着他们一起哭。老师还是舍不得你们呀,你们可是我真正意义上的第一批学生呀!这两个多月来,谢谢你们,那么的爱我。明天,老师可不能再来啦,不然小宝贝们又要哭了。老师会一直想你们的,你们也要偶尔地想一想老师哇。

小潘同学用相对平静的语言记录了自己即将离开实习学生时极不平静的心情。虽然连叹号都很少用,但鲜明热烈的护犊之心和不舍之情,让每个文字都变得温暖和感人。这样的实习生,以后当上老师也会对学生充满爱意。

中学学段,选自王啸天同学的实习日志——

2017年11月17日 周五 雨

今天,我要走了。实习结束了。送了指导老师礼物。拍了各种合照。跟老师告别。

整理寝室,一堆东西,花了我半天工夫,才处理完。来的时候,一个书包,一只行李箱,一个行李袋。走的时候,又多了两个箱子。

真的要走了啊。我的第一次也是唯一一次实习,就要结束了。犹记得刚来的日子。来的那天,似乎是有太阳的吧。似乎是在北门下的车。北门,这个词原本只属于浙师大;如今,它也属于东(阳)外(国语学校)。多少次点完外卖,我都会跟送餐小哥强调送到哪个门。如今要走了,依旧是北门。没下雨,阴天。气喘吁吁地把行李搬上车,热得脸上全是汗水。忽然下课铃响了,教学楼那儿冲出来一群学生。围在了大巴车旁,在人群中,我看到了自己的学生。只是,车门已经关了,我只能徒劳地敲着玻璃窗,想让他们看到自己的老师。车缓缓开动,终于,一个眼尖的学生发现了我,拼命挥着双手,剩下的全是我们班的学生。似乎已经上课了,他们还在等着见他们的老师最后一面。虽然整个实习期间,已离开过这里两次了,但是这次,可能就是永别吧。他们,会继续成长,升入高中,考入大学;我会寻找一份工作,被岁月的脚步越带越远。最后,我们会互相遗忘。我是个过客,他们也是。但是,他们是我第一届学生,虽然只是两个月;而我,是他们的实习老师,或许,也是第一位遇见的实习老师。

如果说前面的女生小潘写的离别场景是彩色的、温暖的,那么这个男生小王写的离别场景是灰色的、冷峻的,但都感人至深。每人写下的离别日志,都有助于他们走向人生的成长和职业的成长,即使没有直接点明。

当然也有一些直接点明的。如孙馥妤同学的日志:"实习结束了,但是属于我的未来才刚刚开始。"如黄华洁同学的日志:"愿我以后怀着一颗对教育炽热的心,做一名自信、优雅、智慧的教师。"如周丽娜同学的日志:"愿我在经历了这段幸运而又幸福的时光后能更坚定初心,成为一名温柔有力量,坚定有情怀的语文教师。"如孙姣姣同学的日志:"虽然只有短短两个月的实习期,但却让我感受到教师教育责任的重大,也因此更加坚定了我要成为一名好老师的心。"再如梁依妮同学的日志:"两个月的时光,太快太快,就这么在我们的指尖溜走,猝不及防。我的头发长了,我们的行李多了,我们的面容憔悴了,但因为爱却显得更美了。"还有林温琬同学的日志:"如果不是选择跟郑老师实习,我不会知道原来把'非指示性'教学灵活运用进课堂是多么大的一种享受;如果不是跟队实习,我不会知道能和同学们一起为同一个目标而努力有多么幸运;如果不是在东外实习,我不会知道清晨五点半的朝霞有多绚丽……如今这条路虽已走到尽头,但我相信,真正的成长之行才刚刚迈出一步。愿今后的日子也能如这两个多月一般,每天都有朝霞相迎,繁星相伴。"

案例八:实习日志的其他内容

实习生在《实习日志》里记录的内容多种多样。

一是有时会以白描手法写下一些特殊的"教育场景"。

请看下面这则小学学段胡俊同学的实习日志——

2017 年 9 月 18 日 周一 晴

今天,是新的一周的开始。一个个小学生都被家长送到了学校,早上去(一年级的实习)班级后发现有一两个小朋友在哭,我一直在想班主任会怎么解决这个事情。等到上课的时候,班主任说:"同学们,我们之前说过,要把快乐留给……"

学生:爸妈!

老师:要把悲伤留给……

学生:老师!

老师一脸无奈地说:你们还要把悲伤留给我啊?让我们把悲伤留给空气吧。

简单几句话,班级的气氛一下子就活跃了起来,之前哭的小朋友也不再那么伤心,还跟同桌进行了非常有意思的对答(因为我坐在最后一排,小朋友正好坐在我前面,听得非常清楚):

哭泣的学生 A:要把悲伤留给学校。

学生 B:学校会难受哒。

哭泣的学生 A:那把悲伤留给同学。

学生 B:同学也会难受哒。

哭泣的学生 A:那我把悲伤留在心里。

学生 B:你的心也会很难受啊!

宛如小大人一样的对话简直让人哭笑不得,但细细听来又觉得十分有趣。

这些一年级的学生平时都寄宿在学校,周一早上刚被父母送回学校,自然会有一阵难过。这篇实习日志把小学生难过的场景写得真实又有趣。对于实习生来说,记录这些典型细节的过程,也是体验实习对象情感的过程,更是增进对实习对象了解的过程。

二是有时会记录著者实习例会上的集体指导内容。

请看下面这则小学学段邵雨蔚同学的实习日志——

2018 年 9 月 20 日　周四　晴

今天(晚上)郑老师的指导都是干货,特整理如下:

1. 上课要注意眼光的流动。整节课都要在眼光流动中进行教与学,随时观察学生的表现,发现学生的问题。每人都要在两个多月的实习中练出这个好习惯,以后当上老师就能自如运用,超过一般的新老师。

2. 环节结束时要有反馈。任何教学环节结束时都要反馈,在反馈中及时了解学生的学习获得情况。这个习惯也要通过实习练出来,正面影响到以后当老师。

3. 教学结束时要有结束语。不能因为下课铃声响起就匆忙下课,没有任何总结与回顾。下课铃响后能在半分钟内结束,就是正常的下课。

4. 教学过程中要随时调整进度与内容。如果发现离下课不远了,没完成的任务还有很多,就要及时调整,主动取舍,不要机械地往下走。

5. 要主动消化指导老师的意见。如果指导老师不赞同的,正是"非指示性"教育所要求的,就要思考如何通过"非指"的做法使效果更好,让指导老师自然接受。比如上午交流时有同学反映诗歌教学中有的指导老师喜欢朗读,但不喜欢甚至反对给诗歌划分节奏,那就不妨在备课时就设计好,上课时引导学生通过重音和停顿,把诗歌的所表之情和所达之意表现得更到位,更有整体感,这样指导老师就自然接受了。教学一定要灵活,切忌机械照搬"非指示性"教育,把"非指"弄成一个变形的空壳,展示给指导老师的只有机械、死板和教条。

听了郑老师的这番话,我之前的一些问题就在今天得到了解决。

著者每天晚上在实习办公室开实习例会时指导的要点,大多会成为他们实习日志的一部分,并在他们的撰写和思考中成为他们实习成长的一部分。

三是有时会直接夸奖实习带队指导教师。

请看下面这则中学学段(高中)孙晓雪同学的实习日志——

2016 年 10 月 25 日　周二　晴

今天（晚上）集中（时），听郑老师谈了两个词——"扬长式学习（擅长的、喜欢的）"和"补短式学习（不擅长的、不喜欢的）"，同时郑老师提醒我们要有意失配，让学生有新的学习收获。其实打心底里很是佩服郑老师，从教多年，（身为）特级教师仍然能够热忱于教学思考、专注于学科教育。明天是郑老师的生日，晚上实习组的小伙伴们一起"谋划"明天为郑老师准备的祝福，最后敲定为郑老师录一段音频，以表心意："从（浙）师大到（永康）一中，您是温暖源；从师大到大师，您是楷模。"我虽不知道自己最后是否会选择做一名高中教师，但是我想专注思考的能力、坚韧执着的毅力、耐心平衡的动力足以成为我这段实习时光兼备考（研究生）倒计时时刻鞭策的力量。

我班里的学生常常很开心地跟我说："老师你在我们班，真好！"而我却想说，能在我四年的大学生活里，遇见郑老师这样的贵人，真好！

透过上面的实习日志，可以读到小孙同学思考的智慧、执着的意念和感恩的心情。若干年后她曾对著者说："实习对我来说太值得了。做学术报告、论文答辩、当主持甚至参加博士面试，站在那些台上，简洁、准确、生动地表达观点，控制时间，这些都是实习留给我的宝贝！"

四是有时还会记录为实习带队指导教师过生日的场景。

请看下面这则中学学段（初中）沈思思同学的实习日志——

2016 年 10 月 26 日　周三　晴

今天是阿农生日，大家一起准备了礼物和蛋糕。

（晚上）阿农进来后，大家起立唱了生日快乐歌。他笑着说，一看灯暗着就知道有情况，不对劲。每次看他这样笑的时候，都有一种春风又绿江南岸的感觉。

他许下的生日愿望是：大家都找到一个好工作。

何其有幸遇见这样一个老师。心里盛满了感动。天涯咫尺，会想念这样一个老师，会牵挂这样一个老师。期望自己的未来能够做好自己，也能够具有把（"非指示性"教育）理念传递的能力，这样也有资格回来看望他，期望他保重身体吧。太辛苦了。

实习生总是偏爱自己的带队指导教师，加上中文的同学进入大学后一直跟随着著者上课（小教专业的同学则在大一上过两门课），大四又继续跟随着来中小学实习。因此著者每年在实习期间的生日都能得到实习生的真诚祝福。

当然，要得到实习生的肯定和夸奖，带队指导教师认真负责、以身作则是前提，这样才能培养实习生良好的教育理想、教育理念和教育技能，让他们具有"传递的能力"，成为一代超过一代的优秀教师。

著者作为实习带队指导老师，在让学生写实习日志的同时，自己也写实习日志，记录带队指导的情况，包括白天听课的情况和晚上集中评课的情况等。这里顺带着稍作展示。

下面是著者 2016 年 9 月 28 日的实习日志内容。

今天在永康一中实习点听了六节课，分别是：上午第一节王家雪在高一（9）班上的《说书人》，第二节俞笑笑在高一（11）班上的《最后的常春藤叶》，第三节陈恬妮在高一（2）班上的《最后的常春藤叶》，第四节楼英在高一（1）班上的《说书人》，下午第三节黄凌威在高一（12）班上的《力的分解》，第四节郭万里在高一（13）班上的《前方》。

听课中发现的问题，比昨天明显减少，但也出现了许多新问题。

晚上在不同的实习点依次集中开例会。交流的要点如下——

1. 寻找学习点的问题。第一种，根据读后的主观感受找。这适用于人文特点明显但语言特点不明显的课文，比如苏教版的《说书人》，可以问问学生：这篇课文为什么让你感动？找找原因，由此就能找出语言学习点了，因为感动是由某些细节性的语言描写引发的（比如对说书人脸色的描写，对说书人讨钱话语的描写）。以后你们经常会遇到这样的课文，一不小心就可能上成思想品德课。第二种，根据文体的客观特点找。可引导学生思考：这是什么文体？该文体哪些方面需要学习？先学什么？再学什么？学习方法是怎样的？

2. 教学民主的问题。第一，要先引导学生自主寻找学习点，不要完全封闭、单向指示、以教带学；然后师生一起确定学习点，这是"非指示性"教育的重要标志。第二，要让学生评价教师，主要是评价作为教师的你对问题的解读或解答。

3. 迁移运用的问题。语文教学，是要引导学生学习作者语言运用的范例，提高学生语言运用的能力。因此不能为学而学，要迁移运用。

4. 反馈了解的问题。教是为了学，教学后就要反馈，在反馈中了解全体学生真实的学习获得情况。

5. 课堂朗读的问题。一定要让朗读贯穿整堂课，让学生在朗读中获得认知理解，在朗读中获得情感体验。

6. 对我的听课评课稿完善的问题。每人在我听过你的课后，都会收到我发过来的听课评课的电子稿。请在我的每个点评后，写上你真诚深入的反思，然后发给我，同时隐去姓名主动发到实习群里给大家看。我连续三天听课，已经听了十六节课，如果让你们跟着我连续听课，边听边不停地打字，可能吃不消。有些同学私下告诉我说跟着我连听三节就吃不消打字了。现在我已经通过现场打字为你的实习课做了记录和点评，各位可要好好珍惜，主动反思，主动进步。

著者的实习日志，近年又新增了一个内容——主题教育。通过主题教育让实习生在教育理想、教育理念、教育技能三个方面获得系列化的成长。主题教育的内容根据实习情况和教育需要随机生成。

比如 2021 年 10 月 8 日在实习日志里写下的当天晚上实习例会的主题教育内容是"主动关心学生"。提出的要求是：第一要有认识，要认识到关心学生是重要的、需要的、必要的，他们是未成年人，每天都要面对未来的不确定性，作为教师，主动关心学生，可能就会给他们带来新的希望，至少能让他们走出眼前的困境；第二要有行动，要通过语言和行为等具体的行动，给学生带来真切的关心；第三要有策略，不能凭本能去关心，要先学习，先备课，掌握关心的策略，提高关心的效果和效率。

比如 2021 年 10 月 24 日在实习日志里写下的当天晚上实习例会的主题教育内容是"向工作十年就成为名班主任的张玉石师姐学习成才的方法"。该教育主题缘于前一天上午大部分实习生在永康中学报告厅参加"非指示性"教育首届研讨会时现场听了张玉石师姐做的班主任专题讲座《悦心式班级管理：把班级还给学生》。这位 11 年前跟随著者在永康中学实习的同学，10 年前从浙师大毕业前往广东工作，现已成为知名班主任，曾获得广东省初中组班主任基本功大赛第一名，现为班主任省赛评委专家，已是知名刊物《班主任之友》《班主任》等的封面人物，已在国内做班主任专题讲座一两百场，专著《做班主任，真有意思！》出版后即成为畅销书。她的成才让身为师妹师弟的实习生很受鼓舞，也很受启发。从她的身上可以学到很多成才的方法。为此著者先让每人写下听后的感想和今后的设想，由大组长汇总后发到实习群里公开分享。实习例会上著者归纳了张玉石成才的方法，促进大家的思考。一是爱学生，她内心真正地爱学生，"把人当人"，而不是"把人当物"，实施物化教育。因为爱学生，所以她有正确的教育理念，实施"悦心式"教育，引导学生自主成长。二是爱生活，她很有生活乐趣和生活情趣，把自己打扮得漂漂亮亮，把班级也装扮得漂漂亮亮，还在班里养花，并设立了班级花卉管理员。三是想改变，因为爱学生，因为爱生活，所以她想通过改革让学生更好地成长。四是善思考，她的一个个改革措施，都是在思考中形成，又在思考中实践和完善的，已经具有明显的人文性和科学性。五是能坚持，她通过持续不断的改革，形成了较为完备的改革体系，有理念，有理论，有策略。六是会整理，她会边改革边积累整理各种有意义的图文资料，丰富而且典型。以上六点，最关键的是三点：爱学生，想改变，能坚持。其中，爱学生是前提，想改变是关键，能坚持是保障。

　　著者的实习日志，还会写每月的实习总提醒和每周的实习总提醒，发到实习群里提醒实习生，也借此培养实习生有计划做事的意识和习惯。

比如下面的实习日志内容。

第五周（2018.10.7—10.13）

10月7日　周日　晴

本月的实习总提醒——

1. 今天开始进入实习第五周，离实习结束还有六周。每个人要主动锻炼，珍惜每一个实习机会，让自己在教育（班主任工作等）、教学（上课等）、教科研（教育调查报告、课堂观察报告、作业自纠研究报告等）三大方面的表现都尽可能专业化和最优化。

2. 就教育来说，虽然在班主任指导老师面前只能做些辅助的工作，但仍要主动锻炼自己的教育引导能力。每人都要主动运用"非指示性"理念和策略，形成一些较为成功的案例。一是对学生个体教育的案例（包括对他们学习、情感、意志、交往等方面的引导），二是对学生集体教育的案例（包括主题班会的实施、集体活动的组织等）。要走出单向指示和强力灌输的"指示性"的教育方式。

3. 就教学来说，每人要正确理解"非指示性"理念和策略，切忌一知半解、生搬硬套；而且要让自己的"非指示性"教育实习过程经历牵手、松手、放手三个阶段：第一阶段要教得准而实，学得稳而细；第二阶段要教得准而活，学得细而深；第三阶段要教得准而新，学得深而活。实习共十周，剩下还有六周，其中前三周要在做实第一阶段的基础上，主动走进第二阶段；后三周则要在做实第二阶段的基础上，主动走进第三阶段。

4. 就教科研来说，每人要完成高质量的教育调查报告、课堂观察报告和作业自纠研究报告。本月前两周要完成第一个报告，后两周要完成第二个和第三个报告。

本周的实习总提醒——

1. 完成教育调查的问卷发放与回收。由学段组长或学科组长协调发放的时间和班级等，切忌一窝蜂式的无序和混乱，影响调查效果，也影响学生的感受和指导老师的印象。发放要注意点和面的典型性，不能只调查自己实习的班级（除非选题就是了解自己的实习效果），每个班级都要有高、中、低不同学习层级和男、女不同性别的取样典型性。

2. 完成问卷的基本统计工作。要先主动学习，并相互交流，选择合适的且科学的数理统计软件，使统计结论既丰富又科学。

3. 完成实习课的阶段性转换。做好"非指"第一阶段"牵手"教学的扫尾工作，主动进入

"非指"第二阶段"松手"教学的实践探索。

  实习带队教师写实习带队日志并不容易。既花时间,又花精力;既是脑力活,也是体力活。但要让实习生获得最大化的实习效果,获得最大化的实习成长,就应该主动撰写,系统设计。实习带队教师的责任心和专业性,与实习生的实习效果成正比。作为实习生,需要获得中小学指导教师的精心指导,但首先要获得高校带队教师的全局指导和系列培养。

  让实习生写日志,也并不容易。一位实习生曾在自己的实习日志里写下了这样的话:"一个排斥写文章写随笔十多年的人,要怎样才能坚持每天写日志?每到打开实习日志,各种内心骚动。"这既有习惯不好的问题,也有由此引发的写作能力不好的问题。但不管以前的习惯如何,能力怎样,都要在实习期间主动撰写《实习日志》,从零开始,努力补上,让自己以后成为合格乃至优秀的教师。

第六章　课堂实施

第一节　设计意图：做具有三个意识的专业教师

课堂实施，是"非指示性"教育实习的核心环节，要求实习生在课堂实施中有专业的表现，努力做具有三个意识的专业教师。

但课堂实施很容易出现不专业的本能行为。许多在职教师不专业，大多源于当年实习时的不专业。

不专业的本能行为，有很多具体的表现。这些表现从本质上概括，就是缺少三个意识：学生意识、学科意识和技能意识。

一、缺少学生意识

学生意识，是指教师对学生生命的自觉关注，把学生当作行为与心灵相融、知识与情感和谐的完整的生命体，主动从行为主义、唯认知主义的物化教育转向人本主义的人性化教育，关注学生的学习特点、学习差异、学习权利以及学习效果。[①]

缺少学生意识，就意味着教师缺少对学生生命的自觉关注，缺少人文关怀，不关注学生的学习特点、学习差异、学习权利以及学习效果等。

缺少对学生生命的自觉关注，最明显的表现是把人当物，实施物化教育。学生只是学习知识的"鸭子"甚至容器，不断被填塞、被灌注，课堂上教师死教、学生死学，没有主动激发学生已有的认知和情感，让他们在学习知识的同时，获得学习兴趣、学习方法、学习能力和学习信心，更没有面对一个个鲜活的个体，唤醒他们的生命自觉意识，培养他们的自我生长力，从而获得自主成长，而是在指示和控制下被动成长和被迫成长。

不关注学生的学习特点，最突出的表现是没有站在学生学的角度，运用归纳法组织教学，让学生由低到高、循序渐进地自主发现、自主探索，从而自主获得、自主成长；而是站在教师教的角度，运用演绎法组织教学，结论先行，起步很高，上课起始就主动解释课题的含义甚至课文的主旨，并介绍作者的情况和写作的背景，往下的学习只是被动地代入和验证，学生失去了自我，也失去了自主。

不关注学生的学习差异，主要表现为在设置学习内容、学习任务和学习要求时一刀切，没有根据学生学习层级的不同而设置上限、中限和下限等不同的达标要求；更没有引导学生根据自己的认知特点和情感特点，自主选择学习内容，自主设计学习任务，自主设置学习要求。

---

① 郑逸农."非指示性"语文课堂观察研究［M］.杭州：浙江大学出版社，2017：5.

不关注学生的学习权利,主要表现为教师在课堂上以自己的教代替学生的学,课堂全封闭,教学全指示,教师全控制,学生全被动。"学生,仿佛是教师的附属;教学,仿佛是一种入侵,一种心灵殖民行为"①。没有把课堂还给学生,让学生自主尝试、自主判断、自主反思、自主纠正。即使面对教材每个单元加星号的自读课文,教学时也总是紧紧攥在教师手里,不松手,更不放手。

不关注学生的学习效果,主要表现为每个教学环节结束时没有反馈,不关注学生的学习获得情况和过关情况,教师教过了就算完成了,一边教学,一边制造"烂尾楼"。

缺少学生意识,可谓是我国应试教育下课堂教学的顽疾之一,没有跟上社会发展的步伐。

二、缺少学科意识

学科意识,是指教师对学科自身的自觉关注,关注学科的性质、学科的培养目标、学科的学习特点、学习规律以及学习效果等。②

缺少学科意识,就意味着教师缺少对学科的自觉关注,不关注学科的性质、培养目标、学习特点、学习规律以及学习效果等。

虽然实习生大多能说一些"高大上"的话,如:一棵树摇动另一棵树,一朵云推动另一朵云,一个灵魂唤醒另一个灵魂。但一旦往语文学科方向追问:语文的性质是什么? 语文的培养目标是什么? 语文的学习特点、学习规律及学习效果是怎样的? 则可能说不上来。如果再追问:语文课程的性质是什么? 用课程标准中的原话回答;"语文"二字的含义是什么? 用叶圣陶的原话回答。那就更可能答不上来。有的实习生可能连课程标准都没有读全、读通,更不用说读细、读精了(虽然师范院校都开设了课标研究这门课),也不用说主动阅读课标解读之类的配套书籍了。

著者曾受邀参与某高校实习生优秀等级的答辩考核,这些学生选择了自主实习,并在实习结束后申报了实习优秀等级。著者依次问这些实习生:语文是什么? 语文教什么? 语文怎么教? 结果没有一个实习生能答上来。其中一位实习生从答辩教室出去后,打电话询问自己的实习指导教师,没想到这位在当地已有一定知名度的指导教师竟然告诉她:语文是什么,语文教什么,语文怎么教,是没有定论的,不同的人可以有不同的理解。同时这位指导教师的倾向性答案是:语文要教学生学文化,学人文,学做人。

实习生上课,很容易上成"泛人文课",停留在语用形式的表面谈思想、谈精神,没有让学生深入语言文字,在朗读中理解内容,在想象中体验情感;还有走向另外一个极端的,上成"泛工具课",把语用形式从特定的内容和情感中剥离出来,解剖成一个个语用的"零部件",干巴巴地问学生:这叫什么? 用了什么手法? 有什么表达效果?

现在新版课标提出了核心素养——语言、思维、审美、文化。实习生在教学实施中又会出现新的问题:轻语言要素,重思维、审美和文化要素。而不是立足语言,在特定的语言形式中学习思维、审美和文化,把语言学得更细致、更丰厚。

一旦对学科性质把握不准,则学科的培养目标等方面也会随之出现问题。

---

① 王尚文.走近语文教学之门[M].上海:上海教育出版社,2007:5.
② 郑逸农."非指示性"语文课堂观察研究[M].杭州:浙江大学出版社,2017:40.

比如在学科的培养目标上,容易偏离语言这一核心目标,失去学科培养的独特性,没有紧扣语感、语料和语用这三个"语链"来培养。在学科的学习特点上,没有体现语言学习的实践性,没有通过朗读培养语感、通过背诵积累语料、通过表达训练语用,而是以教师的理性知识灌输代替学生的感性语言实践,没有让学生通过朗读、想象、体验及比较等,感受语言之美、文字之美和情感之美,从中获得语言的提升和精神的成长。课外又大多将语文题目理科化,不断地做题、刷题。在学科的学习规律上,没有引导学生通过大量感性的具体的语言运用范例,建构自己的语言运用图式,提升自己的语言运用能力。在学科的学习效果上,往往偏离语言的获得,不以获得多少语言的感悟、积累和由此自然生发的思维、审美和文化的提升作为语文学习效果的评判依据,而是看做了多少张练习、刷了多少道题目。

这就导致语文课多上一节与少上一节没有明显区别,或者根本就没有区别,甚至相反,还不如教师不上课,学生自己学。学生自学,反倒回到了语文学科的原点,面对着课文,一行一行地读,一段一段地看,浸润在语言中,用自己的心灵去感悟,用自己的观点去判断,用自己的思维去创新,用自己的语言去表达。既感受到了作者语言运用的魅力,学习到了作者语言运用的范例,也体会到了特定语言形式中所表达的特定的内容、情感和思想,领悟到了作者在语言运用中表现出的个性化的思维、审美和文化,既获得了语言的成长,也获得了思维、审美和文化的成长。

三、缺少技能意识

技能意识,是指教师对教学技能的自觉关注,关注教学技能的运用对象、运用特点以及运用效果,使教学过程成为学生愉悦甚至享受的过程。[1]

缺少技能意识,就意味着教师缺少对教学技能的自觉关注,不关注教学技能的运用对象、运用特点以及运用效果。

如果问实习生:经过大学前三年的师范训练,你的教学技能过关了吗? 可能大部分实习生都不敢轻易点头,有的即使表面上点头,但内心还是有些虚怯的。

实习生在教学技能上的表现往往不是专业的,而是本能的。

第一,仪态本能。穿戴过于随性,没有美感,没有朝气。站姿不挺拔,身形不端正,精神不饱满。无法以自己的优雅和活力吸引学生。

第二,眼光本能。不会流动着看全体学生,通过眼光凝聚全班学生的注意力,并及时发现学生的学习问题。眼光缺少活力,甚至缺少自信(和中小学时期缺少自信心教育也有些关系),基本不看学生,只看书本、教案或者黑板、屏幕,自顾自地上课。

第三,写字本能。小教专业和中文专业的实习生,写起字来都可能出现"自然体"。小教实习生能把楷书写得流畅优美的偏少,能写出个性化气质的更少。中文实习生知道要写行书(课标有明确要求)的很少,能写出漂亮行书的更少,写的大多是自己读小学以来自然形成的并不专业的自然体。

第四,说话本能。一是平淡,没有语气的变化和语调的变换,对学生没有吸引力,更没有感染力;二是啰嗦,说话不简洁,多余的语词经常出现,重复性的口头禅"然后""就是"等更是"层出不穷"。朗读也大多是本能体,语速、语气、语调等缺少应有的美感。

---

① 郑逸农.非指示性"语文课堂观察研究[M].杭州:浙江大学出版社,2017:87.

有了以上四个"本能",自然就不太会关注教学技能的运用对象、运用特点以及运用效果。

缺少技能意识的表现还有很多。比如课件基本不会原创,只会搬用;板书设计大多布局随意,且大多只写课文内容和思想方面的,甚至写成段落大意。

这里仅就课堂谈技能,称为"教学技能"。放眼教育,则要称为"教育技能"。本书大多采用后者的称呼。

以上从实习生缺少学生意识、学科意识和技能意识三个维度概括了课堂实施中不专业的本能行为。

这些概括,绝非夸张和偏激。打开网络,许多师范院校实习成果的展示平台上,都可能看到缺少学生意识、学科意识和技能意识的实习课例,但有的还被评为优秀,当作范例,供后来的实习生学习。

因此,作为高校实习带队指导教师,必须有清醒的认识,且必须有科学引导的能力,努力让实习生成为具有三个意识的专业教师、"三好教师"。

第二节 实施要求:每一个方面都体现三个意识

要让实习生成为具有三个意识的专业教师、"三好教师",就要设计实施要求,让师范生在每一个教学环节都努力体现三个意识。

实施要求既要体现高校带队指导教师(包括中小学指导教师)的科学引导,又要突出师范生的自主实践。师生双方在理念上产生共鸣,在策略上形成共识,然后付诸实施。

实施要求包括质性和量化两大方面。

一、质性方面的实施要求

课堂教学要分步实施牵手、松手和放手,因而分为常规性要求和阶段性要求。

(一)常规性要求:在每一个教学环节中体现三个意识

1. 导入环节要努力体现

就学生意识来说,导入环节要从学生的情感和认知两方面由表及里地依次激发,让学生带着兴趣进入新课学习,教师不主动告知新课的结论,不让往下的学习变成代入和验证。

就学科意识来说,导入环节不播放图片和视频,不让语文课在"泛视图"中开始,不让学生的兴趣因停留在图片和视频上而对往下要学习的文本中的语言文字失去兴趣。

就技能意识来说,教师要用充满激情的话语和富有美感的课题板书等,艺术化地引导学生进入新课学习。

2. 主体环节要努力体现

主体环节由多个环节组成,可分为统领环节和展开环节两部分。

第一个环节是统领环节,该环节要让学生明白课文的文体是什么,该文体有哪些学习点;课文所在单元的要求是什么,有哪些学习点;课文后面的要求是什么,又有哪些学习点;然后思考课文的独特精彩点是什么,自己的学习缺失点又是什么;由此共同选择或各自选择重点和难点等学习点。该统领环节既体现教学的民主性,也体现教学的科学性,是"非指示性"课堂教学的重要标志。

其他环节均为展开环节,每一个环节大多要经历先生后师、渐进提升的五个步骤:个人独立学习、小组交流完善、班级抽样明晰、教师评价介绍、教师反馈检测。

个人独立学习前,教师要先介绍学习的任务、要求和时间三个要素。其中任务要明确可操作,即行为可观察、效果可评价;要求要科学有层级,比如概括内容的任务,其要求为简洁、准确、全面,分别对应低、中、高三个学习层级的学生(学习层级低的要达到简洁的学习底限;学习层级中的要达到简洁、准确的学习中限;学习层级高的要达到简洁、准确、全面的学习上限。同时该学习上限也是每人都要努力追求的目标)。个人独立学习后,要达到相应层级的要求并力求最大化。小组交流完善后,要形成小组的最佳答案(即达到三个层级的要求)。班级抽样明晰后,要形成班级的最佳答案(也即达到三个层级的要求)。教师评价介绍时,要先评价学生的总体学习表现,后介绍自己达到三级要求的解读或解答,以教促学。教师反馈检测时,要先让达到不同层级的学生以举手等方式反馈,了解他们的达标情况及共性问题;知识性学习还要以检测的方式继续了解他们的真实达标情况。如第一次出现某个较难的学习任务(比如赏析语言),设置的三级要求不易懂(比如准确、细致、深入),教师还要主动解释三级要求中的每一个词义,并配上相应的示例;学生完全清楚后再开始独立学习。

这些展开环节经历上述五个步骤的教学后,有时教师还要主动说明该环节的学习目的。比如"初读说感受"的环节,如果是第一次学习,教师就要说明:刚才让各位初读课文,说说感受,是要培养纤细的感受力,这是语文素养最基本的标志之一;读一篇课文,要能说出自己的感受和体验,并且要真诚、细腻、个性化,不说假话、空话和套话。

实习课上,如果有的中小学指导教师认为亮出三级学习要求是束缚了学生的学习,或者认为不应把学生分等级,那就更需要实习生在课堂上主动解释,让每人都明白设计的用意——既是出于人文关怀,也是为了科学教学。同时需要灵活运用,如果已多次出现某个学习任务(比如概括内容),则三级要求(比如简洁、准确、全面)不必主动亮出,改为先提问学生,让学生说出后再亮出(甚至不亮出)。而第一次出现某个学习任务,三级要求还可让学生先尝试着设计,然后形成共识。教师在介绍自己的解答或解读时,也要分步亮出,比如先亮出只达到一级要求的,再亮出达到二级要求的,后亮出达到三级要求的,这样才能让学生越学越清晰,获得知识,也获得方法。中小学指导教师对所带实习生课堂呈现的三级要求抱怨或不以为然,大多缘于实习生操作过于机械。设计三级要求,是要解决当前教学中的随意和低效现象。

展开的环节中,可能会有不同的任务类型,但每种类型也都要努力体现三个意识。

比如识字类型的教学。教师不要主动告知学生某个新字的字音是什么,字形是什么,字义是什么,不以教代学;而要引导学生借助课文注释和字典或词典,自主查阅,并自主实践——通过朗读掌握字音,通过书写掌握字形,通过运用掌握字义。就字形来说,还要引导学生自主判断属于哪种造字法(象形、指示、会意、形声),并主动归类,将它与字形相近的或字音相同的或字义相似的放在一起比较,在比较中加深理解。

比如朗读类型的教学。教师不要走在前面示范和表演,而要引导学生先自主朗读,自主尝试。朗读之前要先科学引导,不放任自流,不让学生"本能生长"甚至"野蛮生长"。朗读的要求,小学学段可以把"响亮、清晰、正确"作为起步性的三级要求,然后提升为"清晰、正确、流利",最后是"正确、流利、有感情";初中学段可以提升为"流畅美、音韵美、情感美";高中学段可继续提升为"音韵美、情感美、个性美(在共性朗读要求的基础上读出文本的个性和自己的个性)"。学生自主朗读的方式,除了个体读,还要有同桌读、小组读、全班读等等。学生朗读之后,教师也要朗读,并且要达到预设的三级要求,成为学生正面学习的样例。

比如文言文类型的教学。教师不要逐字逐句地主动讲解和灌输,要由教师忙、学生闲转向教师有意识地闲、学生有价值地忙。引导学生独立面对文言文,自主查阅注释、翻阅字典或词典,自主探究,自主获得;然后在同桌间或小组内相互交流;之后教师现场检测:一是对着删去标点的原文正确朗读;二是对着疑难字词正确解释;三是对着疑难句子正确翻译。检测后让每人自主找出课文注释中字词解释不一定准确及句子翻译不一定规范的地方,并说说自己的理由,培养自主判断的能力。

比如写作类型的教学。教师不要在写作前就主动介绍整套的写作方法,不让学生在代入和验证中被动写作,而是先亮出写作的任务和要求——比如任务为景物描写,要求是准确、细腻、生动(要求可由师生共同设计),让学生自主写作,自主尝试;写完后在小组内自评、互评,形成基本共识;之后全班抽样交流,先亮出学习层级低的学生的例子(隐去姓名),分析问题;再亮出学习层级高的学生的例子,找出亮点;最后形成较为科学的景物描写的基本对策:先直接描写(实写),再间接描写(虚写,运用比喻、拟人等手法),把看到的、听到的、闻到的、触摸到的、感受到的,依次准确、细腻、生动地写出来;结构上可先写一个句子确定景物观察的点,再写一段话确定景物观察的线。作文初写后,再写一次,并提高要求(比如细腻、生动、新颖)。最后对两次写作进行对比总结,获得认知和情感的双提升。

3. 总结环节要努力体现

总结环节也不能由教师单向地主动地总结,也要先生后师,即先让学生自主总结学习收获或学习启示,要求总结学习收获简洁、准确、全面,总结学习启示真诚、深刻、独到。总结时不能只总结课文表达的内容和思想,还要总结课文表达的形式和技巧。

(二)阶段性要求:在不同的教学阶段体现三个意识

1. 实习前期的牵手阶段要努力体现

该阶段要求教师在学习内容的选择上全程组织,引导学生做出共性选择,展开共选式学习。学生在教师的引导下,知道面对课文该学什么,该怎么学,获得自主学习的基本方法和能力。

具体要求是:将文体学习要点与单元学习要点、文后学习要点合并,确定共性的学习要点,之后基于文体或课文的写作逻辑,确定学习顺序(比如说明文的写作逻辑是抓住说明对象的特征,运用相应的说明顺序、说明方法和说明语言来说明,因此学习顺序从宏观到微观,即为前面所列的顺序);最后基于通用的、学科的和文体的特点确定学习方法,让学生知道通用的学习方法是自主实践(而不是被动听讲),语文学科的自主实践是自主诵读,不同文体的学习方法有所侧重,如文学类的为自主品味,论述类的为自主探究,实用类的为自主概括,文言类的为自主梳理。

共选学习内容以及学习顺序、学习方法,都要经历独立思考、集体交流、教师介绍三个"先生后师"的过程,让学生逐渐获得自主成长。

牵手阶段大多要经历体现教师科学引导和学生自主实践的以下程序:教师激发兴趣,导入新课;初读课文,整体感知(或:初读课文,概括内容;或:初读课文,说说感受);共选学习内容、顺序和方法;共学内容一;共学内容二;共学内容三;共学内容四;自由式补充学习;教师介绍作者、背景及解读资料；美读课文，当堂积累和运用；总结学习收获或启示；教师推荐课外阅读篇目。

牵手阶段要求教得准而实、学得稳而细，课堂上教师说的时间要少于总时间的二分之一。

2. 实习中期的松手阶段要努力体现

该阶段要求教师在学习内容的选择上有所放开，引导学生作出共性选择和个性选择，展开共选与自选相结合的学习。即教师不再面面俱到，只引导学生共同选择学习重点等要点，而学习难点等要点则由每人自主选择，增加教学的开放性和学生的自主性。

具体要求是：根据文体学习点和单元学习点、文后学习点，找到课文的精彩点，作为学习重点，展开共选式学习；再根据课文的客观要求反思自己的缺失，把缺失点作为各自的学习难点，展开自选式学习。如在同一个单元连续两次运用松手型教学，则第一次可共选学习的重点和次重点两个要点，自选学习的难点和次难点两个要点；第二次仅共选学习重点、自选学习难点各一个要点。

松手阶段大多要经历体现教师科学引导和学生自主实践的以下程序：教师激发兴趣，导入新课；初读课文，整体感知（或：初读课文，概括内容；或：初读课文，说说感受）；共选学习重点；共学学习重点；自选学习难点；自学学习难点；教师介绍作者、背景及解读资料；自主欣赏、积累和运用；自主总结和反思；教师推荐课外阅读篇目。

松手阶段在自选学习难点时，有时也可就前面的学习重点继续学习，自主设计问题，并自主探究，让自己学得更细、更深，尤其是小学中低年级。比如学习三年级上册课文《大自然的声音》，单元学习要求是"感受课文生动的语言"，课文后面的学习要求第一题是"体会大自然声音的美妙"，将两者整合，就是学习重点：在体会大自然声音美妙的过程中感受课文生动的语言。而学习难点则可继续就此展开细化和深化的学习，如第一课时可面对第二自然段（"风，是大自然的音乐家……"）自主提问并自主探究。

松手阶段还有一些非典型的实施样式，如没有突出学习重点和学习难点的先点后面的样式：先一起聚焦点的学习，后各自展开面的学习，点面结合；再如先浅后深的样式：先感性地各自选择喜欢的内容初步学习，再理性地共同选择重要的内容深入学习，由浅入深。

松手阶段要求教得准而活、学得细而深，课堂上教师说的时间要少于总时间的三分之一。

3. 实习后期的放手阶段要努力体现

该阶段要求教师在学习内容的选择上完全放开，引导学生就课文的学习内容做出个性选择，展开自选式学习。即每人各自选择学习重点和学习难点，然后独立学习，让教学更加开放，学生更加自主。

具体要求是：根据文体学习点和单元学习点、文后学习点，基于客观性，把课文的精彩点作为学习重点；基于主观性，把自身的缺失点作为学习难点。如在同一个单元连续两次实施放手型教学，则第一次可自选学习重点和次重点、学习难点和次难点各两个要点，第二次仅自选学习重点、学习难点各一个要点。

放手阶段大多要经历体现教师科学引导和学生自主实践的以下程序：教师介绍教学方式；初读课文，整体感知（或：初读课文，概括内容；或：初读课文，说说感受）；自选学习重点和学习难点；自主探究学习重点；自主探究学习难点；教师补充提问，并共同探究；教师介绍作者、背景及解读资料；自主欣赏、积累和运用；自主总结和反思；教师推荐课外阅读篇目。

此外，放手阶段还有一些非典型的实施样式，如让学生自主选择精彩点来赏析、自主选择疑问点来探究的另一种"两点"样式，基本实施程序为：初读课文，自主感知内容；再读课文，自选精彩点赏析；三读课文，自选疑问点探究；四读课文，自主总结反思。

放手阶段要求教得准而新、学得深而活，课堂上教师说的时间要少于总时间的四分之一。

如果是多篇教学（又称群文教学、整合教学、大单元任务式教学等），则有时可将重点或难点设计为整合性的任务形式，"以任务为导向，以学习项目为载体，整合学习情境、学习内容、学习方法和学习资源，引导学生在运用语言的过程中提升语文素养"[①]。

上述常规性要求和阶段性要求，三个意识中的学生意识和学科意识体现得较为显性，但技能意识也始终隐性地贯穿着，要求在教学实施过程中努力体现。

即使是上课前的喊口令环节，虽然不一定能同时体现三个意识，但也要努力做好。实习教师要一站、二看、三说话，即首先居中选点站定，身形端正，站姿挺拔；然后眼光流动，从左到右、从右到左地巡视全体学生；最后眼光停在中间，响亮地喊"上课"二字，并在全体学生起立后主动问候："同学们好！"在学生回复"老师好"后，继续大方回礼："请坐！"

而如果在配备了"智慧黑板"的学校实习上课，则还要体现另一种新型的技能，通过智慧黑板与平板电脑的网络连接，解决传统教学手段不易解决的问题，"发挥大数据优势，分析和诊断学生学业表现，优化教学"[②]，让学生学得更精准、更快速，也更多样、更有趣，并使教师对全体学生的学习情况更了然于心，更有针对性地引导学生学习。著者多次担任评委的"两岸智慧好课堂邀请赛"，评分标准中就有这样的要求：互动反馈及时准确，充分运用技术促进师生互动、生生互动；充分应用学习数据实施差异化教学，针对性强。

二、量化方面的实施要求

（一）每节课都要体现要求

每节实习课，都要在实施过程中主动体现学生意识、学科意识和技能意识，让每节实习课都具有人文性、科学性和艺术性，让学生获得认知和精神的自主成长。

（二）三节课要典型体现要求

三个实习阶段（一般为9月、10月、11月），分别在牵手型教学、松手型教学和放手型教学中体现三个意识。

其中每个阶段都要在实施中选出一节有代表性的课例，整理成文字，并作出自评，形成三个阶段的典型课例汇集。

有了以上质性实施要求和量化实施要求，才能保证实习生的课堂实施走在"去本能"的专业发展之路上。

---

① 中华人民共和国教育部.普通高中语文课程标准（2017年版2020年修订）[S].北京：人民教育出版社，2020：8.

② 中华人民共和国教育部.义务教育语文课程标准（2022年版）[S].北京：北京师范大学出版社，2022：46.

第三节　案例展评:有意体现三个意识的实习课

让师范生在初上讲台的实习期就体现学生意识、学科意识和技能意识,并不容易;而要让他们分阶段实施牵手、松手和放手,在教学中体现三个意识,更不容易。有的中小学指导教师自己没尝试过松手和放手型的教学,但他们大多会表态支持。因此实习生大多能完成三阶段的教学实践,只是主观努力和客观效果会有一定的差距,个体之间也会有较大的差异。

实习实施期结束时,由实习生担任主编和编辑,完成实习专辑《实习三阶段课堂实录及自评》。

下面选取小学、初中和高中三个学段的一些板块式案例来展评。

案例一:导入环节的有意体现

课堂的导入环节,他们大多能走出本能的方式,有意体现学生意识、学科意识和技能意识。这时的学生意识主要体现为立足学生,低阶起步,循序渐进,引导学生面对课题自主思考;而不是立足教师,直接告知结论。学科意识主要体现为立足学科,激发学生学习标题语言文字的兴趣;而不是立足多媒体图片或视频,直接播放给学生看。技能意识主要体现为教师用艺术化的有情感、有美感的原创性语言激发学生的认知和情感,营造学习氛围;而不是生硬地直接告知学生今天要上第几课,现在要翻到第几页。

一、小学《梅兰芳蓄须》

实施者为实习生朱佳扬,课文出自四年级上册。

教师:同学们,先来看老师写三个字。

板书:梅兰芳。

教师:一起读。

学生:(齐声)梅兰芳!

教师:听过这个名字吗?

学生:(随口)听过。

教师:那你对梅兰芳有哪些了解呢?

随机点第四大排第四桌男生胡辰浩:梅兰芳是一个旦角演员。

教师:是的。还有呢?

第三大排第一桌男生施闵元主动说:他在舞台上基本演女性,所以他要男扮女装。

随机点第三大排第三桌女生张求妮柯:我知道他主要的作品有《贵妃醉酒》《嫦娥奔月》,还有《霸王别姬》。

教师:是的。我们一起读课文前面学习提示里的第一句话。

学生:(齐读)在京剧舞台上,梅兰芳主演的《贵妃醉酒》《霸王别姬》等享誉世界。

教师:那课文标题"梅兰芳"三个字的后面,本来应该加什么方面的词呀? 大家随口说说。

学生:(随口)演戏;唱戏;表演;演出……

教师:是的,同学们加得都对。但今天我们学习的课文标题,后面的两个字却是什么?一起开口说。

学生:(齐声)蓄须。

教师:对,"蓄须"。老师在黑板上写,大家举起手来,看着书本,和老师一起书写。

板书:蓄须。

教师:请大家把标题连起来读两遍。

学生齐读两遍。

教师:这个标题大家感到意外吗?

学生:(随口)意外。

教师:那就让我们带着疑问,一起走进课文学习。

小朱同学充分利用课文标题,一步步往前引导,自然而巧妙地激发学生的情感兴趣和认知兴趣,体现了良好的学生意识、学科意识和技能意识。而在课文学习结束后,她又引导学生回到课文标题,先问大家现在要怀着怎样的心情读标题,让大家形成共识,然后怀着崇敬的心情齐读"梅兰芳蓄须",把课堂气氛营造得庄严肃穆。

二、初中《动物笑谈》

实施者为实习生施恺乐,课文出自七年级上册。

教师:同学们,先看老师在黑板上写两个字。

板书:动物。

教师:对着"动物"这两个字,你们一般会接着写出什么标题?每人七嘴八舌自由说。

学生:动物故事;动物世界;动物传奇;动物小记;动物成长……

教师:但作者取的标题却是什么?一起开口说。

学生:(齐声)动物笑谈。

板书:笑谈。

教师:对,作者加上的词竟然是"笑谈"!没想到吧?"动物笑谈",给你的直觉是什么?

随机点第一大排第五桌女生陈丽楚:可能是要说动物很好笑,很滑稽。

教师:那你们想看看动物怎么好笑,怎么滑稽吗?

学生:(随口)想!

教师:好,那就让我们一起走进课文,看看这位动物行为学家和动物科普作家是怎么写的。

小施同学的导入,也立足课文、立足学生,从关注标题、关注学生的情感和认知开始,循序渐进地往前引导,有意体现三个意识,让学生在上课伊始就对标题留下深刻印象。在课文学习结束后,她又回到标题,继续提升,问大家:"笑谈"的只是动物吗?还有谁?让学生知道还有作者自己。接着继续引导大家思考:这个"笑",蕴含了作者怎样的感情?让大家往前推断:这个"笑"不只是滑稽的,还是可爱的,欣赏的,自豪的。

三、高中《故都的秋》

实施者为实习生陈恬妮,课文出自必修上册。

先板书课题中的一个字:秋。

教师:同学们好!看到黑板上的"秋"字,你有什么感受?请每人引用一句诗词来表达,先在学习纸上写下来,然后我随机抽点。

（书写结束后）

点第一大排第六桌一男生:秋风秋雨愁煞人。

教师随评:满心悲愁的秋。

点第四大排第一桌一女生:万里悲秋常作客,百年多病独登台。

教师随评:满地悲苦的秋。

点第三大排第三桌一男生:鹰击长空,鱼翔浅底,万类霜天竞自由。

教师随评:生机盎然的秋。

点第二大排第五桌一女生:自古逢秋悲寂寥,我言秋日胜春朝。

教师随评:积极向上的秋。

点第一大排第二桌一男生:浔阳江头夜送客,枫叶荻花秋瑟瑟。

教师随评:又悲又美的秋。

教师:那你们喜欢秋天吗?

说不喜欢的声音超过了说喜欢的。

教师:课文标题在“秋”字前面加了什么字? 一起开口说。

学生:(齐声)故都的。

板书:故都的。

教师:这些字组合在一起,给你怎样的直觉感受?

学生:(随口)更悲凉;更伤感;悲上加悲……

教师:立足传统文化,着眼民族审美,你又有怎样的感受呢?

学生一时说不出。

教师:那我们就跟着作者的脚步,借着作者的眼光,看看他是怎样感受故都的秋的。

小陈同学的导入,富有高中学段的特点,让学生先引用诗词表达感受,后以传统文化和民族审美来设疑,立足课文,面对学生,循序引导,渐进感受。同时有意让全体学生参与学习,即使点发言也注意区域取样和性别取样的典型性。与一些“他人型”的俗套的导入有较明显的不同,后者大多播放图片或视频,忽视对语言文字的赏析,轻视对标题的学习(没有意识到标题是作者用心拟就的,学习课文要从学习标题开始);而且忽视全体学生的参与,即使点发言,也往往点眼前的、举手的,或直接以“开小火车”的方式进行。

案例二:选择环节的有意体现

内容选择环节,是“非指示性”课堂教学的标志性环节,实施时自然也要体现学生意识、学科意识和技能意识。内容选择包括共选和自选,就实习教学来说,依次为实习初期的共选学习重点和难点等要点,实习中期的共选学习重点、自选学习难点等要点,实习后期的自选学习重点、自选学习难点等要点(入职后则要依次用于每个单元的前、中、后三个时段),以体现“非指示性”教育的牵手、松手和放手,让课堂逐渐走向开放,学生逐级走向自主。

关于内容选择,本书第二章“教案设计”中已有案例呈现,下面稍作举例,其中前一个为小学学段的松手型教学,后一个为中学学段的放手型教学。

一、小学《富饶的西沙群岛》(松手型)

实施者为实习生周爱萍,课文出自三年级上册。

教师:前次上课已经经过了老师的牵手,这次老师要开始松手了。这篇课文我们要共同选择学习重点、各自选择学习难点。可以吗?

学生:(齐声)可以!

教师:这个单元是老师第一次松手,我们就多选择一些学习内容,共选一个重点和一个次重点,自选一个难点和一个次难点。先请每人一起开口说说选择学习重点的依据是什么。第一个依据是——

学生:(齐声)单元学习要求。

教师:第二个依据是——

学生:(齐声)文后学习要求。

教师:单元学习要求是什么? 我们一起读读这句话。

学生:(齐声)借助关键语句理解一段话的意思。

教师:文后学习要求是什么? 我们也来读一读。先读第一个阅读要求。

学生:(齐声)有感情地朗读课文。说说从哪些地方可以看出西沙群岛风景优美、物产丰富。

教师:再读第二个阅读要求。

学生:(齐声)选择你喜欢的部分,向别人介绍西沙群岛。

教师:好,下面就开始设计你的学习重点和次重点,然后设计学习难点和次难点。写在学习纸上,写完后在小组内交流,其中难点不需要统一起来。再次问各位:学习重点能与单元学习要求不一致吗? 学习难点能选择文后学习要求中会认和会写的某个新字或者文中某个难懂的新词吗?

学生:(齐声)不能。

教师:对,都不能。我们要加强共识。既然是重点,就要体现单元学习要求;既然是难点,那就不能选那些查阅字典或词典就能解决的新字或新词。那这些新字新词什么时候学习呢?

学生:(随口)在学习课文的时候学习。

教师:对,随文学习,在情境中学习,这样更容易理解。

教师:那难点选择的依据在哪里?

学生:(随口)也是单元学习要求和文后学习要求。

教师:对。下面开始吧。你们预算一下,个人书写和小组内交流一共需要多少时间?

学生:(随口)三分钟;四分钟;五分钟;六分钟……

教师:我们先用五分钟试试看,不够再加一点。

现场打字在课件上:

学习重点:

学习次重点:

学习难点:

学习次难点:

(个人书写和小组内交流结束后)

教师：下面随机抽点三个小组的代表说说小组的学习重点和个人的学习难点。

点第一大排第六桌一女生：我们小组的学习重点是借助关键语句理解一段话的意思，次重点是说说从哪些地方可以看出西沙群岛风景优美、物产丰富；我的学习难点是有感情地朗读课文，次难点是选择喜欢的部分向别人介绍西沙群岛。

教师：我请分管课堂学习的课代表随机抽点一个小组的组长互评一下。

点第三大排第一小组组长互评：这些都是书上抄过来的。

教师：对，都来自单元和文后的学习要求，选择方向正确，顺序也抄得有变化；但还是建议不要直接抄过来，除非直接抄过来更准。

点第四大排第一桌一男生：我们小组的学习重点是借助关键语句理解一段话的意思，次重点是说说从哪些地方可以看出西沙群岛风景优美、物产丰富；我的学习难点是怎样向人家介绍西沙群岛，次难点是找出第三段的关键语句。

教师：请课代表再点一个小组的组长来互评。

点第二大排第三小组一女生互评：学习难点少了课文后面学习要求中的"喜欢的部分"；学习次难点列得很好的，第三段话是缺少关键语句的。

点第三大排第四桌一女生：我们小组的学习重点是借助关键语句理解每一段话的意思，次重点是说出第三段的关键语句；我的学习难点是选择自己喜欢的部分向别人介绍西沙群岛，次难点是怎么有感情地朗读全文。

教师：请刚才的课代表点负责课外阅读的课代表互评。

该课代表互评：学习重点加了一个"每"字；但文后学习要求中的那句话"说说从哪些地方可以看出西沙群岛风景优美、物产丰富"没有用起来。

教师：老师也来说说自己的选择。单元学习要求的那句话"借助关键语句理解一段话的意思"，自然是学习重点，但这篇课文的学习重点可通过文后学习要求中的第一个"说说从哪些地方可以看出西沙群岛风景优美、物产丰富"来体现，所以可把后面这句话设计为学习重点；课文第三段写海底，没有现成的关键句，要自己组合出关键句，可以作为学习次重点。而学习难点和学习重点不同，重点一定要和单元学习要求一致，难点可以不完全一致，可以选择文后阅读要求的第二题即选择自己喜欢的向别人介绍西沙群岛，再选择文后学习要求第一题中的"有感情地朗读课文"，并在前面加上两个朗读要求"正确、流利"。

现场打字亮出：

重点：能说出文中体现西沙群岛风景优美、物产丰富的关键语句。

次重点：能说出自己组合的第三段的关键语句。

难点：能选择喜欢的部分向别人介绍西沙群岛。

次难点：能正确、流利、有感情地朗读课文。

教师：刚才老师的介绍，不是宣布标准答案。每个小组可以再对学习重点和次重点交流一下，形成更大的共识，懂得选择学习重点和学习难点的方法，其中重点不能偏离单元学习要求，难点可以因人而异。

小周同学这个"松手型"教学案例，是在本单元第一次实施，因此共选了重点和次重点，自选了难点和次难点。如果在本单元第二次实施"松手型"教学，则可减为共选学习重点一个、自选学习难点一个。该案例经历了独立实践、集体交流、教师介绍三个"先生后师"的学与教融合过程，且教师注重对选择学习重点和学习难点方法的科学引导。

这篇课文编入教材,其实并不理想。单元学习要求是"借助关键语句理解一段话的意思"①(这是阅读方面的要求,写作方面的则是"试着围绕一个意思写"),但课文第三段并没有关键语句(只有零散的三个关键词"珊瑚""海参""大龙虾")。而本文更大的问题是课题"富饶的西沙群岛"并不能统领全文,课文第一段中的"风景优美,物产丰富"才是全文的关键句(且侧重写"风景优美")。这会让教师为难,毕竟引导小学三年级学生批评课文标题如何不好,并不合适,不宜过早培养他们的批判思维和否定意识。但既然已经在教材中,教师也只能引导学生去思考、面对和完善。

上面这个案例中的小学单元学习要求比较单一,只有一句话。有的则有两句话,需要教师引导学生加以整合。比如小学四年级上册《牛和鹅》所在的第六单元,阅读方面的单元要求有两条,一是"学习用批注的方法阅读",二是"通过人物的动作、语言、神态体会人物的心情"。② 与此相应,课文后面阅读方面的学习要求主要有两个,第一个是"结合课文中的批注,想想可以从哪些角度给文章作批注",第二个是"一边默读一边画出相关词句,体会'我'见到鹅和被鹅袭击时的心情"。③ 2021年10月著者和永康中学等学校一起举办了全国"非指示性"教育首届研讨会,其间曾把已入职四年的小教学生汪安洋请过来上"非指"展示课,她在执教《牛和鹅》时,运用"牵手型"教学,先学习文后学习要求第一个,引导学生归纳出批注的多个角度;然后亮出文后学习要求第二个:"一边默读一边画出相关词句,体会'我'见到鹅和被鹅袭击时的心情。"问大家:"结合这个单元的学习要求,咱们应该如何修改这个学习任务呢? 可以加上点什么?"让学生首先发现可以加上批注,并且是不同角度的批注;然后发现"我"见到鹅和被鹅袭击时的相关词句是在课文第4~7自然段。于是制订了新的学习任务,教师现场打字亮出来:"一边默读第4~7自然段,一边画出可以体现'我'见到鹅和被鹅袭击时心情的语句,并且在旁边从不同角度写下批注。"小汪老师巧妙地引导学生自主思考,从中获得了方法,也获得了兴趣和信心,体现了她良好的学生意识、学科意识和技能意识。

二、初中《昆明的雨》(放手型)

实施者为实习生钟倩倩,课文出自八年级上册。

教师:接下来要请每人自主选择学习重点和学习难点各一个。我们已经知道选择学习重点和学习难点的步骤和方法了。下面请每人一起开口说说,从宏观到微观的三步法,是哪三步。第一步,要先列出什么? 要总体了解什么?

学生:(齐声)要先列出文体的学习点,总体了解该文体要学哪些。

教师:那我们这个单元都是什么文体? 这个文体有哪些学习点? 我随机点一位说说。

点第四大排后桌一男生:都是散文;散文的学习点有:个性化的内容、个性化的语言、个性化的情感、个性化的技巧。

教师:第二步,要再列出什么? 要具体了解什么? 一起开口说。

学生:(齐声)要再列出课本的学习点,具体了解该课本要学哪些。

教师:课本的学习点包括哪些? 我随机点一位说说。

点第二大排第二桌一女生:包括单元学习点和文后学习点。

---

① 教育部组织编写.义务教育教科书语文三年级上册[M].北京:人民教育出版社,2018:73.
② 教育部组织编写.义务教育教科书语文四年级上册[M].北京:人民教育出版社,2019:73.
③ 教育部组织编写.义务教育教科书语文四年级上册[M].北京:人民教育出版社,2019:78.

教师：那单元学习点是什么？我们翻到单元导语页，一起读一下。

学生：（齐读）学习这个单元，要反复品味、欣赏语言，体会、理解作者对生活的感受和思考，并了解不同类型散文的特点。

教师：文后学习点是什么呢？这是自读课文，以"阅读提示"的方式呈现了两三段话，请每人自己默读。

（"阅读提示"的大意为：本文题为《昆明的雨》，却并未用大量笔墨直接写雨，而是从一幅画写起，将记忆中昆明雨季的景、物、事一幕幕展现开来，用感情线索将"对昆明生活的喜爱与想念"贯串起来，有景物的美、滋味的美、人情的美、氛围的美。）

教师：列出了文体学习点和课本学习点后，往下再怎么做？我请第四大排第四桌的两位同学一起说说。

学生：（随口。大意）往下要发现并列出课文的精彩点，从中选出学习重点；再列出自身的缺失点，从中选出学习难点。

教师：好，我们以前就在选择的方法和步骤上形成共识了。现在请每人默读课文，在学习纸上分步写下一些学习要点——用关键词或短句写就行，再确定学习重点和学习难点。

教师在课件上依次亮出选择的步骤和格式：

第一步：直觉中选择。根据课文精彩点和自身缺失点，较快地写下重点和难点。

第二步：综合中选择。根据文体学习点和课本学习点（单元学习点和文后学习点），思考着写下课文精彩点两个左右，自身缺失点两个左右，确定自己的学习重点和学习难点。

第三步：交流中选择。参与小组交流、班级交流和师生交流，在辨别中写下来。对前面已选的学习重点和学习难点，或调整，或完善，或坚持。

上面的第三步，教师随机抽点两位向全班介绍，并说说选择的理由。

点第一大排第六桌一女生：我选择的学习重点是：品析课文平淡自然的语言；学习难点是：感受作者真挚的怀念之情。我依据课前的单元导语"学习这个单元，要反复品味、欣赏语言，体会、理解作者对生活的感受和思考"来选择和确定学习重点；依据文后的阅读提示"贯串着一条情感线索——对昆明生活的喜爱与想念"来选择和确定学习难点。本来确定的重点是"了解本文的基本内容"，通过小组讨论，我做了调整。

教师：看来小组讨论能带来启发。

再点第四大排第五桌一男生：我选择和确定的学习重点是：品味课文平淡但饶有趣味的语言风格。本文是散文，要重点学习语言；我根据课前的单元导语，确定了学习重点。我选择和确定的学习难点是：概括课文所写事物的特征；依据是阅读提示"将记忆中昆明雨季的景、物、事一幕幕展现开来……"；读到这里我就想知道，作者为什么要写这些事物，这些事物有什么特点。

教师：看来这个难点确实是自己的疑惑。老师也说说对学习重点和学习难点的选择，并说说选择的依据，看看能不能给大家带来一些启发。

依次亮出：

学习重点：用批注和朗读品味和欣赏个性化语言表现的景物美、滋味美、人情美和氛围美。

学习难点：个性化内容选择的特点和用意。

教师：我选择和确定学习重点的依据有：单元学习要求"要反复品味、欣赏语言"，文后学习要求"其中有景物的美、滋味的美、人情的美、氛围的美",以及"做些圈点批注,并通过朗读加以品味";学习难点的依据是文后学习要求"本文题为《昆明的雨》,却并未用大量笔墨直接写雨"。

教师:大家听了同学的介绍和老师的介绍,可以调整完善,也可以坚持初衷。

小钟同学这个"放手型"的案例,在该单元第二次实施,只自选重点和难点各一个。如在本单元第一次实施"放手型"教学,则可自选重点和次重点、自选难点和次难点。案例中教师对选择学习重点和学习难点的引导及介绍,能让学生获得自主选择的方法和能力。本文学习重点一般可确定为欣赏作者独特的语言运用形式(包括词句运用的形式、篇章运用的形式、材料运用的形式和文体运用的形式)所表达的独特的思想感情(而不是笼统地截取单元学习要求中的四字"欣赏语言"),但该案例教师介绍的重点更细致也更科学,虽然表述偏长。

案例三:展开环节的有意体现

课堂展开环节,他们也大多能有意体现学生意识、学科意识和技能意识。下面两个案例,前一个属于"初读说感受"的环节,后一个为"品读说精彩"的环节。

一、初中《猫》

实施者为实习生朱旭霞,课文出自七年级上册。

教师:每当读到一篇新的课文,我们都会有自己的感受。下面就请每人默读课文,说说感受。

在课件上现场打字:

默读课文,然后用一句话说说自己的初读感受。

教师:怎样的初读感受才是理想的呢? 来,每人一起开口说说要求。

学生:(齐声)真诚、细腻、个性化。

教师应声打字:要求:真诚、细腻、个性化。

教师:三个要求是什么关系?

学生:(随口)逐级提升。

教师应声打字:逐级提升。

教师:"逐级提升"意味着我们要怎样去努力? 我随机点一位说说。

点第二大排后桌一男生:第一个(要求)是每个人都要达到的,第一(和)第二个(要求)是大部分人都要达到的,第三个(要求)是能力强的同学一开始就要达到的。这三个要求,也是每人都要努力追求的目标。

教师:说得很清楚。这是我们在前面的起始课上就形成的共识。这三个要求各是什么意思呢? 我们也已经从正面形成共识了,今天我们换一种方式来加深理解,我领头从正面说,你们一起从反面说,用"不说( )话"往下接。中间加上一个不同的字就行。

教师:"真诚"是真实、诚恳,不说( )话。"细腻"是细致、入微,不说( )话。"个性化"是独特、新颖,不说( )话。

学生接得不太一致。

教师:分别是:不说假话,不说空话,不说套话。各位可领会一下:不虚假,才真诚;不空泛,才细腻;不套用,才独特。

教师:那下面就开始吧。边默读,边用心感受,然后在学习纸上写下一句话,表达自己的初读感受。

教师:写好之后,再怎么做?怎样让自己的学习成果最大化?这也已经在前面的起始课上形成基本共识了。每人随口说说。

学生:(随口)在小组内交流并完善;在班级里交流并完善;再听听老师的,继续完善。

教师:好,说得很清楚了。那我们从独立学习到小组内交流完善,大概需要多少时间呢?

学生说五分钟的较多。

教师:那我们先用五分钟试试看。

现场打字:时间:5分钟左右。

学生独立学习。然后在小组内交流完善。

教师:时间差不多了。下面老师随机抽点一个小组,自主发言一个小组,说说你们小组中经过完善的最佳"答案",然后自评、互评,老师也评。

先随机抽点第四大排最后一个小组,请小组代表介绍:初读这篇课文,我感受到第一只猫很可爱,第二只猫很好玩,第三只猫很可怜。

教师请该小组的组长自评:(达到了)真诚、细腻。

教师请第一大排第一小组组长的同桌互评:真诚,细腻,也有一定的个性化。

教师转问大家:你们同意这个评价吗?

点头的比较多。

教师:老师也认为有一定的个性化,只是不太明显,不是很独特。

再请自主发言。第二大排第二小组组长介绍:我们小组的感受是,我感受到了第三只猫的不幸,不禁心生怜爱;也感受到了作者对猫的愧疚,让人心生敬意。

教师请该小组的写作者本人自评:达到了真诚、细腻,也有些个性化。

教师请第三大排第四小组的全体成员参与互评,以举手的方式进行,结果都认为达到了真诚、细腻、个性化的三级要求。

教师让全体同学举手表达互评,有三分之二的人认为达到了三级要求。

教师随即评价:我也认为达到了真诚、细腻、个性化的三级要求。当然最明显的是"真诚"。如果话语表达得新颖一些,那个性化就更明显了。越新颖就越有个性化。

教师:如果有特别新颖的感受,欢迎主动说说。

暂时没有。

教师:那老师也来分享一下自己的感受,并请各位评价。

亮出:

这篇文章写得质朴清新。

教师:请大家来评价一下,达到了哪一级?

学生一下子没有反应,只有一人大声说真诚、细腻、个性化。

教师:我再写一句。

现场打字:这篇文章写得质朴清新,富有生活气息,也充满了作者的善良。

教师:现在呢?开口说说。

学生随口说真诚、细腻的较多。

教师:我再写一句。

现场打字：这篇文章写得质朴清新，像一只白瓷碗，盛下了生活的喜乐，也盛下了作者的善良。

教师：现在呢？达到了哪级要求？一起开口说说。

大部分学生：真诚、细腻、个性化。

教师：老师用三句话，让各位明白写出真诚、细腻、个性化的过程和方法。

教师：现在我们来反馈一下，刚才你的初读感受，一开始就达到三级要求的，请举手。

举手的学生很少。

教师：经过小组交流并修改完善后，达到三级要求的，请举手。

举手的学生有一半左右。

教师：举手的不算多。一方面可能有谦虚的成分，另一方面说明要达到个性化，并不容易，这需要我们多读书，多思考。要写得独特新颖，需要在用语上突破，也需要在思维上突破。你看我们一旦到了下半年，就有一句到处套用的话出现，老师开个头，你们都能往下接：金秋十月——

学生：（随口）枫叶含丹。

教师：还有呢？

学生：（随口）金桂飘香。

教师：这就是没有个性的话。作家史铁生的表达却是："十月的风又翻起安详的落叶。"这才是个性化。

教师：刚才为什么要让大家默读课文后说说初读感受？这重要吗？

学生：（随口）重要。

教师：是的。这是要培养各位纤细的感受力。这是语文素养最重要的标志之一。读一篇文章，要用心感受，并且要能说出自己的感受，要说得真诚、细腻、个性化，不说假话、空话和套话。

教师：你们觉得好的作文，最重要的评价标准是哪几个词？

学生：（随口）真诚、细腻、个性化。

教师：对！其实就是这三个词。不管是我们中小学生写作文，还是成年人写文章，最重要的评价标准就是真诚、细腻、个性化。

小朱同学的"初读说感受"环节，也明显地体现了学生意识、学科意识和技能意识。学生学得细、学得实，同时也学得清、学得明——知其然，也知其所以然。"初读说感受"环节是"非指示性"课堂教学的特色环节之一，学生的自主性要从这里起步，学科的感受力要从这里开始培养。

二、高中《赤壁赋》

实施者为实习生冯丝源，课文出自必修上册。

《赤壁赋》这篇课文与《登泰山记》同属高中必修上册第16课。该案例为单篇教学，运用"牵手型"，做打底性的学习，以学准、学细为目标，共两个课时（同一个课序的《登泰山记》单篇教学则可花一个课时，再将两篇整合起来运用"松手型"甚至"放手型"教学可花一个课时）。本文的两个课时中，第一课时主要学习"言"的语词音义和"言"的语句意义，第二课时主要学习"文"的表达内容和思想、"文"的表达形式和技巧。此为第二课时中对景物描写的"文"的学习（另为主客互动场景的"文"的学习）。前者的环节取名为"品'赤壁'之景"，后者的环节取名为"赏'赤壁'之思")。

虽为"牵手",但本单元已学过三篇写景抒情的现代散文,因此作为第二课时可适当"松手",让每人面对赤壁之景,自主设计活动项目,自主展开探究;然后在小组内交流,并由每小组选出一个问题考全班;最后教师介绍自己的设计,边介绍边让大家现场探究(限于篇幅略去探究的具体场景),然后教师也说说自己的基本理解。

教师:刚才我们经历了独立设计和独立探究,也经历了小组交流和班级互考。接下来老师也介绍一下自己怎么"品'赤壁'之景"的。老师依次介绍,各位依次探究,然后老师也说说基本理解。先请盖上书本,看屏幕。

课件亮出:

阅读下面文段,完成后面的任务:

清风徐来水波不兴举酒属客诵明月之诗歌窈窕之章少焉月出于东山之上徘徊于斗牛之间白露横江水光接天纵一苇之所如凌万顷之茫然浩浩乎如冯虚御风而不知其所止飘飘乎如遗世独立羽化而登仙

(1)先朗读,读出节奏美、音韵美和情境美;后背诵,反复朗读三五遍后,试着背下来。

教师:来,每人一起开口读,在没有思想准备的情况下,看看能不能把标点读准,读出节奏美;并读准字音,读出音韵美;也读出美感,读出情境美。

学生齐读。

教师:看来读得不太顺利。我再随机点一个小组,四人一起读。

点第四大排最后一个小组齐读。

教师:和刚才的全班朗读相比有些进步了。下面请每人对着屏幕上的文段,用手比划,划出一个斜杠和两个斜杠,其中有标点的地方为两个斜杠,没有标点的句子内停顿用一个斜杠。

学生用手比划。

教师:现在请大家齐读,边读我边亮出停顿。

依次亮出下面的停顿:

清风/徐来//水波/不兴//举酒/属客//诵/明月之诗//歌/窈窕之章//少焉//月/出于/东山之上//徘徊于/斗牛之间//白露/横江//水光/接天//纵/一苇之所如//凌/万顷之茫然//浩浩乎/如冯虚御风//而/不知其所止//飘飘乎/如遗世独立//羽化/而登仙

教师:刚才主要是读出了节奏美和音韵美,情境美还需努力。请再读一遍,边读边想象边体验,读出节奏、音韵和情境的美。

学生齐读。

教师:现在我把课件上的字隐去,留下前面"清风"二字,开始背诵式朗读。

学生读得不太整齐。

教师:请每人再自主朗读两三遍,熟读成诵。

学生自主朗读和背诵。

教师:好,下面一起背诵式朗读,读出节奏美、音韵美和情境美。

学生齐声朗读。

教师:总体还不错。下面换一种方式,我来背诵式朗读,读一句,大家用现代汉语翻译一句。

教师朗诵,学生翻译。

再亮出:

(2)从哪些字词看到了怎样的赤壁之景?表达上有什么特点?

教师:请大家在小组内主动说说,并相互完善。先说哪些典型的字词,再说怎样的景象,后说表达的特点。

学生在小组内较充分地交流。

教师:最后也说说我的理解,与大家分享。"清风徐来,水波不兴",其中的"徐",是从触觉上写的,"兴"是从视觉上写的;用感觉写出了江面的平静。

板书:徐、兴;平静;感觉。

教师:再看:"白露横江,水光接天。"一个"横"字,一个"接"字,运用夸张,把江面写得壮阔无比。

板书:横、接;壮阔;夸张。

继续亮出:

(3)从哪些字词看到了怎样的赤壁之情?表达上有什么特点?

教师:这次请大家在相邻的小组间相互说说,并相互评判。请负责课堂学习的课代表主持。先说哪些典型的字词,再说怎样的心情,后说表达的特点。

学生在小组间较充分地交流。

教师:最后也说说我的理解,不一定比小组的好。面对美好的赤壁之景,作者是怎样的心情呢?请看"少焉,月出于东山之上,徘徊于斗牛之间",其中的"徘徊",其实也是作者的心在徘徊,一语双关,表达了作者对月亮的喜爱和不舍。再看:"纵一苇之所如,凌万顷之茫然。"老师把它换一下,换成:"驾一苇之所如,渡万顷之茫然。"有什么区别?老师来读换过的,同学们读原话。

教师和学生分别朗读。

教师:"纵"的意思是"任凭","凌"的意思是"越过";后面分别是"一苇"和"万顷",在对比中写出了他心情的自由。

板书:纵、凌;自由;对比。

教师:接着作者开始了想象:"浩浩乎如冯虚御风,而不知其所止;飘飘乎如遗世独立,羽化而登仙。"你看,仿佛离开了尘世,超然独立;又仿佛生出了翅膀,登上了仙境。他的心情是多么的超脱。

板书:浩、飘;超脱;想象。

教师:所以赤壁不是单纯的景色,而是景中有情,景中有乐。

板书:景中有情。

教师:但作者的心情只是一般的"乐"吗?请看两个"乎"字,如果老师换为"然",你们感觉如何?我来读改动的句子,你们齐读原句。

教师和学生依次读改动句和原句。

教师:对比之下有什么感觉?"乎"字能读得更响亮,也更能读出作者心情的畅快。"然"就有些压着了,影响了畅快感情的表达。我们用一个字来概括作者的"乐",该用什么字才能表达到位呢?应该是陶醉的"醉"!作者的心已经醉了!

用红色粉笔板书:醉。

教师：这篇课文的标题，最后一个字是"赋"，各位看看刚才这些语句，有什么特点呢？一个个对偶句铺陈开来，有整饬之美。

板书：整饬之美。

整饬之美	徐横纵浩	兴接凌飘	醉	平壮自超脱	感夸对想象	景中有情
	、、、	、、、		静阔由	觉张比	

小冯同学这个"品'赤壁'之景"环节，也有意体现了学生意识、学科意识和技能意识。

其学生意识主要体现在三个学习任务循序渐进地实施，也体现在让学生以小组和全班等多种方式参与。值得肯定的是作为在个人独立学习和集体交流后的教师介绍环节，让学生参与探究时，并没有以点个体学生回答为主，防止了课堂的零碎和拖沓，体现了教学的整体性。

其学科意识主要体现在立足文言文体，也立足写景抒情散文文体。就前者来说，让学生从断句开始培养文言阅读能力，培养节奏美、音韵美和情境美的文言朗读能力。而且这也是学生自主设计和自主探究时容易忽视的，教师的介绍起到了弥补和提升的作用。而让学生先背诵再鉴赏，更体现了良好的专业思考。曾有专家说："背诵是鉴赏的前提，不能充分的诵读就谈不上深入的鉴赏，那种先讲解再诵读的方式是不可取的。……能卓有成效地进行诵读练习，就可以说完成了教学任务的一半，不能等闲视之。"[1]就后者（写景抒情文体）来说，设计的后两个任务紧扣"景"和"情"展开。

其技能意识主要体现在朗读的高水平展现上，且课前就先背下课文（著者以前在中学任教时，学生要背的教师也都要先背下来，包括背《三国演义》的章节）；还有板书行书字的美观展现和用词的智慧设计以及原创课件的灵活运用上，核心词"醉"更是起到了揭示和点睛作用。

作为单篇的打底性的教学，教师设计的三个学习任务都是朝着学准、学细的目标去的，定位较为清晰。

上面分别展示了导入环节、选择环节和展开环节的一些案例。这些案例较为明显地体现了"非指示性"教学实施的特点，具有一定的典型性。当然师范生作为初登讲台者，会出现许多问题，需要边实施，边反思，边调整完善。

---

① 人民教育出版社.普通高中课程标准实验教科书语文必修四教师教学用书[M].北京：人民教育出版社，2007：44.

第七章　课后反思

第一节　设计意图：做自主反思自主完善的教师

课后自主反思，是"非指示性"教育实习的重要特征，要求实习生努力做自主反思、自主完善的教师。

"非指示性"教育理念的核心是把人当人，自主成长。其中"把人当人"是前提，以此反拨把人当物的物化教育；"自主成长"是目的，以此反拨教师控制下的被动成长。要让师范生在实习中自主成长，就要在自主尝试后自主判断，并自主反思，发现教学中存在的问题，进而自主调整，自主完善。自主反思是自主成长的关键。

但由于一些客观原因，实习生很容易缺少自主反思。

第一，他们大多是在以教师为中心的"指示性"教育中被动成长的。

从小学到中学直至大学，都是教师在主动指示和单向告知，他们大多养成了被动和依赖的习惯，甚至还形成了独特的"舒适区"。如今作为实习生走上讲台，还是习惯于听从指导老师的指示，告诉自己实习课存在哪些问题，哪里上得不好，哪里做得不对；至于为什么不好，为什么不对，并不一定明白，更不一定反思。

第二，他们大多没有意识到将来要承担培养国家未来人才的重担。

当初报考师范，可能只是缘于父母和亲友的鼓励（著者2022年3月在上课时发现中文大二100名学生中只有24人是自主报考师范的），只是把它作为一种谋生的职业来选择，觉得教师职业比较稳定，教师待遇比较稳固，大多没意识到这是一个特殊的职业，是要与国家的前途和命运联系在一起的，今天是师范生，明天就是教师，国家未来的人才要靠自己来培养。一旦缺少这个意识，就不容易让自己从被动转向主动，不会自主反思是否能胜任这份工作，怎样才能更胜任这份工作，也不会反思现在的教育存在哪些弊端，该怎样调整才能适应未来的人才培养需要。

由于缺少自主反思，实习时大多不易发现自己在三个意识方面的缺失。

第一，学生意识方面的缺失。实习生上课，往往"我的讲台我做主"，满堂讲，满堂问，满堂演，以教带学，甚至以教代学。没想过课堂需要逐渐开放，学生需要逐级自主，教师需要从牵手、松手走向放手，需要"给指点，给讲说，却随时准备少指点，少讲说，最后做到不指点，不讲说"[1]。

第二，学科意识方面的缺失。实习生上课，容易出现泛视图、泛人文、泛科学、泛工具的问题。视图播放得多，语言文字的学习少；课文的人文思想谈论得多，语言表达精彩学习得

---

[1] 叶圣陶.叶圣陶教育名篇[M].北京：教育科学出版社，2013：97.

少;课文的科学精神阐述得多,语言表达智慧关注得少;或虽关注语言,但理性分析有余,肢解过于零碎,工具化严重,缺少对语言文字整体的审美感受和情境体验。

第三,技能意识方面的缺失。实习生上课,容易出现仪态不雅、眼光不活、说话不美、写字不巧、课件不精的问题。仪态方面穿戴生活化,站位不居中,站姿不太挺拔,走动过于频繁;眼光方面少流动,不大方,欠精神,少活力;说话方面声音不响亮,语词不简洁,语流不顺畅,语调不分明,朗读少美感;写字方面字体不得当(中学实习仍在写楷书),字形不美观,笔画笔顺写错多,板书不简洁,用词不准确,布局不巧妙;课件方面内容不精致,样式不精美。

实习生一旦缺少三个意识,就会把教育实习当作模仿性的训练,中小学教师怎么做,也亦步亦趋地照搬着做,以模仿得像为主要目标。因此如果自己的中小学指导老师存在"指示性"教育的问题,就会马上出现在自己身上,甚至做得更过头;而如果中小学指导教师理念先进,做法新颖,方法科学,可能自己偏偏跟不上,做不好,即使"师父"指导得很细致,也不一定在认识上理解,在行动上到位。

这样就容易出现实习质量偏低、入职后起步也偏低的问题。

著者每年带实习期间,每天晚上都要召开实习例会,近年又在例会中加入主题教育,其中有一个教育主题是"学会反思",让每人认真思考以下三大问题,并在实习日记中认真写一写:第一,你会主动反思现在教育教学中的问题吗?你有改变教育教学的使命感吗?第二,你会主动反思自己教育实习中的问题吗?以后你会成为一个"他人型"的教师吗?第三,实习期间,自己该怎么做?

著者运用"非指示性"理念从事教育实习带队工作,就是要努力唤醒学生的生命自觉意识,让他们学会自主反思,进而自主成长。

而实习生大多是可塑的,只要他们有当好教师的积极意向。著者每年带实习,都是他们自主报名加入实习组的。著者总会表扬他们说:明明知道跟着我实习,要求会更高,任务会更重,工作会更苦,但你们还是主动加入实习组,说明你们很上进。

而实习生一旦学会了自主反思,即使第一次上实习课,也能避开一些低级问题。一位小学学段的实习生第一次上实习课《猫》,就上得挺不错了,在课后的集体评课会上,她介绍说:"由于各种原因,我的第一堂实习课上得比较迟,在此之前已经听过好几位同学上课以及郑老师多次认真细致的评课,所以改掉了一些低级的问题,有意识地摒弃本能行为。"一位中学学段的实习生第一次上《江南的冬景》,就获得了极大的肯定,她在课后的集体评课会上也表达了同样的意思:"我准备这节课的时间比较长,每次郑老师说完实习提醒、开完实习例会,我都会仔细地对照要求,逐条修改、完善教学设计,并在反复的试讲中不断调整。"

师范生在实习期间养成了自主反思、自主完善的习惯,以后当上教师就容易保持下去,并成为一代超过一代的教师。一个师范生,从新教师逐渐走向优秀教师,需要具备许多条件,其中自主反思、自主完善是必不可少的。孙中山说:"教育者,乃引导人群进化者。"[①]作为准教师的实习生,就要有"引导人群进化"的使命感,并在自主反思中让自己先得到"进化",先获得突破和超越。

---

① 孙培青,李国钧.中国教育思想史:第 3 卷[M].上海:华东师范大学出版社,1995:147.

第二节　实施要求:以三个意识反思自己的教学

要让师范生成长为能自主反思、自主完善的教师,就要设计实施要求,引导师范生对照学生意识、学科意识和技能意识,反思自己的教学。

实施要求既要体现高校带队指导教师(包括中小学指导教师)的科学引导,也要突出实习生的自主实践。师生双方形成实施共识,就能在自主反思中走向自主成长。

实施要求包括质性和量化两大方面。

一、质性方面的实施要求

(一)真诚反思不回避

真诚反思是态度。面对自己的实习课例,在充分肯定优点的同时,直面其中的问题,不回避,真实而诚恳地反思自己在学生意识、学科意识和技能意识三大方面存在的问题。具备这种反思态度,才能从容面对自己,坦然发现问题,自信走向成长。

(二)深入反思不肤浅

深入反思是原则。面对自己的实习课例,能由表及里地反思自己在学生意识、学科意识和技能意识三大方面存在的问题,不只反思表面的现象,还要反思现象背后的深层性原因,找到根源性问题。比如就学生意识来说,如果总是点举手的学生发言,不能归因为自己看得不仔细,眼光缺少流动,而要归因为心中缺少对全体学生的自觉关注;比如就学科意识来说,如果总是关注语言表达的内容和思想,没有充分关注语言表达的形式和技巧,不能归因为文本的内容和思想太吸引人,而要归因为缺少对语言文字的自觉关注和天然感情;比如就技能意识来说,不能把教师板书的用语随意和布局随性归因为不小心,而要归因为缺少对技能运用的高度重视。

(三)全面反思不留白

全面反思是方法。面对自己的实习课例,要反思自己在学生意识、学科意识和技能意识的常规性表现。

1. 反思自己在学生意识方面的常规性表现

主要为:(1)学生的自主实践是否完整。即是否经历了自主尝试、自主判断、自主反思、自主纠正四个程序。(2)教师的科学引导是否全面。即是否贯穿在学生自主实践的前、中、后三个阶段。(3)每个环节的实施是否充分。即是否经历了个人独立学习、小组交流完善、班级抽样明晰、教师评价介绍、教师反馈检测五个先生后师的步骤。(4)整个课堂的推进是否渐进。即环节之间是否循序渐进、由浅入深(包括导入的起步是否太高,作者和写作背景的介绍是否太早)。(5)教学对象是否面向全体。一是指教师在点学生发言时是否面向不同的层级(有不举手的学习弱势者和举手的学习优势者)、不同的区域(不同排次和不同桌次)和不同的性别(有男生也有女生);二是指教师在实施任务时是否对不同层级的学生提出不同的学习要求(至少有三个逐级提升的两字格类的要求)。

2. 反思自己在学科意识方面的常规性表现

主要为:(1)学科的学习方向是否科学。是否紧扣单元(或专题)特点、文体特点和文本特点,学习本文的语言运用形式,从中获得语感、语料和语用,并由此培养思维、审美和文化(其中前者是核心目标,后者是衍生目标)。(2)学科的学习方法是否科学。语言学习是否通过朗读、想象、比较等方法获得认知的理解和情感的体验,文字学习是否通过书写(字形)、朗读(字音)、表达(字义)等方法获得认知的理解和情感的体验。(3)学科的学习任务是否科学。其中的核心任务是否为语言和文字的赏析性学习、积累性学习和运用性学习。(4)学科的学习题目是否科学。课内学习题目是否兼顾知识、方法和能力的培养,课外学习题目是否主要为拓展视野、提升精神的阅读篇目。

3. 反思自己在技能意识方面的常规性表现

主要为:(1)仪态是否雅。包括穿戴是否青春,色彩是否精神,身形是否端正,站姿是否挺拔,走动是否适度。(2)眼光是否活。包括眼光是否流动,是否大方,是否亲切。(3)说话是否美。包括声音是否响亮,语词是否简洁,语流是否顺畅,语气是否亲和,语调是否分明,朗读是否有美感。(4)写字是否巧。包括字体是否得当(小学写楷书、中学写行书),笔画是否正确,字形是否美观,运笔是否流畅,板书是否简洁,用词是否准确,布局是否巧妙。(5)课件是否精。包括内涵是否精致,样式是否精美。前者包括用语是否精致不散乱,字体是否精致不杂乱,颜色是否精致不花哨,页数是否精致不繁多。后者包括颜色是否精美,悦目而且醒目;物象是否精美,技术和艺术俱佳;装饰是否精美,传统(规整与对称等)与现代(灵活与变化等)融合。(6)上课是否脱稿。指上课过程中是否不拿教案乃至教材,将教案和文本内容熟记于心,直接面对学生教学。

(四)分级反思不空泛

分级反思是方向。面对自己的实习课例,能结合实习阶段和层级进行反思,反思自己在学生意识、学科意识和技能意识的阶段性表现。

1. 反思自己在学生意识方面的阶段性表现

就第一阶段来说:(1)是否引导学生共选学习重点和学习难点等要点;(2)学生是否学得稳而细;(3)教师说话时间是否少于课堂总时间的二分之一。

就第二阶段来说:(1)是否引导学生共选学习重点、自选学习难点等要点;(2)学生是否学得细而深;(3)教师说话时间是否少于课堂总时间的三分之一。

就第三阶段来说:(1)是否引导学生自选学习重点和学习难点等要点;(2)学生是否学得深而活;(3)教师说话时间是否少于课堂总时间的四分之一。

2. 反思自己在学科意识方面的阶段性表现

就第一阶段来说:(1)引导学生共选学习重点和学习难点等要点是否科学;(2)教师对知识点的解读和对问题的解答等是否科学,且是否教得准而实。

就第二阶段来说:(1)引导学生共选学习重点、自选学习难点等要点是否科学;(2)教师对知识点的解读和对问题的解答等是否科学,且是否教得准而活。

就第三阶段来说:(1)引导学生自选学习重点和学习难点等要点是否科学;(2)教师对知识点的解读和对问题的解答等是否科学,且是否教得准而新。

3. 反思自己在技能意识方面的阶段性表现

就第一阶段来说:课件和板书等是否完整。(1)就课件来说,制作是否完整,如共选的学习要点是否完整,学生独立学习前的三要素(任务、要求和时间)是否完整,教师的基本理解是否完整;(2)就板书来说,语词和布局等是否完整。

就第二阶段来说:课件和板书等是否灵活。(1)就课件来说,制作是否灵活,如共选的学习重点、自选的学习难点等是否现场打字灵活呈现,学生独立学习前的三要素任务、要求和时间是否现场打字灵活呈现(或三要素中的任务和要求有时是否合二为一灵活设计,甚至时间有时是否略去不写),教师的基本理解是否灵活呈现(或分步呈现,或要点呈现等);(2)就板书来说,是否根据共选和自选的特点由师生合作灵活生成板书的语词和布局。

就第三阶段来说:课件和板书等是否新颖。(1)就课件来说,制作是否新颖,如自选的学习重点、自选的学习难点等是否让学生现场打字新颖呈现,与重点和难点相应的学习内容的选择、学习任务的设计和学习要求的设置等是否由学生现场打字新颖呈现,教师的提问是否由教师现场打字随机生成等;(2)就板书来说,是否由学生自主提炼、自主书写完成板书的语词和布局。

(五)对比反思不踏步

对比反思是目标。面对自己的实习课例,要能从三个实习阶段中各取出一个,纵向对比,整体反思,从中发现自己的进步,获得学习的信心和前进的动力;也发现自己的问题,并找出问题的根源和解决的方法。

比如:第二或第三阶段的实习课与第一或第二阶段的相比,最大的进步是什么,最大的原地踏步是什么。

第一,就学生意识来说,进步的有哪些方面,没有进步的有哪些方面,原因有哪些。

第二,就学科意识来说,进步的有哪些方面,没有进步的有哪些方面,原因有哪些。

第三,就技能意识来说,进步的有哪些方面,没有进步的有哪些方面,原因有哪些。

二、量化方面的实施要求

每次上完实习课,都要主动反思是不是体现了"非指示性"理念和策略。其中代表三个阶段的三节课及被高校带队指导教师听过评过的课,还要写成反思书面稿,反思自己的课例是否符合学生意识、学科意识和技能意识三大方面的常规性要求和阶段性要求。

有了以上质性和量化的具体实施要求,才能保证实习生课后反思的效果。

第三节 案例展评:深刻直面自身问题的反思稿

实习生的自主反思,贯穿了实习的整个过程,涵盖了实习的多个方面。比如:教学设计后,每人要反思格式的规范性和内容的科学性,以及三个不同层级设计的适切性;教学实施后,每人要反思自己在学生意识、学科意识和技能意识上的表现,以及三个不同阶段实施的适切性;作业讲评与自纠后,每人要反思效果,评价学生的自主纠正情况和教师的科学引导情况;对学生进行主题式集体教育和定制式个体教育后,每人也要反思效果,评价学生的自主教育情况和教师的科学引导情况。反思的形式也较为多样,有实习小组内的口头交流,有实习日志里的书面撰写,也有实习专辑中的逐项自评,还有实习总结中的专题反思。

此外还有一种独特的方式——著者作为高校实习带队指导教师,带着笔记本电脑进教室听课,以盲打的方式全程记录实习生上课的基本内容,边记录边随评和总评,下课后把听课评课稿发给上课的实习生,请他们在每一个随评和总评处写上自己的反思(同时鼓励在未点评处也写反思),然后由反思者隐去自己的姓名等信息,上传到实习群,让大家一起参与反思。

不同的反思内容已在本书不同章节有不同的体现,下面仅选取实习生课后反思的案例展示和点评。这些案例包括对上课细节问题的反思,对上课总体问题的反思,以及对实习三阶段纵向比较的反思等。

案例一:对上课细节问题的反思

一、小学实习课激趣导入环节反思

反思者为实习生王茹依,实习课文为三年级上册的《美丽的小兴安岭》。这是就该课的激趣导入教学环节做的反思,以括号的方式呈现。

教师:同学们,老师先在黑板上写一个词,请看。

板书:小兴安岭。

教师:来,一起读。

学生齐读。

教师:同学们读得真准确,有一个多音字读得特别好,它是?

学生:(齐答)兴。

教师:"兴"字读第一声的时候还可以组什么词?

马上点举手的第四大排第五桌一男生:兴旺,兴盛。

教师:除了 xīng,它还有一个读音是?

(反思:不能总是说半截子的话,要把问话说完整。语文教师要在语用方面给学生正面的示范。)

学生:(齐声)xìng。

教师:有同学愿意给它组组词吗?

马上点举手的第二大排第六桌一女生:高兴。

再点举手的第三大排第四桌一男生:兴奋。

(反思:不能和"他人型"教师一样,总是点举手的回答,也不能总是让个体回答,要多面向全体,让大家一起开口说,说之前还要先让大家独立思考,自主学习,然后一起说出两个读音和两个组词,以体现这节课的"放手型"教学。不能总是教师主动提问、学生被动应答,要逐步培养学生自主学习新字词的习惯。)

教师:我们一起读:小兴安岭。

学生:(齐声)小兴安岭。

教师:同学们去过小兴安岭吗?

学生:(齐声)没有。

教师:大部分同学都没有去过,今天我们要走进的这篇课文叫做?

(反思:此处应有情感和认知的双激趣,要问问学生对小兴安岭认识不认识,喜欢不喜欢;如果你要去旅游,想选择哪个季节去,会怎么向人家介绍,等等。然后说,现在就让我们带着思考进入课文中的小兴安岭。)

学生:(齐声)美丽的小兴安岭。

板书:美丽的。

(反思:"美丽的"可在课堂的后半段再板书,以体现教学的渐进和设计的巧妙。)

上面的案例颇为典型,小王同学的反思也十分深刻。该导入在学科意识上已经走出了许多小学语文课的俗套,没有用小兴安岭的图片或视频的播放来代替教师语言的导入,而且在导入时关注课题中多音字的学习;在学生意识上也超出了许多小学语文课,点学生发言没有从点眼前的第一二桌的学生开始,板书课题也没有一口气写完,而是分次进行,渐进学习。小王能在此基础上反思自己的不足,认为导入时激趣要更充分,半截子的问话要改进,点个体的举手的学生回答的方式要改变,要让大家一起参与,而且要在每人先独立思考、自主学习后再一起回答,以体现"放手型"教学。有了上述具体且有针对性的反思,以后她就会主动超越和突破,成为一名优秀教师。

二、小学实习课识字教学环节反思

反思者为实习生何嘉莉,实习课文为五年级上册的《猎人海力布》。这是就该课的识字教学环节做的反思,以括号的方式呈现。

这篇课文新字方面的学习要求是会认"酬、誓、谎、牺"四个字,会写"酬、珍、叮、嘱、塌、焦、誓、谎、延、悔、扶"十一个字。[①] 实习教师不限于此,列出了好多,且以词语的方式让学生认读。

课件亮出:

酬谢 叮嘱 崩塌 淹没 发誓 迟延 牺牲 避难 飞禽走兽 震天动地 狂风怒号

教师:这篇课文有很多的新字,需要我们掌握。这些词语你都会读了吗?我们请一个小组来"开小火车"。

(反思:用"开小火车"的方式抽点学生,不科学。要创新方法,随机点,多样化,而且要在全体学生独立学习后再抽点。)

点到的学生领读,别的学生跟读两遍。

(反思:没有注音,效果不一定好。可先让学生看着拼音读,再去掉拼音读。)

教师:(指着"叮嘱"和"牺牲"两个词问大家)你们发现这两个词语有什么特点吗?

学生:(随口)两个词语的偏旁都相同。

教师:"叮嘱"可能会和什么有关?

学生:(随口)语言。

教师:"叮嘱"是什么意思呢?

点举手的第三大排第五桌男生陈杰丰:嘱咐,就是告诉某人某件事。

亮出两个词的解释:

叮嘱:嘱咐,再三地告诉某人某事。

牺牲:古代指祭祀时被宰杀的牲畜。今义指为人民、正义献出自己的生命或舍弃利益。

(反思:现成亮出来给学生看,学习效果不一定好。也没有结合课文的语境来学习。)

亮出新字"酬"。

教师:我们在书写的时候要注意什么?

---

① 教育部组织编写.义务教育教科书五年级上册[M].北京:人民教育出版社,2019:34.

点举手的第二大排第三桌一男生郎珏丞：偏旁是"酉"，书写的时候不能忘记那一横。

教师：这个偏旁是"酉"字旁，它与什么有关呢？

学生：（随口）酒。

教师亮出"酉"的古字形：

（反思：亮出古字，有趣味性，也有一定的科学性；但该字下方有连续两横，可能会对学生的认写带来误导。）

教师：它的本义与发酵有关，是一个象形字，就是一个酒坛的样子。还有什么字是"酉"字旁的？

点举手的第三大排第五桌男生陈杰丰：醋。

点举手的第二大排第二桌男生林尧海：酷。

点举手的第五大排第五桌女生周琳涵：酵。

点举手的第四大排第七桌男生曹恒硕：醒。

（反思：不能都点举手的，也不能大多点男生。）

教师：这些都是与发酵有关，与酒有关，在古代的时候，"酬"是指主人给客人敬酒，现在就是指用宝贵的东西来表示感谢。

该环节结束。

（反思：教师讲得太多，也太主动。字词学习后没有及时检测学生的掌握情况，造了一个"烂尾楼"。）

小何同学作为实习生，能就学习新字词时"开小火车"发言的问题、读新字没有从有拼音到无拼音依次学习的问题、新词词义现成亮出来给学生静态学习的问题，以及古字形"酉"可能干扰识记的问题，还有总是点举手的男生发言的问题，尤其是说得太多太主动却没有检测反馈制造"烂尾楼"的问题，都做了准确深刻的反思。这样就能主动走出教学的俗套，强化自己的学生意识和学科意识，使教学更有人文性和科学性。

在小学识字教学中，学生意识和学科意识不佳的问题较为普遍。第一是学生意识不佳。教师喜欢现成地讲解给小学生听，不会让他们根据字形自主发现造字方法，尤其是形声字的造字方法。其实只要让学生懂得形声字的造字原理，并知道有音变（如"江""河"等）和形变（如"膏""恭"等）两种现象，学生就能由字形入手，学习字音和字义（而不是由音到形到义）。比如这篇课文要求会认的四个字和会写的十一个字，绝大多数为形声字，学生可运用造字原理独立学习、自主探究。而由字到词，也要让学生自主查阅《新华字典》尤其是《现代汉语词典》（三年级就可由字典转用词典了），自主探究。学生意识不佳还表现在学习新字时教师喜欢点个体学生尤其是举手的学习优势的学生读和说，忽视全体学生的学习和过关情况。第二是学科意识不佳。教师教学新字时喜欢溯源，从甲骨文到金文到籀文再到小篆，一一罗列和展示，把小学的识字实践课上成了大学的字源理论课，简单问题复杂化，致使学生越看越糊涂，特别是一些已被简化的形声字，如课文《葡萄沟》中的"沟"字，本来学生一看即知是左形右声，但被溯源后，教师边呈现边说"沟"字的右边有上下两条鱼在游动，学生反而搞不懂了。还有一种溯源方式是引用古代资料，比如学习课文《猫》中的"猫"字，引用《康熙字典》的话说宋代陆佃认为"鼠善害苗，而猫捕鼠，去苗之害，故猫字从苗。"这也是把简单问题复杂化,而且还缺少科学性,对学生起到了误导作用。因为"猫"字的形声字特点很明显,一看即知从犭,苗声。学科意识不佳还表现在教师让学生对着一些新字,随意按照各自的方式联想和想象,并鼓励说怎么想都可以,只要能记住这个字就行;于是学生就天马行空地胡思乱想起来。比如学习课文《朱德的扁担》中的新字"师",有学生就说:"横是一个黑板,巾是一个老师,左边是两个同学,两个同学举手想发言。"这就没有任何科学性可言。

以上两个意识不佳的问题,实习生大多会在教学过程中主动反思,也会在相互评课时集体反思。

著者还会建议实习生把通用的称呼"生字"改为"新字"。前者的"生"是"陌生",会让学生对陌生字词的学习产生畏惧;后者的"新"则是"新鲜",能让学生对新鲜字词的学习产生向往。

三、初中实习课品读环节反思

反思者为实习生朱煜婷,实习课文为七年级上册的《再塑生命的人》。这是就该课的品读教学环节做的反思,以括号的方式呈现。

教师亮出环节名称:

共选学习,品"生命"之美

教师:下面我们先来示例品析。

亮出文段:

老师安妮·莎莉文来到我家的这一天,是我一生中最重要的一天。那是1887年3月3日,当时我才六岁零九个月。回想此前和此后截然不同的生活,我不能不感慨万分。

教师:这是老师从课文中截取的第一段,我们先一起把这段话齐声朗读一下,要求读得正确、流利而且有感情。

学生齐读,效果一般。

(反思:学生没怎么读到位,感情不明显、不充分。教师没有评价的跟进,没有认识到品析前朗读到位的重要性。)

教师:这段话如果让你来品析,你会怎么品析?

随机点第二小排第一桌一女生,回答不上来。

教师:那老师换个问法,你觉得这段话中有哪些关键词句对于表达情感或者表现内容有帮助?

该女生:"最重要的一天","截然不同的生活","感慨万分"。

教师:我们试着来把这几处词语换一换,现在同学们可能还感觉不到。接下来请拿起笔,看着书,老师把这几处词换一换,同学们听一听,看看有什么区别。

教师朗读换词后的句子:老师安妮·莎莉文来到我家的这一天,是我一生中很重要的一天。回想此前和此后不同的生活,我很感慨。

教师:改了之后有什么区别?同学们圈出了哪些内容?

学生:(随口)最,截然,万分。

教师:你们觉得老师改了之后和原句有什么样的区别?

学生:(随口)情感不强烈了。

(反思:只让学生随口说,往往会忽略弱势学生、教室后面及角落的部分学生,他们没有开口,应该先抽点这些学生说说。)

教师:还有中间一句话,同学们刚才没有注意到。我们读文学类的文章,有没有看到过这么具体的数字?"1887年3月3日""六岁零九个月",同学们还记得自己六岁零九个月的样子吗?

学生:(随口)不记得。

教师:但是作者却记得这么清晰,可见有一种强调作用。

(反思:此句学生没有注意到,教师提醒后应该请学生来说,而不是代替学生补充完善,这样无益于培养学生独立思考和自主完善的能力。)

再亮出:

反复强调"这一天"。先以程度来强调:是"最重要的一天";后以时间来强调:是"1887年3月3日"这一天,是"我才六岁零九个月"这一天。以突出这一天意义重大。"截然不同""不能不""感慨万分"进一步加强语气,暗示安妮·莎莉文老师从此改变了"我"的人生。

例题学习结束。

(反思:只是展示答案,没有总结方法。例题的作用是要让学生获得品析语言的方法,然后举一反三,自己能找出其他的精彩语句进行品析。)

教师:示例结束,就要请同学们自己来找了。单元学习要求提醒我们有一些抒情或议论的语句,请同学们试着找两处,并在旁边作一些简单的品析,给大家四分钟的时间,要求是真诚、深刻而且独到。

(反思:先聚焦例题学习,再各自学习,顺序合理。但教师单向告知品析的时间,且用词"给"含有施舍和控制意味;也单向告知品析的要求,而三级要求的用词并不科学。)

上面这个案例展现了"松手型"教学阶段共选学习重点后,教师运用样例教学法引导刚进入初中的学生品读赏析语言的场景。该教学的优点比较明显,比如品析前先示例、先朗读,示例前先思考,示例后再迁移运用。当然缺点也有代表性,反映了语文教学中容易出现的共性问题,一是品析语言前的朗读不到位,重视程度不够,学生读过就过去了;二是示例呈现时的提问没有面向全体特别是学习弱势者,没有让他们加入思考和探究;三是提问后自己主动说出了答案,没有让学生充分思考和独立探究;四是示例呈现后没有引导学生总结品析的方法,让学生从被动模仿走向独立探索,避免样例教学法容易把学生引向被动学习和机械模仿的弊端;五是迁移运用前没有让学生参与确定品析的时间和要求,教师单向确定加重了教学的控制性,也加重了学生学习的依赖性;而学习要求提供得不科学(主观的学习感受才是"真诚、深刻、独到",客观的品读赏析应是"简洁、准确、全面"或"准确、深入、全面"),还会影响学习的科学性。小朱同学的课后反思直面自己的问题,毫不回避,而且反思得准确又深刻,体现了良好的素养和上进的品质。

四、高中实习课联读环节反思

反思者为实习生王文菲,实习课文为必修上册的《永遇乐·京口北固亭怀古》和《声声慢》。这是就两篇联读课自探学习重点环节做的反思,以括号的方式呈现。

教师亮出环节名称:

自主探究学习重点

教师:学习的过程就像幼苗生长,只有自主吸收阳光才能自主成长。下面我们先就学习重点开展自主学习。

亮出:

　　每人围绕学习重点,自主选择学习内容,并自主设计学习任务、设置学习要求和设定学习时间。要求:选择的内容要精准且典型,设计的任务要可行有新意,设置的要求要科学有层级,设定的时间要合理稍紧凑。时间:3分钟左右。

　　(反思:作为放手型教学,应该在自主设计前先请每人思考:选择内容、设计任务、设置要求、设定时间,各有什么要求。)

　　教师:设计的任务有新意,是指主动跳出老师平时常用的"用了什么手法,有什么效果"之类的"常式",在"常式"外灵活设计一些有新意的"变式"。请同学们独立设计后在小组内交流,相互评价并相互完善,然后推选出一个最有代表性的设计向全班介绍。

　　学生先独立学习,后小组交流。

　　教师:现在老师随机抽点几个小组把最有代表性的一个设计介绍给大家。

　　点第三大排第三组一男生:确定的学习重点是辛弃疾词中的典故,选择的内容是这首词中的各个典故,设计的任务是朗读诗歌并借助相关资料,说说词中各个典故的涵义,并说说分别有什么作用;要求是简洁、准确、全面;时间5分钟左右。

　　点第五大排第一组一女生:确定的学习重点是诗歌的情感,选择的内容是两首词表达情感的语句,设计的任务是联读两首,分析两首词分别表达的情感;要求是准确、深刻、个性化;时间5分钟左右。

　　点第一大排第四组一女生:确定的学习重点是李清照词中的意象,选择的内容是这首词中的各个意象,设计的任务是在朗读中感受意象之美,赏析意象的特点和效果;要求是简洁、准确、全面;时间5分钟左右。

　　教师:看来小组交流后的设计成果非常丰富。下面请同学们开始独立探究。

　　(反思:班级分享后,还应对这三个学习重点的设计自评、互评和教师评,比如,第二个发言者选择的学习重点太浅,与高中学段的学习不匹配,可将学习重点"诗歌的情感"改为"诗歌的情感表达特点",将任务的后半句"分别表达的情感"改为"情感表达的方式和效果",学习要求"准确、深刻、个性化"也要改为"准确、深入、全面";还有第三个发言者设计的任务,要将"朗读"改为"诵读和想象",这样才符合学科学习要求,也才符合单元学习要求;学习要求"简洁、准确、全面"也要改为"准确、深入、全面"。这样就能让大家获得更多的启发,主动调整和完善自己的设计。还有学习重点的选择方向,三个中只有第二个是体现"联读"的,也可以让大家评价和讨论。放手型教学更需要教师全局和高位的引导。)

　　亮出:

　　探究的步骤如下:

　　第一步:独立中探究。只看课文,不看别的,凭已有的基础进行探究。

　　第二步:借助中探究。借助手头的多种资料书开展探究。

　　(反思:在自主探究前,也可先请每人思考:探究过程中要不要、能不能到资料书上找答案,让大家对是否借助资料、何时借助资料、如何借助资料等形成基本共识,避免有些同学刚开始探究就翻阅资料,照搬答案。)

　　学生独立探究,教师来回巡视。

　　教师:独立探究差不多了,现在开始在小组内交流,相互评价并相互完善。

　　学生参与小组交流。

　　教师:现在开始班级交流,下面请几位同学分享一下自己的探究。分享时先介绍自己的学习重点是什么,设计成了什么任务,再介绍自己独立探究后的理解,后介绍自己借助资料后的理解,最后介绍经过小组交流后又形成了怎样的理解。

　　点第三大排第五桌一男生分享:我的学习重点是探究辛弃疾词中的情感,设计的任务是朗读诗歌,思考《永遇乐·京口北固亭怀古》表达了作者怎样的思想感情,要求真诚、细腻、个性化,时间3分钟左右。我独立探究后认为这首诗表达了诗人报国无门的悲愤。看了资料后我觉得这首诗还表达了诗人仰慕古代英雄,如孙权、刘裕一样,表达自己抗敌救国的急切心情,还有对国家命运的担忧之情。小组交流后我还知道了诗人还表达了对南宋统治者苟且偷安的讽刺之意。

　　(反思:探究辛弃疾词中的"情感",太简单了,看来在探究前确实要先展开评价和讨论,让大家主动调整。还好接下来有自评和互评,能让大家获得启发。)

　　教师:请你先自评一下自己的设计和理解。

　　该生自评:我觉得我的学习重点不够准确,设计的任务太宽泛,理解也不够全面。

　　点第四大排第一桌一女生互评:课后"学习提示"是要我们注意理解典故的内涵,领悟主旨句"凭谁问:廉颇老矣,尚能饭否?"的情感。我觉得他没有抓住课后"学习提示"来设计,太宽泛了。

　　再点第二大排第二桌一女生分享:我的学习重点是探究李清照词中叠词的特点和效果,设计的任务是朗读诗歌,思考《声声慢》中运用叠词有什么表达效果,要求简洁、准确、全面,时间3分钟左右。我独立探究后认为叠词增加了诗歌的节奏美,读起来让人感受到诗人迷茫的内心状态。看了资料后则觉得这组叠词在内容上渲染了悲凉的氛围,奠定全诗哀婉、愁苦的感情基调,在音律上则富有节奏感和音韵美,徘徊婉转。在小组交流后我还知道了这三句叠词在内在逻辑上有层进性。"寻寻觅觅"是写动作,"冷冷清清"是写环境,"凄凄惨惨戚戚"则是写心情。诗人因茫然寻觅而觉得周围冷清,从而心生凄苦之情。

　　教师:请你先进行自评。

　　该生自评:我的学习重点符合课后"学习提示"的要求,设计的任务不够有新意,理解还不够深入。

　　点第三大排第三桌一女生互评:我觉得她选择的学习重点是准确的,但是设计的任务不够新颖,理解不够简洁。

　　(反思:以后在教学中还可让大家举举手,看看对分享者的认可度高不高,以此起到激励或提醒的作用。)

　　再点第五大排第四桌一男生分享:我的学习重点是比较两首词的风格特点,设计的任务是比较阅读,分析两首词的豪放或婉约风格是如何体现出来的,要求是简洁、准确、全面,时间5分钟左右。我独立探究后认为情感上,辛弃疾词表达了自己雄心犹在但不受朝廷重用,难以尽展其才的悲愤之情还有因南宋统治者昏庸对国家命运的担忧之情,是一种国家层面的情感,符合豪放派词风的特点;李清照词则更多的是因自己丧夫亡国而产生的一种孤寂之苦,是一种个人层面的情感,突显婉约词风的特点。自己看了资料后发现从题材上看,辛词由眼前的京口风景引出历史人物,将写景、用典、抒情融为一体,笔调沉雄凄婉,意境苍凉悲壮;李清照词则以眼前庭院内秋景写出了处境的冷清,心境的清冷,意境悲苦婉转。参与小组交流后我还发现从表现手法上看,辛词是运用典故、对比、设问等抒情;李词则运用细腻的白描、叠词等抒情。

教师：请你进行自评。

该生自评：学习重点准确，设计的任务表达上还不够完善，自己的理解还不够全面。

（反思：其实理解已经比较全面了。看来以后还要提醒同学，自评不等于一定要谦虚，客观最重要。）

点第一大排第三桌一女生互评：我觉得他的设计包含了两首诗歌，而且符合单元要求和课后学习提示，理解可以再简洁、准确一些。

教师：听完同学们的介绍，相信大家在自主探究学习重点上都有了收获，接下来请继续完善自己的设计。

（反思："放手型"教学在学生自主选择学习重点和难点、自主探究学习重点和难点后，教师有独立提问学习重点和难点的环节，因此这个环节教师没有参与评价；但以后还是要根据需要灵活进行，自评、互评、教师评都是重要的。）

上面这个案例展现了"放手型"教学阶段两篇课文联读时学生自主探究学习重点的情景。实习生上这类课，容易出现两个问题，一是课文的"联读"变成了"单读"，并没有将两篇联起来学习；二是教师的"非指示性"变成了"非指导性"，放任不管。小王同学的课后反思直面这两个问题，而且反思深刻，对策正确，体现了良好的学科意识和学生意识，这样就能不断提高课堂教学的有效性和自主性。

在对以上两个问题的反思中，我们也能获得一些启示。就第一个问题来说，两篇课文如果没有经过单篇教学就进入多篇教学，可让学生自主设计一个重点、一个次重点，其中一个为"单读"，一个为"联读"；就第二个问题来说，教师可将个体学生的发言作为全体学生的学习资源，开展较为充分的自评、互评和教师评，让每人都在评价和反思中获得新的启发，得到新的提升。

案例二：对上课总体问题的反思

一、小学实习课后对三个意识的反思

反思者为实习生卢婕妮，实习课文为二年级上册的《一封信》。这是就该课教学中教师的三个意识做的总体反思，是在著者对她实习课总评的基础上进行的（著者用电脑全程记录她上课的基本内容，边记录边随评和总评，其中随评写在教学过程中，总评写在教学过程后，分别从学生意识、学科意识和技能意识三方面进行）。该案例中每个意识的前面是著者的总评，后面带括号的是她的反思。她实习课上得较早，实习的学段较低，出现的问题稍多，但她很上进，反思很深刻，主动突破的意识很强。

（一）学生意识

学习前的三要素大多不完整，比如在没有要求的情况下让学生学习，学习后却又单向地拿隐性的要求来评判他们，课堂不透明，不公开。"先生后师"共有五个步骤，其中"先生"的三个步骤中，学生的独立学习基本有；小组的交流完善不明显；班级的抽查明晰有走样，不是抽查，而是大量地点个体，且大量地点男生，点名也倾向于点坐得端正的学生（虽有创新求变的意识，但有时就要点坐不端正的，以此关注他们的学习）；简单的问题，要多让全体参与，一起回答；其中"后师"的两个步骤中，教师的评价介绍基本有，但教师的反馈检测基本没有，比如学习新字词后，没有整体反馈，也没有基本检测，就进入新的任务量词的学习了。没有在

下课铃声响起后的半分钟内结束学习。

（反思：今天这节课，我在学生意识方面所犯的错误有三点，分别是"评价标准不透明""学生取样不典型""课堂环节不完善"。今后，我将从以下方面改正：针对"评价标准不透明"，我将立足学生，设计他们能够理解的、逐级提升的"三级要求"，不仅要"师生互评"，还要将"生生互评"也运用在课堂上；针对"学生取样不典型"，我将提前了解班级学生的座位编排情况，在教学设计时先规划"提问路线"，形成科学的点名习惯，在性别取样、区域取样和层级取样三个方面都做到典型；针对"课堂环节不完善"，我将在今后的教学设计中注重"反馈检测"环节，每个环节都重视学习效果，不能只考虑课堂的表现力。对于拖堂，我也要引起重视。）

（二）学科意识

环节名称精致，但似乎偏难懂，与学生的认知距离较大。学习要求有时缺乏科学性，比如"认真、准确、细致"。这节课的任务是学习新字词，学习的细致度较好，学习的丰富度和拓展度还需提高，不管是新字的音还是形，不宜就着该字的本身不断地学与教，要有意放到新的语词和语境中读和认；学习的深度也不一定适合，比如"胡"告诉学生是"肉"字旁而不是"月"字旁，偏深了，还不如就造字特点如形声字等展开学习；字音和字形之外的字义倒是应该深化学习的。

每次上课都要好好问问自己：第一，所选的教学内容、教学问题、教学时间是不是最准的、最科学的、最合理的？第二，每个教学环节是不是必需的？有没有可有可无的多余环节？有没有重要的被遗漏的环节？第三，环节之间是不是循序渐进、步步提升的？

（反思：今天这节课，我在学科意识方面所犯的错误有两点，分别是"学习要求不科学""教学内容不精准"。今后，我将从以下方面改正：针对"学习要求不科学"，我将再次认真学习《"非指示性"语文教学设计研究》以及《"非指示性"语文课堂观察研究》两本书，再度思考如何确定学生的学习要求，并向一起实习的研究生学姐多多请教，不断思考，提升自我；针对"教学内容不精准"，我将在教案的"学生分析"以及"任务设计"两方面多多下功夫，同时多多阅读相关书籍，提升自己的语文素养与文字教学能力，借鉴名家的教学方法，再逐渐形成自己的方式；最后，我感到很惭愧，即使郑老师数次强调要在课堂前"三省吾课"，我也没有做到，有了此次教训，今后我一定要铭记，养成课前自省的习惯。）

（三）技能意识

仪态不雅，穿戴过于朴素，纯属"自然体"。形象亲切，也较大方。眼光的灵活度还要加强，流动着看全体学生的意识和能力都要提高。声音较响亮，说话有一定的节奏感，语速偏快。写字基础较好，工整大方，但节奏感和美感需要加强。课件过于朴素，其中的字体大多不是小学课件较为通用的宋体或楷体。课件中能运用希沃软件中的功能，把某个新字拉出来放大着用田字格现场书写。

（反思：总体而言，我的技能意识的不足主要是"审美"有问题。第一是服装审美，我的着装过于幼稚，不够端庄，以前我总认为，小学教师只要"可爱"就行了，今后我要学着去适应教师的穿着，不能再随心所欲，草草了事；第二是课件审美，我的课件过于朴素，没有亮点，而且不够写意，美感不明显。今天我运用的是希沃白板，没能完全体现课件中的制作水准，今后我要多多学习实习组同学的原创课件，提高审美，并不断磨炼自己的课件制作能力。）

小卢同学的反思，不是机械地在著者点评的基础上被动地回应，而是主动提炼和归类，并主动设想今后该怎么改正。其反思的深刻性,设想的针对性,都很让人欣赏。

二、初中实习课后对三个意识的反思

反思者为实习生吴如瑶,实习课文为八年级上册的《中国石拱桥》。这也是就该课教学中教师的三个意识做的总体反思,也是在著者对其实习课总评的基础上进行的。此处省略了著者的总评,直接呈现她在学生意识、学科意识和技能意识三个方面的依次反思。

（一）学生意识

在学生意识方面,虽然我的教学内容做到了公开、民主,学习的"三要素"也相对完整,但很多地方我都还需要加强。譬如追问时过于关注单个学生,没有有意识活跃课堂氛围等。反馈环节的缺乏也是一个比较突出的问题,有时我表现得过于心急,匆忙推进教学,没有关注学生是否已经掌握,反馈的方式也不够科学。今后在反馈和检测的形式和内容上,我都要再加思考,使之更落实,且有变化。此外我的课堂组织干练性也有待提高,这要求我时刻保持清醒,对各个环节有明晰的把握,并克服自己"多话"的习惯,注重引导的艺术性和科学性,切忌用自己的话语代替学生的思考。

（二）学科意识

这堂课我在学科意识方面最大的问题是没有安排好朗读环节,整节课都在运用概括分析等理性的方式,没有带领学生通过感性的方式品味欣赏语言,这是一个非常严重的失误。没有朗读的语文课是有缺陷的,不论是语感的培养还是语言的品味,朗读都是重要的途径。虽然说明文相对来说更偏重理性,但说明方法的教学也要加入朗读。未来教学中一定要对此充分重视。其次,在学习实用类文本的过程中,我没有适时加入语用的环节,还停留在书本上,没有让学生通过语用深化自己的学习。在未来的教学中,我要有意识设计随堂语用的练习,让学生学以致用。

（三）技能意识

在穿戴方面,我还需琢磨,剔除过于社会化的装饰,争取让自己的形象更贴近教师身份。眼光流动的范围还应更大,并放缓速度,关注到教室各个区域的学生。在说话方面,我要控制自己的语速,把握好说话的节奏,以让学生更好地接受信息。板书方面还要继续加强,临帖练字要入心,研究字帖中字的间架结构和笔顺笔势,先模仿得形似,再追求神似,而且要有意识地运用帖中的字体,避免板书一写快就流露"自然体"的倾向。板书设计方面,今天我预想的设计是在讲完全部内容后,将两块黑板合拢,用简笔画连成一座桥的样式,但因为时间原因没有呈现出来,留在黑板上的内容看起来就比较零散,这是我今后板书设计要注意的,要随时调整速度,完整呈现。课件制作则要预先考虑投影设备的色差和排版的美观度,努力使呈现效果悦目而且醒目。

小吴同学的实习课也上得较早,出现了一些课堂教学容易出现的共性问题。但她的反思态度很真诚,直面自己的问题;且提出的对策,也是基于自己的独立思考,而且具体可行,并非泛泛而谈。

以上两个案例,均为基于著者听课评课后的反思。另有每人自主选择实习前期、中期、后期三阶段各一个的课堂教学案例编入《实习三阶段课堂实录及自评》,每一个案例都有自己的随评和总评,以此体现每人的反思,且依次按照牵手型、松手型、放手型的常规性要求和阶段性要求,从执教者的学生意识、学科意识和技能意识三个方面进行细致的自我反思。限于版面,这里不再举例。

案例三：三个实习阶段纵向对比的反思

下面是初中实习生肖珏琳对三个实习阶段所做的纵向对比反思，她在三个阶段代表牵手、松手和放手教学类型的课例依次是八年级上册的《美丽的颜色》《白杨礼赞》和《人民英雄永垂不朽》。

下面是她就第二阶段与第一阶段的实习做的对比反思——

第二阶段与第一阶段的实习相比，最大的进步是：真正做到了"先生后师"；最大的原地踏步是：教师的引导不够科学，控制得还是比较紧。

（一）学生意识

进步：1.学生自主实践的程序更完整，有自主反思和自主纠正；2.教师的任务展示更明确，课堂表述更清晰；3.做到了面向不同层级的学生，发言先点不举手的再点举手的。

未进步：1.引导不够全面，也比较机械；2.环节实施不够充分，"烂尾楼"较多；3.教师说话的时间太长；4.对后桌学生关注得较少。

原因：1.教师的引导能力和应变能力不够；2.教师的时间把握不到位，对学生的学习能力不太了解，有的环节太快，有的环节又太慢；3.教师的控制意识太强，不够信任学生。

（二）学科意识

进步：1.学科的学习方向比较科学，能紧扣单元要求、文体特点和文本特点；2.教师的解读用语更简洁了。

未进步：1.没体现出重点是语言学习，核心任务体现得不明显；2.未涉及到课外学习题目；3.教师的解读有时没有达到三级要求。

原因：1.教师的语言意识不强；2.教师的拓展意识不强；3.教师借助参考资料的意识不强。

（三）技能意识

进步：1.说话声音更响亮了；2.板书讲究布局和构图了；3.课件的物象更精美、装饰更丰富了。

未进步：1.没能做到相机板书；2.缺少教师的示例朗读；3.上课刚开始教师的声音都比较轻。

原因：1.板书的临场应变能力不够；2.教师的示例朗读意识不够；3.提高音量说话的意识不够。

下面则是她就第三阶段与第二阶段的实习做的对比反思——

第三阶段与第二阶段的实习相比，最大的进步是：引导学生自选重点、难点时比较科学，学生的自主性有了很大的提高；最大的原地踏步是：时间把控上做得不好。

（一）学生意识

进步：1.学生自主实践经历的程序比较完整，"烂尾楼"减少了；2.教学对象能面向全体，关注到了不同区域的学生；3.教师说话的时间减少了。

未进步：1.教师的科学引导仍然不够全面；2.导入起点有时偏高；3.缺少反馈检测环节。

原因：1.教师信任学生，有意识让学生自主实践；2.教师的引导能力不够；3.课堂时间的把控能力不好。

（二）学科意识

进步：1.重视语言学习，重视语感、语料和语用；2.注重朗读中学习；3.学习任务的科学性提高了。

未进步：1.语文学习方法较单一，只有朗读没有想象；2.没有涉及课外学习题目。

原因：1.对语文学习方向有了更准确的理解；2.对语文学习方法理解较单一，不够灵活；3.时间把控能力不好。

（三）技能意识

进步：1.声音响亮，有活力；2.板书字形美观；3.课件醒目。

未进步：1.仍然缺少示例朗读；2.课件的装饰比较单一。

原因：1.教师的朗读技能不够，意识不强；2.课件制作重总体，轻细节。

小肖同学的实习三阶段的纵向对比反思，比较真实地展现了一名实习生的进步历程，也比较真实地反映了实习生因某些不足而导致的一些原地踏步。就进步来说，进入第二阶段就能真正做到"先生后师"，让学生有充分和完整的自主学习时间；就能面向全体，关注到不同层级的学生，值得欣慰，这是走出传统的"指示性"教育的关键；而进入第三阶段，就能在引导学生自主选择学习重点和学习难点方面做得比较科学，学生的自主性就能获得很大的提高，值得夸奖，这是将"非指示性"教育做得高效的前提。就原地踏步来说，有了直面自身问题的反思，比如引导能力、朗读能力、学情了解、时间把控、学习拓展等，以后走上教师岗位就能主动补漏查缺，使自己变得更全面、更优秀。

案例四：直面带队教师拷问的反思

如前所述，著者曾在实习例会的主题教育中提出三个"灵魂拷问"，让实习生自主反思，并在实习日志中写下来，进行自我对话。下面是实习生褚梦静在实习日志中写下的书面反思。

第一，你会主动反思现在的教育教学问题吗？你有改变教育教学现状的使命感吗？

自从跟着郑老师来到永康实习，同学间聊的话题大多与教育教学有关。几乎每天晚上回到寝室，大家都会分享自己一天的见闻，包括教育教学的问题，并表达自己的理解。每次聊得都很起劲，还会互相激励以后要成为优秀的专业教师，并约定各自参加工作后还要相互提醒，绝不能成为自己讨厌的老师，绝不做自己无法忍受的行为。

第二，你会主动反思自己教育教学中的问题吗？以后你会成为一个"他人型"的教师吗？

每次上完课后，我都会主动和指导老师以及实习组同学交流自己上课的问题与不足，在听其他同学实习课及听评课时也会"见贤思齐焉，见不贤而内自省"。但是反思还不够到位，也不够落实。今后，我要让反思成为自己的一种习惯，同时增强行动力。我不想成为一个可有可无的"他人型"教师，希望成为能对学生的学习和成长起到科学引导的教师。教师是和学生一起成长的，我要在教育教学中不断反思自己，不断学习新的理念、知识和技能，不断改进，不断提升。

第三，实习期间，自己该怎么做？

实习期间，我要做一个细心、清醒和严格的准教师，对每一项实习工作，每一个实习环节，都以反思的态度想想不人文、不科学、不艺术的方式是怎样的，我要怎样做才更有人文性、科学性和艺术性。

小褚同学的书面反思,没有豪言壮语,但态度坚决,思想坚定,能够代表新一代教师良好的教育信念和教育理念。只要以后不忘初心,踔厉奋发,笃行不怠,就能成为一名能科学引导学生自主成长的好教师。

上面展示的案例,有对细节问题的反思,有对总体问题的反思,还有对实习三阶段纵向比较的反思,以及面对"灵魂拷问"的真切反思。虽然实习生还缺少教学经验,但善于自我反思,就能让自己避开许多缺少科学性、人文性和艺术性的教学俗套,防止自己成为"他人型"的教师,让自己成为一代超过一代的教师,为国家和民族培养出一代超过一代的优秀人才。

第八章 评同学课

第一节 设计意图:做互评互助共同成长的教师

"非指示性"教育实习,不但要让实习生反思自己的实习课,还要主动听同学的实习课,评同学的实习课。一方面,让每人都从同学的实习课中发现优点,受到启发,同时也发现不足,引以为戒,让自己获得更快的成长;更重要的是,实习团队的成员之间,通过相互评价,相互帮助,可以形成共识,形成合力,加速进步,共同成长。

团体动力学原理告诉我们,一个团体内的成员之间会相互影响,相互促进,形成进步的动力和向上的合力。

因此,要让实习生在评同学的实习课中获得个人的成长,更获得互评互助中的共同成长。现在评同学的课,以后要评同事的课;现在能评课、愿评课,以后就能为教研组建设起到正面的积极作用,让教研组也在互评互助中共同成长。

现在中小学语文教研活动的评课,容易出现两个问题,第一是不能评,第二是不愿评。

一、不能评课的现象较普遍

一是评不到点子上。同事上课的优点到底在哪里,问题到底有哪些,说不准,点不到;甚至还说反了,把优点说成缺点,把缺点当成优点。比如中学语文教师对文本过度解读,对作者过分挖掘,评课时往往被认为是好课,是亮点,认为有高度,有深度;比如小学语文教师朗读课文时矫情有余,拿腔拿调,常常被认为是优点,有感染力。二是心里没底,不能准确判断。有些教学现象,到底是优点还是缺点,不敢直接表态,只能说些"我想也许差不多,不过恐怕不一定"之类的虚话。三是废话太多,"干货"太少。一开口就停不下来,而且说得绕、说得糊,一二分钟就能说清楚的要说上一二十分钟,需要听众提炼才知道到底说了些什么。

二、不愿评课的现象也存在

一是由于不能准确评课而不愿评,干脆不说。二是由于教研组缺少凝聚力而不愿评,有意不说。三是因为缺少帮助他人的爱心而不愿评,故意不说。四是担心得罪他人而不愿评,明明发现了问题,可偏偏不说;最后非说不可了,也只捡好话说,甚至干脆改口说些吹捧的话,把人家捧上了天,可背后又说些不满的话,把人家踩在了地上。

要防止这些不专业、不友好的现象发生,就要从实习期间开始培养,让师范生能评课,愿评课。

就能评课来说,要让每位师范生都能透过现象,从执教者是否具有学科意识、学生意识和技能意识,依次评价课堂教学是否有科学性、人文性和艺术性。有科学性的课才真,有人文性的课才善,有艺术性的课才美。如果发现学生意识方面的问题特别突出,就把学生意识放在前面,提请大家注意"先生的责任不在教,而在教学,而在教学生学"①。

就愿评课来说,要让每位师范生都有助人的爱心,并让爱心成为自己从事教师职业的本真行为,只要发现对方的课堂优点,就能主动地夸奖,并主动地学习;只要发现对方的课堂缺点,就能主动地告知,并主动地帮助对方分析原因,寻找对策。

实习期间得到培养,形成良好的学术态度和助人精神,参加工作后就能成为受欢迎、有作为的好教师。

第二节 实施要求:自主发现同学课堂的优缺点

实习准备阶段(暑假期间)已经让每位实习生上网找一位语文名师的一节视频课,打字实录并随评和总评;这次评同学的实习课换一种方式,以观察报告的形式,撰写一份对同学实习课的课堂观察报告。

课堂观察报告的格式怎么设计,需要高校带队指导教师认真思考,构设可行的实施方案,然后与学生交流,形成基本共识,在质性和量化两大方面实施以下基本要求。

一、质性方面的实施要求

(一)格式要规范

课堂观察报告前面要有导语,中间要有主体,最后要有结语。

导语可写两段。第一段介绍自己听到的这堂同学实习课的时间、地点、课题、课时、教学处理、教学阶段等;第二段介绍自己准备怎么观察评价。

其中第一段的"教学处理",主要指执教者对教学重点和难点的基本预设;"教学阶段"分别为:第一阶段牵手,开展共选型教学,教得准而实、学得稳而细,教师说话时间少于课堂总时间的二分之一;第二阶段松手,开展共选与自选结合型教学,教得准而活、学得细而深,教师说话时间少于课堂总时间的三分之一;第三阶段放手,开展自选型教学,教得准而新、学得深而活,教师说话时间少于课堂总时间的四分之一。

其中第二段的"怎么观察评价",指介绍自己将按照"非指示性"教育的课堂观察模型,从执教者的学生意识、学科意识和技能意识三个维度依次观察,以此评判课堂教学的人文性、科学性和艺术性。

主体可分出三个部分,分别写学生意识、学科意识和技能意识。每个部分都采用总分总的结构。先总写(一般为一段),介绍自己要观察执教者的学生意识或学科意识或技能意识是从哪几个方面来观察的,执教者的总体优点和总体缺点是怎样的(与分级标题如"学生意识:……"中省略号处的代入语观点一致)。再分写(从第二段开始),分出好多段具体展开,逐条观察和评价。每个部分都有两种写法:第一种,先写优点(几条),后写缺点(几条);第二种,按照评判学生意识或学科意识或技能意识的几个观察条目,依次评判执教者的优点或缺点。但不管哪种写法,每条都要加上序号,先总说观点,后展开阐述且随时举例证明并略作

---

① 陶行知.中国教育的觉醒[M].北京:群言出版社,2013:35.

分析(整段或几段举例时要将例子改用楷体)。每个意识部分的最后又总写(大多为一段),回顾执教者在该意识方面的主要表现。

结语要先呼应标题,总结上文;再补充说明,全面表达;后随机拓展,自然深化。

标题可用正副两个。其中正标题在内容上要阐明全文的观点,意思明确,观点正确;在形式上或以前后各半句的对称形式表述,或以不分前后的一个整句表述;副标题要说明是就哪位同学的什么实习课而写的课堂观察报告。

(二)内容要清晰

要运用"非指示性"教育的课堂观察三维模型来写,分别从执教者的学生意识、学科意识和技能意识来观察,依次评价课堂教学的人文性、科学性和艺术性,并结合实习期的阶段特点有针对性地观察评价。

(三)指标要具体

评价执教者的学生意识,可围绕以下四个基本指标及细分项目观察。1.是否正确定位教师和学生的作用:(1)杜绝以教师为中心的"指示性"教育(特点是教师指示、学生听从,教师主动、学生被动,教师忙碌、学生空闲);(2)警惕以学生为中心的"非指导性"教育(特点是学生积极、教师无为,学生热闹、教师旁观,学生展示、教师捧场);(3)构建师生交互作用的"非指示性"教育(特点是以"把人当人"为前提,以"自主成长"为目的,以"自主实践"为途径,以"科学引导"为保障)。2.是否引导学生循序渐进地自主学习:(1)在情感和认知的双激趣中导入学习;(2)在文本和自身的双权衡中自选学习[包括共选型、分选型(共选与自选结合型)、自选型三种选择];(3)在发现和探索的双方式中渐进学习;(4)在成绩和问题的双反思中总结学习。3.是否引导学生一步不虚地有效学习:(1)在学生自主学习前主动说明(任务、要求和时间);(2)在学生自主学习时有效组织[(个人)独立学习、(小组)交流完善、(班级)抽样明晰];(3)在学生自主学习后及时促进[(教师)评价介绍、(教师)反馈检测]。4.是否引导学生一个不少地加入学习:(1)关注全体学生的学习参与;(2)关注全体学生的学习疑问;(3)关注全体学生的学习达成。

评价执教者的学科意识,可围绕以下四个基本指标及细分项目观察。1.是否正确把握学科性质(方向正):(1)本学科是什么;(2)本学科学什么;(3)本学科怎么学。2.是否准确选择教学内容(内容准):(1)哪些内容必须教学;(2)哪些内容重点教学;(3)哪些内容不必教学;(4)哪些内容不能教学。3.是否精准设计教学程序(环节精):(1)不留下多余的非必需环节;(2)不遗漏重要的不可少环节;(3)不出现重复的无提升环节。4.是否精巧设置教学题目(题目巧):(1)数量少,每道题目都是必需的;(2)质量高,知识方法能力都练到;(3)类型多,有操作和阅读两大类。

评价执教者的技能意识,可围绕以下五个基本指标及细分项目观察。1.是否仪态雅:(1)青春有朝气;(2)端庄有雅气;(3)谦诚有和气。2.是否眼光活:(1)大方不躲避;(2)灵活不定向;(3)机智不漠视。3.是否说话美:(1)语词精练;(2)语音顿扬;(3)语流顺畅。4.是否写字巧:(1)字符美观;(2)书写流畅;(3)布局精巧。5.是否课件精:(1)内涵精致;(2)样式精美。

以上三个观察维度中的具体指标点,要根据同学实习课所属的教学阶段相机运用,不机械照搬。比如第二教学阶段的松手型教学,就不能要求学习前的"三要素"在课件上预先呈现;第三教学阶段的放手型教学,学生自主确定学习重点和学习难点,并自主选择学习内容、设计学习任务、设置学习要求、设定学习时间等,课件更不能预先呈现。上一章对自己实习课反思的阶段性要求,也要运用于本章评同学的实习课。

二、量化方面的实施要求

评价实习组同学的实习课,分为口头评价和书面评价两种。

口头评价每周不少于三次。由实习组长组织、实习上课的同学主持,在实习办公室进行。

书面评价实习组同学的实习课,则选取其中一位同学的一堂课,写成课堂观察报告。在对象选择上,可以采用甲评乙、乙评甲的方式,也可以甲、乙、丙多人交叉着评;在课例选择上,避开实习同学本人所选的代表实习三阶段的三节课例,也避开被高校带队指导教师点评过的课例;在程序操作上,先完成课堂实录及随评、总评,在此基础上撰写课堂观察报告(写完后课堂实录仍附在观察报告后面)。

有了以上质性和量化的具体实施要求,才能保证对同学实习课观察评价的质量。

第三节　案例展评:能全面评价的课堂观察报告

在教师的科学引导和实习生的自主实践下,实习期间都能完成对同学实习课的观察报告。之后由预先做好分工的相关实习生担任主编和编辑,完成实习专辑《对同学实习课的观察报告》。

实习生的课堂观察报告基本能达到训练目标。一是能较全面地观察同学的课堂表现,二是能较深入地观察同学的学生意识,三是能较准确地观察同学的学科意识,四是能较细致地观察同学的技能意识。

下面就以上四个方面依次做一些案例展评。

案例一:较全面地观察同学的课堂表现

实习生初上讲台,总会存在或多或少、或大或小的问题或不足,许多实习生的课堂观察报告,都能通过总标题和各个小标题,体现自己较为全面的观察。比如——

小学学段实习生王童心评一同学《珍珠鸟》实习课的总标题是:教得细致有进步,学得被动不深入;小标题依次为:一、学生意识:能引导学生自主学习但教师依然主动;二、学科意识:能把握学科性质但教学内容不精准;三、技能意识:形象较亲切说话有美感但写字需提升。

初中学段实习生钱艳雯评一同学《藤野先生》实习课的总标题是:学生意识有所提升,学科意识有待加强,小标题依次为:一、学生意识:整体上意识初具备,细节处引导待加强;二、学科意识:教学内容较深入,教学方法需创新;三、技能意识:仪态眼光是亮点,说话书写有不足。

高中学段实习生孙晓雪评一同学《前方》实习课的总标题是:有自主但不民主,有深度但不深入;小标题依次为:一、学生意识:注重学生自主,忽视教学民主;二、学科意识:内容深度有余,语言深入不足;三、技能意识:话语精炼顿挫,课堂氛围不够。

案例二:较深入地观察同学的学生意识

实习生上课,容易受到以教师为中心的"指示性"教育的影响,出现缺少学生意识的问题。许多实习生的课堂观察报告都能发现这个问题,较为深入地观察实习同学的学生意识。

下面是小学学段实习生王童心对一同学上《珍珠鸟》实习课的观察片段——

学生意识:能引导学生自主学习但教师依然主动。

我观察执教者的学生意识是从四个方面进行的:第一,是否正确定位教师和学生的作用;第二,是否引导学生循序渐进地自主学习;第三,是否引导学生一步不虚地有效学习;第四,是否引导学生一个不少地加入学习。下面逐项展开评价。

1. 基本没能正确定位教师和学生的作用

第一,没有完全杜绝以教师为中心的"指示性"教育。有让学生自主参与课堂的意识,但依然教师主动、学生被动,学生总是在教师指示性很强的控制中学习。例如:

教师:先来看看同学的答案,看完了吗? 一起评价,达到要求了吗?

(亮出学生答案)

学生:(随口)不简洁。

教师:老师还发现一个相同的现象:咱们班有19位同学都写了"朋友送我一只鸟"。让我们先看看学习纸上的小提示,提示里说了什么?

学生:(随口)主角及其行为互动。

教师:那么"朋友"他是主角吗? 所以概括要抓住主要角色。这篇课文的主要角色是?

学生:(随口)我和珍珠鸟。

教师:所以文章写的是?

学生:(随口)我和珍珠鸟的故事。

亮出课件:写了"我"与小珍珠鸟的故事。

在这个片段中,教师能利用导学单在课前发现一些共性问题,引导学生自评互评,找出问题并解决;不过教师过于主动,学生自主判断和自主反思的空间较少。再如:

教师:嗯,如果我只是"伸出头来""冒出头来",是不是少了份灵活的感觉?

学生:(随口)是。

教师:这个"探"字写出了小珍珠鸟它的灵活、它的生机还有对这个新世界满满的?

学生:(随口)好奇。

教师看似引导,实则控制,还用了全封闭的"是不是"。教师自己在说,自己在得出结论,自问自答。

第二,没能完全警惕以学生为中心的"非指导性"教育。整个教学过程,有时也出现了教师放任无作为的现象。例如:

教师:孩子们,不用读,默默欣赏,这个时候欣赏是需要静默的。不动笔墨不读书,看到好的地方赶紧用笔标记出来。

学生独立学习。

教师:现在可以开始同桌交流了,看看同桌的学习成果有没有你意想不到的。

学生并未行动。

教师说了之后，很多学生并没有真正地讨论起来，有些还只是盯着自己的学习单看，教师引导不到位，更没有引导每人先分享自己的观点，然后在小组内相互完善。

2. 基本能有意识地引导学生循序渐进地自主学习

第一，基本是在情感和认知的双激趣中导入学习。例如：

教师：老师想问问大家，你们喜爱小鸟吗？

学生：（随口）喜爱。

教师：那你们见过珍珠鸟吗？

学生：（随口）没有。

教师：虽然没见过，但听到"珍珠鸟"这三个字，给你们的感觉是怎样的？

学生：（随口）小小的，像珍珠一样……

教师：好，带着你的初感觉，齐读标题，"珍珠鸟"，预备起。

上面的导入有情感的激发，也有认知的激发。

第二，没有在文本和自身的双权衡中自选学习。虽然学习内容紧扣文体学习点、单元学习点和文后学习点，找到了课文精彩点，选择了本文特有的、特别值得学习的内容，但这是教师提前选择的，没有让学生自主选择。例如：

教师：课文主要写的是小珍珠鸟与"我"的故事，咱们就先把目光投向这个小家伙，这是一只怎样的小鸟呢？请同学们先自由赏析课文（第）6、7段，标记出描写珍珠鸟精彩的地方，在学习纸上写下感受。

第三，基本能在发现和探索的双方式中渐进学习。例如上面的引导语："这是一只怎样的小鸟呢？"教师没有主动点出珍珠鸟的特点，而是让学生到文本中寻找精彩的描写，探索珍珠鸟的特点。

第四，没有在成绩和问题的双反思中总结学习。例如：

教师：今天这节课就要告一段落了，关于"我"和小珍珠鸟之间究竟发生了怎样的故事，我们下节课再探究竟。祝愿同学们都能在今天这节课上学习到语言的形式和技巧与作者的思想和情感！

教师没有让学生自主总结，而是自顾自地总结，这样就不能了解到学生在这堂课上学得如何，有没有问题。

3. 没能引导学生一步不虚地有效学习

第一，教师在学生自主学习前提出了任务、要求和时间，但不够科学。例如：

任务：自由地赏析描写小珍珠鸟的段落（6～7段），标记出描写精彩的地方，并写下感受；

要求：真诚、细腻、个性化（三个要求逐级提升）；

时间：5分钟左右。

任务部分不够科学，"写下感受"范围比较大，具体什么感受，是自己内心的感受，还是文字是否精彩的感受？可以引导得再细致、科学一些，以使后续的任务开展和班级交流更加准确。

第二，教师在学习时没有有效组织。例如前面提到的小组讨论时很多学生并没有真正地讨论起来，有些还只是盯着自己的学习单看。

第三,教师评价介绍比较充分,但反馈检测比较欠缺。缺了后者,教师就了解不到学生的学习获得情况。

4. 基本没能有意识地引导学生一个不少地加入学习

第一,有时没能关注全体学生的学习参与。教师会选择一些没有举手的学生发言,但依然比较习惯点举手的学生回答问题。有时未发言的学生在自己的学习单上涂涂改改,没有认真听课,教师没有主动提醒。

第二,基本没能关注全体学生的学习疑问。教师没有给每人提出疑问、解决疑问和交流疑问的时间和机会。

第三,基本没能关注全体学生的学习达成。每个教学环节结束时,教师基本没有及时反馈,没有全面了解学习情况。

就学生意识的阶段性表现来说,这是第二阶段松手型的教学,要求能引导学生共选学习重点、自选学习难点等要点,学生要能学得细而深,教师说话要少于课堂总时间的三分之一。教师基本有这个意识,但还不能自如地运用在课堂中,内化到行动上。

上面这个观察报告片段体现了评课的深度和细度。不管是实习同学还是在职的中小学教师,看了都能受到一些启发,并能发现自己身上也可能存在的类似问题,也会反思:自己对教师和学生作用的定位是否正确?是否也没有完全杜绝以教师为中心的"指示性"教育?也没有完全避免以学生为中心的"非指导性"教育?

该观察报告在评价导入环节时,还可提高要求。执教者在导入时,其实认知激发偏少,没有引导学生发挥想象,口头描述一下珍珠鸟的样子,然后问问学生:"你们想知道作者是怎样描写珍珠鸟的吗?想知道珍珠鸟有怎样有趣的表现吗?想知道作者对珍珠鸟是怎样的感情吗?"①

案例三:较准确地观察同学的学科意识

实习生上课,容易上得泛化或粗浅化。就泛化来说,会受到泛语文倾向的影响,把语文课上成泛人文或泛科学的课,过多地关注文本表达的人文主题或科学话题,较少关注特定的人文主题或科学话题背后特定的语言形式和技巧,甚至"只是集中于文本内容和精神的层面,却始终徘徊于文本语言之外"②。就粗浅化来说,会对着课文,粗浅地上一遍,与学生自学课文的效果差不多。许多实习生的课堂观察报告基本能发现这些问题,较为准确地观察实习同学的学科意识。

下面是高中学段实习生周敏雁对一同学上《归园田居》实习课的观察片段——

学科意识:方向较为正确,教学不够精细。

我观察执教者的学科意识是从以下四个方面进行的:第一,是否正确把握学科性质;第二,是否准确选择教学内容;第三,是否精准设计教学程序;第四,是否精巧设置教学题目。下面依次评价。

---

① 郑逸农.“非指示性”语文课堂观察研究[M].杭州:浙江大学出版社,2017:14.
② 语文课程标准研制组.普通高中语文课程标准(实验)解读[M].武汉:湖北教育出版社,2004:93.

1. 基本能正确把握学科性质

第一，知道本学科是什么。能体现学科特点，能围绕作者的语言文字运用来学习，在语言学习中理解内容、体验情感。

第二，基本知道本学科学什么。能体现学习方向，紧扣文体学习要求、单元学习要求和文后学习要求来学习。就单元学习要求来说，本文属高中必修上册第三单元，"要在诵读和想象中感受诗歌的意境，欣赏其独特的艺术魅力；感受诗人的精神世界，体会诗人对社会的思考与对人生的感悟，提高自身的思想修养和文化品位"；就文后学习要求来说，"（《归园田居》）是五言，平淡舒缓，善用白描，寥寥数笔就勾勒出一幅乡村日常生活的图景。要在诵读中体会……韵律、节奏和表达技巧，结合诗人的身世领悟诗中的思想感情"。

这节课是牵手型教学，教师能引导学生就学习内容的选择展开讨论。请看：

教师：这节课我们要学习什么呢？让我们面对课文，在讨论中获得基本的方法。我们先讨论文体共性特点，明确学习内容。大家来说一说，诗歌有哪些共性的内容是需要我们学习的呢？

学生：（七嘴八舌）情感、意象、手法、节奏、风格……

教师：嗯，诗歌的情感、意象、手法等等这些都是共性的需要我们学习的内容。请同学们再看一看单元要求。根据单元要求再来确定共性的学习内容有哪些。

后来他们确定了三个共性的学习内容：内容、情感、技巧。这节课的三个主体教学环节的名称是：一读"园田"，体验内容之美；二读"园田"，体验情感之美；三读"园田"，体验技巧之美。这三个教学内容，虽然对单元学习要求和文后学习要求也有所体现，但主要还是立足文体学习要求的，以致于在接下来的教学中，把单元学习要求中的"意境"，把文后学习要求中的"韵律、节奏"等都抛开了，没有主动把前者纳入"内容"的学习中，把后者纳入"技巧"的学习中。

第三，不完全清楚本学科怎么学。语言学习要有借助朗读、想象等认知理解和情感体验的赏析性学习、积累性学习和运用性学习，本文除了"运用性学习"可不做要求，其他方面都要有。但教师在教学中，并没有将朗读和想象充分运用起来。虽然有"一读""二读""三读"之类的用语，但其中的"读"只是普通的朗读，而不是要有音韵美、节奏美和情感美的"美读"。请看教师通过课件亮出的几句原话（这里放到一起了）：

请同学们自由朗读一遍这首诗，边读边思考这首诗是在写什么内容。

请同学们再次朗读一遍这首诗，边读边思考这首诗表达了诗人怎样的情感，请结合具体诗句进行分析。

请同学们再次朗读一遍这首诗，边读边思考诗人是怎样把这样一幅美好的田园生活图景给描绘出来的。

没有美读，没有想象，这首诗的"意境"就感受不到，"赏析性"学习就缺少。"积累性学习"在下课前有所体现，但不是让学生通过一次次美读自然成诵的，而是让学生硬生生地背下来的。

2. 基本能准确选择教学内容

第一，不完全知道哪些内容必须教学。语文课必须教学的有语言、思维、审美和文化四个学科核心素养，本文作为经典古诗，以上四方面都是必不可少的。但这节课的三个主体教学对象内容、情感、技巧，并没能将四个核心素养自然地涵盖进去。首先，"语言"这一最核心的要素,没有设计独立的环节进行教学,只通过"情感"和"技巧"两个环节附带着学习。其次,"思维"这一要素没有在教学"内容"时让学生说说全文的写作思路(从何而归、因何而归、归向何处、归去如何),从而自然学到。再次,"审美"这一要素缺乏,没有让学生通过朗读、想象、体验,感受语言之美、意境之美。最后,"文化"要素在教学"情感"时有所体现,但高中学段,只是一味地学习作者陶渊明对官场生活的厌倦和归隐之后的喜悦,不够思辨,对学生的人生观和世界观形成可能会产生不利影响。

第二,不完全知道哪些内容重点教学。语文要重点教学的是语言,包括语感、语料和语用三个"语链"。这节课的语言教学不够突出,也不够充分。三个"语链"中的语用可不做要求,语料已有背诵积累,语感则没有让学生通过韵律和节奏的美读来获得。

第三,知道哪些内容不必教学。脱离文本语言的思维、审美和文化不必教学,学情上学生一看就懂的不必教学,学段上"超纲"难度的不必教学。以上问题都没有出现。

第四,知道哪些内容不能教学。不是文本语言背景下的泛学科的思维、审美和文化不能教学,这些教师都没有教学。

3. 基本能精准设计教学程序

第一,没有留下多余的非必需环节。没有离开文本特定语言空泛地教学思维、审美和文化等。

第二,遗漏了重要的不可少环节。比如前面评到的美读环节、语言学习环节,这两个有所遗漏。

第三,没有出现重复的无提升环节。这节课的各个教学环节如下:激趣导入;初读课文,整体感知;共选学习内容、顺序和方法;一读"园田",体验内容之美;二读"园田",体验情感之美;三读"园田",体验技巧之美;自由式补充学习;了解作者及写作背景;背诵诗歌,当堂积累;总结学习收获或学习启示。整个教学过程立足学生的学来设计,体现了逐级提升的特点。

4. 没能精巧设置教学题目

第一,要求数量少,每道题目都是必需的,不管是课内的还是课外的。这节课课内和课外都没有设置题目。

第二,要求质量高,知识方法能力都要练到,从死教死学走向活教活学。这节课没有题目,没法评价。

第三,要求类型多,有操作和阅读两大类。这条也没法评价。本来课外题目除了布置阅读,还可让学生写文学短评,以体现单元的写作要求,同时也让学生以辩证的眼光和时代的思考评论陶渊明的官场观和自由观,从而提升自身的思想修养。

就学科意识的阶段性表现来说,这是第一阶段牵手型的教学,要求引导学生共选学习重点和学习难点等要点做得科学,也要求教师对知识点的解读和对问题的解答等做得科学,且要教得准而实。对照上述阶段性的要求,执教者做得还不够。

上面这个观察报告片段体现了评课的准度和精度。所评的课是一位实习组同学在实习初期上的第一堂课。实习生初次上课,容易把内容上得单薄,只是按照文体特点切分出教学环节,简单地走一遍流程,学得不细致,不丰厚,学习题目也基本没有设置。这些问题都被敏锐地观察到了。

当然在评价执教者学科意识的阶段性表现时,观察报告还可举出一些实例,具体分析科学性方面存在的不足。

案例四：较细致地观察同学的技能意识

实习生上课，由于实践经验不足，容易出现一些本能行为。许多实习生的课堂观察报告也能发现这个问题，较为细致地观察实习同学的技能意识。

下面是初中学段实习生姚思对一同学上《昆明的雨》实习课的观察片段——

技能意识：亲切感明显，新颖度不足。

我观察执教者的技能意识是从以下五个方面进行的：第一，是否仪态雅；第二，是否眼光活；第三，是否说话美；第四，是否写字巧；第五，是否课件精。以下具体展开。

1. 仪态比较雅

第一，基本做到了青春有朝气。教师在课堂上仪态大方，身姿挺拔，精神饱满，说话亲切也响亮，穿戴色彩亮丽，体现出了教师的活力。

第二，没能做到端庄有雅气。教师在穿戴样式方面较为单一，过于生活化，身着大衣略显臃肿，缺少语文教师的端庄和雅气。

第三，做到了谦诚有和气。教师在眼神表情、体态手势、说话语词和语气语调等方面做得很好，体现了教师的良好修养。请看：

教师：你把确定重点的依据讲得很详细，真不错！接下来老师也说说自己确定的学习重点，看看各位能不能从刚才同学的分享中和接下来老师的介绍中获得一些启发，调整和完善自己确定的学习重点，当然也可以坚持初衷。

2. 眼光比较活

第一，能做到大方不躲避。教师能主动与学生眼神交流，大方地看着，说话时不躲避，听说话时也不躲避。

第二，没能做到灵活不定向。教师偶尔会朝着一处久看，未能以巡视的方式灵活均匀地看着全体学生。

第三，基本做到了机智不漠视。教师能及时看到意外事件并机智地处理，没有漠视不管，放任自流。比如学生对"我想念昆明的雨"这句的朗读设计产生了分歧，教师能随机应变：

学生1：我觉得重音应该在"想念"这个词上，突出汪曾祺对昆明的想念之情。

教师：大家认可吗？

部分同学：不认可。

教师：嗯，老师看到有不认可的同学，那就请不认可的同学来说说原因。

学生2：我认为第二段中"我想念昆明的雨"的重音应在"昆明的雨"，因为作者开篇点题，表达自己对昆明的雨的怀念。

学生1：我说的是最后一段中应该将重音放在"想念"。

教师：原来大家已经发现文章中有两句"我想念昆明的雨"，表达的感情却有不同的侧重。现在请同学们自由朗读，一起体验作者在文章开篇与结尾的不同感情。

3. 说话比较美

第一，语词较为精练。教师课堂上说话精到，干练，不啰嗦，不拖沓。

请看教师在导入环节的表达：

教师：同学们，你们以前有没有独立学习过一篇课文呢？

学生：没有。

教师：那这节课我们将转变学习方式，不再由老师确定学习重点和难点，而是请每人独立学习，确定自己的学习重难点，并围绕重难点依次设计学习任务等。这节课的学习效果就看我们各位的主动性和创造性了。

第二，语音不够顿扬。教师说话声音响亮，但语音语调没有明显的变化，尤其是在朗读过程中没有体现出高与低、轻与重、快与慢的节奏性变化，也没有体现出平和与高亢、喜悦与哀伤、沉郁与激昂的情感性变换。在说话和朗读的艺术性方面有待提高。

第三，基本做到了语流顺畅。教师说话一口清，能循序渐进地教学，并做到不拿教案直接面对学生，与学生展开交流。

4. 写字比较巧

第一，字符不够美观。教师在上课过程中能以行书板书，但还不够美观，没能写出行书的气质，尤其是课题"昆明的雨"写得较生硬，不够舒展。

第二，书写较为流畅。教师板书做到了一笔清，没有写错，也没有涂改。

第三，布局较为精巧。教师板书用语较精致，排版较巧妙。用语由关键词和核心词组成，后者用红色书写"爱"，排版之后让学生上来构图成爱心的形状，形象化地呈现。

作为第三阶段放手型教学，教师能在引导学生概括出核心词后，让学生参与板书的构图设计，请看：

教师：同学们认为我们的板书可以构图为什么形状呢？老师提醒大家可以根据整篇课文想要表达的感情以及我们提炼出来的关键词和核心词去思考。

学生：(随口)爱心。

教师：有哪位同学愿意上台帮我们完成构图？

一位学生上讲台构图爱心，至此板书完整。

昆明的雨　汪曾祺

？！　　　　想念
娇娇　　爱　　乡愁
真味　趣味　情味

5. 课件比较精

第一，内涵比较精致。首先课件用语较精致，如在让学生围绕学习重点自主设计学习任务时，在课件上出示的话语很简洁："学习内容要精准且典型；学习任务要可行有新意；学习要求要科学有层级；学习时间要合理稍紧凑。"其次字体较统一不杂乱，主要为宋体。再次颜色比较精致，没有太多样太花哨。再是页数较精致，没有太多太杂，封面页、目录页、主体页、总结页和封底页等五部分共为十三页。

第二，样式比较精美。首先颜色较精美，课件整体背景以淡绿色为主，悦目而且醒目；其次物象较精美，原创了合欢花，封面打开时有动态的盛开过程，技术性和艺术性结合得较好；

再次装饰较精美,能将传统的封闭对称与现代的开放变化结合起来。当然课件物象与教学内容的匹配度以及与文字排版的协调性还需提高。

就技能意识的阶段性表现来说,这是第三阶段放手型的教学,要求课件和板书等做得新颖。就课件来说,制作要新颖,如自选的学习重点和学习难点等要新颖地让学生现场打字呈现,如与重点和难点相应的学习内容的选择、学习任务的设计和学习要求的设置等由学生现场打字呈现,如教师的提问由教师现场打字随机生成等。就板书来说,要能新颖展现,如让学生上黑板自主提炼、自主书写等。对照上述阶段性的要求,教师基本有技能意识,但还做得不够,在板书和课件的形式上有意识做得新颖,比如让学生主动参与板书构图,比如教师现场将学生的回答打字到课件上,营造课堂的开放性。但还有提升空间:第一,就板书来说,还可以由学生参与板书关键词的提炼并自主上来书写,提高课堂参与度;第二,就课件来说,自选学习重难点等环节也要由学生上来打字呈现。

上面这个观察报告片段体现了评课的细致和深入,可能超过了一些已经参加工作的中小学年轻教师。相对于学生意识和学科意识,实习生的技能意识可能稍好一些,著者所带的实习生(包括本科生和研究生),大多在实习前就已经跟着著者上课(甚至从大一一直上到大四),都已经经过说话、朗读、写字、教案、课件、上课等教师基本功及在讲台上如何穿、如何站、如何看、如何说等教师基本形象的严格训练;实习过程中又继续训练,直到实习结束。因此评课者也能以自己较为精细的观察做出较为专业的评价。

该观察报告还可对执教者让学生参与板书构图时的过度引导做出评价。这也是实习生上课容易出现的问题,特别是临近下课需要赶进度的时候。

实习生上课,在学生意识、学科意识和技能意识三个方面都容易出现问题。因此著者每年带实习期间,几乎每个晚上的实习例会都要关注这些问题,以防止他们日后成为可有可无的不专业的甚至是误人子弟的教师。而让每人对实习组同学进行课堂观察,则起到了相互提醒和相互促进的作用,让大家都能在实习集体中及时调整,共同进步。

第九章 作业自纠

第一节 设计意图：做引导学生作业自纠的教师

"非指示性"教育实习不但重视课前设计、课堂实施和课后反思，也重视作业改评，让实习生在教学工作中得到系统训练，获得系统改变，走出以教师为中心的"指示性"教育。

如前所述，"指示性"教育忽视学生的自主成长，教师指示、学生听从，教师主动、学生被动，教师忙碌、学生空闲。因此即使教师"两眼一睁，忙到熄灯"，甚至"躺在床上，还想学生"，也还是一个人在"孤军奋战"，学生的生命自觉意识没有被唤醒，自主向上的天性没有被激发。

教师不仅在教室忙，忙着满堂灌输；走出教室继续忙，忙着满纸改评，将学生作业（包括作文）中的一个个问题主动指出来，并主动纠正过来。但教师在课堂上的高耗换来的是低效，在作业本上的高耗换来的同样是低效——教师在以自己的主动和辛苦代替学生的反思和纠正，导致学生错误照犯、问题照存。

下面的例子足以说明"指示性"教育下作业改评的危害。每人只要打开电视，收看节目，就能发现屏幕下方的字幕里，三个"de"字（的、地、得）写不过关的，比比皆是，不管是县区级电视台，还是省市级电视台，抑或是国家级电视台。字幕编写者没发现自己写错，字幕审查者也没发现人家写错！他们当年就读中小学时，语文教师肯定在他们的作业本上主动纠正过无数次三个"de"字，可偏偏没有让他们自主判断，自主反思，自主纠正。最终导致他们走上工作岗位后继续犯错，而且危害到了社会，成了社会用字规范的破坏者和问题的制造者，给全国的观众尤其是中小学生带来了极大的误导。

曾被称为"经营之神"的台湾著名企业家王永庆，在对企业管理的现状深刻反思后，提出了一个与传统观念完全相反的用人观：勤劳而聪明的人不可重用！他的理由是："一个勤劳而聪明的人，看上去是个难得的全才，但容易包揽所有事情，结果就是底下养了一群懒汉，剥夺了底层员工的成长和存在价值。这样的人做管理者，自己大包大揽累死，而员工却闲得很，或者做什么都没水平。"[①]这些话似乎也是说给教师听的。许多教师凭着自己的勤劳与聪明，好为人师，包揽一切，做得主动，做得辛苦，最后却牺牲了学生的自主发展，阻碍了学生的自主成长。

心理学上有一个对比实验，也证明了教师单向主动的危害。一次测试之后，教师在试卷讲评时将学生分为"不订正组""教师讲解订正组"和"自我订正组"，几周以后重新测试这些

---

① 创客笔记.""经营之神""王永庆：勤劳而聪明的人不可重用[EB/OL].（2016-02-07）[2021-01-25]. https://www.jiemian.com/article/536366. html.

题,结果发现,"自我订正组"的正确率最高,而"教师讲解订正组"的正确率并不比"不订正组"更高。①

这就要求我们走出"指示性"教育,摒弃教师中心,树立学生意识,重视学生的自主成长,从"指示性"向"非指示性"转型,引导学生作业自纠。②

但实习生大多是在"指示性"教育的环境中成长的,现在当上准教师,往往会本能地模仿当年老师们的做法,全批全改,大包大揽。甚至还会在好不容易评改完一大堆作业后,自豪地告诉实习组同学或自己的中小学指导老师:"我把学生作业中的所有错误都用红笔一个个纠正过来了。"他们并没有意识到,这种越俎代庖的做法,自己辛苦不说,还影响了学生自主意识的培养和自主能力的发展。相反,如果有实习生能深刻反思自己经历过的"指示性"教育的危害,主动改变,"狠心"地在学生的作业本上写下要求:"请把以上两个错误纠正在下面。"而第二天发现学生在作业本上回复说:"老师,我发现并纠正了三个错误。"那他们就会体验到学生成长的喜悦和教师引导的价值,并会意识到,只要教师要求严格,引导科学,学生就可能走出被动和依赖,主动面对自己作业中的问题,并能在自主判断后自主反思,自主反思后自主纠正,从而自主完善,自主成长。

"非指示性"教育实习,就是要培养这样的教师,培养能引导学生作业自纠的新一代教师。

这里所说的作业自纠,包括自主尝试、自主判断、自主反思和自主纠正四个自主实践的完整过程,不只是指最后一个自主纠正的环节。自主尝试,是要让学生自主按照相关要求独立完成作业,获得相应的成果,这是自主成长的基础;自主判断,是要让学生自主面对作业的尝试结果,运用相应的方法做出基本的判断,这是自主成长的前提;自主反思,是要让学生自主面对作业的判断结果,反省思考作业问题的成因和错误的根源,这是自主成长的关键;自主纠正,是要让学生自主面对作业中的问题和错误,纠偏取正,自我修复,这是自主成长的保证。教师要让学生一步一个脚印地开展作业自纠实践,把每步都做得扎实,而且要一个个环节依次实践过来,不漏失,不跳过,形成自主成长的有序链条。

师范生在实习期间能在作业自纠方面起步,以后走上工作岗位独立任教,就会继续改变和突破,包括改变作业自纠前的布置等诸多环节。

比如作业的层级可以设置。哪些是必做题,哪些是选择性必做题,哪些是选做题,科学设计,合理布置,兼顾高、中、低三个不同学习层级的学生,做到下限人人达到,上限因人而异。

比如作业的来源可以变通。教师提供的作业题和学生(包括个人、小组、班级)提供的作业题,可有不同的占比。教师提供的作业题从全部到三分之二、二分之一、三分之一直至四分之一等,逐步放开。

比如作业的内容可以调整。逐步减少机械操作类的练习题,把主要的作业内容转移到语感、语料和语用这"三语"上来,引导学生"通过朗读培养语感,通过背诵积累语料,通过表达训练语用"③。在"三语"作业中让学生获得语言的建构与运用、思维的发展与提升、审美

---

① 张庆林,杨东.高效率教学[M].北京:人民教育出版社,2002:33.
② 郑逸农.运用"非指示性"理念引导学生作业自纠[J].中学语文教学,2021(6):75.
③ 郑逸农.语感、语料、语用:语文教学的核心和初心[J].语文教学通讯(高中刊),2021(10):25.

的鉴赏与创造、文化的传承与理解,全面培养学生的语文核心素养。

比如作业的形式可以改革。控制分散型的作业题,增加以模块的形式出现的"任务群",综合训练学生在全文阅读、群文阅读、整本书阅读后的理解、欣赏和探究,并在完成作业的过程中体现听、说、读、写四个方面的学科能力。

比如作业的完成人可以变化。以个人独立完成的为主,适当增加小组成员合作完成的作业,以增强凝聚力,增进共识和友情。小组成员完成作业,又可分出不同种类,有的是学习小组六人一起参与完成,有的是一列小纵排高、中、低三个学习层级的三人合作完成,有的是与对面同一个学习层级的两人共同完成。

比如作业的评判标准可以研制。让每人都清楚不同作业题的基本评判标准,一起参与研制。如概括类的,要简洁、准确、全面;品析类的,要准确、细致、深入;探究类的,要准确、深入、新颖;积累类的,要快速、准确、丰厚;朗读类的,要流畅美、音韵美、情感美;写作类的,要真诚、细腻、个性化。

这样就能让作业从布置到完成到改评的整个流程都体现"非指示性"教育理念,教师也就能成为具有新时代教育特质的智慧者。

第二节　实施要求:科学引导细心观察学生自纠

要让实习生在教育实习中开展引导学生作业自纠的实践,就要设计实施要求,通过实施改变原有的做法,形成新的做事方式,科学引导并细心观察学生作业自纠。

实施要求既要体现高校带队指导教师(包括中小学指导教师)的科学引导,又要突出师范生的自主实践。师生双方在理念上产生共鸣,在策略上形成共识,然后付诸实施。

实施要求包括质性和量化两大方面。

一、质性方面的实施要求

可分两步进行。第一步,以研究的方式唤醒学生的自纠意识,观察学生的自纠情况,并反思教师的引导效果;第二步,以常态的方式组织学生的自纠活动,强化学生的自纠行为,也强化教师的引导作用。通过以上两步实施,实现从牵手、松手到放手的逐级开放。

（一）以研究的方式引导作业自纠

每人以某次作业为例,先批改作业,整体了解情况,并记录本次作业中的优缺点(用电脑边批改边记录,讲评时直接通过多媒体呈现出来)。进入教室后不马上讲评,先把作业本发回给学生,让每人独立面对,重新审视作业题,评价自己在作业中表现出的优缺点,并反思原因。之后教师才开始作业讲评,介绍本次作业中的优点和缺点。学生听完讲评后,再次审视作业题及自己的表现,重新评价自己的优缺点,并提出改进对策;然后重写作业;写完后自主评价,看看重写之前列出的优点是否还在,缺点是否已改,对策是否已用。课后教师对本次讲评与自纠活动做出总体评价,既评价学生的自主成长情况,也评价教师的科学引导情况,并分析原因,提出对策。

每人就此写成作业自纠研究报告。第一部分为"作业内容呈现",先介绍作业的性质,比如是平时的还是月度检测的还是期中考试的(都泛称为作业);再如实呈现作业题,包括作业的具体要求;后简要分析该作业,包括作业的特点、难度值和易犯的错误等。第二部分为"作业批改介绍",介绍教师批改作业时发现的优缺点,每条优缺点下都列出相应的学生例子,要求所列条目精准,所举例子典型(优点下的例子注出学生的真实姓名,缺点下的例子则隐去姓名)。第三部分为"作业问题归因",教师对作业中出现的问题理性分析,归纳原因,分条阐述,要求精准而且深入。第四部分为"学生自主反思",教师先介绍学生的自主反思情况,然后列举九个学生(高、中、低三个学习层级各三个)的两次自主反思样例,并做出总体评价。第五部分为"学生再写作业",教师先介绍学生的作业再写情况,然后从再写的作业中分别选取上述九个学生中的高、中、低三个学习层级各一个样例(作文以典型片段为主),并做出评价,看看优点是不是发扬了,问题是不是克服了,对策是不是运用了。第六部分为"总体效果评价",教师对本次作业改评与自纠的效果做出总体评价,一是评价学生的自主成长情况,分析是否还存在问题,原因何在;二是评价教师的科学引导情况,分析哪些方面存在不足,该如何调整。

(二)以常态的方式引导作业自纠

以研究的方式唤醒学生的自纠意识后,再转入常态,建立较为稳固的学习小组,组织自纠实践,强化学生的自纠行为,也强化教师的引导能力。

作为学生,其"知识生成机制是多方面的,来自教师的指导,更来自学生之间的碰撞和交流"[1]。皮亚杰的认知发展观重视同伴之间的相互教育和相互影响,认为"同一认知水平上的其他儿童似乎比成人更能够促进儿童从自我中心中解脱出来"[2]。因此,作业自纠要充分发挥团体动力学的效能,营造自主纠正的氛围,形成积极向上的正气,让学生相互促进,共同进步。

团体建设,需要在立足班集体建设的基础上,着重建设好学习小组。要在征得中小学指导教师(尤其是班主任指导教师)的理解和同意后,改变座位的传统排列方式,将原来的一个个单人课桌与讲台平行摆放形成一个个横排,改为与讲台垂直摆放,形成一个个纵排。其中三条单桌前后连在一起为一个小纵排,两个相对的小纵排拼在一起,就形成一侧三人的六人学习小组。左右两侧的三人,均依次安排学习层级高、中、低的三人就座,这样就能在学习中发挥最大化的作用:层级高的可以辅导身边层级中的,层级中的可以辅导身边层级低的;而高、中、低的对面也是同一个学习层级的,双方既可以在同一个层面上相互交流,也可以在同一个起点上一起竞争。

实习生每次批阅作业,只要抽样批阅全班高、中、低三个学习层级中的各三至五人(批阅全班总人数的三分之一左右),就能了解班级的作业情况。作业只批阅,不改正,目的只是了解学情。然后发下作业本,让每人独立审视,自主反思。之后教师简要地讲评,介绍作业中的优缺点。学生听完后自主判断,自主反思,并自主纠正。纠正过程中遇到问题,可以向对面同一层级或身边高一层级的同学交流或请教。纠正结束后,由六人小组中的组长牵头组织作业交流,解决个别遗留问题。

如果说前面的第一步以研究的方式自纠作业是教师的"牵手",那这里的第二步就是教师的"松手"了。

---

① 陈秀玲.教学的动态生成过程与教学设计[J].上海教育科研,2003(12):22.
② 吴庆麟.教育心理学——献给教师的书[M].上海:华东师范大学出版社,2003:41.

而"放手"则可采用这样的方式:在学生完成作业后,马上重新审题,自主判断;之后自主反思,正确归因;最后自主纠正,修订完善。然后在小组内相互交流,查漏补缺。最后由课代表(在征得中小学指导教师的同意后多设几位,既分工又合作)组织小组间交流,看看有没有遗漏的错误;然后根据正确率进行全班排序,没有错误的小组为第一(可以多个并列)。评比结束后,课代表随机抽取每个小组中的一人,交给教师查看,了解个人的自纠有没有落实,小组的交流有没有到位,班级的排序是不是正确。

教师每次要批阅或查看哪些人,由课代表安排,或轮流或随机或两者相结合。六人学习小组中的组长也可轮换,不搞"终身制"。同时六人小组中的每人都可负责语文作业中的一个方面,比如分别负责新词学习、专题训练、名篇背诵、名著阅读、平时随笔、阶段作文等等。

实习期间引导学生作业自纠,上面三步可循环着做,让学生不断经历着教师的牵手、松手和放手,在往复中逐步提高学生的自主意识和自纠能力。

为此,必须在整个实习过程中不断尝试改革,并随时征得中小学指导教师的同意,且获得他们的指导。

在实施过程中,要求将"非指示性"理念贯穿始终。即作业自纠过程必须把人当人,自主成长。其中,把人当人是前提,自主成长是目的。把人当人,就要重视每一个鲜活的个体,切忌把学生当成简单的作业机器人,轻视每人在自纠过程中的情感体验和认知差异,也不轻易放弃学习层级低、自纠能力差的学生,不把他们当做作业流水线上的"劣等产品"随意淘汰。自主成长,就要关注每人自主的意识、方法和能力等全方位的成长,不能只看结果,要先唤醒学生自主的意识,后培养学生自主的方法,再训练学生自主的能力。

同时,要实现自主成长,就要重视学生的自主实践和教师的科学引导。其中前者是自主成长的路径,后者是自主成长的保障。

二、量化方面的实施要求

作业自纠实践要贯穿整个实习过程,其中要在实习日志中记录的每周不少于两次,且每次尽可能为不同类型的作业(包括作文),以此强化自己的理念,丰富自己的方法。通过实习日志主动反思,积极调整,及时完善。

最终的研究报告不少于一个。研究对象或为平时的作业,或为月度的阶段性检测,或为期中考试的作业(包括作文)。

有了以上质性实施要求和量化实施要求,才能保证实习生的作业自纠实践走在"非指示性"教育之路上,逐渐摆脱自己的本能教育行为。

第三节 案例展评:体现引导与自纠过程的报告

经过教师的科学引导和实习生的自主实践,作业改评与自纠在理念和方法上都能在实习期间得到一定的调整(调整的大小与自己的努力以及实习学校指导教师的理念和方法有较大的关系),并都能完成一个书面的研究报告(该研究报告在他们入职后参加当地教育部门组织的案例评比大多能获奖)。之后由预先做好分工的相关实习生担任主编和编辑,完成实习专辑《作业改评与自纠研究报告》。

下面展示的案例即选自该专辑。每个研究报告都有导语,介绍研究的缘由(走出以教师为中心的"指示性"教育下作业改评的高耗低效)、研究的用意(以"非指示性"教育理念为指导思想,让学生在教师的科学引导下自主反思、自主纠正)和基本做法(教师批改了解;学生自主反思;教师整体讲评;学生再次反思,并重做作业,后自主评价;教师评价活动效果),以及从事该研究的时间和地点(即实习学校)。下面的案例限于版面,均略去导语。研究报告中所列举的学生个例均为真实姓名,但学习弱势者的真实姓名均有意隐去。

案例一:小学作业改评与自纠研究

这是小学学段实习生叶拾壹的研究,是对小学二年级《田家四季歌》识字教学课后作业的改评与自纠。

一、作业内容呈现

(一)拼一拼,写一写

féi	pàng	sì	jì	chuī	fēng	guī	lái

chuān	dài	xīn	kǔ	yì	nián	nóng	shì

(二)给下列词语中的一些字选择正确的读音

花开草长(cháng/zhǎng)　　桑(sāng/shāng)叶　　多嫩(nèn/nèng)

虽(suí/suī)然　　蚕(cán/chán)桑　　初晴(qíng/qín)

插(chā/cā)秧(yāng/yān)　笑盈盈(yíng/yín)

(三)辨一辨,并组词

季（　）　吹（　）　归（　）　忙（　）

李（　）　吃（　）　扫（　）　亡（　）

(四)给括号前的字加上注音

1. 春天到了,小树长(　　)高了,小草探出了脑袋,一片生机勃勃。

2. 妈妈有一头长长(　　)的秀发。

3. 一场(　　)雨后,太阳公公绽开灿烂的笑脸。

4. 广场(　　)在我们村的西边,一到晚上,大家都在这里玩耍。

5. 一年农事了(　　),大家笑盈盈。

6. 星期天,我们去看了(　　)一场电影。

(五)我会填,选择正确的字填入括号中

戴　　带

1. 爸爸去上班前,(　　)上了他最喜欢的领结。

2. 这周的语文作业是写作文,我把作文本(　　)回了家。

3. 周末,妈妈(　　)我去游乐园玩。

(六)照样子,写比喻句

谷像黄金粒粒香。

_____像_____。

(七)课文整体梳理,根据课文内容连线

春天　　　　　一年农事了

夏天　　　　　稻上场

秋天　　　　　花开草长

冬天　　　　　采桑插秧

(八)重点段落品析

1. 我会背,将横线中的内容补充完整。

冬季里,_____,

新制棉衣_____。

一年_____,大家笑盈盈。

2. 照样子,写一写。

笑盈盈　_____　_____

3. 从这短话中,我们可以知道冬季里所有的农事都已经_____。(开始/结束)

4. 你能写出描写冬天的诗句吗?　_____

该作业的特点是:对《田家四季歌》一课中新字的音、形、义三个方面进行了考查,还涵盖了同音字的区别,以及比喻句的运用。最后一题结合课文内容,拓展了课外诗句。整份作业突显了识字课文的重点。该作业难度值不高,几乎所有题目在课堂教学中都有涉及;拓展练习的部分较少。该作业的易犯问题是:"带"和"戴"两字易混淆,比喻句运用容易出现不恰当。

这是小叶同学自己编制的练习题,工作态度认真。现在许多年轻教师的两个能力已经逐渐弱化,一是原创教案的能力,二是原创习题的能力。市面上的"教案大全""习题宝典"很多,教师往往不假思索照搬照用,不太考虑针对性和适切性。

当然有些题目在设计层面可以再完善。比如第三题"辨一辨,并组词",学生大多会以为是横向着看不同的字形,加以辨别,可题目要纵向着看才行,如上一行的"季"相对的是下一行的"李"。而第五题和第八题第1小题的前半句"我会填"和"我会背",表述风格突变(小学教师喜欢用"我能行""我很棒"之类的话来设计,但大多没有用同一种风格贯穿);还有第八题第4小题用"你能……吗"的句式设计也不科学,并不是学生回答"能"一个字就行。第五题让学生选择"戴"和"带"填入句子,只设计了三句,其中"戴"字只用了一次,题量不均衡;后面的"作业批改介绍"部分说"'带'和'戴'的区分基本掌握",也就减少了说服力。这些问题可能也是各种"习题大集"中普遍存在的。因此,命题的技术性和科学性,也需要让师范生在实习期间就得到基本训练。

二、作业批改介绍

对这些作业批改后,发现学生有以下优点和缺点。

优点——

第一，多音字区分得较好。如基础较弱的学生小葛在给第四题多音字注音时全对，尤其是"场"的注音，也能较好地区分。其他学生也基本掌握，除了个别学生对"一场雨"中的"场"字注音错误，对多音字的区分基本没有问题。

第二，同音字区分得较好。如基础较弱的学生小施在第五题选择"带"和"戴"时全对。这道题除了极少数学生完全选错、少数学生选错"戴"字，全班近五分之四的学生全对，包括一些基础较弱的学生。

第三，课文内容理解较到位。如基础较弱的学生小陆在第七题"课文整体梳理"中，连线也全部正确。除了两位基础特别薄弱的学生，其他学生均选择正确。说明他们对课文内容比较熟悉，已经了解田家四季不同的特点。

缺点——

第一，新字拼写情况不佳。如基础较好的学生陈港翔第一题出现了拼写错误，"吹风"拼成了"春风"。出现这一错误的学生并不少，可以看出这个班级拼音掌握整体偏弱，尤其是复韵母的区分没有掌握。除此之外，部分学生如小曹对"戴"的书写还是存在问题，虽然教学时花了许多时间反复练写，但实际书写情况不佳。

第二，新字认读存在问题。如许多平时基础较好的学生曹瑜聆、蔡洛洛、赵羽恒在平翘舌和前后鼻的区分上依旧出现问题，尤其是教学中反复强调过的"插"的翘舌音和"蚕"的平舌音。除此之外，"嫩"的前鼻音课堂上教师没有挑出来讲授，朗读时没有出现问题，但做题时却发现这个读音错误率较高。

第三，比喻句运用缺乏创新。如基础很好的学生胡子轩是第一个完成作业的，但在第六题的仿写比喻句中，他造的是"月亮像白玉盘"，这个造句是课堂上其他同学提到过的，而他直接引用，且并不完全正确。这个问题在大部分学生中都有体现，包括语文基础较好的学生，比喻仿写基本都是引用课堂中提到的例句，甚至引用得并不正确，或缺乏个性。

上面的作业批改介绍，作者介绍优点（主要是过关情况），以学习弱势者为例，通过他们对知识点的掌握来体现班级的整体学习优点；而介绍缺点（主要是不过关情况），则以学习优势者为例。较有说服力，也体现了研究的科学性。

三、作业问题归因

为了解这些问题出现的原因，我先与学生进行了基本交流，然后经过教师自己的理性思考，共归纳出了以下几点原因。

第一，备课时学情分析不到位。我没有站在学生的角度去分析哪些新字可能出现学习问题，只是主观地认为他们学习"季""农""戴"三个字时会有一定难度。尽管这个判断基本正确，但部分学生对"辛"和"归"的学习也存在问题，将"归"字左边的一竖写成撇，或错写"归"字右边的朝向，将开口朝向右边；还有"辛"字会多写一横。而我备课时只是站在自己的角度，主观判定这两个字简单，真正检测时却出现了问题。

第二，教学时未及时抽样检测。对于第二题"选择正确的读音"，学生完成情况不乐观。许多在课堂中挑出来解释过的读音还是有部分学生出错，如"蚕""插"；而在课堂朗读中就发现的读音问题，虽然及时纠正过，但作业的正面效果不明显。这些情况大多出现在弱势学生身上，说明课堂抽样检测不够，没有及时关注到弱势学生。其次在齐读新字词时，大多数时间都让学生齐读，无法发现未掌握的学生，更没让他们及时纠正。

第三，教学时教师引导不充分。作业第六题"照样子，写比喻句"，教学时虽然重点剖析过课文例句"谷像黄金粒粒香"，介绍了比喻句的特点和本体与喻体之间的关系。但让学生自主尝试的时间过少，并且对学生的回答没有针对性地引导，导致学生对比喻的使用不娴熟，也不够创新，缺少个性化。

上面的作业问题归因，作者主动往教师自身找原因，而且归结得很直接，很深刻，认为自己备课时学情分析不到位，教学时未及时抽样检测，教学时教师引导不充分。这种反思的精神和归因的方法值得肯定。当然课文有些用语不准，也会影响学生的学习，比如比喻句"谷像黄金粒粒香"①，就有问题。"谷"像"黄金"，相似点在哪呢？是"香"吗？当然不是。这就为学生学习比喻制造了困难。

四、学生自主反思

教师进入教室，不马上主动讲评，而是发回作业纸，让学生独立面对，自主反思，自我评价。先评价优点，再评价缺点，后反思出现问题的原因。然后教师开始讲评，讲评后让学生再次面对作业，自主反思，重新评价本次作业中表现出的优点和缺点，并写下调整的对策。

下面选取高、中、低三个学习层级的同学各三个，对比着呈现他们的反思。

1. 胡子轩（高）

讲评前

优点：做的速度很快，觉得这些题目上课都讲过，很简单。题目都做对了，字也写得比较好看。

缺点：比喻句写得不是很好，月亮有时候不像白玉盘，要写圆圆的月亮才对。

原因：听课的时候没有主动思考，只是记住了同学的造句，做作业的时候就直接写上去了。

讲评后

优点：不会写的字都写出来了，没有用拼音表示不会写的字。

缺点：描写冬季的古诗没有背完整。

对策：不会写的字查字典，尽量不用拼音表示。不能只会背古诗，还要去记古诗中的字怎么写。造句要多思考，不能直接用同学的答案。

2. 周妍霏（高）

讲评前

优点：会区分"戴"和"带"，比喻句是自己写的。

缺点：第一题新字拼写还有错，第二题的"嫩"选成了后鼻音。

原因：上课读课文的时候，没有对照拼音读，"嫩"字一直都读错。

讲评后

优点：新字基本都会了，不仅会读还会写。

缺点：《梅花》这首古诗只会背，但是还不会写。

对策：上课前要先预习课文，把读音都读正确。

3. 吴佳润（高）

讲评前

---

① 教育部组织编写. 义务教育教科书语文二年级上册[M].北京：人民教育出版社,2017:23.

优点:老师上课讲过的我都会了。

缺点:第八题第三小题让我写"开始"或"结束",我多写了"了"字。

原因:题目没有看清楚,写作业还不够认真。

讲评后

优点:字写得比较好看,有顿笔。

缺点:《梅花》这首古诗都是用拼音写出来的。

对策:背古诗的时候还要把字怎么写也记住。

4．郭文文(中)

讲评前

优点:第七题我全对,课文内容我比较熟。

缺点:很多字我还不会写,也读错了。

原因:上课没有认真听讲。

讲评后

优点:第三题我组词比较好。

缺点:字写得不好看。用拼音表示不会的字,把拼音都写错了。

对策:写字的时候要写得慢一点,写字要认真,上课也要认真听讲。

5．马张琪(中)

讲评前

优点:第四题的多音字区分我都做对了,第五题的"戴"和"带"我都选对了。

缺点:我第一题很多字都拼错了,写错了。

原因:老师上课没有讲过的字我都不会写,课前没有仔细预习。

讲评后

优点:我的比喻句写得不错。

缺点:课文的内容还不熟悉,第七题的连线题错了很多。

对策:上课之前要认真预习,把田字格里的字都认真写几遍。

6．王绘智(中)

讲评前

优点:第八题的第一小题背课文我全做对了。

缺点:第五题的"带"字,明明题目中有,但我还是写错了。

原因:写作业的时候不认真,没有认真写字,字也写得丑。

讲评后

优点:第三题的组词我都会。

缺点:"场"的多音字,老师上课讲过,但我还是写错了。

对策:上课要认真听讲,不能开小差。

7．小施(低)

讲评前

优点:第五题的"戴"和"带"的区分我都选对了。

缺点:第三题的组词我空了好多,很多字不知道怎么组词。

原因:组词的很多字都写不来。

讲评后

优点:第二题中的读音我基本都选对了。

缺点:第四题的"场"的读音我写错了,不应该。

对策:上课要认真听老师上课。

8.小支(低)

讲评前

优点:第二题"选择正确的读音"的正确率比较高。

缺点:字写得很难看,很多题目都空着没做。

原因:很多题目都不会,上课没有认真听。

讲评后

优点:第六题的比喻句写得还行。

缺点:第七题课文内容连线还有两条线连错了。

对策:要花更多的时间学习语文。

9.小许(低)

讲评前

优点:第八题的第三小题我全做对了。

缺点:第一题的拼写我错了很多。

原因:有些字老师没讲过我就写不来。

讲评后

优点:第二题的读音我基本都做对了。

缺点:第四题中"场"字,老师上课时讲过,但是我还做错。

对策:上课要认真听讲,不会的字要查字典。

从他们前后两次的反思中,可以看出:

第一,讲评后学生更能发现自己哪些错误是不应该犯的。其实这份作业的内容在上课时或多或少都提到过,但是学习弱势学生落实得不到位。他们在讲评前的分析大多只是简单地发现自己哪道题错得多,而讲评后更能关注到哪道题是不应该错的。所以讲评后分析缺点时会提到"老师上课讲过",说明学生已经开始从自身寻找错误的原因。

第二,学生提出的对策大多不具有实操性。大多数的学生在对策中都提到了"上课要认真听讲",但具体从哪些方面做到,学生基本上没有提,只有少数同学会说具体的措施,比如"遇到不会的字要查字典"。大部分同学的对策都比较空泛,这也可能是因为他们还是小学低段的学生,分析原因还是停留在表面。

第三,基础较好的学生反思会相对深刻些,但是基础偏下的学生在反思优缺点时会关注到哪些题对得多,哪些题对得少,而没有想为什么会出现这种情况,反思还是不够深刻。不过,这是全体学生普遍存在的问题,只是相较而言,基础好的学生反思会深刻些。

上面这部分列举了学习层级高、中、低各三位学生在教师讲评前后的自主反思,颇有研究价值。比如前后两次反思的缺点,大部分人都不相同,或许也能体现多次反思的价值。作者对学生两次反思的总体评析,颇有学理性,能透过现象,做一些本质性的揭示。

当然教师的倾向多少也影响了学生的反思。比如关于比喻的运用,作者认为某位同学(胡子轩)作业中的造句"月亮像白玉盘"这个比喻"并不完全正确"。结果他在第二次反思时就说："月亮有时候不像白玉盘,要写圆圆的月亮才对。"这就限制了学生的思维,影响了学生的独立表达和自主思考。再说"白玉盘"与"圆圆的月亮"是一回事,除非后半句说"月亮有时并不是圆圆的"。

五、学生再写作业

在教师讲评和学生反思后,让每人再写作业,自主纠正,努力发扬优点,克服缺点,并自觉运用对策。

下面各举前面所列九位同学中高、中、低三个学习层级中的各一位再写作业例子,看看他们是不是在反思中进步了。

1. 周妍霏(高)

第二份作业的正确率较第一份高了许多,尤其是上课重点强调的部分基本上做对了,而且用拼音表示不会写的字减少了。可以看出该学生经过这次作业讲评后,基本掌握了《田家四季歌》中的重难点,进步较大。而且她会有意识地在完成作业后将不会的字通过查字典找到并抄写在拼音边上,帮助自己记住不会的字,学习习惯较好。

2. 郭文文(中)

第二份作业基本上正确。新字的音、形基本掌握,对于比喻句的理解也更加清楚,造句也更加恰当。当然该学生的卷面依旧不整洁,可以看出写字速度很快,写得潦草。这与他在反思中所说的写字要认真,要写得慢,并不是很相符。说明反思还是停留在表层,问题改正的意识比较薄弱,在反思中进步不大。

3. 小施(低)

第二份作业的正确率有所提升,但整体来说还是偏低,还是存在部分题目已经讲过但还是做错的情况。虽然该学生在对策中提到要认真听老师上课,但由于这个对策比较空泛,所以基本没有落实,在作业中可以明显看出难点字词还是没有掌握。

上面列举的学习层级高、中、低各一名学生的再写作业情况,颇有典型性,让我们看到了学习成绩与反思意识、自纠能力的正比关系,也提醒我们要提高学生的学习成绩,就必须提高他们的反思意识和自纠能力。

六、总体效果评价

(一)学生自主成长方面

在实施过程中发现学生能够认识到自己学习上的不足,基础较好的学生在主观意识上比较积极,会依据自己的反思快速纠正,从被动转向主动,再写的第二份作业完成得比较好,反思后的对策也能较好地落实。而基础较弱的学生,学习积极性不高,反思也大多不够深刻,再写作业的效果不是十分明显,还需要教师进一步引导。

(二)教师科学引导方面

在作业改评与自纠活动中,教师的科学引导至关重要。因此我在作业讲评的过程中,让学生先尝试自我纠正,通过借助课本、字典和词语手册,自己先订正错误;无法订正的先自主思考"这个问题是否真的这么难""老师之前是否讲过""如果有,我为什么没记住";自主反思后,教师再对学生无法自我修正的题目进行讲解。讲解之后,再次让学生反思前面的三个问题,并在此基础上提出相应的改进对策。尽管这个方法还不是十分科学,但是订正效果还是不错的,较大程度地调动了学生自主判断、自主反思、自主纠正的积极性。

这次作业改评与自纠活动,效果比较明显,学生常犯的错误有了明显改善。说明"非指示性"教育理念有助于培养学生自主学习的意识和能力,而教师也能在解放自我的同时,引导学生正确归因,促进学生自主成长。

上面的效果评价,体现了作者的真实感受,也体现了作者在研究中认识的提升。最后一段结语更是直接表达了自己的鲜明观点。该研究的对象是小学二年级的学生,但通过研究可以发现,在这个年级段就开展作业自纠研究,很有必要,教师的"放手"应该趁早开始。

这个研究案例对于许多认为小学生应该多扶着的教师来说,也有鲜活的教育意义。同时,该研究也发现,有些学生尤其是学习层级处在中、低的学生反思"还是停留在表层""还不够深入到位",这对教师如何更有效地引导也提出了思考。

案例二:中学作文改评与自纠研究

这是初中学段实习生庞美美的研究,是对初中一年级月度阶段性检测作文《进入初中后,我多了一份……》的改评与自纠。

一、作文内容呈现

岁月匆匆,我们走进了中学,也走进了花一样的季节。站在小学进入中学的门槛上,清点行囊,我们会发现自己多了一份成熟,少了一份幼稚;多了一份思考,少了一份盲从;多了一份宽容,少了一份偏激;多了一份行动,少了一份幻想;或许也多了一份烦恼,少了一份快乐;多了一份压力,少了一份轻松……我们的行囊变得沉甸甸,我们的道路正向未来延伸。请以"进入初中后,我多了一份……"为题,写一篇有真情实感的文章。

要求:(1)在省略号处填写恰当的词语,使题目完整;(2)不少于600字,写记叙文;(3)作文中不得出现真实的校名、人名。

该作文题的特点是:形式上为半命题作文,学生选材有一定的自由度;内容上紧扣学情,突出了七年级的学段特征,关注学生的成长体验,着眼于培养学生正确的人生观。该作文题的难度值为0.78,全班作文平均分为31分(满分为40分)。学生写作时易犯的问题可能有选材不得当、描写不细腻、表述不新颖等。

作者在呈现作文内容后,依次分析了作文题的特点、难度值以及学生易犯的问题。话语简洁,分析精到,也体现了研究格式的规范性。

二、作文批改介绍

对这次作文批改后,发现学生有以下优点和缺点。

优点——

第一,主题明确。大部分学生将标题补充完整后,能围绕明确的主题展开写作,且点题意识较强,在文章的开头和结尾都能呼应主题。

如:赵宽腾在《进入初中后,我多了一份压力》中先后五次点题,从开篇直接表明"多了一份压力",到正文"背负压力""正视压力""转换压力",到结尾深入思考压力——"压力,能给我们一种紧迫感,让我们的行囊沉甸甸,激励我们向前。脚下的道路正在向未来延伸,而我们则会在这条道路上奋发前行",突出主题的同时加深了文章的立意。

第二,表达清晰。学生的语言表达大多比较清晰,少有歧义;借助形象化的语言来表达时,也能保持语义的基本清晰。

如:吕沁哲在《进入初中后,我多了一份压力》中通过对比中小学学习的差别,来突出初中学习的压力,并在此基础上进一步描述初中学习的特点:"初中的学习就像搭火车,如果你没认真听课,一不注意,火车就开走了。即使能搭上下一辆也无法感到侥幸,因为要追上前一列火车需要花费很多时间和心力。"他的表达思路清晰,具体又形象。

第三,情真意切。学生大多选择自己的亲身经历来写,素材真实,感情真挚。

如:龚歆媛在《进入初中后,我多了一份爱》中具体叙述了寝室三个同学在卫生、纪律、学习等方面互相帮助、互相促进的细节,最后生发出一句感慨:"我们就是'铁三角'——一个最稳定的形状。来到初中,我很开心,因为我多了一份室友情,室友爱。"作者将友情具化到生活的各种小事中,再由事及情,引起读者的共鸣。

缺点——

第一,立意不深刻,格局不开阔。多数学生的立意观点只是做到了明确,却缺少积极性与深刻性,格局狭小,成长动力较低。

如:小马在《进入初中后,我多了一份责任》中这样阐述自己的责任感:"这份责任感包含着父母对我能名列前茅的希望,还有老师对我的信任!"学生的责任感主要来自外部的刺激,并没有转化为内在的自我实现的需要。

第二,选材不典型,重点不突出。部分学生选择的素材或与主题不符,或过于细小,或数量太多,导致中心不突出。

如:小严在《进入初中后,我多了一份自立》中叙述了自己学习洗衣服的过程,但没有对此发表议论,也没有延伸到学习等多个方面,无法支撑起"自立"这一主题的分量。

第三,比例失调,逻辑不顺。有的学生文章详略比例失调,或前后存在逻辑矛盾。

如:小陈在《进入初中后,我多了一份行动》中用两个大段描写自己小学时轻松自在、悠然自得的学习生活,却只用一个较短的段落描绘自己进入初中后手忙脚乱的学习,主次倒置,且与标题中的"多了一份行动"缺少逻辑上的关联。

第四,表述少精到,行文不丰满。多数学生的写作语言过于繁复,不够简练;叙述描写也较为空泛。

如:小卢在《进入初中后,我多了一份压力》中这样描写自己拿到数学考卷时的场景:"(试卷)终于发到我了,上面挂着一个鲜红的分数,果然很低。在这一刻,我感觉全班同学的分数都会比我高很多,进入初中后一向争强好胜的我,心一下子落到了谷底。"该生对自己低落心情的刻画不细致也不充分,比如当时是如何分发试卷的,出现了怎样的氛围,"我"看到分数时的具体感受是怎样的,又是如何得知周围同学的分数的,等等。

上面的作文批改介绍,作者概括了学生作文中出现的三个优点和四个缺点,比较全面,也比较典型,既揭示了学生写作的学段特点,也展现了作者良好的思维品质和语用底子。每个条目下所举的学生写作例子也较有代表性。

三、作文问题归因

为什么会出现上述诸多问题?经过教师的自主思考和与学生的基本交流,共归纳出了以下四个主要原因。

第一,受众意识缺乏。许多学生出于本能写作,忽视了考场作文的特殊性,只是思考"我写这篇作文想表达什么观点",不太考虑"出题的老师想看到什么样的作文""我写这些内容会不会得到阅卷老师的认可"。所以多数学生的考场作文都停留在"诉苦抱怨""描述变化"的阶段。表达不深刻,主题不积极。

第二,剪裁意识不强。学生缺少对写作素材的思考和判断,不会围绕主题筛选和剪裁素材。相当一部分学生不知道什么材料该选择,什么材料该放弃,不知道怎么突出重点,怎么突出中心。有的学生还将自己能想到的材料一股脑儿全写上去,成了材料的堆砌。

第三,规划意识不足。许多学生不会对写作做出整体规划,没有依据文体构建文章的思路,并依据主题组织文章的结构,导致逻辑不顺,中心不突出。

第四,审美意识不活。许多学生写作平铺直叙,不知道怎样才能把文章写得生动,不会从多方面细致描述,不会迁移课文中学到的各种写作手法,不会灵活运用语言文字,致使文章缺乏美感,可读性低。

上面的作文问题归因,作者用四个"意识"来概括,有高度,也有深度。当然第一条归结为学生的"受众意识缺乏",认为学生不太考虑"出题的老师想看到什么样的作文",既有合理性,也有较明显的教师中心和应试教育的倾向。

四、学生自主反思

教师进入教室,不马上主动讲评,而是发回作文本,让学生独立面对,自主反思,写下自评,先评价优点,再评价缺点,后反思出现问题的原因。

教师讲评后,让学生再次面对作文,自主反思,重新评价本次写作中表现出的优点和缺点,并写下调整的对策。

下面选取高、中、低三个学习层级的同学各三个,对比着呈现。

1. 张潇玉(高)

讲评前

优点:幽默风趣,能引发读者阅读的兴趣。

缺点:前后联系不够紧密。

原因:平时练笔多,写作水平比较高;但考试时思路有点混乱,想到哪就直接写下来了。

讲评后

优点:选点细小,语言细腻,表达新颖,情感真挚,将文章写得幽默又真诚。

缺点:过渡有些生硬。

对策:过渡要自然地承上启下,可以点题。

2. 韦佳睿(高)

讲评前

优点:记叙事件细致完整,情感真挚。

缺点:写得太长了,考试时差点来不及。

原因:下笔前没有想清楚,越写越多。

讲评后

优点:选材真实,记叙完整,语言流畅,情感真挚。

缺点:语言不简洁,事件后半部分显得比较仓促,没有快速突出重点,结构不协调。

对策:记叙要注意详略得当,要有选择地呈现事件,不能从头写到尾,语言要简练。

3. 吕沁哲(高)

讲评前

优点:写出了真情实感。

缺点:有些地方写得有点混乱。

原因:考场上没有想清楚,重复表达自己压力大。

讲评后

优点:叙议结合,内容丰富,部分语句写得巧妙。

缺点:结尾突兀,从"压力"到"动力"缺少过渡。

对策:可以引用一些名人名言,结合自己的经历来激励自我,完成从"压力"到"动力"的转换。

4. 吕美柯(中)

讲评前

优点:语言流畅,思路清晰。

缺点:叙事较多,自己的感想较少。

原因:考试时比较紧张,想不起来更多的感受。

讲评后

优点:选点细小,展开比较充分。

缺点:对"我"的塑造不够立体、饱满,立意不高,结尾也过于简单。

对策:增加一些内容,突出"我"的"成熟",结尾处可以引申到学习或为人处世上,来提升文章的立意。

5. 胡灿(中)

讲评前

优点:文章流露了真情实感,且观点积极向上。

缺点:语言不优美,写得比较普通。

原因:语言表达能力差。

讲评后

优点:感受真实,语言表达自然。

缺点:选点过多,平铺直叙,缺少细节描写。

对策:删减素材,深入描写最有感触的事。

6. 叶文渊(中)

讲评前

优点:紧扣题目,描写具体,感受真实。

缺点:有错别字和病句。

原因:粗心大意,对有些成语的意思不够了解,用错了。

讲评后

优点:选材真实,有些描写细致有新意。

缺点:前后语意矛盾;将"宽容"与"隐忍"混为一谈,离题。

对策:修改病句和错别字,修改素材,突出"宽容"的主题。

7. 小吕(低)

讲评前

优点:立意深刻。

缺点:卷面不清晰,思路超常。

原因:用哲学的眼光和数学的逻辑来看待时间,所以写得比较抽象。

讲评后

优点:有一段过渡写得生动,且突出了主题。

缺点:内容空泛,语言不流畅,思路不清晰。

对策:用正常的眼光来感受时间,叙述事件。

8. 小贾(低)

讲评前

优点:字迹清晰,有细节描写,叙事条理清晰。

缺点:错别字多,初中的改变不突出。

原因:写到后面才发现小学部分的内容写太多了,初中部分的内容写得太简单了,但没办法修改了。

讲评后

优点:卷面整洁,语言表达通顺,部分细节描写得生动形象。

缺点:选材太轻小,立意低,结构主次不明。

对策:选择典型的素材来表现初中学习的压力,还要注重延伸拓展,提升立意。

9. 小昊(低)

讲评前

优点:感受真实,思路清晰。

缺点:表达重复,没有细节描写,缺少真挚的情感。

原因:进入初中后,听到的道理最多,所以感悟多,叙事少。

讲评后

优点:语言流畅,感受真实,卷面整洁。

缺点:内容空洞,以道理感悟为主,主次不明,表达重复、口语化。

对策:减少小学部分的叙述,增加初中部分具体学习或生活的事情;将语言表达修改成通顺的书面语。

从他们前后两次的反思中,可以看出学生初步具备了自主反思、自主成长的能力,自我评价中肯,自主纠正认真,但仍存在两个问题。

第一,归因不准。一方面,他们的自我认识不充分,对写作的认知不全面,导致归因多停留在表层的行为上;另一方面,他们的归因主观性过强,缺少理性和科学性。

第二,对策偏小。他们是根据此次月考作文的问题提出的对策,比较直观;但适用范围狭小,通用性低,在后续的写作中容易再犯类似的问题。

上面的学生自主反思部分,作者列举了学生在教师讲评前后的反思个例,其中讲评后的反思大多体现了教师讲评的效果,比如学习层级偏低的小贾同学认为自己的缺点是"选材太轻小,立意低,结构主次不明",对策是"选择典型的素材来表现初中学习的压力,还要注重延伸拓展,提升立意",该反思呼应了作者对本次作文缺点的分析,体现了较好的针对性。而作者在分析学生反思的不足时,认为仍存在归因不准和对策偏小的问题,颇为深刻,体现了作者良好的理性思维。

五、学生再写作文

在教师讲评和学生反思后,让每人再写作文,自主纠正,努力发扬优点,克服缺点,并自觉运用对策。

下面各举前面所列九位同学中高、中、低三个学习层级中各一位的再写作文片段,看看他们是不是在反思中进步了。

1. 吕沁哲(高)

卷子发下来,周围立马有人问道:"你考了几分?"我赶紧拽住自己的试卷,脸烧得通红:"考得不咋地,不用看了!"我又偷眼去看别人的分数,一百多分的,九十多分的,比比皆是,看来大家都考得不错呀,这对骄傲的我来说可真不是滋味。我悄悄遮掩了分数,翻看着试卷,一道道错题都错在很低级的地方,看来回家后一顿责骂是免不了了。我又自责又害怕,忐忑了好久,还感慨初中的竞争压力真大。但转念一想,陈毅说过一句话:"大雪压青松,青松挺且直。"初中的压力就好比大雪,压弯了我的腰,但我终究是要直起身来的,这压力不过是在促进我蓄积能量,直到成功的那一刻。我要把压力转换为动力,比原来挺得更直。青松都可以,我没理由不行!

分析:发扬了原本叙议结合的优点,较好运用了对策,克服了过渡生硬、结尾突兀的问题,还自然地提升了文章的立意。

2. 胡灿(中)

两只眼睛的眼皮开始变得沉重,眨眼的速度变得越来越慢,老师讲课的声音好像越来越小了,脖子也支撑不住沉重的头了,我的头开始东倒西歪了,眨眼的速度也变成了十几秒眨一次……

分析:发扬了原本叙述真诚的优点,通过细节描写,基本克服了平铺直叙的问题,但语言表达比较朴素,用词多有重复。

3. 小贾(低)

从小学步入初中,许多都已改变,从作息到生活到为人处世,这些改变让人需要许多时间去适应,但正是这些压力使我们更加努力前行,为自己开辟出一条平坦的路。

分析:基本保持了表达通顺的优点,运用了拓展延伸的方式来提升文章的立意,但过渡简单不自然,结尾也戛然而止,不完整,之前的写作问题没有得到很好的解决。

上面这部分作者展示了三个不同学习层级的学生再写作文的个例,其中最后一个写得不到位,作者也如实展示,如实分析,体现了良好的研究作风。最后这个小贾的案例,既能让我们看到学习层级偏低的学生反思到位了但行动不一定到位;又能看到虽不到位但也走在进步的路上,他前面提出的对策是"提升立意",这里其实已经有所体现了。

六、总体效果评价

(一)学生自主成长方面

学生已经明确了考场作文的评价标准,写作前会从立意、选材、结构、语言四个方面规划安排,写作后也会从这四个方面评价作文,基本具备了自主评判、自主纠正的能力,并会将其迁移到日常写作训练中,继续强化。但学生在语言表达方面还存在较大问题,从再写作文中可以看出,部分学生虽然努力描写细节,但语言表述依旧比较平淡,缺乏生动性和表现力。其原因主要是观察不细致,感受不深入,用语不鲜活,模仿范例机械。在今后的写作训练中,要更有针对性地引导学生细心观察,用心感受,及时记录,反复完善,结合范例创新写作。

(二)教师科学引导方面

教师在作文改评与自纠过程中起到了科学引导的作用。如在学生自主评价前引导大家形成"真诚、细腻、个性化"的好作文标准的共识,在学生自主反思前引导大家形成正确归因的意识,在学生自主纠正前引导大家形成要求上的基本共识,以此逐步推进学生自主成长。但教师对改进对策的引导不到位,导致有的学生不知道提什么对策,多数学生提出的对策针对性不强或可操作性不高。今后教师应从写作技巧的角度引导学生自主归纳,然后自主迁移运用。

本研究改变传统作文讲评课教师单向批改、单向讲解、单向评价的教学方式,以"非指示性"教育理念为指导思想,引导学生自主评价、自主反思、自主纠正,稳步提升写作能力。实践证明,教师科学引导、学生自主实践的作文改评方式能让学生自主走向成长,并能让教师走向智慧发展。

上面的效果评价,作者既写优点,也写不足,还写以后的设想,比较全面,体现了严谨的研究态度。当然提出的设想"从写作技巧的角度引导"可能还不够,除了技巧,还需要储备语言,多阅读,多积累,多运用。最后一段的结语,表明了作者对改变传统作文改评方式的明确立场。

如果每位实习生都能在研究中获得深切的认识,那以后会成长得更快。同样,如果在职教师尤其是年轻教师也能做一做作业改评与自纠的研究,那也会获得理念的转变和能力的提升,极大地促进自己的专业成长,并让自己的学生更好地自主成长。

以上两个作业改评与自纠的研究案例,会让我们获得一个相同的启示,那就是不管是小学学段还是中学学段,只要教师主动转变观念,改变做法,引导学生自主纠正,他们就会相机改变,从被动转向主动,由依赖走向独立,从而走向自主成长。虽然不同学段、不同学生的成长幅度会出现较大的差异性,但都能迈出可贵的第一步。有了第一步,就可以继续向前,走一步,再走一步。

第十章　班主任工作

第一节　设计意图：做人文与科学俱佳的班主任

"非指示性"教育实习，要让师范生在学科教学的全过程得到专业培养，也在班主任教育的各方面得到专业培养，做人文与科学俱佳的班主任。

实习期间，师范生不太有班主任独立工作的机会。高校安排前往中小学实习的时间大多在下半年九月份的开学初，此时各个中小学的起始年级刚组建班级，班容还未成形，班风还不稳定，而实习大多又被安排在各个学段的起始年级。因此实习学校及实习年级的班主任大多不会或不敢把班级交给实习生管理，只让实习生辅助着做一些体力活为主的小事和杂事，或在广播操比赛或运动会之前帮忙组织排练。因此，与课堂教学的实习相比，班主任方面的实习往往不充分。

但是，师范生毕业后大多要从事班主任工作。即使刚走上工作岗位没有马上当班主任，也要把班主任的工作理念和工作方法运用到课堂教学的管理中去，让学生学得更有趣、更有序，也更有效。

如果实习期间没有得到充分锻炼，毕业后当班主任，就会从零开始，凭本能去做，班级全控制，教育全封闭，教师全指示，学生全被动，以教师为中心的"指示性"教育的做法就会本能地体现出来。现在中小学班主任队伍的专业性不容乐观，与当年实习期间没有得到理念和策略的基本培养有一定的关系。

中小学班主任队伍出现的各种问题，可以从本质上归结为两个：第一，缺少人文性；第二，缺少科学性。

一、缺少人文性

缺少人文性，大多源于缺少良好的教育理念。许多班主任还是沿用封建社会遗留下来的不平等、不民主的"指示性"教育的等级观念，教师高高在上，颐指气使，把自己的话当做"最高指示"，甚至公开说："我姓什么，这个班就姓什么！"把自己当做"土皇帝"。一旦出现违反班规的现象，轻则公开批评甚至公开辱骂；中则体罚，并把家长叫来学校一起接受教育；重则赶回家去"反省"数日甚至一周以上，变相"禁闭"，等到学生痛哭流涕、家长也千般求情才同意回校"留班察看"。班主任没有把学生当做平等的、独立的、积极的生命体，缺少人文关怀，缺少真诚爱心。即使有，也大多带着功利成分，把学生当作自己取得功名、评职评优的工具。如果问班主任：你爱自己的学生吗？估计绝大部分班主任都持肯定态度；但如果问学生：你的班主任爱你吗？估计为数不少的学生会持否定态度。著者写作此书时，就有一位同事的儿子就读初中，他的语文老师担任班主任，发现他月考成绩退步了两名，就拿起木棒狠打他的手,致使他一个多月不能顺利握笔写字。在这样的班主任眼里,学生只是分数,而不是生命。虽然苏霍姆林斯基一再告诫说:"请你任何时候都不要忘记:你面对的是儿童的极易受到伤害的、极其脆弱的心灵。"①

如果问:最不民主、最缺少人文关怀的地方在哪里?说不定许多学生和家长都会脱口而出:学校。他们的回答,有的带着偏激,让人不以为然;有的则是理由满满,让人感慨不已。现在的中小学班主任对学生大声呵斥或体罚的,并不在少数。有些专家呼吁国家立法,赋予中小学教师惩戒权,这种观点看似合理,但在目前的教育背景下,可能还缺少理性(这里排除鲁莽的家长对教师的报复性侵害)。2019 年 6 月 23 日公布的《中共中央、国务院关于深化教育教学改革全面提高义务教育质量的意见》确实也提出了这样的要求:"制定实施细则,明确教师教育惩戒权。"②但前提还是要"制定实施细则",防止权力滥用,避免学生遭殃。再说"惩戒权"一词用得并不恰当,毕竟是"惩"字开头的,把学生当成了"敌人"。教师该拥有的应是"教育权",而不是"惩戒权"。班主任(也包括任课教师)对犯错的学生需要把握这样的教育原则:不能对学生太放任,因为你是教师;也不能和学生太计较,因为你是教师。不能太放任,是说教师要体现自己的教育责任,让学生懂得怎么为人,怎么为学,不能让他们突破底线(这就是"制定实施细则"的应有方向)。不能太计较,是说如果学生在为人和为学方面犯了错,教师不能没完没了揪住不放,学生来学校学习如何为人、如何为学,本来就是在或多或少的试错中不断反思、不断纠正从而不断成长的,没有人天生就是完美的。

二、缺少科学性

缺少科学性,大多源于缺少良好的教育方法。班主任全指示、全控制,也全包办、全忙碌。大至家事、国事、天下事,小至吃饭、扫地、关窗户,不分巨细,样样躬亲。时而是慈祥的保姆,时而是严厉的管家。因此,班主任往往是主动者、辛苦者;学生则往往是被动者、空闲者。教师没有科学引导学生自主管理、自主教育,从而自主成长。

与上述"指示性"教育不同,有的班主任采用"非指导性"的教育,自己不管,放权给少数人,培养少数得力的"干将"担任班干部。但这些班干部是固定的,甚至是"终身"的。整个班级谁是干部,谁是群众,泾渭分明,定位明确。

上述两个班主任工作类型中,第一类"指示性"的管理是最不科学的,班主任的辛苦并不能换来学生的自主成长,反倒是阻碍了他们的自主成长。第二类"非指导性"的管理也是不科学的,班主任固定让这些人去管理班级,会让他们滋生优越感甚至超越感,对别人颐指气使;而那些被固定的群众,则习惯于被指挥、被安排,没有主动性和主人翁意识。角色定位将导致性格定位和能力定位,不利于学生良好心理和健全人格的形成。

苏联心理学家科瓦列夫曾对一对双胞胎女大学生进行长达四年的跟踪观察,发现她们从小学到大学都在同一个学校、同一个班级学习,但个性有着明显的差异。究其原因,是她们的教育要求有别。原来,在她们很小的时候,祖母就给她们做了角色上的定位,"把她们一

---

① 苏霍姆林斯基.给教师的建议[M].杜殿坤,编译.北京:教育科学出版社,1984:315.

② 中共中央、国务院.中共中央、国务院关于深化教育教学改革全面提高义务教育质量的意见[EB/OL].(2019-06-23)[2022-04-22].http://www.gov.cn/zhengce/2019/07/08/content_5407361.htm.

个定为姐姐，一个定为妹妹，并责成姐姐照看妹妹，为妹妹做出榜样，首先执行长辈委派的任务"①。久而久之，两人的个性特征就出现了明显的差异：姐姐形成了独立、主动、外向、果断的个性特征，而妹妹却形成了依赖、被动、内向、寡断的个性特征。

角色定位下的班级管理，只有班长等少数班干部能形成主动的个性心理，大部分学生都扮演着妹妹型的角色，这不符合教育的终极目标。我们要培养的学生，必须具有良好而全面的性格和能力。要让每人都当当班干部，又都做做群众；既有领导的能力，又有服从的意识。真正意义上的班级自我管理，应打破角色定位，培养健全人格，焕发生命活力。

因此，师范生在班主任实习工作不易得到独立开展的情况下，更要珍惜实习机会，主动和班主任指导教师联系，有意识地锻炼自己的教育能力——既锻炼面对特殊个体的教育能力，也锻炼面对班级集体的教育能力，让自己在班主任教育理念和教育方法上都得到基本的锻炼和培养。

"非指示性"教育下的班主任工作实习，既要杜绝以教师为中心的忽视学生自主成长的"指示性"教育，也要警惕以少数学生为中心的忽视全体学生培养的另一种"非指导性"教育。实习期间能在班主任工作方面起步，以后走上工作岗位独立当班主任，就会继续改变和突破。

第二节　实施要求：自主尝试教育的爱心与智慧

要让实习生在班主任工作中得到专业训练，就要设计实施要求，分别在学生的个体教育和集体教育两方面开展专项训练，自主尝试教育的爱心与智慧。

设计要求，既要体现高校带队指导教师（包括中小学班主任指导教师）的科学引导，也要体现实习生的自主实践。师生双方在理念上产生共鸣，在策略上形成共识，就能在实施中获得改变与突破。

实施要求包括质性和量化两大方面。

一、质性方面的实施要求

（一）确立教育原则

不是指示，而是引导；不是灌输，而是唤醒。要将教师从上到下、由外而内的单向说教转向引导学生从下到上、由内而外的自主教育。即从占主流的"指示性"的教育原则转向"非指示性"的教育原则。

确立教育原则，是为了转变班主任实习工作的教育理念。不管是面对学生的个体教育还是集体教育，都要坚持这个原则。

（二）尝试教育新规

从每天都可能遇到的个体学生应激性犯错（比如与同学争吵打架、与任课教师顶嘴闹别扭等）的处理开始锻炼，改变把应激性犯错的学生叫过来不问青红皂白就劈头盖脸地训斥一通，甚至痛骂一顿，然后让他走人"滚蛋"的简单粗暴而又低级本能的"指示性"的"教育常

---

① 杨善堂，等.心理学原理与应用（上）[M].东营：石油大学出版社，1996：207.

规",转向尝试"非指示性"的"教育新规",立足学生,渐进引导,通过六步骤的六句话,引导学生对自己的错误自主判断、自主反思、自主纠正,从而自主教育、自主成长。

第一步,平静地询问他:"到底发生了什么情况?"引导学生自主表达,并在表达中放松心情。

第二步,温和地询问他:"当时你是什么感受?"引导学生真实表达,并在表达中获得心理宣泄。

第三步,平和地询问他:"现在你又怎么看?"引导学生理性表达,并在表达中获得客观认识。

第四步,关切地询问他:"接下来你要怎么办?"引导学生真诚表达,并在表达中获得自主改变。

第五步,真诚地询问他:"老师能为你做些什么?"既让学生感到温暖,也让学生说出自己的需求。

第六步,热情地告诉他:"老师对你有了新的认识。"积极评价学生的自主教育表现,让学生获得及时的鼓励和肯定。

同时从隔几天就可能遇到的班集体家常性犯错(比如自修课吵闹、广播操不认真、做作业不细心等)的处理着手锻炼,改变进入教室后就面对家常性犯错的全体学生怒气冲天地臭骂一场,并警告一通、威吓一番,甚至发出"最后通牒",然后扬长而去不闻不问的"指示性"的"教育常规",转向尝试"非指示性"的"教育新规",立足班级,组织讨论,积极引导学生通过四步骤的四句话交流,对班级问题自主反思、自主改进,从而自主教育、自主成长。

第一步,谈谈表现。让大家主动谈谈班级有哪些不良表现,引导全班冷静面对。
第二步,说说危害。让大家理性说说这样会带来什么危害,引导全班深入反思。
第三步,提提对策。让大家积极提提改变现状的具体对策,引导全班主动改变。
第四步,形成共识。让大家主动说说可以形成的有效共识,引导全班一起向上。

实习生在班主任教育工作中面对学生的个体教育和集体教育,都尝试以上"教育新规",就能不断强化"非指示性"教育的理念和策略,并逐渐抛弃乃至完全摒弃自身也可能有的低级本能的"指示性"的"教育常规"。苏霍姆林斯基说:"我深信,只有能够激发学生去进行自我教育的教育,才是真正的教育。"①

(三)选择教育内容

主动选择一些有针对性的教育内容,以对学生有计划地开展个体教育和集体教育。这些教育内容包括学生的学习、情感、意志、消费、休闲、交往、职业与前途等多个方面。

对学生开展个体教育的专题训练和系列实践,可在选择一些教育内容后,确定几个不同方面有代表性的"特殊学生",作为教育的重点对象。

对学生开展集体教育的专题训练和系列实践,可在选择一些教育内容后,确定几次班团(队)活动课的主题班会,作为教育的重点话题。

每人可从下面的高中全学段班集体主题教育的课程设计②受到启发,立足各自的实习学段,根据不同的学生情况,选择一些有针对性的教育内容(入职后则可仿照该课程设计出

① 苏霍姆林斯基.给教师的建议[M].杜殿坤,编译.北京:教育科学出版社,1984:341.
② 郑逸农,徐须实.高中生"减负增效"对策的实验与研究[J].教育科学,2000(2):14-15.

自己的全学段主题教育课程)。其中括号中的"一上 2"表示安排在高一上学期第 2 次,其余类推。该课程的教育内容在不同学段有不同的侧重,课时数量也有所不同,高一最多,22节;高二次之,19 节;高三较少,16 节,呈金字塔式结构。这些课程在班团(队)活动中以主题班会的形式进行。

学习方面:(一)学习心理:1.树立学习自信心(一上 2)/2.明确目标,促进学习(一上 3)/3.越学越有劲——提高兴趣,促进学习(一下 3)/4.加足马力——以成功体验增强学习动机(一下 4)/5.正确归纳学习成败的原因(二上 1)/6.十年磨一剑,今日显锋芒——高考应试心理的培养(三下 7—8)。(二)学习方法:1.高效制订计划(一上 5)/2.高效预习(一上 6)/3.高效听课(一上 7—8)/4.高效记忆(一上 9)/5.高效做笔记(一上 10)/6.高效做作业(一上 11)/7.高效复习和总结(一上 12)/8.正确评价学习效果(二上 2)/9.掌握应试技巧(二上 10)/10.交流学习经验(二下 1)/11.掌握阅读技巧(二下 2)/12.掌握高三学习与复习的方法(三上 3)。(三)学习能力:1.培育智慧的花朵——思维能力的培养(二下 3—5)/2.开发人的右半脑——想象能力的培养(二下 6)。

情感方面:1.有缘四方来相会——相互介绍,形成归属感(一上 1)/2.寸草报得三春晖——孝敬父母(一下 5,母亲节前上)/3.绚丽多变的彩虹——接受青春期变化(一下 6)/4.天生我才必有用——发现长处,树立自信心(一下 7—8)/5.发掘闪光点——发现他人长处,尊重爱护同学(一下 9)/6.班荣我荣——培养责任感,热爱班集体(一下 10)/7.享受快乐——爱自己、爱同学、爱班级带来的快乐(一下 11)/8.天下兴亡,匹夫有责——承担起社会责任(三下 2)。

意志方面:1.学会自我约束——抵制诱惑(二上 3)/2.学会自我调节——摆脱消极情绪(三上 1)/3.学会自我磨炼——承受挫折(三上 2)/4.行百里者半九十——中学的最后冲刺(三下 1)。

消费方面:1.珍惜劳动果实(一上 4)/2.珍惜金钱(一下 1)/3.合理有计划地用钱(一下 2)。

休闲方面:1.科学安排休闲时间(二下 9)/2.有效落实休闲计划(二下 10)。

交往方面:1.悦纳自我(二上 4)/2.注重社交第一印象(二上 5)/3.真诚与他人交往(二上 6)/4.学会微笑(二上 7)/5.学会倾听(二上 8)/6.掌握赞扬的艺术(二上 9)/7.克服嫉妒心理(二下 7)/8.正确认识竞争(二下 8)/9.学会与异性交往(三上 4)/10.了解异性喜欢的行为(三上 5)/11.学会与长辈交往(三上 8)。

职业与前途方面:1.从事职业的意义(三上 6)/2.不同职业与成功(三上 7)/3.选择职业的技巧(三下 3)/4.培养职业理想和敬业精神(三下 4)/5.求职的技巧(三下 5)/6.职业成功的优势(三下 6)。

(四)设计教育方案

先学习"非指示性"理念和策略,再学习教育学、心理学及心理辅导的基本理论,然后设计教育方案,认真备课(班主任也要备课,不管是对学生的个体教育还是集体教育),然后用心实施,细心记录。

1.设计学生个体教育的方案,可按以下基本格式撰写——

教育类型。如学习提高类、情感纠偏类、意志完善类、行为纠正类、交往调整类等。

教育对象。写学生个体的姓名。

问题表现。简洁、准确、全面地分条叙述。

引导设想。简洁、准确、全面地分条与分步叙述。

实施情况。或一次性实施,或连续多次实施。

效果反馈。如实记录,跟踪记录。一次性实施有前后效果对比,多次实施有连续性效果提升。

自我评价。既评价教育活动中的优点,也评价教育活动中的不足。

2. 设计学生集体教育的方案,可按以下基本格式撰写——

设计说明。写四段话,分别介绍设计缘起、设计目的、设计理念和设计程序。

设计过程。先写每个活动环节的序号、名称,再另起一行写该环节的具体内容。其中每个主体环节后面还要在实施后加上"课后补记",主要补记学生(有真实姓名)的发言,有时也补记活动现场的气氛、表现等有价值的信息。

课后自评。写四段话。第一段写该主题班会的实施时间、实施学校和实施班级;第二段写总体评价,评价自己组织的这堂主题班会课的活动效果;第三段(或分几个小段写)写学生在自主成长方面做得如何,写优点,也写不足;第四段(或分几个小段写)写教师在科学引导方面做得如何,写优点,也写不足;既评活动的实施,也评活动稿的设计。

以下为其中的"设计过程"的基本程序:

第一步:教师激趣引入。通过激趣引导学生走进教育话题。第二步:教师展示案例。通过正面或反面的案例,引导学生思考该教育话题。第三步:学生体验反思。引导学生面对案例,在体验中反思,先个人进行,再小组讨论,后班级交流。第四步:教师介绍原理。一般先介绍理论后介绍实践,让学生懂得该怎么做。第五步:学生对照剖析。对照原理说说自己存在哪些问题,以后该怎么改进。第六步:学生交流收获。先书面写后口头说,在交流中提高班级共识。第七步:教师总结提升。通过艺术性与激发性俱佳的总结,继续提升班级共识。

前面的"尝试教育新规"用于非计划的日常教育、应时教育,这里的"设计教育方案"用于有计划的专题教育、系列教育。两者相互补充,同时运用。

(五)拓宽教育范围

如果实习条件允许,实习生在征得班主任指导教师同意和支持后,还要开展以下两方面的活动,拓宽教育实践的范围。

一是开展生日赠言活动。给生日的同学写生日赠言,每人写一张,班委也写,班主任也写,生日者也写。利用生日这个重要的人生节点,引导生日者自我认识、自主教育,并发挥班集体的教育作用。让每一个生日班会,都给生日的同学留下难忘的记忆和成长的印记。

二是开展班长竞选和班干部轮换活动。每一两月定期进行,既让学生自主管理班级,也打破角色定位,培养健全人格,焕发生命活力。

著者当年开展"非指示性"教育改革,就是从班主任工作开始的。始于参加工作后的第二年1988年(2000年发表《"非指示性"教学模式初探》则开始了学科教学改革)。先组织班长竞选和班干部轮换,后又增加了生日活动。

(六)评价教育效果

不管是对学生进行个体教育还是集体教育,都要在实施后评价教育效果。

教育效果是否好,一看教师的引导是否科学,二看学生的成长是否自主。

一般先总体评价教育效果,再具体评价学生在自主成长方面取得的效果,后具体评价教师在科学引导方面取得的效果。评价优点,也评价不足。

不管是非计划的日常教育、应时教育,还是有计划的专题教育、系列教育,都要主动评价自己的教育效果。后者还要以书面的形式直接写在如前所述的教育方案后面。

二、量化方面的实施要求

（一）个体教育方面

每人选择五六个不同类型的特殊学生(包括学习、情感、意志、行为、交往等类型),进行定制式的教育和连续性的引导,形成较为典型的特殊学生教育案例。案例有前后的对比,有跟踪式的多次记录。

（二）集体教育方面

每人策划两三次集体教育的主题班会,在实施中形成较为典型的教育案例,其中一次要形成具体的设计及实施案例,展示教师的具体引导,也记录学生的现场表现。

有了以上质性和量化的具体实施要求,才能保证实习生在班主任工作中取得良好的实习效果。

第三节　案例展评:体现爱心与智慧的教育案例

经过教师的科学引导和实习生的自主实践,班主任实习工作在理念和方法上都能取得一定的成效(成效大小与实习生自身的努力以及班主任指导教师的支持与放手有较大关系),并都能形成书面的成果报告。之后由预先做好分工的相关实习生担任主编和编辑,完成实习专辑《特殊学生教育及自评》和《主题班会设计及自评》。

下面展示的案例分两类,一类是对特殊学生的个体教育,一类是对整个班级的集体教育。第一类选自前一个专辑,第二类选自后一个专辑。两类都选了小学和中学两个学段。案例中学习弱势学生的真实姓名均隐去,以化名代替。

案例第一类:对特殊学生的个体教育

一、小学学段的特殊学生教育

下面是实习生章勤依的教育案例,实习年级为三年级。

她对情感纠偏类、行为纠正类等方面的特殊学生进行了定制式的教育和连续性的引导。

（一）对情感纠偏类特殊学生的教育

教育对象:何燕蝶。

问题表现:何燕蝶是一个十分乖巧、文静的女孩子,但她与家长沟通交流时,态度冷漠,与在老师面前大不相同,同时学习积极性不高。经分析,是单亲家庭且母亲忙碌缺少关爱与支持所致。具体表现为:第一,与家长相处态度冷漠甚至恶劣,但在学校十分听话、乖巧,与同学相处很温和;第二,在校时性格内向,不善于沟通与表达;第三,学习积极性不高,周末作业完成情况较差。

引导设想:帮助何燕蝶打开心扉,能主动与母亲交流,变得开心活泼,且积极主动。第一，通过沟通了解具体情况，并拉近与她的距离，给她倾诉的途径；第二，给她一些建议，鼓励她积极主动地向母亲表达爱意。

实施情况：连续多次实施。

第一次交流。在大课间的时候，带何燕蝶去校内便利店买班级需要用的胶带。我先预设了两个问题，第一个是周末作业为什么总是没有完成？第二个是小姨和妈妈对你不好吗？怎么看上去你不喜欢小姨？但何燕蝶一直沉默，只说作业不会写。

第二次交流。创造轻松的对话环境。在大课间自由活动的时候，跟何燕蝶和其好朋友徐溪优一起玩拍手的游戏。我先问在周末都干些什么事情，会去哪里玩，徐溪优说她会去上英语课等等，何燕蝶也说自己会上辅导班，学跳舞。我顺势问何燕蝶学跳什么舞，妈妈会不会送你去上辅导班。她回应说一般都是小姨送她去，有时候妈妈送她。我问她能不能跳给我们看看，她不愿意，我说你一定跳得很好，回家可以跳给妈妈看。回到教室后，何燕蝶送了一个小皇冠给我。小皇冠是笔头上的装饰品，她认为这是一个宝贝。

第三次交流。我问何燕蝶上周学了什么舞蹈，有没有跳给妈妈看。何燕蝶说跳给妈妈看了，妈妈说她跳得真好看。何燕蝶说话的时候，语气里面带着一点自豪和喜悦。我问她小姨每个星期都来接你，你有没有跳给小姨看。她回答说小姨也看了，也说好看。我继续拉近她们之间的距离，说你妈妈和小姨都真心爱你，也很关心你。上次送给老师的小皇冠很好看，你有什么礼物也可以送给妈妈和小姨呀。如果你想要妈妈或者小姨带你去哪里玩，或者帮你做什么，如果她们做到了，你就送礼物给他们。老师知道你是很爱妈妈和小姨的，要是你不说，她们怎么会知道呢？之前的家长会上，我已经特意叮嘱过家长，对于孩子送的东西，不要表现出嫌弃或者不在乎，这样会伤害孩子。所以家长已经有珍惜孩子送的小礼物的意识。

效果反馈：

第一次实施效果不佳。何燕蝶并没有在实施后表现出主动与妈妈及小姨沟通的欲望。在我面前不想谈及她妈妈和小姨。

第二次实施有一定效果。我通过游戏与交流拉近和她的距离，并且有她的好朋友徐溪优在身边，能够调动何燕蝶的交流积极性，从而更多地了解何燕蝶的家庭情况与学习情况，并借机鼓励她与妈妈及小姨沟通交流。

第三次实施也有一定效果。在实施的那一周，我建议何燕蝶将手工课上制作的一个面具送给妈妈当礼物。回来后我再次和何燕蝶沟通，问这个星期她干了什么，她说妈妈送她去学跳舞，还带她去吃火锅，教她写了一篇作文。

家长与孩子之间的问题是双方的。由于学校不喜欢实习老师过多干预班级，我只能私下与学生沟通，虽然效果有限，也不容易观察，但从我和何燕蝶的沟通中发现她会讲更多与妈妈和小姨之间的事情。这一方面可能是我和她的关系越来越亲密，另一方面可能是我对她进行了连续性的引导。

自我评价：

优点是：由于何燕蝶不愿向他人吐露自己与家人不愉快的相处经历，因而我不正面和她谈论如何与家人相处，而在课余时间通过聊天了解她与家人的相处情况，发现其中的问题，并通过暗示或明示（提建议）的方式引导她主动与家人沟通，表达爱意。缺点是：由于时间有限，没有让学生放下芥蒂，正视她与家人之间的问题；也缺乏后续跟进，难以保证教育效果的持久性。

(二)对行为纠正类特殊学生的教育

教育对象:刘宇恒。

问题表现:第一,课堂上忍不住讲话,随意插嘴;第二,想要发言没得到同意不肯罢休。

引导设想:一是肯定他认真听课的积极性;二是引导他理解自控的重要性;三是让他想办法增强自我控制力,并给他一些建议。

实施情况:连续多次实施。

第一次交流。让刘宇恒先回忆自己的课堂表现,说说自己做得好的地方和有欠缺的地方,同时肯定他上课认真,思考积极,善于发言。然后引导他发现,课堂不是一个人的,要注意场合。并且跟他说:暂时难以做到完全控制自己,但可以给自己机会学着有所控制。能懂得场合,有所控制是一种非常重要的能力,这对你的人生会非常有帮助,会避免不必要的麻烦,还能显出对他人的尊重,并以此赢得别人对我们的尊重。所以,老师及爸爸妈妈都期待你能养成自我控制和尊重他人的品质和能力,你愿意吗?刘宇恒表示愿意,于是我们达成一节课控制自己一次的共识,能控制两次就更好了。我要他下课之后跟我分享自我控制的喜悦。

第二次交流。第二天刘宇恒跟我说他觉得自己很自豪,还想自我控制更多次数。我给他提出保证两次,能够三次就更好。同时,希望他的发言更简洁、更准确一些,不要说起来没完没了。但是刘宇恒说不知道怎么说得简洁、准确一点。我说,在老师提出问题后,要马上开始思考,等老师说我请谁来回答的时候,再举手。

这之后,我上课时有意识让刘宇恒在思考之后起来回答,并且对他近期的表现提出公开表扬。我说:以前刘宇恒上课的时候总是"我我我"地乱举手,但是我最近听课都在仔细观察你,发现你现在越来越能控制自己,举手很规范,回答也很准确。

效果反馈:

第一次交流后,刘宇恒理解了在课堂中倾听他人发言的重要性,并产生了自我控制的欲望。改善了课堂上随意插话的问题,提高了举手发言的规范性。

第二次交流后,刘宇恒在课堂中自我控制的能力有所增强,回答问题的准确性也有所提高。

自我评价:

优点是:给予学生充分的尊重与鼓励,通过引导让学生自主判断,明辨是非,并自主纠正,提高自我管理能力。缺点是:教师花在他身上的时间虽然不少,但两次教育引导,次数偏少;由于班级中存在此类问题的学生较多,教师可继续以他为点,点面结合,既继续教育他,也同时教育其他学生。

(三)对行为纠正类特殊学生的教育

教育对象:徐晴河。

问题表现:第一,手脚闲不住,在课余时间经常和其他同学发生矛盾;第二,爱打小报告告状,也总被告状。

引导设想:揪出问题背后的心理,引导他看到自己行为与需求之间的不一致,找到正确处理的方式,又不会觉得失落。

实施情况:一次性实施。

周三中午的午休时间,我找来了徐晴河直切主题:"老师经常听说你跟人打架,为什么会发生这么多呢?"徐晴河马上回答,都是别人先惹我的,同时举了很多同学冒犯他的情况。我借机肯定了他,说你本来是不想跟同学发生矛盾的,这样的意识非常好;但故意激怒你的情况可能会再发生,你觉得他们故意激怒你的目的是什么?徐晴河说,他们觉得好玩呗。我继续引导:他们是让你陷入麻烦之中,给你制造麻烦,让你被老师批评。你被他们牵着鼻子走了,而且每次你都让他们得逞了。从某种意义上说,你被他们操控了,他们让你愤怒你就愤怒,让你动手你就动手,你拱手让出了主动权。你经常被告状,老师要经常批评你。首先,你要明确自己的需求和想要的结果是什么。你是不是想证明自己比他们成熟一些,想证明自己比他们好?是不是希望得到尊重,哪怕确实是他们不小心伤害到了你,你也希望他们说一声对不起来显示对你的尊重?但是这样的要求你是不是做到了呢?徐晴河没有说话。我看他默认,继续说,这就是问题所在,我们想要的和我们做的不一致。我知道你也不想惹来更多的麻烦和痛苦,但我们的反应恰恰给我们带来了更多的麻烦和痛苦。当他们故意激怒你的时候,你的自动反应就是他们故意在弄我,我不能让他们欺负我。你就做出了对抗的举措。你需要调整你的想法,可以这样想:他们在我面前这样表现,是想要影响我,把我带到麻烦里去,我不能让他们得逞,我需要反过来影响他们,让他们停止这种不文明的游戏。我不想陷入两败俱伤的场面,我可以把他们的挑衅,当作我人际交往能力锻炼的机会。如果我想不出办法,我还可以请老师帮忙,至少,我不想把事情搞砸。这样想还会让你自己陷入麻烦中吗?

效果反馈:

这次谈话的效果并不明显,打架告状的情况还时有发生。他也知道打架不是最好的处理方式,也想改善,但不知道该怎么做。

自我评价:

优点是:不采用批评教育的方式来控制学生的行为,而是站在学生角度,帮助他分析自己的行为表现和问题根源,引导学生遇事冷静、改变对策。辅导后该学生的行为有所改善。缺点是:在辅导过程中,教师主动分析而非学生自主反思,缺少深刻自省,导致学生虽有所收敛,但没过几天又基本和原来一样了。

上面的案例,作者章勤依选择了三个典型的问题作为自己开展特殊学生个体教育的内容:单亲家庭中的女生情感交流的问题;好说话的男生喜欢课堂插话的问题;好动手的男生和同学发生冲突的问题。这三个问题在小学阶段普遍存在,是班主任需要面对而又不易解决的问题。

小章同学对这三个问题分别采取了相应的教育对策,体现了自己的爱心和智慧。当然第三个问题的教育对策稍显粗糙(一次性实施也偏少),不太适合小学学段,教师的说教也偏多,且以贬低他人来教育此人的方式也不妥(但这种教育方式在中小学教师中普遍存在着,绝不是小章自创的)。如果还有教育的机会,可以继续往教育的深处走,比如面对这位亲情方面的"问题"女生,教师可引导她直接面对父母的离异,从中获得理性的情感态度,坦然面对他们,并悦纳自己,也悦纳同学和老师;比如面对喜欢说话和喜欢动手的"问题"男生,教师还要多学习儿童心理学知识,了解好说话和好动手学生的身心特点,跳出道德层面看学生,更有针对性地进行教育引导。

二、中学学段的特殊学生教育

下面是实习生盛艳梅的教育案例,实习年级为高一。

她对学习提高类、情感纠偏类、行为纠正类、意志完善类等四个方面的特殊学生进行了定制式的教育和连续性的引导。

(一)对学习提高类特殊学生的教育

教育对象：范穗洲。

问题表现：文言文阅读能力差；书写水平差。

引导设想：

1. 提高文言文阅读能力方面

第一步，了解他的文言文阅读情况；第二步，让他整理出常见的文言虚词意义、词类活用、特殊句式等；第三步，和他一起做一篇文言文，并引导他如何阅读文言文，如何解题；第四步，让他每天读一篇文言文，并自主查阅不懂的字词。

2. 提高书写水平方面

第一步，先看看他的书写情况；第二步，找出字帖的字让他自己对比，说说自己的不足在哪里；第三步，按照字帖每天练到位 10 个字。

实施情况：连续多次实施。

第一天：文言文方面，我先通过检测了解到他文言文功底确实很差，许多基本字词的意思都搞不清楚，再把事先整理好的资料送给他复习。接着和他一起做文言文《学舍记》，做题期间我先让他口头翻译给我听，我再适时指出错误之处，并告诉他做题的方法，诸如用排除法等。但这一切的前提是要有较为扎实的功底，这就需要平时多积累，因此告诉他从今天开始每天阅读《古文观止》一篇，并查出不懂的字词。书写方面，通过对比他意识到自己书写很随意，大小不匀称，更谈不上笔锋。因此我让他第一周对着字帖把字写工整，写匀称。

第二周：文言文方面，我检查上一周的课外阅读情况，并挑了一篇比上次难度稍大一点的文章让他翻译一遍，并适时指出错误之处，最后再让他做后面的题目。书写方面，检测上周他写过的字，并给他指出问题。

第三周：文言文方面，针对他虚词学习薄弱的问题，我让他自主归纳常见的虚词，然后拿一篇文言文虚词题目来检测他。书写方面，检测他上周写过的字，并提高要求，要他写出笔锋。

效果反馈：

一周后：文言文方面，我检查他的《古文观止》，有五篇文章已经做了笔记。再给他做一篇较为简单的文言文，发现三道选择题错了两道，句子翻译基本意思是对的，说明他大致读懂了文章，但是某些字词的意思还存在疑惑。书写方面，字不再那么大了，写得比之前匀称一些，但是依然歪歪扭扭。

两周后：文言文方面，他基本能理解文章的意思，文言虚词方面还是较弱，虚词的用法和意义易混淆。书写方面，大小较为匀称，能基本做到横平竖直。

三周后：文言文方面，他能归纳出虚词较为常见的用法，但归纳得不完整，需要我继续补充。虚词题目做对了，但对每个选项的意思理解还是模棱两可，说明有些字词还不够扎实，但已经比第一天进步了很多。书写方面，基本能大小均匀，某些笔画有笔锋的迹象，但不够明显。

自我评价：

这三周对于范穗洲同学来说是改变自我、提高自我的三周，对于我来说也是提高教育能力的三周。优点是：我遵从"非指示性"教育理念，引导学生自主反思，自主整理，而不是单向灌输，主动给他整理；我能循序渐进地引导他逐步提高，不断发现问题，解决问题，进而提高要求，让他不断进步。缺点是：时间不够长，只实施了三周，后续缺乏跟踪，不能保证他最终的学习效果。

(二)对情感纠偏类特殊学生的教育

教育对象：王宏平。

问题表现：因为体味重而被同学嘲笑导致自卑。

引导设想：引导他正确面对自己的生理现象，也引导他与周围的同学友好相处。一是让他主动说出经常闷闷不乐的原因，让他说出自己的想法；二是让他知道这是正常现象，只要勤洗澡勤换衣就好了；三是找经常取笑他的同学谈话，改变周围的不友好氛围。

实施情况：一次性实施。

教师：看你经常闷闷不乐的，怎么了？

王宏平：没什么。

教师：没关系，你有什么想法都可以说出来，说不定我可以帮上你。

王宏平：嗯……我体味比较大，同学们会嘲笑我。

教师：那你是怎么看待自己的呢？

王宏平：我也觉得味道大，都不敢剧烈运动，怕出汗，怕被别人说。

教师：其实你完全不用有心理压力，要知道有体味是正常的生理现象，只是不同的人种有不同的味道。比如说，黑肤色的人他们的体味就很大，西方人体味也比我们大，只是黄种人相比之下体味比较小而已，你恰恰是这一群味道小一些的人里面突出的那一个，其实你认为的重体味在外国人群体里压根儿就算不上什么。而且，外国人也不觉得这是什么生理缺陷，他们把它看作正常的生理现象。所以，不要觉得这是什么可耻的事情，它是正常的。当然，你也需要勤换衣服勤洗澡。每天都清清爽爽的，他们自然也就没有什么理由来嘲笑你了。平时也要注意和同学们增进交流，不要因为自己的身体原因而远离群体，其实同学们并没有你想象的那么恶意，一旦你和他们打闹在一起，他们并不会嘲笑你，反而会包容你，接纳你。平时，哪些同学会说一些让你比较伤心的话？

王宏平：吴宙辉。

教师：好的，你要让自己变得有底气，你没有做错什么，因此完全没必要闷闷不乐的，过好每一天就是了。

王宏平：老师我知道了，谢谢！

找吴宙辉谈话。

教师：问你一个问题，当你的同学伤心难过时你会怎么办？

吴宙辉：安慰他。你问这个问题干吗？

教师：现在有一个任务要交给你去做，王宏平情绪比较低落，你想方设法让他开心起来。这段时间我都会观察他。如果你做得好，就把你作为榜样人物让全班都向你学习。

吴宙辉：哇！那我去试试。

效果反馈：

谈话后的一周内我都会时不时关注王宏平和吴宙辉的情绪。王宏平的表情舒展了很多，也会和同学说笑了，吴宙辉有时候会跟他开玩笑，但没有恶意。这次谈话收到了较好的效果。

自我评价：

优点是：让学生主动说出困惑，并顺着学生的话来引导他，给他自信心和安全感。对于嘲笑别人的同学，也没有采取批评的方式，而是以换位思考的方式去教育。缺点是：一周后的观察量较为欠缺，不能保证王宏平的自卑心理完全消除。

(三)对行为纠正类特殊学生的教育

教育对象：张东方。

问题表现：自习课喜欢与前后桌说话。

引导设想：引导他发现自己的问题，从而主动调整。先问他如果十分是满分，给自己在自习课的表现打分，会打几分；再问他觉得自己哪里做得不足，并让他说说以后准备怎么办；然后主动问他能为他做些什么；在学生主动表达后，教师说说对他现在的新认识。

实施情况：一次性实施。

教师：如果10分是满分，让你给自己自习课的表现打分，你准备打几分？

张东方：6分。

教师：为什么打6分呢？

张东方：老师我知道你为什么找我，因为我经常讲话。

教师：你很聪明啊，我不用开口你就知道我的用意了。那说说以后准备怎么办。

张东方：以后我不在自习课说话了。

教师：自习课说话会影响其他同学的学习，还影响班级纪律，确实是一种不好的行为。为了帮你纠正这个行为，我能为你做些什么呢？

张东方：你就负责监督我。

教师：如果你还在自习课说话呢？

张东方：那你看着办好了。

教师：要不就背《古文观止》？

张东方：好，我保证不说话了。

教师：我现在对你有了新认识，你是一个知错能改的人，我相信你可以很好地管理自己。

效果反馈：

当天晚自习张东方确实没有说话，整整一周的语文晚自习他都较为自律，除了偶尔会与同桌交流几句外，没有出现与先前那样旁若无人地说话了。谈话效果良好。

自我评价：

优点是：我没有批评学生，而是让他自主判断，自主纠正，从而自主成长。我对他表扬也给了他动力，并显示了教师对他的信任。缺点是：我应该让他自己认识到自习课说话的坏处，而不是这么主动地说出来。

(四)对意志完善类特殊学生的教育

教育对象：李和敏。

问题表现：月考完情绪低落，自我认同感下降；做事三分钟热度，难以坚持。

引导设想：通过谈话，让他获得自我调整。先了解他考完试后一直不开心的原因；然后因势利导，安抚情绪；之后让他说说自己哪些方面需要改进完善；最后问他老师能为他做些什么。

实施情况：一次性实施。

教师：这几天看你情绪不是很高涨，跟往常不太一样啊，怎么了？

李和敏：月考成绩太差了，有点难受。

教师：考试只是为了检测自己前一段时间的学习效果，为了提醒大家哪些地方弄懂或者没弄懂。你因为自己考得不好而难过，说明你很有上进心，也会反思自己，我相信你下次一定可以进步的。但是你要从这样的情绪里走出来，冷静地想想前一段时间的学习是不是还存在问题。你觉得哪些地方是需要改进完善的？

李和敏：我觉得我没有恒心，不能把一个习惯坚持下去。

教师：把你心里的想法都说出来。

李和敏：比如之前我觉得睡觉前在脑海里复习一下一天所学的知识是个很好的做法，但是我只坚持了两天，后来感觉太累了就直接睡觉了。我记性不太好，不去复习就会忘记，然后又懒得坚持去复习，最后考得这么差。

教师：那我可以为你做些什么呢？

李和敏：我不知道怎么才能让自己保持每天复习的习惯，你能帮我想想办法吗？

教师：首先，我觉得你这种愿望是比较强烈的，但是意志比较薄弱，所以难以坚持下去，坚持不下去愿望实现不了，这样就形成矛盾，因此你会感到难过。其次，关于怎么去保持复习的习惯，也就变成了怎么增强自己意志的办法。我觉得你可以采取循序渐进的办法，比如你头三天先只在脑海里回忆某一门课的知识，遇到回忆不起来的，先拿便签记下来，第二天再去解决；后三天再回忆两门课；再后三天回忆三门、四门……其实有时候你不需要每一门课都在脑海里温习得完完全全，比如学习了一种新知识，你如果弄懂了，那么你就会做这一类题，你不需要每一题都去回顾，也就是要学会融会贯通，这样才能事半功倍。通过循序渐进以及融会贯通的办法可以让你省时高效地复习，也能让你保持复习的习惯。

李和敏：那我今天试一试，谢谢老师。

效果反馈：

一周后，他告诉我这一周都坚持复习了，但是都只能复习到一课就困了，也就没有勉强自己。

两周后，他说自己尽量每天回忆两门课的内容，如果哪一天没有复习，心里会有点罪恶感。

自我评价：

优点是：能让学生先抒发自己的情绪，再主动问学生需要为其提供什么帮助，以便对症下药。从而实现了让学生从下到上、由内到外的自主调整。缺点是：我只问了他复习的进度，却没有关心复习的质量和效果，不够细心。

上面这个案例，作者盛艳梅选择了中学学段中颇为典型的四个问题作为教育内容：文言基础差、写字基础弱；因体味重而自卑；自习课喜欢说话；月考后情绪低落，自我认同感下降。

在开展第一个教育内容时，小盛同学自评认为能引导学生自我反思，自主整理，而不是教师单向灌输，主动给他整理。有了理念上的正确定位，以后自己从事班主任工作就能做得更科学、更有效。当然教师的引导有时还偏主动，文言文的字词知识、做题方法等，都要引导学生自主发现，自主归纳，自主获得。

另外三个教育内容，小盛同学在案例中具体记录了师生的对话，方式独特，内容真实，可以据此分析教师是不是做到了科学引导,学生是不是获得了自主成长。这几个案例的总体优点是:教师比较尊重学生,也比较讲究教育方法,体现了教师的爱心,也体现了教育的智慧。比如学生体味重的案例,教师不但找该学生交流,也找嘲笑他的学生交流;比如学生自习课讲话的案例,教师让他从给自己打分开始引导;比如学生月考完情绪低落的案例,教师引导他从循序渐进地增强意志力开始改变。总体不足则是教师有时比较主动,且有些居高临下,对话不太平等。这也是以教师为中心的"指示性"教育对自己长期影响的结果,并非作者的自创,也说明师范生要从"指示性"教育中走出来并不容易。但再艰难也要坚定地迈出这一步去。

案例第二类:对整个班级的集体教育

一、小学学段的集体教育

下面是实习生叶丽文的主题班会设计及自评,实习年级为二年级。

认识责任　自我担当

——主题班会《自我责任教育活动》的设计及自评

【设计说明】

该主题班会的设计缘起是:实习以来,逐渐发现该班级的多数学生缺少责任意识,不太遵守班级纪律,难以履行相关义务。这与他们所处的道德发展阶段特点基本一致,道德认知正处于他律阶段向自律阶段的过渡期。因此,对二年级学生开展自我责任教育活动,可以帮助学生更好地约束自己,同时也有利于班主任有效管理班级。

该主题班会的设计目的是:通过本活动,让学生更为全面地认识自己在班级所应承担的责任,并能有意识地履行相应的义务,平稳地从他律阶段向自律阶段过渡。

该主题班会的设计理念是:以"非指示性"教育理念为依据,给予学生自我发现的机会,自主反思平常班级活动中自己责任感缺失的现象。在此基础上,教师营造宽松开放的氛围,让学生敢于说出自己的问题,在自省中获得自主成长。

该主题班会的设计程序是:教师激趣引入;学生分析案例;学生自我归因;师生共求方法;游戏升华主题;教师引领提升。

【设计过程】

(一)教师激趣引入

教师板书:责任。然后询问学生是否认识这两个字并简单说说这两个字的意思。(教师总结学生的观点。)但是责任仅仅是同学们所说的这些吗? 事实上,责任于我们而言,存在于生活中的方方面面,比如我们班里有值日生,每天按时做好卫生就是你们的责任。那么作为学生,你们认为自己最大的责任是什么?(学生开口说说。)尽管责任有大有小,但当责任找上了我们,我们应该怎么办?(学会担当。)所以今天我们的班会主题就是"认识责任,自我担当"。(主题在课件中同步亮出。)

(二)学生分析案例

教师:上个星期,老师仔细观察了同学们,发现大家有时候会很有责任感,有时候又会忽视责任。我把这些小细节都记录下来写成了日记。现在老师把日记分享给你们,但你们不要去猜测老师写的同学是谁,而要根据自己对责任的理解说说这些行为是否承担了责任,具体体现在哪里。(亮出案例分析的要求,询问学生是否听清楚要求。)

教师亮出课件并介绍:

日记1:当吃中饭的铃声响起时,肚子已经很饿的小明(化名)连忙收拾好自己的文具袋,凳子一推就跑到教室外面排队,忘记了今天其实是自己值日。虽然卫生委员大声喊他的名字,但是在外面排队的他正在和别人聊天,根本没有听到。结果他先跟着班级大部分同学到食堂吃饭了,而他的值日工作则由一起值日的其他同学帮忙完成。

日记2:周二上完语文课后,老师布置了课后作业要求同学们明天语文课前完成,课上要讲解。当时老师强调了完成时间,并询问同学们能否完成,同学们特别大声地回答"能"。但第二天要讲解作业时发现部分同学并没有及时完成,而这些同学前一天课余时间在教室外面玩得很开心。

日记3:上课前,老师提醒同学们做好课前准备,要上厕所的同学抓紧去上,但是有些同学并没有抓紧时间去,而是在开心地做别的事情。谁知,上课的时候,有同学说想上厕所,老师同意后,又接连有几个同学去上厕所。就这样,班级里顿时少了近十位同学。

先让每人独立进行,挑自己感兴趣的一个记录说说;然后在小组内交流,形成基本共识;最后派代表向全班介绍,先说说这是什么责任,再说说这些行为是否承担了责任,具体体现在哪里。

课后补记——

第一小组(郭文文):第一篇日记中的行为没有承担值日的责任,体现在没有做自己的值日就去吃饭,还让其他同学帮他做。

第三小组(周妍霏):第二篇日记中的行为没有承担完成作业的责任,体现在没有按照老师的要求按时完成作业。

第四小组(吕浩民):第三篇日记中的行为也没有承担上课学习的责任,体现在课前没有上厕所,上课(后)一群人去上。

(三)学生自我归因

教师引导:从这些日记我们可以发现责任其实离我们并不远,而且我们总在不经意间就会忽视自己的责任,让我们来分析分析其中的原因。

亮出课件:

从自身出发,想想自己身上有没有类似的行为;如果有,为什么会出现这些行为? 如果没有,你是怎么承担了自己的责任?

先每人独立思考;然后在小组内分享自己的问题或优点,以及相关的原因;最后班级交流,随机抽点不同小组内的学生发言。

课后补记——

第二小组(胡和春):我上个星期上课的时候出去上厕所。因为我下课的时候贪玩没有先去上厕所,再做其他的事情。

第五小组(金明浩):我的作业没有全部完成。因为我没有想到先完成作业,再去做其他事。

第七小组(曹玮晨):我每次上课都会认真听讲。因为我觉得自己是班长,应该做得更好。

教师对学生回答的总体评价:同学们在分析原因的时候,都发现了自己行为好或不好的地方,也分享了原因。联系到今天我们班会的主题——责任,比如胡和春说因为贪玩浪费了上课时间,其实这是因为同学们没有很好地承担起遵守班规和认真学习的责任,我们班级有规定上课除特殊情况外不能上厕所。而曹玮晨之所以能做到每节课都能认真听讲,是因为他主动承担起自己作为班长的责任,想要给同学们做表率。所以,同学们好或不好的行为背后都有个责任意识。

(四)师生共求方法

教师引导:既然我们知道这些行为背后的原因是责任意识,那我们应该做些什么来提高责任意识,避免问题的出现呢?说到增强责任心的方法,明明同学特别想来跟我们分享她的经验,她以前也和大家一样常常出现上面提到的不好的行为,但是后来基本不会出现了,我们一起来听听她都做了什么。

要求学生听完之后说出音频中提到的方法。

播放音频:同学们,你们好,我叫明明。我想和大家分享增强责任心的经验和方法。其实可以简单概括成三点。首先,对自己应该做的和答应别人做的事,要不拖拉,先完成。比如说按时完成作业是我们应该做的,都应该放下其他不紧急的事情,先完成这些重要的事情。其次,把班级中的事当作自己的事。要乐于为班级和同学服务,这是为班级负责的表现,比如看到教室里有垃圾及时捡起。最后,要监督自己。班规是每个人都要遵守的,我们不仅要监督别人,还要监督自己。比如规定上课不允许上厕所,我们就要发挥自我监督的作用。这三点你们都听清楚了吗?

教师引导:你们从这些方法中学到了什么?能说说以后你会做什么来承担自己的责任吗?

先每人独立进行;然后在小组内分享方法;最后班级交流,随机抽点小组中的学生发言。

课后补记——

第二小组(蔡洛洛):我学到了要先完成重要的事情。以后我会先做完作业再去做其他事情。

第六小组(陆奕涵):我学到了要为班级做贡献。以后我会主动帮忙打扫卫生。

第四小组(葛天逸):我学到了要监督自己。要遵守班规,要听(班主任)汪老师的话。

教师总结:同学们都从明明身上学到了很多。是的,其实明明提到的这三点,就是我们现在作为一名二年级的学生应该承担的重要责任。只有我们做到自我担当,才能约束自己,整个班级才能越来越好。

(五)游戏升华主题

教师亮出课件并介绍:

游戏名称:坐地起身。

游戏人数:4人。

游戏规则:4个人围成一圈,背对背坐在地上,然后四个人的手臂互相勾住,尝试一起站起来。

先随机抽点1至2组同学上来玩游戏。在全体学生都明白游戏规则后,小组合作玩游戏,然后两个小组一起玩,加大游戏难度。游戏结束后,分享游戏体会。

课后补记——

第一小组(胡子轩):这个游戏靠一个人的力量是不够的,要四个人一起努力才可能站起来。所以我学到了责任也要大家一起承担,班级才会好。

第五小组(唐蜜):我觉得玩的人越多,大家越难站起来。班里这么多人一起玩的话,难度肯定很大。所以如果大家不一起努力,游戏就不会成功,班级也不会变好。

第七小组(朱馨童):我觉得只要大家一起努力,再多的人游戏也能成功。如果每个人都努力,承担责任,班级会变得更好。

(六)教师引领提升

是的,如果我们每个人都能承担起自己的责任,不仅我们自己会越来越好,整个班级也会越来越好。今天,我们对上周出现的不好行为进行了分析,找到了问题背后的原因是责任感缺失。要增强责任心,就要做到明明同学告诉我们的三个方法。(学生回顾方法。)最后通过游戏我们认识到一个人做到这些是不够的,只有全班同学都承担了自己的责任,我们这个班级才能越来越好。愿同学们都能做个有责任担当的小能手!

【课后自评】

这堂在双语二(3)班举行的主题班会活动效果较好。学生对责任的理解循序渐进,步步深入,到了游戏升华主题环节,学生对责任的理解完全清晰了。最后教师引领提升,强化了本堂课的教育主题。

在学生自主成长方面,优点是:共开展了四次小组讨论,学生能主动说出自己对责任的初步认识,并在一次次的小组讨论中加深了对责任的理解,充实了责任的内涵;也在认识责任的过程中,想到要自我担当,达到了自主成长的目的;其次在坐地起身游戏的参与中,亲身感受到了责任在团队中的作用,可以明显看出学生在游戏后,获得的收获和成长是显著的。

在教师科学引导方面,优点是:首先没有直接指出学生的问题,而是亮出教师对学生观察的日记来间接引出,同时要求学生不能猜描述的学生是谁,联系了班级的实际,也保护了被描述学生的自尊心;其次引导学生发现问题后,进一步启发学生自主归因,自我反思;此外设置的游戏环节较大地激发了学生的兴趣,组织时先抽点演示,待学生都理解游戏规则后,再小组合作,组织和引导比较灵活。缺点是:首先在师生共求方法的环节,虽然教师没有直接给出建议,但是引入了人物"明明同学",以同学的口吻告诉学生方法,而此时学生还没有自主思考增强责任感的方法,给得比较现成;其次整节班会课对责任的具体解释有所欠缺,很可能学生课后还是不能准确地说出"责任"是什么;三是点名学生回答时,区域和性别还不够典型,没有关注到弱势的学生,尤其是那些责任意识偏弱的学生。

上面这个案例比较精彩,体现了作者叶丽文作为实习班主任良好的专业性。

一是教育内容选择的专业性。小叶选择了小学二年级学生普遍存在的责任缺失问题,作为实施班级集体教育的内容,认为"这与他们所处的道德发展阶段特点基本一致,道德认知正处于他律阶段向自律阶段的过渡期"。这体现了实习生在班主任工作方面的专业思考。

二是教育程序设计的专业性。这堂主题班会的程序为:教师激趣引入;学生分析案例;学生自我归因;师生共求方法;游戏升华主题;教师引领提升。整个设计体现了教师科学引导、学生自主成长的渐进过程,与教师为中心的"指示性"教育完全不同。

三是课后教师自评的专业性。不管是对优点的肯定还是对缺点的揭示,都评价得较为精准。比如对缺点的揭示,她认为在师生共求方法的环节一开始就引入了人物明明同学,方法给得比较现成;比如认为点学生回答时没有关注到弱势的学生尤其是责任意识偏弱的学生。这既体现了她对"非指示性"教育的准确理解,也体现了勇于剖析自我的专业精神。

该案例中教师的话语有的过于成人化，与小学生可能不太对接。比如开场白里就有"责任于我们而言"之类的书面语言；比如主题班会取名为"认识责任，自我担当"，与中学乃至大学的主题班会取名没有明显区别。这可能也是小学在职教师同样需要注意的问题。

二、中学学段的集体教育

下面是实习生陈紫晗的主题班会设计及自评，实习年级为高一。

掌握学习策略　提高学习效率
——主题班会《期中考试后的自主总结》的设计及自评

【设计说明】

该主题班会的设计缘起是：期中考试结束后，班里出现了波动情绪。部分学生没有考出理想的成绩，心里有些茫然，甚至变得沮丧，对学习失去了信心，对自己的学习策略产生了怀疑与动摇，直接影响了后续学习。

该主题班会的设计目的是：通过本活动，让学生正确掌握学习策略，提高学习效率，培养良好习惯，顺利进行后续学习。

该主题班会的设计理念是：运用"非指示性"教育，在民主平等的氛围下，教师科学引导学生自主教育，通过案例分析和原理学习，让学生自主面对、自主反思、自主判断、自主调整，从而自主成长。改变传统主题班会中教师的单向指示和强制灌输，注重学生的自主体验和自主改变。

该主题班会的设计程序是：教师激趣导入；学生分析案例；学生自我分析；教师介绍原理；学生对照分析；任课教师点拨；学生总结收获；教师引领提升。

【设计过程】

（一）教师激趣导入

我们在日常生活中经常会听到这样的话：一分耕耘，一分收获。请问各位：耕耘一定就会有收获吗？（在学生形成基本共识后再往下说。）是的，不一定。想要将耕耘转化为收获，首先必须选择正确的策略。今天我们的班会主题就是：掌握学习策略，提高学习效率。（主题在课件中同步亮出。）

（二）学生分析案例

教师亮出课件并介绍：

有一个私塾先生，每天让学生背诵圆周率，自己却总是到山上寺庙里与一和尚饮酒。学生们将大部分时间都花在背诵上，却总是背不会。

一天，有一个学生编了一个顺口溜，其他学生很快就将圆周率背会了，这使先生大吃一惊。这个顺口溜是：山巅一寺一壶酒，尔乐苦煞吾，把酒吃，酒杀尔，杀不死，乐而乐。（圆周率 $\pi=3.14159265358979323384626\cdots\cdots$）

请同学们讨论一下，为什么之前学生花了这么多时间都背不会，但在编了顺口溜以后很快就背会了呢？

先让每人独立思考，然后在小组内交流，形成基本共识；最后教师随机抽点发言。

课后补记——

第一小组（沈思航）：因为顺口溜朗朗上口，将死板的圆周率变成了一个小故事，非常容易记忆。

第二小组（何开泰）：因为这个顺口溜讲的就是私塾先生每天让学生背圆周率，自己却总是到山上寺庙里与和尚饮酒的故事,表达了学生的讽刺。同学们觉得非常有趣,自然很快就可以背下来。

学生在课堂上重复这句顺口溜,饶有趣味地品读着。也有学生尝试背下顺口溜,并基本背下来了。

(三)学生自我分析

教师引导:

这个虚拟的例子让我们觉得似曾相识,有点自己的影子在里头。下面干脆不绕弯子,请各位对自己的学习策略进行总结分析。

亮出课件:

你在学习过程当中有哪些有效的学习策略呢?请你与同学们互相分享。

先每人独立进行,在辅导用纸上写下条理性的关键词句;然后在小组内交流,主动而大方地介绍自己的学习策略;最后班级交流,教师先随机点三个学习层级中的各一位发言,后鼓励举手发言,并从中各点三个学习层级中的各一位发言。

课后补记——

随机点名发言:

陈烨(第一学习层级):我通常都会通过做笔记的方式将知识记录下来,需要背诵的部分会重复很多次,抄写划线等等。任务多的时候我会建立一个时间表,按照时间表上的安排完成任务。遇到疑难问题的时候,我会和同学们分析讨论,还有疑惑的就会去找老师解答疑问。

楼佳宁(第二学习层级):我一般会把知识点梳理一下,然后简单列一个提纲,之后在复习的时候对着提纲将知识点回忆起来,有疑惑的地方翻看一下记录,需要背诵的部分我会分为几个小部分,在理解的基础上背诵,每一部分完成后会随时巩固。

王珂华(第三学习层级):我没有什么特别的学习策略。平时遇到需要背诵的部分就很头疼,经常反复读了很多次也背不下来,默写的时候也会出现很多错误。在做难度较大的题目时也没有什么思路,无法把老师上课说的解题方法和具体的题目结合起来,非常迷茫,不知道应该怎么做。

举手点名发言:

李典(第一学习层级):我不太喜欢强化性的死记硬背,觉得这样子很累而且没有效率。通常我会在学习之前整体梳理一下,选择其中的要点简单罗列,在理解的基础之上进行记忆。在遇到逻辑性较强的题目时,我会找出这些题目的答题要点和解题思路,并将不同类型的题目进行归类总结。

陈玥(第二学习层级):我喜欢在一个比较安静的地方学习,这样我才会沉下心来钻研知识点。如果在学习中遇到不顺心的解不开的题目,我会给自己一些心理暗示,鼓励自己可以做出这些题目的。平时我也会和小伙伴们相互交流讨论,看看是不是有什么没有想到的思路与想法,这会帮助我很多。

李秭维(第三学习层级):我没有什么特别的学习策略,但是我一直都在很努力地学习,尽我所能地记下每一个知识点。我会在每一次做错题目之后做好错题集,平常会时常翻看以前的错题,避免以后再犯类似的问题。平时我也会和小伙伴们互相交流学习心得与体会,这会帮助我解决很多问题。

教师对学生自我分析的总体评价:同学们基本介绍了自己的学习策略,有的是将自己认为有效的学习策略与大家分享,有的则是坦诚地告诉大家自己在学习上的苦恼,态度端正诚恳,自我分析比较清晰。

(四)教师介绍原理

学习策略,就是学习者为了提高学习的效果和效率,有目的、有意识地制定的有关学习过程的综合方案。根据学习策略覆盖的成分,迈克卡等人将学习策略概括为认知策略、元认知策略和资源管理策略。

1. 认知策略是加工信息的一些方法和技术,有助于从记忆中提取信息。(1)复述策略是在工作记忆中为了保持信息,运用内部语言在大脑中重现学习材料或刺激,以便将注意力维持在学习材料上。(2)精细加工策略是将新学材料与头脑中已有知识联系起来从而增加新信息意义的深层加工策略。(3)组织策略是整合所学新知识与旧知识之间的内在联系,形成新的知识结构。

2. 元认知策略是对自己认知过程的策略,包括对自己认知过程的了解和控制策略,有助于自己有效地安排和调节学习过程。(1)计划策略指根据认知活动的特定目标,在一项认知活动之前计划各种活动,预计结果,选择策略,想出各种解决问题的方法,并预估其有效性。(2)监控策略指在认知活动的实际过程中,根据认知目标及时评价、反馈自己认知活动的结果与不足,正确估计自己达到认知目标的程度和水平,根据有效性标准评价各种认知活动和策略的效果。(3)调节策略指根据对认知活动结果的检查,如发现问题,则采取相应的补救措施,及时调整、修正认知策略。

3. 资源管理策略是辅助自己管理可用环境和资源的策略,有助于自己适应环境并调节环境以适应自己的需要,对自身的动机有重要的作用。

德国心理学家艾宾浩斯研究发现,遗忘在学习之后立即开始,而且遗忘的进程并不是均匀的。最初遗忘速度很快,以后逐渐缓慢。他认为"保持和遗忘是时间的函数",他用无意义音节作记忆材料,用节省法计算保持和遗忘的数量,并根据他的实验结果绘成描述遗忘进程的曲线,即著名的艾宾浩斯记忆遗忘曲线。这条曲线告诉人们在学习中的遗忘是有规律的,遗忘的进程很快,并且先快后慢。观察曲线,你会发现,学得的知识在一天后,如不抓紧复习,就只剩下原来的 25%。随着时间的推移,遗忘的速度减慢,遗忘的数量也就减少。

在一项实验中,实验者要求被试学习 32 个单词词表,并在学习后要求他们进行回忆,回忆时可以不按原来的先后顺序。结果发现,最后呈现的项目最先回忆起来,其次是最先呈现的那些项目,而最后回忆起来的是词表的中间部分。人对首先呈现的项目倾注了更多的注意和心理努力,造成了首因效应。另一方面,由于在最后呈现的项目和测验之间几乎不存在其他信息的干扰,造成了近因效应。因此学习时要充分考虑首因效应和近因效应。

(五)学生对照分析

教师引导:听了以上介绍后,请每人认真思考,我们可以从中总结出哪些有效可行的学习策略呢?

先每人独立进行,在辅导用纸上写下条理性的关键词句;然后在小组内交流,相互启发,并相互评判;最后派小组代表向全班介绍。

课后补记——

卢依(第一小组):我们小组认为在学习之前首先要有一定的选择信息策略,要先学会选择恰当的学习目标,使用基本的信息选择技术,如划横线、做笔记等等,选择适合自己的学习方法,并能根据学习情境的变化适时调整学习方法,这样能够有效提高学习效率。

周佳慧(第二小组):我们小组认为有效的记忆策略也是必要的。只有巩固了旧知识,学习新知识才有基础,我们才能思考问题解决问题。我们结合自己的经验大致得出以下几种记忆方法:首先是谐音法,有时候将碰到的信息谐音化就会变成简单有趣的内容,非常方便记忆;其次是提取关键词法,将多条信息中的关键字词提取出来,编成一句顺口溜,就像我们背化学元素周期表的时候用的方法;再次是要在理解的基础上记忆,这样的记忆效果深刻、时间久远;最后是要合理组织复习,定时复习有助于知识的强化记忆。

蒋鑫波(第三小组):我们小组认为在学习活动之前,要对活动做出切实可行的计划和安排,明确学习的目标、对象和任务,并根据学习材料的特点、学习任务和自己的特点选择合适的学习策略。在学习活动中,我们要排除内外干扰,不断实行自我监控,增强自我控制能力,在完成一定学习任务后及时进行反馈、修正、调整和反思评价。

(六)任课教师点拨

教师介绍:现在,让我转述一下各位学科老师给我们的点拨指导——

金老师(语文):语文的学习重在长时间的积累与记忆,同学们要掌握适合自己的学习策略,勤动笔、勤背诵、勤积累,相信同学们会有更大的进步。

冯老师(数学):数学的学习需要多做题,但并不是盲目大量地做那些重复的题目,这样反而会事倍功半。应该选择那些典型的题目,在完成之后先总结方法再实际应用。

李老师(英语):英语的学习属于语言类,这也就需要同学们长时间积累与记忆,词汇、语法、句式都是需要大家去积累的。另外还要养成经常听英语素材的习惯,平时多看看英语电影,培养英语的语感。

杜老师(政治):政治的学习需要在理解的基础上背诵知识点。一个事件里面包含课本中的哪些知识点,要根据相应知识点展开叙述。同时平时要时刻关注国内外的大小事件,这些很可能成为考试中的热门考点。

蒋老师(历史):历史的学习需要从宏观和微观两方面入手。宏观方面需要知道历史整体的脉络走向,微观方面则需要了解每一部分具体的知识点,这也是需要长期积累和记忆的。历史学习兴趣是非常重要的,同学们可以通过观看历史类电视节目和阅读历史类书籍来培养学习兴趣。

施老师(地理):地理的学习是需要将文科思维与理科思维相结合的,既要有细腻的分析背诵能力,又要有强大的理解空间能力,是一门理性与感性相结合的科目。同学们在学习时还是要形成一个系统的逻辑体系,多读、多背、多理解、多体会。

李老师(物理):物理的学习重在理解与灵活运用。主要是将公式记忆下来之后学会灵活运用,将复杂的题目抽丝剥茧变成最本质的问题。我建议同学们经常组织交流,向班里物理学习成绩比较优秀的同学学习。

陈老师(化学):化学的学习需要平时多动手操作,各种化学成分的具体作用要动手实践才能有更深刻的印象。平时学习要掌握一些技巧与方法,不需要死记硬背,不然反而会丧失对化学的学习兴趣,同学们首先要对化学这门学科有一定的学习兴趣。

高老师(生物):生物的学习比起物理、化学两门学科来说,需要背诵记忆的部分会偏多,这就需要同学们选择基本的信息选择技术来帮助记忆。同时也要注意时常复习学过的知识,不要出现边学习边遗忘的现象。

王老师(技术):技术的学习和其他学科的学习有些不同,它考验的是我们的空间想象、实际操作、思维创新能力,这需要同学们对日常生活中的一些事物有一定的了解,也需要同学们发散思维勇于创新。在这些方面有所欠缺的同学可以在平时多动手、多操作、多实践,相信大家一定会有所突破。

(七)学生总结收获

教师引导:请每人在辅导用纸的"丰收园"栏目写下自己的活动收获,并写一句提醒或鼓励自己的话。

课后补记——

楼彦孜:在今后学习中我会选择适合自己的有效的学习策略,制定学习目标,提高学习效率。我们自己选择的路,即使跪着也要走完!

何开泰:我会在学习知识之后及时组织复习,防止自己出现边学习边遗忘的现象,并将学习到的知识应用到具体的题目当中。我相信不经历风雨,怎能见彩虹。相信现在我们留下的汗水最终会成为我们成功的见证。

钟雨润:我会适当改进以前死记硬背的方法,努力在理解的基础上进行记忆,并且和同学相互交流讨论,必要的话寻求老师的帮助。这次考试我没有考得非常理想,但我知道障碍和失败是通往成功最稳靠的踏脚石,总有一天我会突破这些障碍,实现我的梦想!

(八)教师引领提升

今天我们分析总结了一些有效的学习策略,对自己近期的学习情况进行了审视与反思。刚上课时我们说过一句名言:一分耕耘,一分收获。如果不付出努力就一定不会成功,但是就算努力过,如果不能选择有效合适的学习策略,也无法取得最终的成功。所以无论在何时何地,无论目前取得的成绩如何,都要学会选择有效的适合自己的学习策略,并根据实际情况及时调整,充分掌握认知策略、元认知策略和资源管理策略并学会融会贯通,期待同学们收获成功!

【课后自评】

这堂在高一(2)班举行的主题班会整体来说取得了不错的效果。课堂互动活跃,反思深刻。课后情绪得到调整,意志坚定,学习兴趣愈发浓厚。同学之间也能够敞开心扉互相交流,意识到互帮互助共同进步的重大意义。

活动中他们具有较强的自主尝试、自主判断、自主反思、自主纠正的能力。学生能自主尝试、自主判断、自主反思、自主纠正,也就分别拥有了自我学习力、自我判断力、自我反思力、自我纠正力。学生能够自主成长,也就拥有了自我生长力。[①] 但是在自主成长的过程中积极性还不够,需要教师加强引导。

这次活动基本体现了"非指示性"理念和策略。活动实施流程顺畅,能够科学引导学生自主实践,自主成长,但是教师的引导技巧与能力还需要加强与改进。主题班会的设计环节较为科学,引导过程循序渐进,但是其中细节部分仍需要修改与完善。

上面这个案例,展示了作者陈紫晗期中考试后引导学生进行自主总结的集体教育过程。该案例有几个明显的特点。

---

① 郑逸农.“非指示性”语文课堂观察研究[M].杭州:浙江大学出版社,2017:1.

一是教育内容选择得当。学生刚经历过高中阶段的第一次期中考试,难免会出现情绪的波动甚至茫然,这时候很需要组织一次主题班会进行专题总结。作者以此为选题展开教育,体现了极强的时效性;聚焦学习策略来总结,则体现了极大的针对性;让学生自主总结而不是教师主动总结,则体现了"非指示性"教育理念的先进性。

二是教育过程设计得当。该主题班会设计了八个环节:教师激趣导入;学生分析案例;学生自我分析;教师介绍原理;学生对照分析;任课教师点拨;学生总结收获;教师引领提升。环节之间循序渐进,教师的科学引导和学生的自主实践交互作用。主题班会的教育效果令人欣慰,正如作者所言,"课堂互动活跃,反思深刻",而且"情绪得到调整,意志坚定,学习兴趣愈发浓厚"。当然有些环节设计思考题时,可在正向提问之外加入反向提问,引导学习弱势者深入反思。比如在"学生对照分析"环节,只是正向提问大家可以从中总结出哪些有效可行的学习策略,没有继续反向提问:对照这些策略,你的学习存在什么问题吗?如果存在,以后该怎么调整?这样就能引导期中考试不理想的学习弱势者对照学习策略,自主反思,并自主调整,自主成长。

三是教育原理介绍得当。作者介绍了认知策略、元认知策略和资源管理策略等,体现了较好的科学性。当然介绍语言稍显学术化,且过于系统不易消化。但学生听后能总结或延伸出许多有效可行的学习策略,说明学生的消化能力不错。

四是班级发言取样得当。能主动运用"非指示性"教育的组织策略,先随机点三个学习层级中的各一位发言,后鼓励举手发言并从中各点三个学习层级中的各一位发言,体现了发言取样的层级性和代表性。当然抽点顺序可以倒过来,先点第三层级,再点第二层级,最后点第一层级。

五是学科教师助阵得当。作者邀请十门学科语文、数学、英语、政治、历史、地理、物理、化学、生物和技术的任课教师介绍本学科的学习策略,助推作用明显,作者的设计智慧可嘉。

还有该主题班会的导入语和总结语设计得巧妙,体现了作者良好的语用素养和引导机智。"课后自评"部分则可再细化。

以上四个学生教育的案例,前两个为定制式的个体教育案例,后两个为主题式的集体教育案例。这些案例体现了实习生在班主任工作中的专业成长,也体现了他们的爱心和智慧。尽管这些案例还存在一些不足,但都能主动运用"非指示性"教育的理念和策略,努力走出以教师为中心的"指示性"的教育。能这样起步,以后就有希望成为新一代的班主任。

第十一章 教育调查

第一节 设计意图：做科学研究教育的专业教师

"非指示性"教育实习，在重视学科教学工作和班主任教育工作的同时，也重视教育科研工作，努力培养实习生的研究意识和研究能力，做能科学研究教育问题的专业教师。以后走上工作岗位，就能在教学、教育、教科研三方面全面发展。

师范院校大多开设了"教育研究方法"之类的课程，但走上工作岗位后的语文教师，大多缺乏科学研究的意识和能力。而语文学科和别的学科相比，既是最传统最影响人的学科，又是最不成熟最容易出现问题的学科。吕叔湘先生早在 1978 年就批评语文教学"少、慢、差、费"，说："十年的时间，2700 多课时，用来学本国语文，却是大多数不过关，岂非咄咄怪事！"[①]四十多年后的今天，中小学已延长学制为十二年，学习语文的总课时更多了，但"少、慢、差、费"的问题并没有得到根本解决。这既有教材体系不容易编得科学的客观原因，也有应试教育过于功利的特殊原因，更有中小学教师研究意识不强、研究能力不高导致教学不科学、效果低下的主观原因。

一、研究意识不强

大多数中小学语文教师，都有发现问题的意识，比如能发现教材编写不太合理，能发现升学考卷不太合适，能发现课后作业不太合度，也能发现学生学习较为低效，甚至能发现自己教学较为低效，方式较为落后。但只是发现而已，感慨一番就完事，大多缺少研究的意识，不会面对问题，主动研究，寻求突破，致使语文教学长期处在不理想的状态。

因为缺少研究意识，可能有的教师连语文是什么、语文教什么、语文怎么教这三个语文教学的"元问题"都无法正确认知。语文教师容易"荒了自己的田，种了别人的地"，甚至"走别人的路，让别人无路可走"。

二、研究能力不高

有些教师有研究的意识，也有研究的行动，但研究的能力不够高。比如不是基于事实材料和逻辑推理进行理性的研究，缺少科学的思维和求真的方法，主观多于客观，臆想大于推断，更不用说缺少量化的实验类的研究了。语文教学中的识字教学、阅读教学、写作教学等，怎样做才更科学、更高效，往往需要通过实验，通过数据来证明。但语文教师能这样研究的很少。虽然并非只有实验才算研究，但总是研究得理性不足、感性有余，缺少科学性。

---

① 吕叔湘.当前语文教学中两个迫切问题[N].人民日报，1978-3-16.

研究的理性不足,也就导致写作的理性不足。曾有一位语文刊物的主编在其刊首语中说:"近一时期,有关'核心素养'的来稿逐渐增多。作为编辑,我本应高兴,但认真审读这些来稿,却有些黯然。一是文稿中关键概念含混,有些连'核心素养'的基本含义还未弄清,就信马由缰、洋洋洒洒数千言。二是主旨分散,一会儿谈学科,一会儿谈学生,一会儿又谈教师,哪里还有什么'核心'? 三是不知所云,只是捕风捉影,东拉西扯,什么问题也说不清。"[①]刊物主编会在刊首语中直接说其"衣食父母"语文教师的种种问题,说明其感受已经非常强烈,不吐不快了。

而语文教学的研究,大多要从最基本的问卷调查开始,由此了解语文教学,走进研究之门。但问卷调查往往会被做得不严谨,不规范。话题选择、问卷设计、问卷发放、问卷统计、数据分析、报告撰写等环节都容易出现一些或大或小的问题。

就话题选择来说,一是内容不清晰,研究不聚焦;二是针对性不强,研究意义不大。

就问卷设计来说,一是设计的题目不科学,并不是每个题目都是必需的、相关的,题目之间也缺少内在逻辑;二是设计的题型不科学,并不是开放的、多样的,而是封闭的、单一的甚至是指示的、控制的;三是设计的选项不科学,并不是五项的、等距的,而是不定项的、不等距的。

就问卷发放来说,一是取样不典型,没有兼顾学习层级高、中、低三类学生;二是样本不充分,发放量太少。

就统计分析来说,问卷回收后语文教师往往只用加法和减法来统计,只用最简单的表格来呈现,不太会运用较为先进的统计软件进行数据分析,也不太会运用描述统计、相关分析、方差分析、回归分析、因子分析、聚类分析等数据分析的方法。

就报告撰写来说,一是内容不科学,比如所推出的结论不准确,所阐述的建议不切合;二是格式不规范,比如摘要、关键词及注释、参考文献等写得随意。

因此,现在中小学教师容易出现的教科研不专业的问题,要从还没走上工作岗位的师范生开始补救,让他们在实习期间就能较为专业地开展基本的研究,特别是最基本的问卷调查研究。

第二节　实施要求:运用科学方法有效开展研究

实习生要做好教育调查并不容易,一是环节多,要经历话题选择、问卷设计、问卷发放、统计分析和报告撰写等诸多环节;二是每个环节都容易出现如前所述的本能性的问题。因此更需要高校带队指导教师(包括中小学指导教师)做出科学引导,也更需要实习生主动参与,形成共识,确定质性和量化两大方面的基本实施要求。

一、质性方面的实施要求

(一)形式要规范

教育调查要经历六个环节,要一环扣一环地依次进行,且每个环节都要达到规范化的

---

① 张蕾."核心素养"之于语文教师[J].中学语文教学,2017(1):1.

要求。

1. 话题选择

要用一句话规范地表述自己选择的话题,并通过问卷题目显性地表现出来。

2. 问卷设计

要前有说明,后有感谢,中间有题目。其中的题目先为个人信息方面的,后为话题方面的。话题方面分出几个板块,每个板块先列出四五个客观选择题,后列出一两个主观表述题。

3. 问卷印制

要统一外观,包括纸张的大小、厚薄,以及纸张的颜色、字符的大小等,不杂乱,不干扰答题。

4. 问卷发放

要让实习组同学甚至不同实习点的同学帮忙,在不同的班级甚至不同的学校同时发放。

5. 统计分析

要运用相应的软件进行统计,并有多种分析方法,要通过表或图(柱状图、饼状图等)呈现统计结果。

6. 报告撰写

一是内容要完整。有正副两个标题,有内容摘要和关键词,有导语,有主体部分的调查内容、统计分析、主要结论、基本建议,还要有结语,有注释(一般随页),有参考文献(西式标符),并附有调查问卷。在首页的第一个注释要感谢参与问卷发放、数据录入等帮忙的实习同学等。

二是格式要严谨。正标题要用单句或对句的形式(后者在中间空一字格),副标题前加破折号,居中写;内容摘要独立成段;关键词独立成行(三到五个,中间加分号,末尾不加标点);空一行后写导语;导语空一行后写正文;正文四个板块前都要标上序号(一级标题)、写上小标题并空出两字格排版,正文中的图和表都要编上序号和说明(图的说明在下方,表的说明在上方);正文中主要结论和基本建议下的每一条都要标上序号,先独立一段总写,再另起一段(或分几段)展开;正文后空出一行写结语;结语后空出两行写参考文献;参考文献后空出两行附上调查问卷。

(二)内容要专业

教育调查的六个环节都要在内容上体现出专业性。

1. 话题选择

表意要清晰,让人一看就能懂。表述要集中,修饰语要少。研究价值要大,能反映教育教学的最新问题或悬而未决的老大难问题。

2. 问卷设计

前面的说明语要简明,后面的感谢语要得体,中间的个人信息要设计得丰富(包括被调查者的性别、学习层级、毕业学校、性格倾向、居住地、同住的长辈,以及父母的和谐度、职业、文化程度、爱好、家庭主导情况等),问卷主体各个板块的题目切分要科学,每个板块的题目都是必需的而且是循序渐进的,每个板块的客观选择题都要设计为五项等距(如:A. 完全符合;B. 符合;C. 一般;D. 不符合;E. 完全不符合);主观表述题要设计得清晰、开放。

3. 问卷印制

要尽量把问卷内容印制在正反面一张大纸上,甚至压缩字号、字距和行距,印在一张 A4 纸上。如果调查对象不是学生,可以改用微信推送等答题更便捷的方式。

4. 问卷发放

发放面要广,取样要典型。就前者来说,要在多个班级甚至多个学校进行;就后者来说,调查的班级要有层级取样(高、中、低。下同)的典型性,班级里的学生也要有层级取样的典型性(不必全班都发放,可调查班内三个层级中的一部分学生),调查的学校也要有层级取样的典型性。发放问卷的总数量即使是小样本调查,一般也不少于 100 份。

5. 统计分析

要有统计的先进性和分析的多样性。前者指运用较为先进的数据统计软件,如 SPSS、SAS 和 BMDP 等,它们被称为国际上最有影响的三大统计软件。其中的 SPSS(IBM 公司推出的一系列用于统计学分析运算、数据挖掘、预测分析和决策支持任务的软件产品及相关服务的总称),每年都更新一次版本。后者指运用多种数据分析方法,如描述统计、相关分析、方差分析、回归分析、因子分析、聚类分析等。

6. 报告撰写

报告的每个板块都要撰写得专业。

(1)标题。正标题用单句或对句的形式。如用单句形式,要写出调查发现的关键性结论;如用对句形式,则一般前半句写调查发现的优点,后半句写调查发现的缺点;副标题为"关于……方面的教育调查报告"。

(2)内容摘要。是要点组合式的说明性文字,不是线性的叙述性或议论性文字。基本格式为:本次调查的主要结论是:……;……;……。就此提出的基本建议是:……;……;……。

(3)关键词。要从文中提炼出来,体现该教育调查的独特内容。

(4)导语。用一两段话介绍调查目的,再介绍调查概况——用什么方式、在什么时间、在哪里、对什么人进行了调查,包括发放了多少问卷,收回多少,有效卷多少等等。如果在问卷调查之外,还对少数调查对象做了访谈等,也要说明,并在后面的"主要结论"和"基本建议"部分随机穿插访谈内容。

(5)调查内容。依次介绍问卷所涉及的各个板块的内容(例如对学习情况的调查,所涉及的板块就有学习习惯、学习兴趣、学习方法、学习能力、学习信心、学习认识等内容),并介绍每个板块的内容想要调查和了解到什么情况。

(6)统计分析。先介绍本调查采用什么软件进行数据统计,运用了哪些分析方法;然后按照调查内容的板块和板块下题目的顺序,依次介绍调查结果。

(7)主要结论。由前面的统计分析归纳出几条主要结论。所列的结论,一要表态明确,表意清晰;二要与自己的调查目的相呼应,不忘初衷;三要来自统计分析,不想当然;四要有内在排序逻辑,从主到次,且不交叉不重复。

(8)基本建议。由前面的主要结论归纳出几条基本建议。所列的建议,同样一要表态明确,表意清晰;二要与自己的调查目的相呼应,不忘初衷;三要来自统计分析和主要结论,不想当然;四要有内在排序逻辑,从主到次,且不交叉不重复。

(9)结语。要呼应标题,呼应调查本身;既要总结全文,又要随机拓展,自然深化,并巧妙延伸(包括提问或设疑等),引发读者进一步的思考。

(10)参考文献。要写两类,第一类写调查内容方面的,第二类写调查方法方面的。参考文献有别于注释,不写具体的页码。

二、量化方面的实施要求

由于教育调查工作量很大,实习期间只要求每人确定一个选题(与毕业论文或研究兴趣有关的),设计一份调查问卷,完成一篇万字上下的教育调查报告。全程均由个人独立完成。该要求已经高于师范院校允许多人合作完成一个教育调查的通用性实习要求。

有了以上质性和量化的具体实施要求,才能保证实习生教育调查的效果和质量。

第三节　案例展评:初具专业性的教育调查报告

在教师的科学引导和实习生的自主实践下,教育调查能在经过好几周的辛苦后完成,在形式的规范性和内容的专业性两方面都能得到基本的锻炼。之后由预先做好分工的相关实习生担任主编和编辑,完成实习专辑《教育调查报告》。

下面展示的案例即选自该专辑。小学学段和中学学段各选取一个,前者是对小学一年级入学儿童语言准备现状的调查研究;后者是对高中一年级学生语文学业自我概念的调查研究。文中的调查时间和调查地点等引入本书时都做了虚化处理。

案例一:小学学段的调查报告

下面是实习生王童心的调查报告,实习年级为一年级。她对入学儿童语言准备现状做了较为细致的研究。

语言准备有差距　语言教育可影响
——关于入学儿童语言准备现状的调查报告

【内容摘要】本次调查的主要结论是:入学儿童语言准备存在差距;入学儿童语言准备差距成因多样;入学后儿童语言学习没有缩小差距。就此提出的基本建议是:课堂教学需强化学生意识;问题反馈需注重家校沟通;活动组织需突出语言实践。

【关键词】入学儿童;语言准备现状;主要结论;基本建议

儿童在入学前需做好语言方面的基本准备,以更好地适应小学的学习和生活。但许多教育者把儿童的语言准备误解为识字教育,过于注重儿童的认知发展、技能训练,却忽视了儿童自身的主体学习意识、学习兴趣以及内在情感等,导致儿童体验到了知识的枯燥和生活的乏味。

此外,入学儿童个体差异、社区环境差异、家庭环境差异、幼儿园和幼小衔接机构学习内容差异等,都会造成儿童语言准备的差异性。进入小学后,有些儿童掌握了超过课标要求的语音、语义、语用、词法、句法等知识,而有些儿童极为贫乏,几乎一无所知。一些小学低段教师在面对这种情况时,依然搬用原来的教学计划,导致一些学习弱势的儿童跟不上课堂的节奏,而一些学习优势的儿童则不想听课,最后导致两类儿童都在不适合自己学习的过程中失去语言学习的兴趣。

基于以上现状,笔者于实习期间在 H 学校针对小学一年级学生家长展开了关于入学儿童语言准备现状的问卷调查。本次调查共发放 150 份问卷,收回 108 份,其中有效问卷 108 份。

一、调查内容

本次调查以 H 学校一年级学生为对象,先调查个人基本信息,再调查语言学习能力、语言学习兴趣、语言学习成果、家长对教师语言教学的建议。

个人基本信息主要包括性别、居住地、性格特点、家庭状况、父母职业、父母文化程度、家庭经济状况、父母陪伴时间、幼儿园及幼小衔接机构对听说读写能力的训练程度等。这些调查主要是了解学生的个体差异、家庭环境、学校教育与入学儿童语言准备是否相关,从而得出结论,帮助教师在教学过程中及时进行差异化教学。

语言学习能力主要包括认读拼音、认字数量、执笔姿势、认读绘本、复述故事等方面,调查儿童在入学前听说读写的能力,了解他们语言能力的准备现状。

语言学习兴趣主要包括识字、写字、阅读、表达等方面,调查儿童在入学前的主体学习意识,了解他们语言兴趣的准备现状。

语言学习成果主要包括他们入学两个月后在学习能力和学习兴趣方面的进步情况,了解他们的学习成效。

家长的建议,主要是请家长个性化地提出教师教学的优点和缺点并提出改进意见,了解家长对语文教师的教学期待,帮助教师调整教学策略。

以上调查内容,能比较直接地了解入学儿童语言准备的现状以及相关问题,以便提出改进措施。

二、统计分析

笔者采用问卷星和 SPSS 软件,运用了描述统计、差异性分析、相关性分析等数据分析方法。以下依次介绍统计分析的结果。

(一)个人基本信息

1. 性别

本次调查的被访者男女比例基本平衡,男生占 56.48%,女生占 43.52%,调查样本具有代表性,所得到的调查结果较为真实、科学。不同性别的学生在语言学习能力和学习兴趣上可能会有所不同,可做进一步分析。具体数据如图 1 所示。

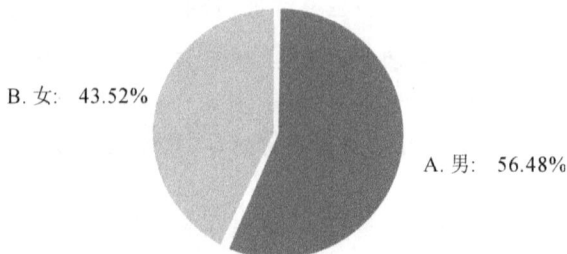

B. 女: 43.52%

A. 男: 56.48%

图 1　学生性别分布

2. 居住地

由于 H 学校地处农村,故本次调查的被访者户口所在地以农村居多,其中城区占 39.81％,农村占 60.19％。具体数据如图 2 所示。

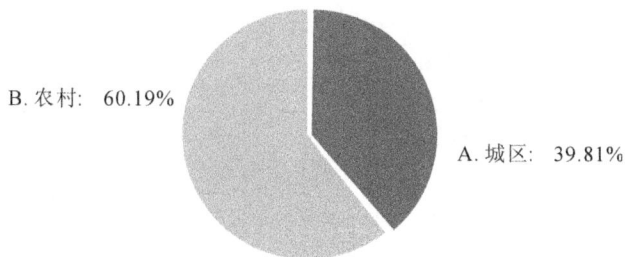

图 2　学生居住地分布区

3. 性格特点

本次被调查者性格基本平衡,其中偏外向占 52.78％,偏内向占 47.22％,不同性格的学生在语言准备上可能会有差异,可做进一步分析。具体数据如图 3 所示。

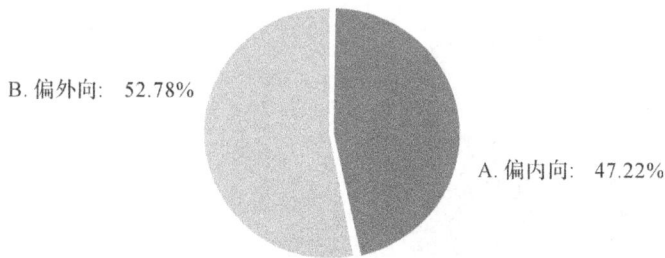

图 3　学生性格特点分布

4. 共同生活的人

本次调查中和父母居住在一起的占 61％,和父母及祖辈住在一起的占 23％,只是和祖辈住在一起的占 6％。具体数据如图 4 所示。

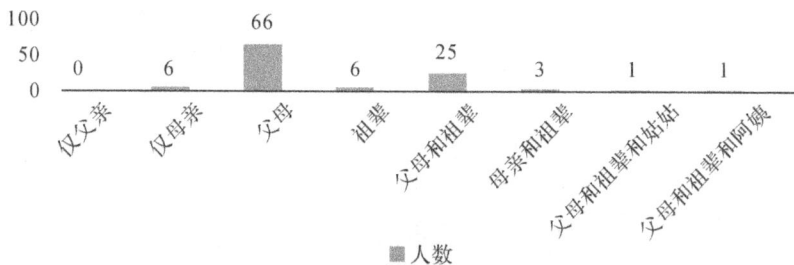

图 4　学生共同生活的人分布

5. 父母的职业

学校所在的 D 市属长江三角洲经济区域。回收的问卷显示,父母经商的有 78 人,占 72.22％;务工的有 8 人,占 7.41％;务农的有 4 人,占 3.7％;事业机关单位人员有 5 人,占 4.63％;无业的有 7 人,占 6.48％;其他有 6 人,占 5.56％。具体数据如图 5 所示。

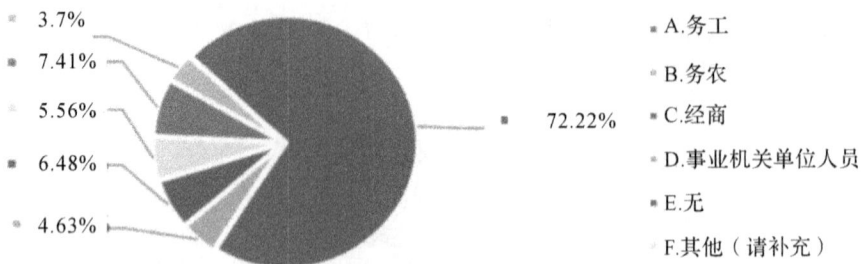

图 5　学生父母的职业分布

A.务工
B.务农
C.经商
D.事业机关单位人员
E.无
F.其他（请补充）

6. 父母的文化程度

该题设置目的是了解入学儿童的语言学习情况与父母受教育程度的关系。调查显示，父母的文化程度为高中的占比最大，有 31 人，占 28.7％；专科的有 27 人，占 25％；初中的有 25 人，占 23.15％；本科的有 22 人，占 20.37％；硕士的有 2 人，占 1.85％；小学的有 1 人，占 0.93％。具体数据如图 6 所示。

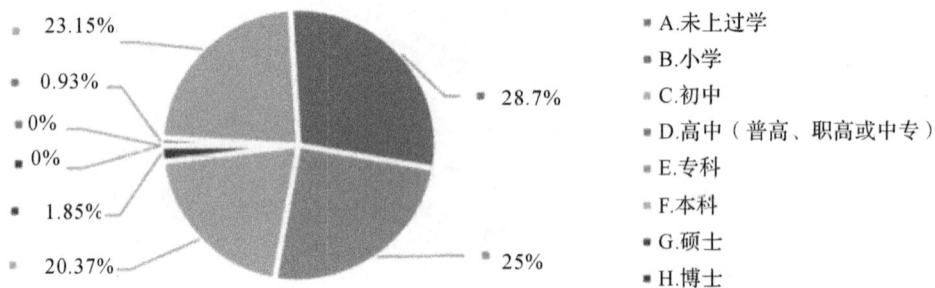

A.未上过学
B.小学
C.初中
D.高中（普高、职高或中专）
E.专科
F.本科
G.硕士
H.博士

图 6　学生父母的文化程度分布

7. 家庭经济情况

该题设置目的是了解家庭经济情况与入学儿童语言学习能力和兴趣之间的关系。大部分家长认为自己的家庭经济状况为一般，占 80.54％；富裕的占 10.19％；非常富裕的占 0.93％；不富裕的占 5.56％；非常不富裕的占 2.78％。具体数据如图 7 所示。

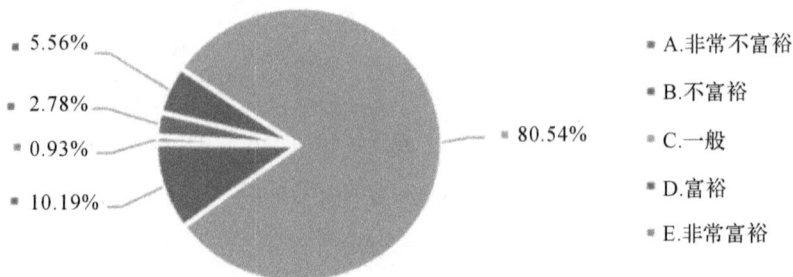

A.非常不富裕
B.不富裕
C.一般
D.富裕
E.非常富裕

图 7　学生家庭经济情况分布

8. 家长陪伴孩子的时间

该题设置目的是了解家长的陪伴时间与入学儿童语言学习能力和兴趣之间的关系。本次调查有53.7%的家长陪伴时间为6小时及以上;12.96%的家长陪伴时间为4～6小时;25%的家长陪伴时间为2～4小时;7.41%的家长陪伴时间为0～2小时;0.93%的家长没有时间陪伴孩子。具体数据如图8所示。

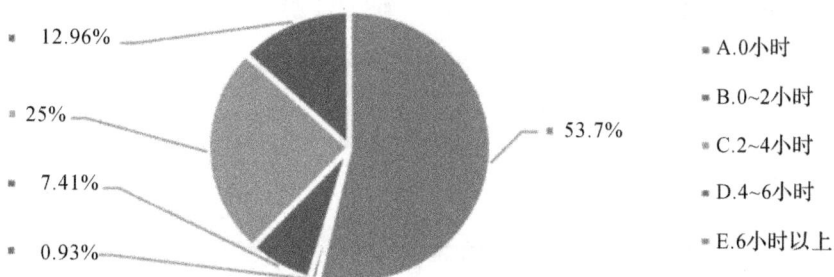

12.96%	■ A.0小时
25%	■ B.0~2小时
7.41%	■ C.2~4小时
0.93%	■ D.4~6小时
53.7%	■ E.6小时以上

图8　家长陪伴孩子时间的分布

9. 幼儿园培养儿童听说读写的程度

调查显示,25.92%的儿童在幼儿园"完全有"或者"有"接受过听说读写能力的培养;43.52%的儿童在幼儿园"完全没有"或者"没有"接受过听说读写能力的培养。由此可知本校入学儿童在幼儿园接受过的语言学习有差别。具体数据如图9所示。

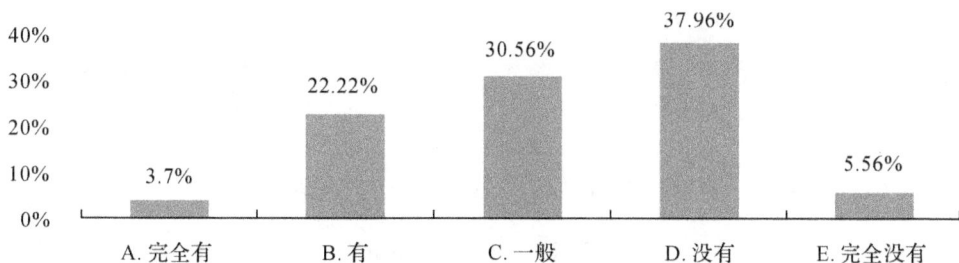

图9　幼儿园培养孩子听说读写能力的程度

10. 幼小衔接班培养儿童听说读写的程度

调查显示,27.78%的儿童在幼小衔接班中"完全有"或者"有"接受过听说读写能力的培养;54.63%的儿童"完全没有"或者"没有"接受过听说读写能力的培养。由此可知本校入学儿童在幼小衔接班接受过的语言学习有差别。具体数据如图10所示。

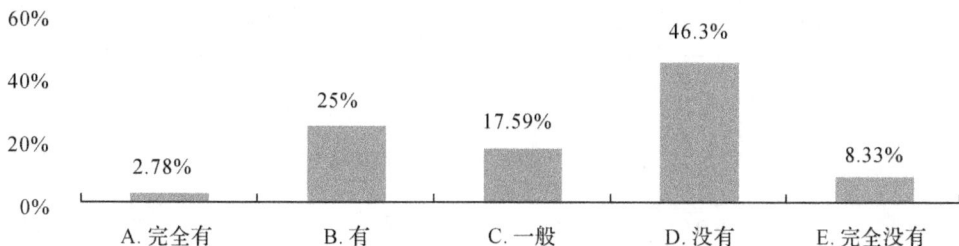

图10　幼小衔接班培养孩子听说读写能力的程度

（二）学生学习情况

1. 学习能力

调查显示，儿童入学前认读拼音、认字数量、执笔姿势、认读绘本、复述故事等听说读写的能力都有一定的差距。具体如下。

认读拼音上，"完全能"或"能"的只有22.22％，"完全不能"或"不能"的有42.59％，可见儿童在认读拼音的能力上差距明显。具体数据如图11所示。

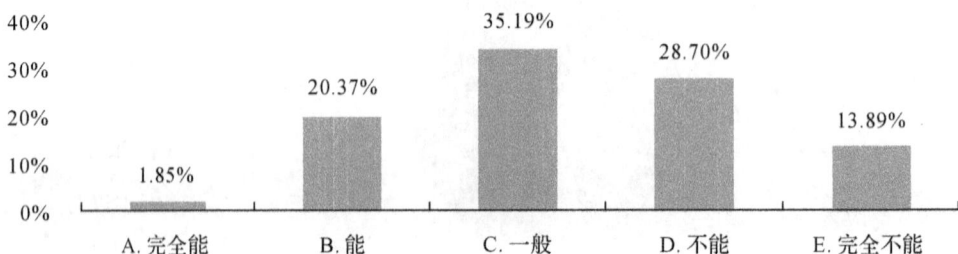

图 11　入学前认读拼音的能力程度

认字数量上，认识500字以上的有5人，占4.63％；认识200字以下及没有识字的有90人，占83.33％，可见大部分儿童认字数量不多。具体数据如图12所示。

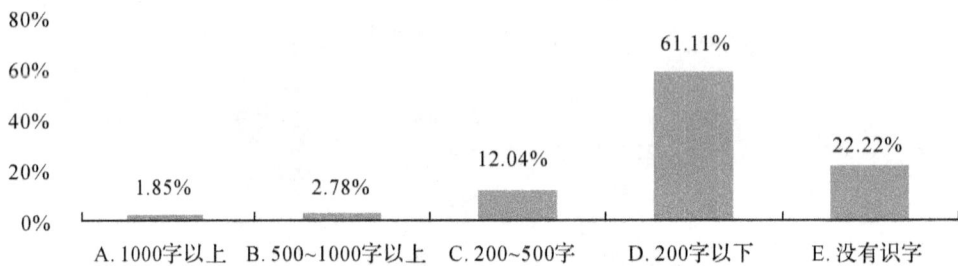

图 12　入学前认字数量

执笔姿势上，33.34％的儿童正确，55.55％的儿童不正确，执笔能力形成一定的差距。具体数据如图13所示。

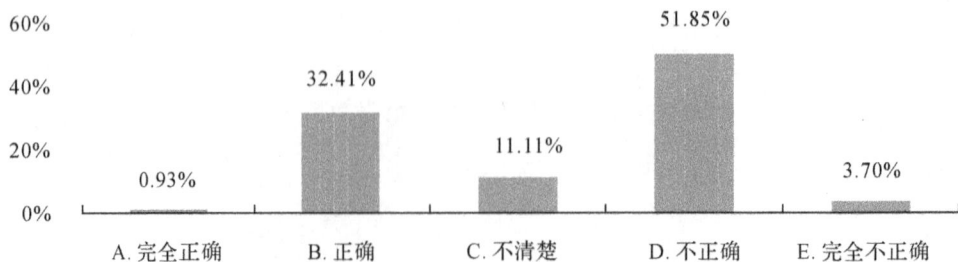

图 13　入学前执笔姿势的正确程度

阅读绘本上，只有20.37％的儿童有自主认读绘本的能力，而44.44％的还不能认读绘本，因此存在一定差距。具体数据如图14所示。

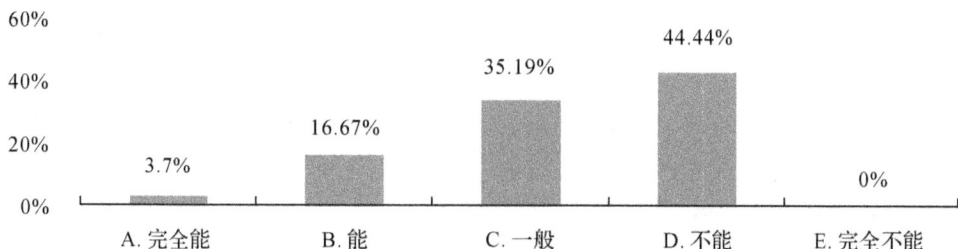

图 14　自主阅读绘本的能力程度

复述故事上,50.93％的儿童能力较好,但依然有 13.89％的儿童不能很好地复述故事,存在差距。具体数据如图 15 所示。

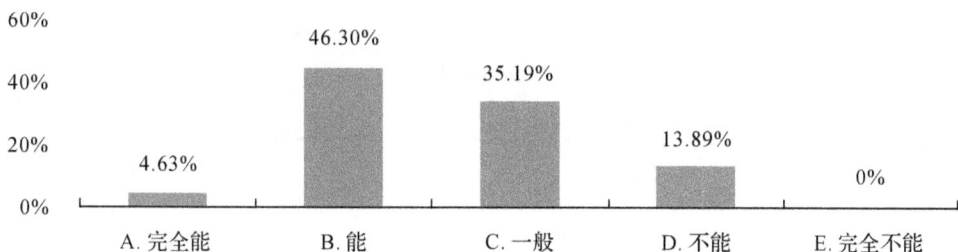

图 15　复述故事的能力程度

2. 学习兴趣

入学儿童的学习兴趣在语言学习的不同方面存在一定的差距,能够主动认识新字、主动阅读课外读物、喜欢参与语文课堂、主动谈及语文课的人数比例较高,喜欢练字写字的人数比例较低。

同时,不同入学儿童对识字、写字、阅读、表达的学习兴趣存在一定的差距。具体数据如图 16、17、18、19、20 所示。

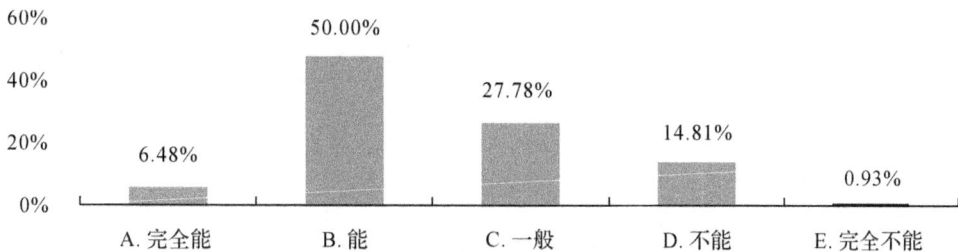

图 16　入学儿童主动认识新字的程度

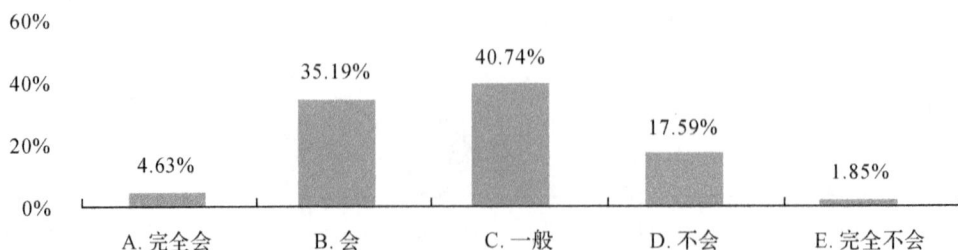

图 17　入学儿童主动阅读课外读物的程度

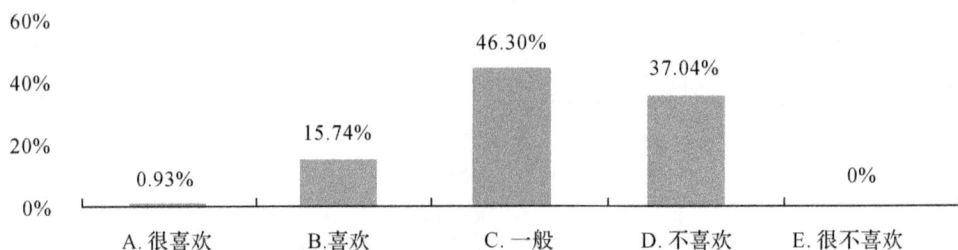

图 18　入学儿童喜欢练字写字的程度

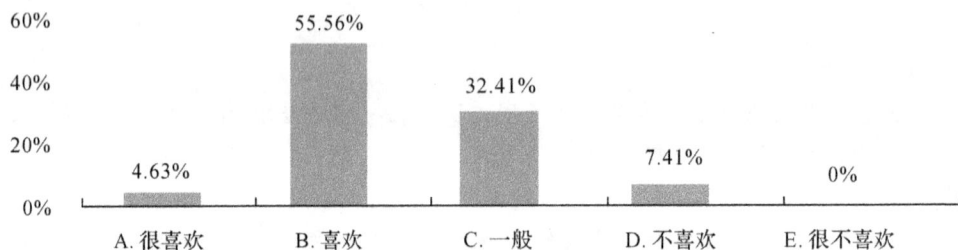

图 19　入学儿童喜欢参与语文课堂的程度

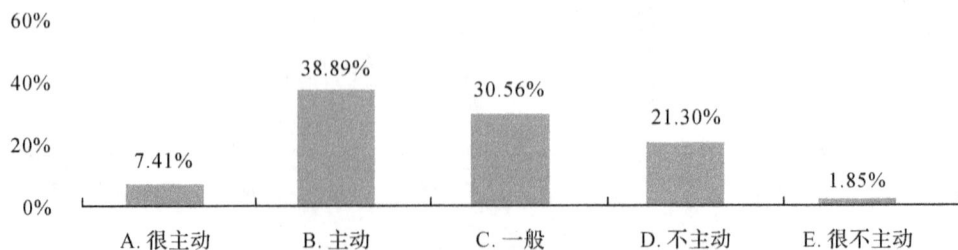

图 20　入学儿童主动谈及语文课的程度

(三)学生学习成果

调查显示,87.03%的家长认为进入小学学习两个月后语言学习的能力"完全有"或"有"进步,84.25%的家长认为进入小学学习两个月后语言学习的兴趣"完全有"或"有"进步。具体数据如图 21、22 所示。

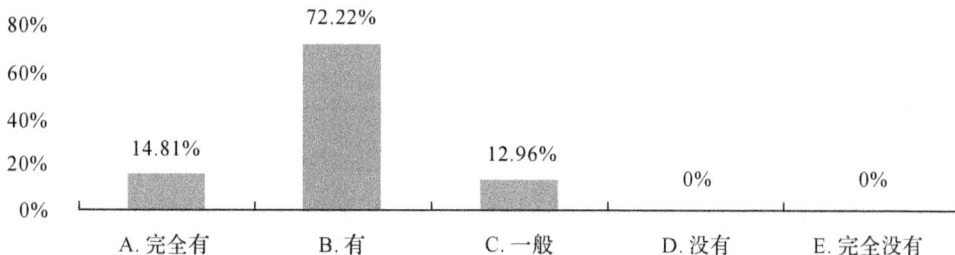

图 21 两个月学习后语言学习的能力进步程度

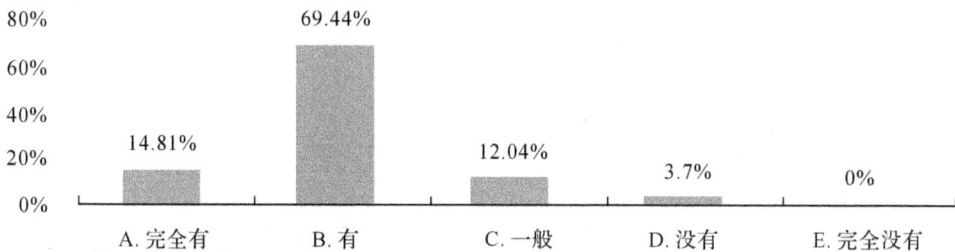

图 22 两个月学习后语言学习的兴趣进步程度

(四)教师教学情况

此题为个性化主观表达题,有 35 位家长做出了回答,提出建议的有 13 位家长,其中有 8 位家长提出要多与家长沟通,这样家长才能更好地在家中进行辅导;有 3 位家长提出要与学生多一些沟通,从而了解学生的不足;有 2 位家长提出学校可以多一些语言类的活动,帮助学生更好地融入语言学习。

(五)入学儿童语言准备差异性分析

通过描述统计分析来分析入学儿童语言准备的差异性,请看表 1。

表 1　入学儿童语言准备和学习效果的差异性分析

描述分析结果-深入指标					
	方差	标准误	峰度	偏度	变异系数(CV)
入学前认读拼音的能力	1.025	0.097	−0.722	0.025	30.455%
入学前识字数量	0.626	0.076	3.081	−1.252	19.827%
入学前自主阅读绘本的能力	0.724	0.082	−0.233	−0.777	26.568%
入学前复述故事的能力	0.619	0.076	−0.539	0.305	30.459%
入学前主动去认识新字频率	0.737	0.083	−0.264	0.515	33.837%
入学前主动阅读课外读物的频率	0.74	0.083	−0.28	0.2	31.078%
入学前喜欢练字写字的程度	0.532	0.07	−0.476	−0.466	22.831%
喜欢参与小学的语文课的程度	0.49	0.067	0.027	0.519	28.849%
主动说到在语文课堂中发生的事的程度	0.898	0.091	−0.662	0.205	34.933%
两个月的学习后语言学习的能力进步程度	0.28	0.051	0.685	−0.0222	26.706%
两个月的学习后语言学习的兴趣进步程度	0.418	0.062	1.895	0.801	31.61%

入学儿童在认读拼音的能力方面差距最大,在阅读能力、识字能力、听说能力和主体学习意识方面也有较大的差距,通过进入小学两个月的学习,进步程度的差距有所缩小,但依然有差距,说明可能实际的语言学习差距依然在扩大。

(六)入学语言准备差异的成因分析

通过 T 检验和相关性分析入学儿童语言准备差异的成因,将儿童的性别、居住地、性格特点、父母文化程度等与儿童入学语言能力和兴趣进行 T 检验,根据数据分析其之间是否存在显著差异性,从而分析成因。如表2、3、4、5。

表2　不同性别对儿童语言准备和学习效果的差异性分析

T 检验分析结果			
	儿童的性别(平均值±标准差)		
	男(N=61)	女(N=47)	*T*	*P*
入学前认读拼音的能力	3.44±1.03	3.17±0.99	1.393	0.167
入学前识字数量	4.00±0.82	3.98±0.77	0.138	0.891
入学前执笔姿势的正确程度	3.25±1.04	3.26±0.92	−0.049	0.961
入学前自主阅读绘本的能力	3.30±0.84	3.09±0.86	1.275	0.205
入学前复述故事的能力	2.77±0.84	2.34±0.64	3.021	0.003**
入学前主动去认识新字频率	2.54±0.89	2.53±0.83	0.054	0.957
入学前主动阅读课外读物的频率	2.82±0.92	2.70±0.78	0.702	0.484
入学前喜欢练字写字的程度	3.34±0.73	3.00±0.69	2.507	0.014*
喜欢参与小学的语文课的程度	2.57±0.72	2.23±0.63	2.608	0.010*
主动说到在语文课堂中发生的事的程度	2.93±0.95	2.43±0.88	2.858	0.005**
两个月的学习后语言学习的能力进步程度	2.10±0.47	1.83±0.56	2.69	0.008**
两个月的学习后语言学习的兴趣进步程度	2.20±0.68	1.85±0.55	2.843	0.005**
*p<0.05**p<0.01			

由表2可知,在语言学习能力的入学准备上,男女生只在复述故事的能力上有非常显著的差异性,而在读写能力方面的差异性程度不高,说明在此样本范围内,个体的性别对语言学习能力不会产生很大的影响。

在语言学习兴趣的入学准备上,男女生在写字、表达、学习语言的兴趣上有显著的差异性,女生对语言学习的兴趣普遍比男生强,说明性别会对语言学习兴趣产生影响。

在学习成果方面,学习能力和学习兴趣的进步程度与学生性别有显著的相关性,女生的学习成效普遍比男生好。

总体来说,女生对语言学习的兴趣更强,更愿意参与语文课堂,因而进步程度更明显。

表3　不同居住地对儿童语言准备的差异性分析

T 检验分析结果			
	儿童居住地(平均值±标准差)		
	城区(N=43)	农村(N=65)	*T*	*P*
入学前认读拼音的能力	3.19±1.07	3.42±0.97	−1.154	0.251
入学前识字数量	3.67±0.78	4.20±0.73	−3.559	0.001**
入学前执笔姿势的正确程度	3.05±1.00	3.38±0.96	−1.76	0.081
入学前自主阅读绘本的能力	3.02±0.96	3.32±0.75	−1.811	0.073
入学前复述故事的能力	2.47±0.83	2.66±0.76	−1.274	0.206
入学前主动去认识新字频率	2.21±0.67	2.75±0.90	−3.583	0.001**
入学前主动阅读课外读物的频率	2.51±0.80	2.94±0.86	−2.59	0.011*
入学前喜欢练字写字的程度	2.95±0.72	3.35±0.69	−2.887	0.005**
喜欢参与小学的语文课的程度	2.30±0.67	2.51±0.71	−1.502	0.136
主动说到在语文课堂中发生的事的程度	2.44±0.91	2.89±0.94	−2.475	0.015*
两个月的学习后语言学习的能力进步程度	1.86±0.47	2.06±0.56	−1.958	0.053
两个月的学习后语言学习的兴趣进步程度	1.88±0.59	2.15±0.67	−2.161	0.033*
*p<0.05**p<0.01			

城区与农村的儿童在入学前的识字量上有非常显著的差异性,而其他的语言能力差异性不大,说明居住地对儿童的识字量有一定的影响。

城区与农村的儿童在入学前识字、阅读、写字、表达的兴趣方面有显著或非常显著的差异性,在喜欢参与课堂程度这方面差异性不大,说明居住在城区的儿童对语言学习的兴趣更高一些。

总体来说,居住环境会对学生的识字量和入学前的学习兴趣产生影响。

表4 不同性格特点对儿童语言准备、学习效果的差异性分析

T 检验分析结果				
	儿童性格特点(平均值±标准差)		T	P
	偏内向(N=51)	偏外向(N=57)		
入学前认读拼音的能力	3.29±1.01	3.35±1.03	−0.29	0.773
入学前识字数量	4.08±0.59	3.91±0.93	1.09	0.278
入学前执笔姿势的正确程度	3.16±0.99	3.33±0.99	−0.927	0.356
入学前自主阅读绘本的能力	3.35±0.74	3.07±0.92	1.74	0.085
入学前复述故事的能力	2.73±0.72	2.46±0.83	1.794	0.076
入学前主动去认识新字频率	2.55±0.78	2.53±0.93	0.137	0.892
入学前主动阅读课外读物的频率	2.94±0.81	2.61±0.88	2	0.048*
入学前喜欢练字写字的程度	3.16±0.73	3.23±0.73	−0.505	0.615
喜欢参与小学的语文课的程度	2.37±0.75	2.47±0.66	−0.748	0.456
主动说到在语文课堂中发生的事的程度	2.86±1.04	2.58±0.84	1.564	0.121
两个月的学习后语言学习的能力进步程度	2.02±0.55	1.95±0.51	0.707	0.481
两个月的学习后语言学习的兴趣进步程度	2.02±0.58	2.07±0.70	−0.404	0.687
*$p<0.05$**$p<0.01$				

从 T 检验的分析结果可知,偏内向、偏外向的儿童只在阅读兴趣上有显著的差异性,偏内向的儿童更主动去阅读课外读物。

总体来说,儿童性格特点对语言准备的影响不大。

表5 父母文化程度与语言准备的相关性分析

Pearson 相关		
		父母的文化程度
入学前认读拼音的能力	相关系数	0.079
	p 值	0.414
入学前识字数量	相关系数	−0.244**
	p 值	0.011
入学前执笔姿势的正确程度	相关系数	−0.037
	p 值	0.701
入学前自主阅读绘本的能力	相关系数	−0.06
	p 值	0.54
入学前复述故事的能力	相关系数	0.009
	p 值	0.929
入学前主动去认识新字频率	相关系数	−0.113
	p 值	0.243
入学前主动阅读课外读物的频率	相关系数	−0.204**
	p 值	0.034
入学前喜欢练字写字的程度	相关系数	−0.031
	p 值	0.753
喜欢参与小学的语文课的程度	相关系数	−0.285**
	p 值	0.003
主动说到在语文课堂中发生的事的程度	相关系数	−0.17
	p 值	0.078
两个月的学习后语言学习的能力进步程度	相关系数	−0.125
	p 值	0.197
两个月的学习后语言学习的兴趣进步程度	相关系数	−0.042
	p 值	0.666
*$p<0.05$**$p<0.01$		

从相关性分析可知,在语言准备能力方面,父母文化程度与儿童识字数量有非常显著的相关性,但与其他语言准备能力相关性不大。

在语言准备兴趣方面,父母文化程度与阅读兴趣和儿童参与语文课堂有非常显著的相关性,但与其他语言学习的兴趣相关性不大。

在学习成果方面,父母文化程度与儿童学习成果相关性不大,说明父母文化程度与儿童的学习进步无关。

总体来说,父母文化程度越高,儿童识字数量越多,越愿意阅读和参与语文课堂。

从相关性分析可知,在语言准备能力方面,家庭经济情况与儿童阅读绘本的能力有非常显著的相关性,但与其他语言准备能力相关性不大。如表6。

表6　家庭经济情况与语言准备的相关性分析

Pearson 相关		家庭经济情况
入学前认读拼音的能力	相关系数	−0.138
	p 值	0.153
入学前识字数量	相关系数	−0.064
	p 值	0.513
入学前执笔姿势的正确程度	相关系数	−0.055
	p 值	0.569
入学前自主阅读绘本的能力	相关系数	−0.202**
	p 值	0.036
入学前复述故事的能力	相关系数	−0.055
	p 值	0.57
入学前主动去认识新字频率	相关系数	−0.109
	p 值	0.263
入学前主动阅读课外读物的频率	相关系数	−0.172
	p 值	0.076
入学前喜欢练字写字的程度	相关系数	−0.235**
	p 值	0.014
喜欢参与小学的语文课的程度	相关系数	−0.251**
	p 值	0.009
主动说到在语文课堂中发生的事的程度	相关系数	−0.226**
	p 值	0.019
两个月的学习后语言学习的能力进步程度	相关系数	−0.095
	p 值	0.329
两个月的学习后语言学习的兴趣进步程度	相关系数	−0.053
	p 值	0.584
*$p<0.05$**$p<0.01$		

在语言准备兴趣方面,家庭经济情况与儿童写字兴趣和参与语文课堂有非常显著的相关性,但与其他语言学习的兴趣相关性不大。

在学习成果方面,家庭经济情况与学习成果相关性不大。

总体来说,家庭经济情况越好,儿童阅读绘本的能力越高,越愿意写字和参与语文课堂,但对儿童入学后的学习进步没有明显的影响。

从相关性分析可知,在语言准备能力方面,家长陪伴时间与儿童语言准备能力相关性不大。如表7。

表 7 家长陪伴时间与语言准备的相关性分析

Pearson 相关		
		家长陪伴时间
入学前认读拼音的能力	相关系数	0.052
	p 值	0.591
入学前识字数量	相关系数	−0.064
	p 值	0.508
入学前执笔姿势的正确程度	相关系数	−0.018
	p 值	0.857
入学前自主阅读绘本的能力	相关系数	−0.045
	p 值	0.642
入学前复述故事的能力	相关系数	0.044
	p 值	0.651
入学前主动去认识新字频率	相关系数	−0.287**
	p 值	0.003
入学前主动阅读课外读物的频率	相关系数	−0.224**
	p 值	0.02
入学前喜欢练字写字的程度	相关系数	−0.218**
	p 值	0.024
喜欢参与小学的语文课的程度	相关系数	−0.224**
	p 值	0.02
主动说到在语文课堂中发生的事的程度	相关系数	−0.252**
	p 值	0.009
两个月的学习后语言学习的能力进步程度	相关系数	−0.225**
	p 值	0.019
两个月的学习后语言学习的兴趣进步程度	相关系数	−0.195**
	p 值	0.043
*$p<0.05$**$p<0.01$		

在语言准备兴趣方面,家长陪伴时间与儿童语言学习的兴趣有非常显著的相关性。

在学习成果方面,家长陪伴时间与儿童学习成果有非常显著的相关性。

总体来说,家长陪伴时间越多,儿童语言学习兴趣越高,入学后学习进步越大,但对语言准备能力没有明显的影响。

从相关性分析可知,在语言准备能力方面,幼儿园培养听说读写能力的程度与儿童识字能力、阅读能力、听说能力有非常显著的相关性。如表8。

在语言准备兴趣和学习成果方面,幼儿园培养听说读写能力的程度与儿童语言学习的兴趣、学习成果都有非常显著的相关性。

总体来说,幼儿园培养听说读写能力越系统,儿童语言能力越强,语言学习兴趣越高,入学后学习进步越大。

从相关性分析可知,在语言准备能力方面,幼小衔接班培养听说读写能力的程度与儿童认读拼音能力、阅读能力、听说能力有非常显著的相关性。

在语言准备兴趣方面,幼小衔接班培养听说读写能力的程度与儿童语言学习的兴趣、学习成果都有非常显著的相关性。

在学习成果方面,幼小衔接班培养程度与儿童学习能力进步的相关性不大,与学习兴趣的进步程度有显著的相关性。如表9。

表 8　幼儿园培养听说读写能力的程度与语言准备的相关性分析

Pearson 相关		
		幼儿园培养听说读写能力的程度
入学前认读拼音的能力	相关系数	0.163
	p 值	0.091
入学前识字数量	相关系数	0.294**
	p 值	0.002
入学前执笔姿势的正确程度	相关系数	0.154
	p 值	0.113
入学前自主阅读绘本的能力	相关系数	0.472**
	p 值	0
入学前复述故事的能力	相关系数	0.339**
	p 值	0
入学前主动去认识新字频率	相关系数	0.378**
	p 值	0
入学前主动阅读课外读物的频率	相关系数	0.379**
	p 值	0
入学前喜欢练字写字的程度	相关系数	0.382**
	p 值	0
喜欢参与小学的语文课的程度	相关系数	0.262**
	p 值	0.006
主动说到在语文课堂中发生的事的程度	相关系数	0.417**
	p 值	0
两个月的学习后语言学习的能力进步程度	相关系数	0.316**
	p 值	0.001
两个月的学习后语言学习的兴趣进步程度	相关系数	0.283**
	p 值	0.003
*p<0.05**p<0.01		

表 9　幼小衔接班中培养听说读写能力的程度与语言准备的相关性分析

Pearson 相关		
		幼小衔接班中培养听说读写方面能力的程度
入学前认读拼音的能力	相关系数	0.508**
	p 值	0
入学前识字数量	相关系数	0.187
	p 值	0.053
入学前执笔姿势的正确程度	相关系数	0.113
	p 值	0.246
入学前自主阅读绘本的能力	相关系数	0.318**
	p 值	0.001
入学前复述故事的能力	相关系数	0.329**
	p 值	0
入学前主动去认识新字频率	相关系数	0.340**
	p 值	0
入学前主动阅读课外读物的频率	相关系数	0.296**
	p 值	0.002
入学前喜欢练字写字的程度	相关系数	0.338**
	p 值	0
喜欢参与小学的语文课的程度	相关系数	0.286**
	p 值	0.003
主动说到在语文课堂中发生的事的程度	相关系数	0.221**
	p 值	0.022
两个月的学习后语言学习的能力进步程度	相关系数	0.182
	p 值	0.059
两个月的学习后语言学习的兴趣进步程度	相关系数	0.230**
	p 值	0.017
*p<0.05**p<0.01		

表 10　入学前语言准备与语言能力方面学习效果的相关性分析

Pearson 相关		
		两个月的学习后语言学习的能力进步程度
入学前认读拼音的能力	相关系数	0.186
	p 值	0.054
入学前识字数量	相关系数	0.245**
	p 值	0.011
入学前执笔姿势的正确程度	相关系数	0.242**
	p 值	0.012
入学前自主阅读绘本的能力	相关系数	0.403**
	p 值	0
入学前复述故事的能力	相关系数	0.228**
	p 值	0.018
入学前主动去认识新字频率	相关系数	0.310**
	p 值	0.001
入学前主动阅读课外读物的频率	相关系数	0.216**
	p 值	0.025
入学前喜欢练字写字的程度	相关系数	0.348**
	p 值	0
喜欢参与小学的语文课的程度	相关系数	0.324**
	p 值	0.001
主动说到在语文课堂中发生的事的程度	相关系数	0.399**
	p 值	0
*$p<0.05$**$p<0.01$		

表 11　入学前语言准备与语言兴趣方面学习效果的相关性分析

Pearson 相关		
		两个月的学习后语言学习的兴趣进步程度
入学前认读拼音的能力	相关系数	0.177
	p 值	0.067
入学前识字数量	相关系数	0.165
	p 值	0.088
入学前执笔姿势的正确程度	相关系数	0.245**
	p 值	0.011
入学前自主阅读绘本的能力	相关系数	0.322**
	p 值	0.001
入学前复述故事的能力	相关系数	0.240**
	p 值	0.012
入学前主动去认识新字频率	相关系数	0.308**
	p 值	0.001
入学前主动阅读课外读物的频率	相关系数	0.288**
	p 值	0.002
入学前喜欢练字写字的程度	相关系数	0.337**
	p 值	0
喜欢参与小学的语文课的程度	相关系数	0.328**
	p 值	0.001
主动说到在语文课堂中发生的事的程度	相关系数	0.403**
	p 值	0
*$p<0.05$**$p<0.01$		

总体来说,幼小衔接培养听说读写能力越系统,儿童语言能力越强,语言学习兴趣越高,入学后学习兴趣提升越大。

(七)入学后语言学习进步与入学前语言准备的相关性分析

入学前认读拼音的能力与入学后学习能力的进步没有显著的相关性,入学前其他的语言能力准备与语言兴趣准备有非常显著的相关性。如表 10。

说明入学前语言准备越充分,入学后语言学习能力进步越大。

入学前识字数量、认读拼音的能力与入学后学习兴趣的提升没有显著的相关性,入学前其他的语言能力准备与语言兴趣准备有非常显著的相关性。如表 11。

说明入学前语言准备越充分的儿童,入学后语言学习兴趣提升越大。

三、主要结论

通过对一年级学生语言学习现状的调查结果分析,可以看出学生的语言准备和教师的语言教学现状存在问题,主要表现在三个方面。

(一)入学儿童语言准备存在差距

从入学前家庭环境和学校教育来看,学生的家庭环境、父母职业、父母文化程度,父母陪伴时间以及学生在幼儿园、幼小衔接中接受过的语言学习均有一定的差距,这也影响了学生入学语言准备的差距。

从入学语言能力的准备也就是显性知识方面来看,一年级学生在识字数量、认读拼音、执笔姿势、阅读能力、听说能力方面都有显著差距,其中识字数量差距最大。通过自然观察法,发现有些学生能在课堂中快速正确读出双韵母,但有些学生却无法读出,拼音认读存在差距。从对一年级学生的词汇测试来看,掌握的词汇量、词意的理解深浅也存在差距。从对一年级学生语言能力的测试来看,口语表达也存在差距,部分学生能熟练运用情境性言语,而有些学生连说话的连贯性都有欠缺;有些学生已经能够自主地讲述独白语言,但还有一些学生停留在对话语言上,口语表达能力也具有差异性。

从入学语言兴趣的准备也就是隐性知识方面来看,相较于语言能力的准备差距略小,但也存在差距。通过自然观察法,观察课堂中学生的注意力集中程度,32 位学生在一节 35 分钟的课堂中,有 9 位学生集中时间为 30～35 分钟,有 5 位学生集中时间为 25～30 分钟,有 7 位学生集中时间为 20～25 分钟,有 8 位学生集中时间为 15～20 分钟,有 3 位学生集中时间低于 15 分钟。说明他们对语文课堂的集中度存在差距。

虽然各项调查内容没有呈现非常大的差距,一方面是由于调查的数量较少,另一方面,同一个学校的学生在各方面会有一定的相似性。但对教师来说,面对全班 30 多位学生,即使差距较小,依然不可忽视。

(二)入学儿童语言准备差距的成因多样

虽为同一学校的学生,造成语言准备差距的原因也很多,仅就调查的几项来说,个体差异、居住环境、家庭环境、学校环境等都会对语言准备产生影响。

其中,认读拼音的能力主要受到幼小衔接班中对听说读写能力培养程度的影响,幼小衔接班培养得越完整,认读拼音能力越好;识字能力主要受到居住地、父母文化程度、幼儿园培养程度的影响,城区学生比农村学生识字能力强;阅读绘本能力主要受到家庭经济程度、幼儿园、幼小衔接班培养程度的影响;听说故事能力主要受到学生性别、幼儿园、幼小衔接班培养程度的影响;执笔姿势与现有的调查项无相关性,说明执笔姿势是教育者和家长都普遍忽略的一项语言准备内容。总的来说,语言学习能力形成原因多样,最主要的是幼儿园和幼小衔接班的培养程度。

另一方面,语言学习兴趣主要受到个体性别、家庭经济条件、家长陪伴时间和幼儿园、幼小衔接班语言培养的影响。家庭经济越好,家长陪伴时间越多,学校培养越系统,学生的语言兴趣越高。

(三)入学后儿童语言学习没有缩小差距

从学习成果部分的调查来看,大多数学生通过两个月的学习都有进步,从入学后语言学习的进步与入学前语言准备的相关性分析可以看出,进步程度与入学前语言准备有非常显著的相关性,入学前语言能力和语言兴趣准备越充分,入学后语言学习进步越大,这要引起一年级教师的注意。而特别要注意的是,学生语言学习的差距不是一定要缩小,教师应当允许基础好的学生继续进步,但也要让基础不好的学生跟上班级的学习进度,能有更大的进步。

通过课堂观察,发现一些年轻教师会不自觉地点举手的学生发言,而忽略了不举手的学生。基础不好的学生在课堂上没有获得感,没有成就感,自然就对语言学习不感兴趣,从而与基础好的学生差距越来越大。如何让基础不好的学生也能参与到课堂中,如何让基础较好的学生能在课堂上继续进步,是值得教师研究的问题。

四、基本建议

(一)课堂教学需强化学生意识

在课堂教学前,教师要尽快了解学生的语言准备现状。并根据学生的语言准备现状调整教学设计和教学进度,根据学生的心理和生理特点调整教学方法,根据学生的个别差异提前进行分组,并做好分组教学设计。

在课堂教学中,教师要采用多样化的教学组织形式。教学过程中要关注到每一位学生,可以采用集体教学、分组教学和个别教学相结合的方式,保证每个学生在其原有的知识水平上得到相应的提升,使他们尝到成功的喜悦。在进行集体教学时,教师不能总把目光集中在个别优秀学生身上,而应关注学生的个别差异,满足不同的发展需要,促进每个学生在原有水平上发展,让每个学生都成为学习的主体。

在课堂教学后,教师要对学生严把关、多交流、常关注。对没有达到基本要求的学生要严把关,帮助其夯实语言学习基础;对基本达到要求的学生要多交流,了解其在学习过程中的不足,相机引导;对语言学习基础非常扎实的学生要常关注,适时提出一些自主学习的任务和要求,引导学生在课余时间完成,启发他们的学习思维,增加他们的学习兴趣。

(二)问题反馈需注重家校沟通

对儿童语言准备现状产生影响的因素除学校教育外,还有很大一部分来自家庭教育,因此教师有必要有义务通过家校联系,帮助学生及其家长营造适合语言成长的环境。教师要面对的是整个班级的学生,家长需面对的只是自己的子女;教师如果能与家长多沟通,就能应对儿童语言准备差异带来的问题。在进行家校沟通时,笔者认为教师要注意以下三点:

一是联系方式需高效、灵活。除了传统的家校联系方式,还可利用互联网等先进的家校联系方式,帮助家长快速了解子女在语言学习中的问题,从而在家庭教育中进行有效干预。

二是反馈内容需简洁、准确、全面。尤其要注意做到全面,比如可以从学生课堂参与、作业情况、听读转换能力、细微差异识别能力、听后理解能力、肌肉控制能力、口语表达能力、阅读理解能力等方面进行反馈。有些可以每日反馈,有些可以阶段性反馈。这样家长才能快速、清晰、周密地了解子女在语言学习中的问题,准确配合教师。

三是方法指导需准确、科学、可操作。教师可以针对学生的不同层次和不同特点,给家长提供一些具有针对性的准确的意见建议和富有实效性的科学的指导方法,让家长能可操作性地辅助子女学习。

(三)活动组织需突出语言实践

要学好语言,必须多实践。教师要设置会话情境,让学生感知丰富多彩的生活,开展口语交际,加强语用训练。要组织读书会,引导学生阅读适合儿童年龄和心理的文学类和科普类读物,让学生根据自己的兴趣选择阅读对象,根据自己的能力确定阅读数量。然后组织交流会,让学生在阅读后复述、讨论等,增强理解能力和表达能力。此外还可组织畅谈会,引导学生就当天发生的事情,进行说话练习,教师提出逐级提升的说话要求,培养学生表达的兴趣、信心和能力。

本调查基于入学儿童语言准备的现状展开调查和研究,力图揭示一些现象,得出一些结论,提出一些建议。但这次调查样本的数量较少,只选择了 H 学校一年级作为研究对象,这在一定程度上影响了研究结果的可推广性。放眼全国,入学儿童语言准备的情况虽然有所改善,但依然存在诸多问题,这给了笔者继续思考和研究的机会。因此,笔者这次调查,不是终点,只是起点。

【参考文献】

[1]中华人民共和国教育部.义务教育语文课程标准(2011 年版)[S].北京:北京师范大学出版社,2012.

[2]袁振国.教育研究方法[M].北京:高等教育出版社,2000.

[3]王声平.幼儿语言入学准备的现状研究[D].重庆:西南大学,2011.

[4]崔晓吉.幼小衔接视角下的语言教学的研究[D].上海:华东师范大学,2012.

上面这份教育调查报告,作者王童心同学不但做得认真,而且做得专业,体现了良好的教育研究素养。

一是做得认真。作者把本书上一节所介绍的实习生教育调查的实施要求全部运用起来了。在话题选择上,作者在小学一年级实习,就选择对入学儿童语言准备现状展开调查,做得适切。在问卷设计上,作者把调查内容分为语言学习能力、语言学习兴趣、语言学习成果、家长对教师语言教学的建议等方面,把调查信息细分到了学生的性别、居住地、性格特点、家庭状况、父母职业等多个方面,设计得周全。在统计方法上,作者采用问卷星特别是 SPSS 软件,运用多种方法,对调查内容做了细致的统计和具体的分析,做得扎实。作者的认真还体现在问卷之外运用自然观察法,实地了解全班 32 位学生在一节课中的注意力集中情况。

二是做得专业。一方面是作者在统计方法的运用上体现出了专业性,各种方法用得得心应手。另一方面是作者基于统计分析推出的基本结论体现出了专业性,内在逻辑性强。还有一方面是作者提出的建议体现出了专业性,而这更能考验作者的独立研究能力。请看三条建议:课堂教学需强化学生意识、问题反馈需注重家校沟通、活动组织需突出语言实践,每条都很有针对性,且从不同角度提出,可概括为学生意识、家长意识和学科意识。三者相加,就能从本质上解决问题。作者在每一条下的展开性阐述,也体现了专业性,展现了对语文教学的深入思考。比如其中的第一条，作者认为教学前要尽快了解学生的语言准备现状，教学时要采用多样化的教学组织形式，教学后要对学生严把关、多交流、常关注。其思考的专业性甚至超过了许多在职教师。此外作者阐述三条建议的语言表达精练成熟，颇有学术风范。结语部分则写出了新一代师范生的蓬勃朝气。

案例二：中学学段的调查报告

下面是实习生王成的调查报告，实习年级为高一。她对学生的语文学业自我概念做了较为细致的研究。

关注学生自我概念 提升语文教学质量
——关于高一学生语文学业自我概念的调查报告

【内容摘要】本次调查的主要结论是：语文学业理想自我与现实自我差距较大；语文学业自我概念发展水平不高；性别影响语文学业自我概念的发展；语文学业自我概念与语文成绩密切相关。就此提出的基本建议是：改变教育理念，树立学生意识；关注理想需求，平衡自我矛盾；重视性别差异，设计层级任务。

【关键词】高一学生；语文；学业自我概念

如何更好地响应新课改精神，进一步提升教学质量，是语文教育研究者亟待解决的难题。许多研究者都聚焦于教学内容、教学方法、教学技术等外在因素，对学习者自身内在因素的关注却不够。而教学一旦离开学生这一主体，就会变得低效甚至无效。因此，研究学生的语文学业自我概念至关重要。

语文学业自我概念是学生对自己在语文学科方面的认知、体验和评价。心理学研究表明，学生的学业自我概念与其学习动机、学习成绩等有着密切的关系，它在教学方式、学习方式作用于学生学习成效的过程中起到中介作用。但目前大多数教师缺少调动学生自我认知的意识，自然也不会引导学生形成积极的语文学业自我概念。基于此，本文试图调查高一学生语文学业自我概念的现状，为教师有的放矢地采用教学对策提供理论支持，从而提高语文教学质量。

本调查采用问卷方式，于实习期间对 D 市 W 校高一学生进行了调查。问卷包含量化的客观题与质性的主观题，在高一九个班中随机分发，共发放问卷 150 份，回收 145 份，其中有效问卷 132 份。

一、调查内容

本调查问卷一共涉及两个板块：个人基本信息；语文学业自我概念情况。

个人基本信息主要包括性别、性格、居住地及初中所在地、父母的文化程度、父母的爱好、家庭主导方、家庭和谐程度、父母教育方式以及语文成绩排名、最喜欢的学科和最擅长的学科等。这些或多或少都与学生自我概念的形成相关，因此，这一板块所收集到的资料主要用于两个方面：一是分析其与学生语文学业自我概念的关系；二是为确保严谨性，在控制其中大部分因素的情况下，探讨主要因素与学生语文学业自我概念的关系。

语文学业自我概念情况的调查分为主观题与客观题。两道主观题运用开放式问卷的形式，基于日常经验法，请学生在句式中填词来描述理想中的语文学科自我形象与现实中的语文学习情况。这一调查主要探究学生语文学业自我的内隐观念,同时了解学生自我概念的组成结构。客观题的量表改编自国内研究者修订的一般学业自我量表、学科学业自我量表,结合语文学科的特点,最终确定六个维度,其中四个维度属于语文一般学业自我概念,分别是语文学业情感自我、语文学业能力自我、语文学业行为自我、语文学业成就自我,另外两个维度为语文特殊领域的学业自我概念,分别是阅读自我概念和写作自我概念。为了防止学生在填写中作弊,量表编制完成后将所有维度打乱,题目随机分布。该量表在剔除相关性较小的题项后,具有良好的信效度:内部一致性 α 系数为 0.928,且项目数符合要求,表明量表项目具有相当的同质性;在效度指标上,相互维度之间的相关系数小于与总分的相关系数,并且也小于内部一致性系数;从验证性因素分析的结果来看,主要拟合指标都在良好配适的范围内,量表有较好的结构效度。因此,该问卷测量语文学业自我概念稳定可靠。

二、统计分析

本调查采用 SPSS26.0 统计软件进行分析,主要运用了描述统计法、相关分析法、方差分析法等。以下依次介绍统计分析的结果。

(一)被调查者总体信息

本次调查对象 52％为女生,48％为男生,男女比例分布基本均衡。被调查者居住地的城乡分布不均衡,其中 61.8％来自农村,38.2％来自城区。本调查发放问卷时在学习成绩分布上选择较均衡,但由于在回收问卷时缺失的问卷及去除的无效问卷大多集中于"31～40名"及"41名及以后"的范围内,所以这两个层次的数量相对较少。具体分布见图1。

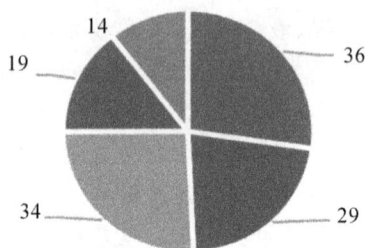

■ 1~10名　■ 11~20名　■ 21~30名　■ 31~40名　■ 41名及以后

图1　被调查者语文成绩班级排名分布情况

(二)语文学业自我概念情况分析

1. 学生语文学业自我内隐观念统计分析

开放式问卷的结果表明,学生对自己现实中的语文学习情况和理想中的语文学科自我形象在类别上没有差异。学生用了大量的词语来描述自己语文学业的现实情况和理想状态,比如成绩差、碌碌无为、喜欢、力不从心、勤奋、博学多才等等,说明他们对自己语文学业的认识是丰富的,但根据语义对这些词语归类后发现,学生的语文学业自我概念主要有以下几个内隐成分:语文学业成就、语文学业能力、语文学业情感、语文学业行为,这与前人研究保持一致。其中,无论是在现实情况还是理想状态,学业情感和学业成就都占据较大比重,如在对语文学业现实情况的描述中,提到学业情感的人数占了总人数的 48％,提到学业成就的占 32％;在每一类别的描述中,既有正面的积极描述,也有负面的消极描述,且消极描述多于积极描述;在对语文学业理想状态的描述中,提到学业情感的人数占总人数的 41％,提到学业成就的占 28％。

2. 学生语文学业自我概念总体状况

为了考查学生语文学业自我概念的总体状况,本文统计了语文一般学业自我概念和语文特殊领域学业自我概念的平均值。其中,最高分5分(完全不符合陈述句),最低分1分(完全符合陈述句),中等临界值3分(一般),得分越高,自我概念越消极。具体结果见表1。

表1 学生语文学业自我概念及其类别的总体状况

项目	N	Mean
学业情感自我	132	2.36
学业成就自我	132	2.94
学业能力自我	132	3.00
学业行为自我	132	2.79
总体语文学业自我	132	2.77
阅读自我	132	2.23
写作自我	132	3.14

从表1可以发现:

(1)学生语文学业自我概念的总平均数为2.77,靠近中等临界值,说明该校学生语文一般学业自我概念处于中等水平,即学生对自己的语文学业自我评价居中。

(2)从语文一般学业自我概念的四个维度看,平均值也基本分布于中等范围,其中,学业情感自我的得分最低($M=2.36$),学业能力自我的得分最高($M=3.00$)。各维度平均值的大小依次是:学业能力自我>学业成就自我>学业行为自我>学业情感自我(见图2)。说明学生学业能力自我最消极,学业情感自我最积极。

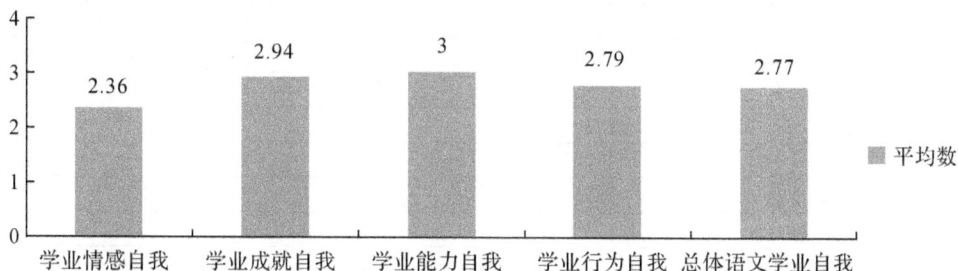

图2 学生语文一般学业自我概念各维度均值比较

(3)从语文特殊领域学业自我的两个维度看,学生阅读自我的均值($M=2.23$)低于写作自我($M=3.14$),且阅读自我的均值比其他学业一般自我的维度都要低,而写作自我则比其他学业一般自我的维度都要高,说明学生在语文的阅读领域有较为积极的自我概念,而对自己的写作评价则比较消极。

3. 语文学业自我概念在性别、性格上的差异分析

不同性别的个体在认知、行为等方面或多或少存在差异,而性格也是影响学生自我概念形成的重要因素。因此,本报告将考察学生语文学业自我在性别和性格上的差异,以帮助教师更全面、更有针对性地了解学生,有的放矢地实施教学。调查结果以性别、性格为自变量,以语文学业自我及其各维度为因变量,进行多因素方差分析。具体结果见表2。

表2　不同性别、性格的学生在语文学业自我概念诸因子上的多变量方差分析

项目	性别	性格	性别＊性格
学业情感自我	1.990	0.040	0.278
学业成就自我	8.612**	0.113	0.857
学业能力自我	4.699*	0.385	3.666
学业行为自我	2.236	0.123	2.935
总体语文学业自我	5.386*	0.058	2.176
阅读自我	1.198	0.940	0.821
写作自我	0.004	0.053	0.025

（注：* 表示 $p<0.05$，** 表示 $p<0.01$。）

结果表明，从主效应看，学生语文学业自我及其诸维度在性格上均未达到显著水平，表明性格对学生的语文学业自我影响不显著；学业成就自我的性别主效应达到极显著水平（$p<0.01$），表明不同性别的学生在语文学业成就自我上存在非常显著的差异；同时，学业能力自我与总体语文一般学业自我的性别主效应均达到了显著水平（$p<0.05$），表明性别因素显著影响了学生的语文学业能力自我和总体语文学业自我；而性别因素对阅读自我与写作自我的影响均不显著。从交互作用看，性别与性格在语文学业自我及其各要素之间都不存在显著的交互作用，这表明性别与性格变量的共同作用对学生的语文学业自我影响较弱。

4. 语文学业自我概念与成绩、偏好学科、擅长学科的相关分析

本报告探讨了语文学业自我概念与语文成绩、偏好学科、擅长学科的关系，结果见表3。

表3　语文学业自我概念与成绩、偏好学科、擅长学科的相关分析

项目	语文成绩	擅长学科	喜欢学科
总体语文学业自我	0.706**	0.352**	0.423**
学业情感自我	0.405**	0.122	0.237
学业能力自我	0.831**	0.371**	0.388**
学业行为自我	0.456**	0.210	0.413**
学业成就自我	0.709**	0.458**	0.368**
阅读自我	0.191	0.085	0.274*
写作自我	0.156	—0.020	0.118

（注：* 表示 $p<0.05$，* * 表示 $p<0.01$。）

从上表可知，语文成绩与总体语文学业自我概念及其四个维度都有着极显著正相关（$p<0.01$），这表明学生在班级中语文的成绩排名与一般语文学业自我存在显著的关系；语文成绩与学生的阅读自我（$p=0.163$）和写作自我（$p=0.254$）有正相关，但相关不显著。学生擅长学科与喜欢学科均与总体语文学业自我、学业能力自我、学业成就自我呈极显著正相关（$p<0.01$），同时，对学科的偏好与学业行为自我也存在极显著正相关（$p<0.01$），与阅读自我呈现显著相关（$p<0.05$），这表明学生在是否擅长文科与是否偏爱文科方面与大多数语文自我概念有显著关系。而擅长学科与写作自我呈现负相关，但相关性不显著（$p=0.888$）。

三、主要结论

通过对学生语文学业自我概念的调查结果分析，得出以下主要结论：学生的语文学业理想自我与现实自我差距较大；语文学业自我概念发展水平不高；性别在很大程度上影响语文学业自我概念的发展；语文学业自我概念与语文成绩密切相关。

(一)语文学业理想自我与现实自我差距较大

在对语文学业现实自我形象的表述中,无论是哪个维度的自我,都以消极词汇为主,而理想自我则都是积极词汇。同时,现实自我形象的描述词汇比较单一,而理想自我形象的描绘词汇数量多且内涵丰富。这表明学生对于语文学习的期待是积极的、多彩的,而对现实的能力、成就等是不满意的。

这种差距体现了目前高中生的学习心理问题。正如罗杰斯所说:理想自我与现实自我的差距可显示一个人心理健康的水平。当事人中心治疗的目的之一就是促进来访者现实自我与理想自我更加和谐一致。其实,这种差距与学校教育中教师不关注学生的自我需求,追求竞争、缺少鼓励等有着必然联系,需要引起教育者关注。

(二)语文学业自我概念发展水平不高

学生的语文一般学业自我概念和语文特殊领域自我概念的发展水平均不高,也就是说,学生对其学业自我的认识、体验、评价和行为并不积极。在四个维度中,学业能力和学业成就的自我概念发展水平最低,学业情感自我概念最高。这说明高一的学生对语文学科的体验相对比较积极,但对自身在语文学科所具备的能力和所取得的成就的评价比较消极。学生的阅读自我概念发展水平相对较高,而写作自我概念发展水平偏低。

在本次调查中,虽然学生的语文学业情感自我概念是最高的,但与前人研究的小学与初中的语文学业情感自我概念相比,已是大幅降低。这种状况或许与学校教育追求功利性目的有关。如在作文层面,高中更加重视应试技巧,而忽视学生的真情实感;学生考试失败往往会得到来自各方的批评,而这种以批评为主的反馈不利于学生构建积极的自我概念。因此,教师在关注成绩的同时也应关注学生这一主体,在素质教育与应试教育之间寻找平衡。

(三)性别影响语文学业自我概念的发展

报告显示,性别对语文总体学业自我概念及学业成就自我概念、能力自我概念具有显著影响;其中,对学业能力自我概念的影响达到了非常显著的水平,而在学业情感自我概念、学业行为自我概念和阅读自我概念、写作自我概念方面则影响不大。对学业能力自我概念、学业情感自我概念、语文总体学业自我概念与性别进行相关分析发现,性别与这三者皆呈现负相关,这说明女生在语文总体学业自我概念及学业能力自我概念、学业成就自我概念方面均比男生积极。

心理学研究表明,比较效应对男生学业自我概念的影响显著大于女生。比较分为两个方面:其一,对自己不同学科的内部比较;其二,对该学科在班级中排名的外部比较。高中男生的思维往往更理性,而女生的思维更感性。在内部比较时,大多数男生的语文成绩不如理科成绩;在外部比较时,男生的语文成绩在班级中并不突出。因此,男生语文学业自我概念往往比女生消极。

(四)语文学业自我概念与语文成绩密切相关

诸多研究表明,学业自我概念与学业成就之间存在显著的正相关。有学者从具体学科角度出发研究这一关系,如周琳等人的研究表明数学学业自我概念与数学成绩呈正相关。[①]本文对高一学生语文学业自我概念与语文成绩关系的研究结果也证实了这种正相关关系,即语文学业自我概念与语文成绩密切相关。

---

① 周琳.初中生数学焦虑、数学学业自我概念及其对数学成绩的影响[D].开封:河南大学,2008.

本调查的语文成绩指的是学生在班级中的语文排名,这种相关性正体现了学业自我概念形成理论中的外部比较理论,即学生把自己在语文学科中的能力或成绩与群体中其他同学的能力或成绩进行比较。因此,当学生的语文成绩在班级处于高分组时,会形成积极的语文学业自我概念,反之则会产生消极的学业自我概念。

四、基本建议

针对学生学业自我概念的发展状况,本报告提出以下基本建议:改变教育理念,树立学生意识;关注理想需求,平衡自我矛盾;重视性别差异,设计层级任务。

(一)改变教育理念,树立学生意识

高中语文教育,大多片面追求升学率,把学生当成应试的工具。在这种情况下,教师往往只关注学生的成绩,对学生多用批评教育的方式。教师应改变这种功利性的教育理念,以人为本,心中有学生,时刻关注学生的自我概念。本调查显示,学生的语文学业情感自我概念相对较高,教师应充分利用这一条件,进一步激发学生的学习热情,引导学生对自己的学习情况做出全面、积极的反馈,充分认识自我,正确评价自我。教师在教学中的学生意识不仅有利于学生成绩的提升,而且有利于学生健全人格的培养。

(二)关注理想需求,平衡自我矛盾

学生对自己语文学业的理想形象是积极饱满的,而其现实状况则是负面贫瘠的。教师应重视这一现象,关注并调查学生在语文学业中情感、能力、成就、行为的理想需求及其与现实的矛盾,反思自己的教学行为,如在教学时通过对学生情感的激发促进学生积极情感自我概念的构建。同时,教师应通过主题班会等形式积极引导学生关注理想自我与现实自我的矛盾,引导学生自主分析、自主成长。

(三)重视性别差异,设计层级任务

教学应有针对性,能因材施教。男生在语文情感自我和语文行为自我方面与女生差异不大,但语文能力自我和语文成就自我却显著低于女生,从而导致语文整体的自我概念也低于女生。教师应抓住这一特点,设计有层级的任务。首先,语文课堂任务有层级,关注学生的能力差异,设立多个层级的要求,避免以一个任务统一全班不同能力的学生;其次,课后任务有层级,根据不同性别的差异,选择不同的作业任务。让学生在完成自己能力范围内的学习任务后,对自己能力的认知变得积极,产生良好的成就体验。在设计层级任务时,教师应有发展的眼光,在学生达到自身的层级要求后,积极引导他们主动走向更高的层级、面对更高的要求。

教育教学不能离开学生这一主体,成绩提升也不能离开学习者自身。培养学生积极的语文自我概念能有效提升语文教学质量,也能让学生在快乐、自信、自控的氛围中收获语文的成长与心理的成长。本次调查的对象是 D 市 W 校高一年级的学生,由于每个学校的文化氛围不一样,所以样本的全面性仍不足。同时在调查中发现,学生语文阅读自我和写作自我与其他因素的相关均不显著,这一点有待进一步研究。

【参考文献】

[1]中华人民共和国教育部.普通高中语文课程标准(2017 年版 2020 年修订)[S].北京:人民教育出版社,2020.

[2]袁振国.教育研究方法[M].北京:高等教育出版社,2000.

[3]李振兴,赵小云,郭成.大鱼小池效应对初中生学业自我概念的影响及其性别差异[J].内蒙古师范大学学报,2018(6).

[4]郭成.青少年学业自我研究[D].重庆:西南大学,2006.

[5]张娓.青少年学科学业自我量表的修订及西南地区常模编制[D].重庆:西南大学,2008.

[6]李磊.中学生语文学业自我及其与语文成绩的关系研究[D].重庆:西南大学,2010.

上面这份教育调查报告,作者王成同学以研究生的实习生身份研究高一学生语文学业自我概念,调查报告的每个环节,都体现了作者良好的研究能力。

该调查量表是作者改编的,改编后又对量表做了信效度分析。为防止学生在填表时作弊,又将量表所有维度打乱,且题目随机分布。在统计分析中又使用了许多专业符号和专业术语,并进行了专业推理。这些都能看出作者良好的研究能力。

本文更大的价值,还在于调查话题本身。诚然,我们在研究如何提高语文教学质量、提升学生语文学习成绩时,大多从外围入手,却忽视了学生语文学业自我概念的培养。而作者的调查结论告诉我们:语文学业自我概念发展水平不高,语文学业理想自我与现实自我差距较大。这对语文教育研究者和一线教师来说,都有很大的警示和提醒作用。

该研究结论恰恰也彰显了"非指示性"教育的价值,因为"非指示性"教育"不仅重视学生知识和技能的获得,更重视学生独立人格和自主意识的培养"①。

作者王成本科就读于本校的心理学专业,大学三年级时著者受心理学系主任邀请,为该系学生即将到来的教师资格证书面试做集体辅导,坐在下面听讲的王成同学由此决定报考著者的语文教育学研究生。入学后,她主动运用心理学理论分析语文教育现象,剖析语文教育问题。实习期间做教育调查,她就选择了与心理学理论相关的学生学业自我概念的话题。

以上两个教育调查案例,都初步具备了教育研究的专业品质。两个话题后来都成了她们毕业论文的选题。著者作为她们毕业论文的指导教师,继续看到了她们在研究中的专业成长。

而对于广大师范生来说,只要在实习期间主动开展教科研实践,就能让自己的研究意识和研究能力得到基本的锻炼和培养,以后走上工作岗位就能成为更专业的教师。同时通过研究,也能加深对"非指示性"教育的认识和理解。因为要改变教育教学现状,都要从唤醒学生的生命自觉意识开始。就如上述两个教育调查报告,其中的第一个建议都是学生意识方面的,都把教师树立学生意识作为改变教育教学的起点。

---

① 郑逸农.二十年后再谈"非指示性"教育[J].中学语文,2020(11):4.

第十二章　实习总结

第一节　设计意图：做全面总结自身成长的教师

"非指示性"教育实习，重视对实习的全面实践，也重视对实习的全面总结。在实习结束之际，让每位师范生回望实习过程，全面总结所做的工作，全面总结获得的认识，全面总结存在的问题，全面总结今后的对策，努力做一个全面总结自身成长的教师。

一、全面总结所做的工作

让每人全面总结整个实习期间做过的各项训练工作，包括实习准备期和实习实施期的工作。其中实习准备期有七项训练工作：写字训练，打字训练，朗读训练，说话训练，教案训练，课件训练，评课训练。实习实施期有十四项训练工作：日志撰写，写字续练，朗读续练，说话续练，教案原创，课件原创，课前试讲，课堂实施，课后反思，作业自纠，课堂观察，教育调查，主题班会设计，特殊学生教育。

总结所做的工作，要在对照中进行，让每人先列出实习组的各项工作要求，再总结自己各项工作的完成情况。在回顾总结的过程中，系统思考做一名语文教师所需要的教育理想、教育理念和教育技能等，增强对语文教学的敬畏感，也增强做语文教师的责任感。

二、全面总结获得的认识

让每人全面总结自己通过各项训练，在专业成长上获得的相应认识，包括如何在每个专题训练中做得专业，也包括如何让自己变得更专业等。

通过总结，让自己的理解由表及里，从感性走向理性，获得本质性的思考和规律性的感悟，从中获得自我提升，也从中获得自我教育。

比如：写字训练，如果在实习课上板书字写得进步了，这时的总结就会让自己认识到写好字很重要，能让自己变得更自信，也让学生对自己更认可；也会认识到要改变写字是很不容易的，需要自己下定决心甚至立下大志，然后每天付诸行动；还会认识到练字需要让自己的所有运笔方式都顺应字帖、模仿字帖，不能保留自己的任何运笔习惯，这样才有可能让自己告别过去，焕然一新。

三、全面总结存在的问题

让每人全面总结自己在各项训练中仍然存在的问题，尤其是突出问题。即使有些项目训练得比较满意，也要在自我肯定的同时，深入发现一些问题，让自己以精益求精的态度去调整和完善。而训练效果不太理想的项目，更需要在实习结束之际，主动反思，冷静面对，让自己重新规划,在实习结束后及时行动,争取在走上教师岗位之前,把"短板"补齐。

师范生在毕业之前没有及时补救,没有训练到位,入职后就不太可能主动补救,主动训练。师范院校就学期间是有效训练的最佳时期。

比如:课件的内容精致、样式精美的原创性制作,教案的共选型、分选型(共选与自选结合型)、自选型的三层级设计,课堂的牵手、松手、放手的三阶段实施,课例的学生意识、学科意识和技能意识的三维度评价,毕业前没有训练出相应的能力,以后就不容易有。

四、全面总结今后的对策

还要让每人全面总结今后应采取的能解决问题、获得进步的科学有效的对策。师范生走过了实习准备期和实施期,经历了二十一项专题训练,也经过了实习组同学的互助以及指导教师的指导,对今后该采取什么对策才更有效,已经有更全面的思考和更清晰的认识了。此时"趁热打铁",全面总结,最容易从原来的自我中跳出来,站得更高,看得更准。

总之,实习总结不是可有可无的,更不是为形式主义而搞的。要让师范生在全面总结中,蜕生出更美的翅膀,翱翔于更广阔的天空。

第二节　实施要求:自主总结实习的成绩与问题

让实习生做总结,并不难;但要对二十一个训练项目依次总结,逐一反思,并不容易;而要总结得精准、深刻,更不容易。

为此需要高校带队指导教师做出科学引导,包括对实习总结的格式做出基本规划,对实习总结的内容设计基本要求,然后与实习生交流,在实施要求的质性和量化两大方面形成基本共识。

一、质性方面的实施要求

(一)格式要严谨

标题要有正标题和副标题。其中正标题用一个对句或单句概括自己的实习,副标题用"我的实习总结"来表示。

导语用两段话介绍。第一段介绍自己实习的时间、地点、高校带队指导教师、中小学指导教师、实习班级等总体情况;第二段介绍自己将分别从实习准备期和实习实施期两个阶段依次总结,每个阶段又将分出许多工作内容,每个工作内容都将从所做的工作、获得的认识、存在的问题、今后的策略四个方面依次进行总结和反思。

主体用多段话展开。在"第一部分:实习准备期"和"第二部分:实习实施期",都要先介绍具体时间,再介绍该阶段主要做了哪些工作,然后依次介绍各个训练内容。每个训练内容都要独立总结,先标出序号,写出标题,在标题中间用冒号,总结自己在这方面的成长情况(不用完全肯定或完全否定的表述,比如"一、写字训练:形似基本有,神似尚缺少。")。每个训练内容都从四个方面分条分段依次介绍。

结语用一两段话表达。既表达自己对实习生活的总体感受和理解,也自然深化,表达自己作为师范生积极向上的情感态度。如果为实习学校做过一些服务性的工作,或为实习组做过组织或服务等工作,可先写一段补充介绍。

（二）内容要得当

1. 总结要全面

首先是指总结的内容要全面。实习准备期和实习实施期两个阶段的所有训练内容,都要总结到。其中实习准备期有七项训练内容,实习实施期有十四项训练内容。

其次是指总结的每个内容要全面。每个内容都要从四个方面来总结:所做的工作,获得的认识,存在的问题,今后的对策。

2. 总结要真实

主要是指在总结自己所做的工作时要真实,不说假话,做了多少是多少,实事求是,不掩饰,不虚夸。

3. 总结要诚恳

主要是指在总结自己获得的认识时要诚恳,不说套话,要说出自己真诚、独到的认识,不敷衍,也不虚泛。

4. 总结要深刻

主要是指在总结自己存在的问题时要深刻,不说虚话,要直面自己的问题,并剖析本质的深层的原因。

5. 总结要科学

主要是指在总结今后的对策时要科学,不说空话,要有适切性和针对性,也要有可操作性和实效性。

二、量化方面的实施要求

实习总结数量为一份。总字数不刻意追求,但不能写得过于简略,也不能写得过于繁琐。二十一个训练专题都要总结。每个专题都要从四个方面依次总结,其中后三个方面"获得的认识""存在的问题""今后的对策"都要列出二至三条（不能太少,也不必太多）。

有了以上质性和量化的具体实施要求,才能保证实习总结的基本质量。

第三节　案例展评:能全面反映实习成长的总结

在教师的科学引导和实习生的自主实践下,涵盖二十一项训练内容,每个训练内容又从四个方面依次小结的实习总结,能在实习结束不久如期完成。虽然质量上会存在个体差异,但对每个人来说,都能获得进一步的成长。上交给实习组后,由预先做好分工的相关实习生担任主编和编辑,完成实习专辑《实习总结》。

下面展示的案例分三类,依次为:对实习准备期训练内容的总结;对实习实施期训练内容的总结;就实习总结写的总标题和结束语。限于篇幅,每个训练内容的总结都只从小学、初中和高中三个实习学段中任选一例,且只对二十一项训练内容中的主要内容进行展示。

实习总结不以"唱赞歌"为目的。每个训练内容的总结格式均为:完成的情况、获得的认识、存在的问题、今后的对策,因此实习总结大多写得比较清醒和理性。

案例第一类:对实习准备期训练内容的总结

实习准备期要总结的训练内容有七项:写字训练,打字训练,朗读训练,说话训练,教案训练,课件训练,评课训练。下面选取其中的一些训练内容展示。

一、写字训练总结

写字训练的工作要求为:每天利用上午、下午和晚上三个时段各不少于30分钟,练写不少于正反两页(以A4纸为基准。练字基础较好的可申请只写一页)。暑期共练写50张(两页为一张)。练字方式:将纸竖着横写,密密麻麻写满,字距和行距都不能大;每张的左上角都写上姓名和日期。练字字帖:小学为自选的楷书字帖,中学为指定的行书字帖。练字要求:要练出汉字的传统审美特质和独特文化气质。其中前后两张要写同样的文段(标点略去),且每行的相同位置写相同的字,以便于对比;所写内容,小学学段实习生可写《匆匆》第一段,中学学段实习生可写《琵琶行》或《黄花岗七十二烈士事略序》第一段;所写样式,小学学段实习生可写在方格纸上,中学学段实习生可写在横线纸上。其中第一行写姓名和日期。

下面是实习生王欣琪的总结。她的写字训练总结标题是:写字总体稳定,还有进步空间。

1. 完成的情况

由于在这之前我已经开始练字了,这次我每天练两页。七月我主要训练运笔,模仿任平字帖的字形;八月我主要训练结构,力求离开字帖也能记住这些字的整体框架。采用A4纸练习,没有划线,更没有方格,锻炼了我对写字间距、行距的把握能力。

2. 获得的认识

(1)写字训练很重要,练好字形不容易

系统的写字训练,可以提高写字的整体水平。但练好字形并不是一蹴而就的,需要每天训练,记住整个字体的结构。

(2)写字是项基本功,细心模仿能成功

写字是师范生重要的基本功,不可轻视。但写字训练要以细心为前提,研究字帖上的字形和运笔方式,然后认真模仿,才能成功。

3. 存在的问题

(1)还未摆脱写字的固有习惯

在写字训练上,我最突出的问题是没有摆脱自身写字的习惯,忽视字帖的运笔特点。即使到现在,我仍在不断克服这个问题。

(2)还缺少写字的细心和耐心

写字需要细心,看清字形,看清运笔;也需要耐心,不怕单调,不怕枯燥。这两个方面我都有所欠缺,影响了我的练字质量。

4. 今后的对策

(1)专心模仿字帖的运笔与字形

练字时我应思考每一笔落在何处,应把每个字的字形结构记在心里,改变自身的写字习惯。

(2)细心感受字帖的风格与精髓

记住字形后,要把握任平行书字帖的精髓,用心品味运笔风格,脱离字帖去练字,力求形似更求神似。

上面的总结揭示了练字共性的问题,也提炼了练字共性的对策,具有典型性,也具有普适性。这是中学学段练写行书的总结。小学学段的卢婕妮总结出的楷书练字问题之一是:"将眼光放在笔画上,却没有注意整体的美观,没有意识到整体的排版同样重要。"这是写字训练尤其是楷书训练更容易出现的问题,也是更需要调整的对策。

二、打字训练总结

打字训练的工作要求为:每天练习电脑盲打不少于1000字。下载"金山打字通"等训练软件,先熟悉键盘,规范手型,再训练盲打。要用完整拼音打字;先求准确,后求速度;进入实习听课阶段能快速打下教师和学生的说话。

下面是实习生余晨曦的总结。她的打字训练总结标题是:速度有提升,准确度待调整。

1. 完成的情况

暑假期间能每天坚持在"金山打字通"上练习电脑盲打,基本能不看键盘,以较快的速度进行盲打,每天训练基本在一千字以上,在电脑盲打能力上获得了较大的突破。

2. 获得的认识

(1)规范先行

在盲打之前,先要熟悉键盘,对26个字母的排列位置以及其他功能的具体位置熟记于心,然后确定双手在键盘上的摆放位置。规范先行能加速盲打速度,提升盲打质量。

(2)熟能生巧

电脑盲打是动作技能的训练,通过反复的、多次的练习,便能自然地规范手型,形成基本的盲打习惯,获得良好的盲打能力。

3. 存在的问题

(1)盲打正确率一般

在快速盲打时,会出现一些错别字。一是键盘没有敲实导致拼音没有打完整,二是敲错字母键导致拼音打错。

(2)功能键运用不熟

对于除字母键之外其他按键的功能并不完全熟悉,更不用说对应的具体位置,还有一些陌生感。

4. 今后的对策

(1)加强练习

如同练字一般,盲打的快速度和高质量并不是一蹴而就的。需要继续加强打字练习,在保持高速度的基础上,提高盲打质量。

(2)主动运用

除了每天专门安排时间练习盲打,还要主动运用,比如边听电台边打字,边听周围的人对话边打字,在运用中提高打字能力。

上面的总结揭示了打字训练的特点。获得的认识比较深刻,归纳的条目比较精准;存在的问题则是初学电脑盲打都容易出现的,比较典型;所提的对策具有较好的实用性,也具有较大的科学性。

三、朗读训练总结

朗读训练的工作要求为：每天利用早、中、晚就餐前后的零碎时间分散训练，每天朗读60分钟左右。借助三个文本《春》《黄花岗七十二烈士事略序》和《乡愁》，从语句的停顿和重音开始，训练语调的变化和语气的变换（语调上有高与低、轻与重、快与慢的节奏性变化，语气上有平和与高亢、喜悦与哀伤、沉郁与激昂的情感性变换）。运用相应的语调和语气分别读出三个文本的亲切感、庄重感和深沉感。

下面是实习生陈朝朝的总结。她的朗读训练总结标题是：感情投入尚可，语调变换欠缺。

1. 完成的情况

每日三餐后进行朗读训练，早餐后读《春》，中饭后读《黄花岗七十二烈士事略序》，晚饭后读《乡愁》。基本能够根据文本特点运用相应的语气，但在语调变换运用方面还不够完善。

2. 获得的认识

(1)朗读前要确定感情基调

拿到一篇文章首先要确定感情基调，《春》充满欣喜，要读出希望；《黄花岗七十二烈士事略序》带着英雄气，要读出壮烈；《乡愁》表达了家国之愁，要读出深沉的悲情。

(2)朗读要注意重音和停顿

好的朗读需要停顿，不管是句子之间，还是句子内部。适时的重音则给人强调感，比如人物、地点、动词、语气词等。

3. 存在的问题

(1)语速变换不够

没有根据表达的心情、境况等做出时缓时急的变换，如在表达兴奋、激动、欢快的词句时快一些，而在表达哀伤、痛苦、怀念时慢一些。

(2)语调把握不当

我在朗读时存在语调一上一下的问题，听起来不舒服，没有在朗读前深吸一口气，顺畅地把一句话读完。

4. 今后的对策

(1)多听示范朗读

"中小学语文示范诵读库"上线发布了首批100篇音频教材，这是由中央广播电视总台、教育部、国家语委联合制作的。作为准教师，我可以借助教材示范朗读提升自己的能力。

(2)进行气息训练

充足、稳定的气息是发音的基础。要进行气息调节训练，让呼吸和朗读配合得更协调。可试着说绕口令，初练时中间适当换气，练到气息有控制能力时，逐渐减少换气次数，最后争取一口气读完。

上面的朗读总结，已具有一定的专业性，不是随性的训练者所能写出的，不管是其获得的认识，还是提出的对策。实习生中大部分人的朗读训练从基础起步，小部分人则已有较专业的朗读基础，训练的重心也转移了，比如有舞台朗读经历的冯丝源同学提出的对策与要求是从舞台朗诵转向课堂朗读，语调要更平缓，动作要更自然，要克服舞台上比较夸张的语调和动作，营造课堂的真诚感和灵动性。

四、说话训练总结

说话训练的工作要求为:每天在朗读的基础上,自定一两个话题,让自己一口气往下说各3分钟左右。训练说话的准确、精练、流畅、优美和亲切,做到不偏离、不啰嗦、不阻塞、不苍白、不霸气(禁用"希望""给我",多用"敬请""建议"等)。要在"一口清"的说话中体现以上五个要求。

下面是实习生周冰河的总结。她的说话训练总结标题是:话语亲切,但不精练。

1. 完成的情况

每天晚上我都给自己制定一两个话题,思考半分钟后便开始即兴说话,按时录音并回听。记录自己的口头禅、重复的语句以及逻辑不通顺的地方。遇到不礼貌不文明的词语马上改正,替换成文明的词语。

2. 获得的认识

(1)思维的流畅性决定说话的流畅性

在思考话题的半分钟内,并不是思考接下来说的每一句话、每一个词,而是思考说话的要点与角度,理顺思维。要点越多,角度越多,思维就越清,就越能说到三分钟。

(2)语气的亲切感决定说话的亲切感

说话并不是说给自己听的,而是说给别人听的,因此语气要亲切,不生硬,有礼貌,让人听了你的说话能感受到友好和温暖。语气亲切了,说话才亲切。

3. 存在的问题

(1)说话不够精练

一句话可以说完的会反复说上好几次。有时候是不自觉的啰嗦,有时候是因为没有准备下一个要点,就随便补上几句,防止出现空白。

(2)说话不够流畅

有时一边说话一边眼神向上飘,边说边回忆,断断续续,想想说说,不够流畅。

4. 今后的对策

(1)精简语言,追求说话的艺术性

目前我已经能够做到连续说三分钟不停顿。下一阶段的要求就是精简自己的语言,把反复说的啰嗦内容去除,保持话语的简洁性,不为凑时间瞎掰一些话语,要有说话的艺术性。

(2)眼神自然,追求说话的自信度

要锻炼自己的眼神,自然地从左到右、从右到左,巡视后再开始说话;在说的过程中,眼神要主动表现出与人交流的意愿;最后眼神要坚定,不能随意向上飘,也不能怕与人对视。要锻炼眼神,提高自信。

上面的总结,体现了总结者说话训练的认真和追求的较真。透过总结文字,可以看到总结者在说话训练中自主尝试、自主判断、自主反思、自主纠正的动态过程,可以真切地感受到作为一名实习生的积极上进和自主成长。

五、课件训练总结

课件训练工作要求为:原创两个风格迥异的课件。从课件白底起步,要加的颜色、要画的物象、要设的布局,都由自己独立完成。封面和封底上的物象要动态出现,且贯穿整个课件。每个课件做八页,包括封面页、目录页、主体页(边框装饰不重复的四页)、总结页和封底页。审美要求:一为内涵精致(包括用语精致不散乱,字体精致不杂乱,颜色精致不花哨,页数精致不繁多）；二为样式精美［包括颜色精美，悦目而且醒目；物象精美，技术（通用性审美）和艺术（独特性审美）俱佳；装饰精美，传统（规整与对称等）与现代（灵活与变化等）融合］。

下面是实习生莫芸的总结。她的课件训练总结标题是：课件制作完整，水平尚需提高。

1. **完成的情况**

按照要求原创完成了两个风格迥异的课件。一个以诗歌《水调歌头·明月几时有》为主题，以兔子和月亮为物象，以蓝色忧郁色为主色调；另一个以童话《皇帝的新装》为主题，以卡通画的皇帝穿新衣为物象，色调比较缤纷。

2. **获得的认识**

（1）课件的审美性很重要

课件是艺术品，审美性很重要。封面、目录以及物象、饰条，还有色彩、字体等，设计得美，能营造学习氛围，吸引学生注意力，提高学习积极性。

（2）课件的实用性很重要

课件是为教学服务的，实用性很重要。课件的色彩需要悦目舒适，课件的文字需要醒目清晰，方便学生观看。

3. **存在的问题**

（1）课件不够精美

物象制作得不够美，色彩过于花哨，主体页中的装饰性边框大同小异，且比较简陋，没有变化之美。

（2）课件过于个性化

完全对应着课文主题，物象过于个性化，《水调歌头·明月几时有》的课件画了月亮和兔子，《皇帝的新装》的课件画了卡通的皇帝，这样的课件模板无法在其他课文通用。

4. **今后的对策**

（1）提高自己的制作水平

一是要提高技术水平，目前还很基础；二是要提高艺术水平，目前审美观不高。要在课件制作中多思考，多探索，多改进。

（2）丰富花卉的制作样式

花卉作为课件的物象，适用于大部分课文，且花卉的种类很多，平时可多留心观察，丰富制作的样式。

上面的总结，可以看出总结者作为一名课件制作的初学者的真实思考。虽然课件制作的起步不高，但获得的认识很精准，揭示的问题很典型，提出的对策也很实用，对于所有课件制作的初学者都有启发。

六、评课训练总结

评课训练的工作要求为：上网寻找一个名师视频课，先打字实录，后观察评价。要求运用"非指示性"教育理念和实施策略，观察执教者的学生意识、学科意识和技能意识，评价课堂的人文性、科学性和艺术性。评价分为随评（穿插在实录过程中）和总评（写在实录后面）。既从名师课堂中获得正反面的启发，也训练自己评课的能力。

下面是实习生王童心的总结。她的评课训练总结标题是：角度比较专业，评价不够细致。

1. 完成的情况

对某位名师的《慈母情深》《普罗米修斯》《桃花心木》进行了实录,尤其是《慈母情深》,观察比较细心,以三个意识为依据分条进行评课。

2. 获得的认识

(1)观察要有专业的角度

在观察录像课时,要有意识地从教师的学生意识、学科意识和技能意识这三个维度进行观察,并据此依次评课,这样才能做得专业。

(2)撰写要有规范的格式

撰写观察报告时,要按照郑老师设计的格式较为清晰有序地写下来,这不仅仅是格式的规范,更是代表着观察的规范。

3. 存在的问题

(1)实录不够快速全面

由于边看视频边快速盲打,记录的速度有些跟不上教师说话的速度,一些重要的细节,如教师当时的微表情等没有及时描述记录,因此会返回去多次观看,多次记录。

(2)评价不够细致深入

写总体评价时容易忽视很多细节,一方面是由于观察不够,另一方面是由于意识不到,只是按照条目生搬硬套,导致评价不够细致深入。

4. 今后的对策

(1)遵照标准

在日后评课时,应该以郑老师的评课三维模型为依据,进行分条评价,对于条目下的具体内容要认真阅读《"非指示性"语文课堂观察研究》,加深理解,以此做到细致全面。

(2)注重思考

评价过程中要注重思考,不要为了应付作业而写。每一条都要认真思考,认真评价,态度一定要端正。

上面的总结,体现了总结者细心严谨的评课态度和细致严格的评课要求,工作作风可嘉。对于自己评课中存在的问题如实总结,不避讳,不掩饰,因此所提的对策就有明显的针对性和适切性。

案例第二类:对实习实施期训练内容的总结

实习实施期要总结的训练内容有十四项:日志撰写,写字续练,朗读续练,说话续练,教案原创,课件原创,课前试讲,课堂实施,课后反思,作业自纠,课堂观察,教育调查,主题班会设计,特殊学生教育。下面选取其中的一些训练内容展示。

一、日志撰写总结

日志撰写的工作要求为:每天撰写,从实习第一天写到最后一天(周末非实习时间不写)。每篇不少于300字。真实记录自己的实习生活(内容包括自己的教育、教学、教科研等,对象包括自己、老师、同学、学生等),也真切表达自己的实习反思。叙议结合,灵活运用,不啰嗦,不写流水账,让自己以后回头看有价值。

下面是实习生庞美美的总结。她的日志撰写总结标题是:记录较完整,反思不深刻。

1. **完成的情况**

自 2018 年 9 月 6 日至 2018 年 11 月 17 日，每周一到周五每天坚持撰写实习日志，记录自己的工作与收获，反思自己的错误与疑惑；偶尔请假外出应聘缺少相应的日志。

2. **获得的认识**

(1)日志是珍贵的收获

每天记录 300 字以上的实习日志，用文字定格每一天的工作和生活，有忙碌，有疑惑，有受挫，有反思，有欢笑……回首翻过 60 多篇日志，看到的都是自己成长的点点滴滴。

(2)记录推动人的进步

每天写实习日志是实习期间的重要工作之一，当坐下来回顾一天的工作时，会促使自己去总结，去反思，然后制定相应的对策，实现自我成长。

3. **存在的问题**

(1)记录流于形式

记录每一天的工作很容易写成"流水账"，尤其是工作任务较多的时候，因为不想花费过多时间而选择无区别地一一罗列，没有太多分析和反思，削弱了记录价值。

(2)表达过于理性

语言表达有时理性有余、感性不足。虽然理性表达能写出自己的思考和探究，但没有情感的日志缺少了一份温度，少了我个人的"烙印"，可读性也降低了。

4. **今后的对策**

(1)记录重点，分享收获

实习日志的记录不需要面面俱到，可以把这一天发生的最重要的事情记录下来，然后着重说说自己的疑惑或收获。

(2)客观叙述，个性表达

实习日志的内容要客观叙述，通过优美的语言写出真实的故事；在阐述自己的思考时，则要努力写出自己的个性和深度。

上面的总结，写出了实习日志的价值，也写出了实习日志的方法。总结的过程，就是总结者思考逐级清晰的过程。实习期间认真写实习日志，以后参加工作，就有可能主动写教学日志或教后记等，而且会写得更加成熟，更加有价值。

二、教案原创总结

教案原创的工作要求为：每次上课前，都要按照"非指示性"教育理念和实施策略原创教案。格式规范（包括两个"分析"、三个"设计"），内容科学（以"把人当人"为前提，"自主成长"为目的，"科学引导"为保障，"自主实践"为途径）。实习初期、中期和后期的教案，要依次体现三个层进的阶段，从共选（重点和难点）型设计到共选（重点）与自选（难点）结合型设计再到自选（重点和难点）型设计，对应课堂实施的牵手、松手和放手。高中学段的多篇教学类设计，可将重点或难点设计为整合性的任务形式。其中代表三个实习阶段的三个教学设计，还要做出书面自评，评价格式是否规范、内容是否科学，每个板块后用一句话随评，整个设计后用几句话分条总评。

下面是实习生周爱萍的总结。她的教案原创训练总结标题是：内容完整，灵活不足。

1. **完成的情况**

能够对应三个层级的要求依次设计教案，实习初期为共选型设计，实习中期为分选型

(共选与自选结合型)设计,实习后期为自选型设计。认真设计每一次教案,完成教案设计后提交给组长、指导老师看,根据意见再次修改完善。

2. 获得的认识

(1)教案要体现三个层级渐进设计

不能只停留在共选型设计的第一层级,在有所成效之后,要往第二层级去设计,最后往第三层级去设计,不断向前和向上推进,培养学生的自主能力。

(2)教案要根据实际情况灵活设计

学生的学段不同,年龄不同,班级不同,学情也就不同。教案设计不能总是机械按照模板进行,要在理解的基础上根据学情灵活设计。即使学习三要素中的要求,也要有变化,比如小学低段学生可以用星星表示,高段则可直接用要求等级表示。

3. 存在的问题

(1)学生接受度不高

教案设计时没有考虑学生是否能理解和接受,因此教案设计时非常顺利,但在授课时却发现学生理解得不多,接受度不高。

(2)设计灵活性不够

几乎每份教案都用三层级的模板设计,都很相似,包括导入环节以及学生自学环节,缺少灵活性,没有新鲜感。

4. 今后的对策

(1)多了解学生的实际水平,就此开展灵活的设计

在教案设计前要充分了解学生的学习水平和接受能力,灵活设计。对于小学低段来说,"非指示性"教学设计的后两个层级难度较大,要把教案设计得简单易懂又能体现文本学习的特点。

(2)多看看郑老师的教案设计,从中获取创新的灵感

郑老师也有很多的教案设计,要多看看,从中获取创新的灵感。同一个层级的教学设计,也要面对不同的文体和不同的文本,设计出多样的创新的教案。

上面的总结,体现了对如何进行"非指示性"三层级教学设计的深入思考和准确理解,反映了总结者实习的认真和反思的主动。"非指示性"教育是理念,不是教条,小学、初中、高中不同的学段,以及同一学段不同的年级,设计时都要有灵活性和适切性,也要有创新性和多样性,要以"把人当人"为前提,"自主成长"为目的,"科学引导"为保障,"自主实践"为途径。

三、课堂实施总结

课堂实施的工作要求为:每节课都要体现"非指示性"教育理念和实施策略,科学引导学生在自主实践中走向自主成长。三个实习阶段要经历牵手、松手和放手三个步骤,让课堂逐渐走向开放,学生逐渐走向独立,教师也逐渐走向智慧。第一阶段为"牵手",教师组织得较全面,引导学生开展共选式学习,教得准而实、学得稳而细,教师说话时间少于课堂总时间的二分之一。第二阶段为"松手",增加教学的开放性,引导学生开展共选与自选相结合的学习,教得准而活、学得细而深,教师说话时间少于课堂总时间的三分之一。第三阶段为"放手",教学更开放,引导学生开展自选式学习,教得准而新、学得深而活,教师说话时间少于课堂总时间的四分之一。

下面是实习生郑潇霄的总结。她的课堂实施训练总结标题是:课堂逐渐开放,教师说话

过多。

1. 完成的情况

实习过程中经历了牵手、松手和放手三个阶段,努力体现实习的阶段性特点。其中牵手型教学和松手型教学实施得较好,放手型教学体现得不深。录下了 12 个小视频。

2. 获得的认识

(1)课堂需要逐渐开放

课堂逐渐开放,经历牵手、松手和放手三个阶段,学生才能逐渐走向独立,教师也逐渐走向智慧,共同获得成长。

(2)课堂需要三个意识

课堂实施前需要仔细检查自己的教案是否具备学生意识、学科意识和技能意识,课堂实施后也要从这三个意识进行评价。

3. 存在的问题

(1)教师说话仍然过多

虽然从牵手到松手再到放手,我在课堂上的说话逐渐减少。但从每个阶段看,我说话还是多于对应阶段说话的比重。

(2)问题设置过于宽泛

有时候为了让学生能畅所欲言,我的问题设置得就很宽泛,比如"学习完这个单元,你最大的感受是什么?"但是他们不知道这种宽泛的问题应该怎么回答。

4. 今后的对策

(1)减少说话时间

在以下几个方面教师可以不说话或者少说话:学生自主学习,学生小组讨论,学生汇报,学生评价等。总的来说既然让学生自己去做了,就要相信学生,减少干预(前提是任务、要求、时间等明确了)。也要减少零碎地点个体学生发言的时间。

(2)科学设置要求

要完成的学习任务,需要达到什么要求,要先设计得科学,让学生根据要求去学习(后两个阶段还要学生自己设计要求),学习后又根据要求去评价,让学生学会学习的方法。

上面的总结,可以看出总结者对"非指示性"教学实施三阶段牵手、松手、放手,经过了认真的实习训练,形成了较深的认识和思考,因此出现了什么问题,该怎么做,就能说出具体的有针对性的理解。

四、课后反思总结

课后反思的工作要求为:每次上完实习课都要基于"非指示性"教育理念和实施策略主动反思自己在学生意识、学科意识和技能意识的表现,并结合相应的阶段具体反思,形成三个意识的常规性反思和阶段性反思。其中代表三个阶段的三节课及被带队指导教师评过的课,还要写成书面反思稿,反思自己课堂教学的人文性、科学性和艺术性。

下面是实习生胡寻儿的总结。她的课后反思训练总结标题是:多种方式反思,自主发现问题。

1. 完成的情况

完成实习三阶段的课堂实录及自评。课后听取指导老师的建议,将建议记录在实习日志中。并听了实习组同学的同一节课,对比反思自己的课,提取可改进之处。

2. 获得的认识

(1)反思要及时落实

一节课上完要当天反思,并形成文字稿,写好教后记,记录课堂中的优点和缺点,还可以记录学生上课的表现和反应。如有可能可以用摄像机或手机录下每一次课,观察视频来反思。

(2)反思要耳听八方

反思既要听取指导老师的建议,也要主动询问听课同学的建议,还可以对比上同一节课的实习同学的优缺点来获得反思。此外还可在课后询问学生的想法,在交流中发现自己的问题。

3. 存在的问题

(1)反思不够规范全面

完整撰写了《昆明的雨》和《周亚夫军细柳》等课文的反思文字稿,但写得比较零散,也没有同步修改教学设计和课件,不够规范和全面。

(2)反思存在主观情绪

每次上完课都觉得没有发挥自己最好的水平,没有实现预期效果,因而在分析时不够冷静客观,有些逃避观察自己的教学视频,反思也往往比较片面。对三个意识的对照反思也有些主观化。

4. 今后的对策

(1)课前列表,主动对照

为提高反思的效果和效率,可以根据自己前几次的上课经历,课前罗列需要注意的点,课后对照列表反思自己有否做到,及时记录。隔一段时间回顾整理,有重复出现的问题就加强关注。

(2)认真学习,不断超越

反思要有针对性和科学性,首先正确的理念和标准是基础。要认真学习"非指示性"教育的理念,从学生意识、学科意识和技能意识三个方面不断反思自己,超越自己。

上面的总结,可以看出总结者反思的高度和广度,也可看出反思的自觉和自醒。总结者在大学和研究生就读期间先后两次跟随著者在不同的学校和学段实习,对于"非指示性"教育有了更多的理解,对于课后反思,也有了更系统的认识,并且有了更高位的要求和更有效的策略。

五、作业自纠总结

作业自纠的工作要求为:运用"非指示性"教育理念和实施策略,引导学生自主反思、自主纠正。每人先批改了解,后发回作业,让学生独立面对、重新审视、自主反思,之后才讲评作业,讲评后学生自主纠正,并自主评价。作业改评与自纠实践要多次进行,其中一次要写成作业改评与自纠研究报告。

下面是实习生吴皓月的总结。她的作业自纠训练总结标题是:流程设计较科学,引导次数还太少。

1. 完成的情况

完成《飞向月球》课外阅读作业的改评工作,引导学生自主反思、再写作业,撰写了《飞向月球》阅读作业讲评与自纠研究报告。

2. 获得的认识

(1)学生有一定的自省能力

一开始我觉得这个作业改评意义不大,因为如果知道自己哪里出了问题,为什么还会犯呢? 学生一定写不出什么反思来。但实际上教师稍做引导后,他们就能写出各方面的优缺点,有的还有一定的深度。

(2)教师科学引导非常重要

学生第一次接触作业反思和自纠,实施初始他们是挺迷茫的,不知道要做些什么,这就需要教师事先备好课,给学生举出例子,提供反思的方向和方法,起到科学引导的作用。

3. 存在的问题

(1)有些引导带有指示控制

虽然尽力让自己的话语跳出指示的圈子,但是依然控制不住。比如在提出一个问题以后会问学生"是不是""对不对",得到的是学生漫不经心的回答"是""对""嗯"。

(2)评改自纠活动次数太少

因为我们班有好几位实习生,每人都要上作业自纠课,这个学校学生做作业的时间比较有限,课时也比较紧张,所以在实习期间的作业改评和自纠活动进行得不多,次数太少。

4. 今后的对策

(1)尽力摆脱指示观念

在备课时就要想好自己如何引导学生作业自纠,把要说的话写下来,反复斟酌和修改以后再去教室,尽量避免指示控制的话语。

(2)增加自纠活动次数

实习期间条件限制较多,不能经常进行作业评改和自纠。但要培养学生自纠的意识和能力,就必须增加次数,把自主反思变成习惯。因此以后自己走上工作岗位,会有意识增加作业改评与自纠活动的次数,培养学生良好的自我反思习惯。

上面的总结,可以看出学生的表现给了总结者启发,也给了总结者信心,所以主动表态以后走上工作岗位会主动运用。而这也正是让实习生从事该活动的目的。实习期间的作业自纠实践会受到条件的限制,但在实践中获得了良好的意识和方法,参加工作后就能继续实施,主动改变"指示性"教育下作业改评高耗低效的不科学现象。

六、教育调查总结

教育调查报告的工作要求为:选择与毕业论文或研究兴趣有关的一个话题,设计调查问卷,发放和回收后用较先进的软件(SPSS、SAS 和 BMDP 为国际上最有影响的三大统计软件)对数据进行统计和分析,发现明显特点,得出主要结论,提出基本建议,并写成教育调查报告。全程独立完成,要求设计科学,撰写规范。

下面是实习生卢婕妮的总结。她的教育调查训练总结标题是:调查准备细致,建议总结不足。

1. 完成的情况

我认真设计了一份针对小学高段学生的数字化课外阅读现状的调查问卷,并采用分层整群随机抽样的方法,发放问卷 100 余份。后将回收的问卷手动编码,再录入"问卷星"处理系统,借助 EXCEL、SPSS 对数据进行汇总分析,认真撰写教育调查报告。

2.获得的认识

（1）调查主题应慎重选择

调查主题既要有研究价值，又要能独立完成，不能随便选择，草率行事。要结合近年教育热点、个人实习心得确定研究的范围，再结合个人情况选择研究的主题。

（2）问卷信度效度要合理

在设计问卷时不能忽略对问卷信度效度的审核，这是数据是否有效的前提。可通过SPSS软件自带的功能进行信度效度的判定。

（3）抽样误差应提前排除

在发放问卷时常会因抽样不合理而影响调查结果。要科学确定抽样方法，合理选择样本，提前避免因样本分布不合理、样本容量过小等问题而产生的误差。

3.存在的问题

（1）发放问卷沟通不足

我未与班主任沟通好，产生了一些纪律上的问题。一是我准备了一些小礼物给学生，作为填写问卷的回报，但他们因此而产生了较大的骚动；二是我的问卷偏长，答题时间较多，耽误了做眼保健操的时间。

（2）数据分析不够充分

由于自己能力不足，统计知识不精，仅仅选择了描述性分析、相关性分析等方法，分析层次较浅。

4.今后的对策

（1）不断提升统计能力

要多学习统计学相关知识，学会更多的数据处理方法，丰富数据处理和呈现方式。平时也要加强对SPSS等统计软件的运用练习，让自己分析数据更加熟练和科学。

（2）多轮调查丰富结论

教育调查不可浅尝辄止，发现问题后更需深入研究。面对一个调查主题，可不断挖掘，多次在不同学校进行调查，对比分析，得出更为科学、丰富的结论。

上面的总结，可以看出总结者经过教育调查全过程的独立训练后，对调查主题的选择、问卷信度效度的审视、样本发放方式的合理性，以及数据统计的科学性，尤其是调查的多次性和结论的丰富性，都有了深切的体会和深入的思考，在总结中继续获得了成长。

七、主题班会总结

主题班会设计的工作要求为：运用"非指示性"教育理念和实施策略，将从上到下、由外而内的灌输教育转向引导学生从下到上、由内而外的自主教育。面向全体学生，以团体辅导课的方式开展主题班会的教育实践，其中至少一节要写出实施方案，记录实施情况。要求格式规范（包括设计说明、设计过程、课后自评等），设计科学（其中设计说明清晰、设计过程精准、课后自评深入），训练自己面对班级集体的教育能力。

下面是实习生肖珏琳的总结。她的主题班会训练总结标题是：积极尝试收获多，调动气氛不容易。

1.完成的情况

我运用"非指示性"教育理念和实施策略，设计并开展了一堂"改进方法，学会学习"的主题班会。格式较规范，设计较科学。课后我也补记了学生的精彩发言，并做了自我评价。

2. 获得的认识

（1）学生自主实践才能自主成长

在传统的班会课上，很多教师向学生单向灌输自己的理念和想法，学生虽然表面在听讲，但不一定真正往心里去。只有他们自主实践，发现自身的问题并深刻反思，才能获得自主成长。

（2）教师科学引导不要试图控制

在班会课上，教师也要注意引导，尤其是当学生表达的想法出现了价值观上的偏差时。但教师不要控制得太紧，让学生觉得不自主、不自由，表达的想法自然就不真实。教师尽量减少说话，营造一个轻松的氛围，学生在比较放松的状态下才更愿意思考。

3. 存在的问题

（1）没能调动课堂气氛

我在运用"非指示性"教育理念和实施策略时，还是比较机械，尤其是理论介绍的时候，我一次性说的话太多，教室里响着我的声音，课堂陷入沉闷。有时同学有精彩的发言，我却不知道如何抓住时机，把气氛推向高潮。

（2）时间把控有问题

我只进行到了学生对照分析这一步，后面的环节还没来得及开展，在时间把控上不够合理，特别是案例分析花的时间太长。我把控不好学生自主探究的时间，给他们的时间偏多。

4. 今后的对策

（1）学习活跃气氛的方法

我要多学习优秀班主任活跃课堂气氛的方法。不能总是自己很理性地分享，要使用多媒体、游戏等方式调动学生的积极性，让班会课"活"起来，让学生愿意参与，积极参与，主动参与。

（2）掐点练习控制时间

以后我在准备班会课时，要掐点掐表，严格控制每个环节的时间，同时在实施前也要不断修改自己的设计，使之更加合理。

上面的总结，既可看到总结者运用"非指示性"理念和策略设计和实施主题班会的诸多喜悦，也可看到因训练次数有限而出现的一些操作上的问题，包括气氛调动的问题、时间把控的问题等。这些问题带有普遍性，也是入职后从事该活动需要继续关注和调整的。

八、特殊教育总结

特殊学生教育的工作要求为：运用"非指示性"教育理念和实施策略，由灌输转向引导，从指示转向唤醒。开展面向个体学生特殊问题的教育实践，选择三五个不同问题类型（如学习类、情感类、意志类、行为类、交往类等）的特殊学生，开展定制式教育和连续性引导，并随时记录，写成案例（包括教育对象、问题表现、引导设想、实施情况、效果反馈、自我评价等），训练自己面对学生个体的教育能力。

下面是实习生张婷婷的总结。她的特殊教育训练总结标题是：教育方法恰当，细心观察不够。

1. 完成的情况

我主要对四位分别属于不善表达类、行为纠正类、学习提高类和厌学类的特殊学生进行了教育引导。我整理了不同类型特殊学生的问题表现，运用"非指示性"教育理念与实施策略写下具体的引导设想,随之开展定制式教育和连续性引导。过程中如实记录、跟踪了解,及时反馈教育效果。最后在自我评价中反思教育得失,完成特殊学生教育案例的撰写。

2. 获得的认识

(1)问题分析要抽丝剥茧,探寻根源

特殊学生的问题往往由内外因素共同作用生成,外因包括家庭、学校、社会,内因主要是生理与心理两方面。教师要细心观察、认真剖析,透过一言一行发现问题产生的根源。

(2)教育引导要尊重学生,科学引导

教师应遵循"把人当人"(而非把人当物)的"非指示性"理念原点,与学生平等对话,不单向指示和强制灌输。在此基础上科学引导,灵活实施个性化教育。

(3)连续实施要及时鼓励,自主成长

教师在连续性引导过程中应保持耐心,并随时关注特殊学生细微的进步或潜藏的优点,不断给予鼓励。同时,促进学生自主成长是教育的最终目标,教师要引导学生自主发现问题,自主剖析原因,自主尝试纠正,最终获得自我教育的能力,走向自主成长。

3. 存在的问题

(1)分析成因不够全面

我在分析问题产生的原因时,会更加关注问题本身以及学生个人,对于学生的家庭环境以及学校对学生的教育了解较少,致使分析成因不够全面,难以寻找到更多的引导突破口。

(2)观察学生不够多样

在连续多次实施教育的过程中,我容易把注意力与观察点放在学生的问题行为是否有所转变上,缺少对学生其他更多闪光点的发现和挖掘,没能抓住一些转瞬即逝的教育良机,从多角度多方面进行教育引导。

4. 今后的对策

(1)多方沟通获取信息

要加强与学生家长、班主任及任课教师的沟通,寻找问题背后的家庭、学校乃至社会因素,再结合学生个性发展特征来分析,从而更加准确、全面地认识问题产生的原因。

(2)多方观察发现优点

无论在课上还是课下,都要留心观察学生,多方面发现他们身上的优点;并创造机会,让他们展示自己多方面的优点,包括思想品德、体育特长、手工技能、创意想法等。

上面的总结,可以看出总结者在认真实施面对学生个体的特殊教育后,已经对学生问题产生的原因有了全方位的思考,将个人与家庭、学校、社会联系起来探究;也对学生优点的发现方法有了多方面的设想,将其缺点和优点综合起来观察。这样总结,就能提高自己对学生个体特殊教育的科学性和有效性。

案例第三类:就实习总结写的总标题和结束语

一、实习总结的总标题

每个部分的实习总结,都有相应的标题,都可以看到总结者的相应成长。而实习生给实习总结写的总标题,还可以看出他们总体的精神风貌。

最多的一类标题是体现积极上进的。比如：卢婕妮的标题是：踏实学习，稳中求进；吴雨蝶的标题是：学科教学有新知，班级管理有新见；徐粟影的标题是：学生意识增强，学科意识提升；叶丽文的标题是：教学能力逐步提升，实习任务积极完成；朱煜婷的标题是：实践师范技能，坚定教师梦想。这些标题，能看到他们在实习中的收获和进步，还能看到他们的自信和坚定。

还有一类标题是自我剖析的，以王欣琪的为代表：从自己身上找原因，到学生身上找对策。总结者既有表达的智慧，也有哲理的内涵，还有反思的深度。

还有直接以"非指示性"教育取题的。比如：吕妍的标题是：理念体悟更深刻，课堂开展更自如；叶楠的标题是："非指"理念不断深化，"非指"实践仍待完善；周冰河的标题是：突破传统教学，坚定"非指"信念。这些标题既展现了他们认真探索的过程，也表达了他们改变传统陋习、主动突破自我的鲜明态度。

二、实习总结的结束语

实习总结的结束语，大多能表现他们对实习的真切感受和真实认识，写得大多感人。

下面是实习生庞美美的结束语：

实习的两三个月，我迈上了教育、教学、教科研的专业道路，这第一步走得缓慢而辛苦，每一堂课、每一份报告都饱含反复完善的血泪；但我又走得踏实而且幸福，因为每一份成果都凝聚了郑老师和任老师的智慧点拨，都投射出自己渴求成长的认真领悟。今后我要再接再厉，努力在这条路上走得稳而快，走得巧而活，坚定地走向专业成长，走向高效成长。

上面的结束语突出了三个词：辛苦成长，渴求成长，坚定成长。写得非常庄重甚至沉重，但也写得非常坚定和果敢，体现了新一代教师的信念感。

下面是实习生施丽蓉的结束语：

在这里，我遇见了更美的风景，见证了更好的自己。两三个月的实习带给我彻底而深远的影响，我逐渐明晰了自己想要的工作和生活，我真想成为一名幸福的语文老师。我想每天清晨站在教室门口向学生问好，迎接他们走进教室开始一天的学习；我想上好每一堂课，让优美的语言文字走进学生的心灵，伴随他们成长；我想听学生开心地和我分享他们的点滴收获，做他们最忠实的朋友；我想和学生在操场上踢球打滚儿，拥抱生命，感受美好……两三个月来我贪婪地收获着这些幸福，未来的日子里我还想继续拥有！

上面的结束语真切地描绘了"更好的自己""幸福的教师"的形象，为自己树立了以后从事教师职业的追求目标。满满的正能量，还有满满的感染力。

下面是实习生张婷婷的结束语：

来永康中学的第一天，我在实习日志上写下的第一句话是：阳光、大巴、伙伴，一齐唱响了秋日的一首名为"出发"的歌。结束实习时，我在日志上写下最后一句话：永中情、师生情、队友情，一齐奏响了冬日的一首名为"成长"的曲。这段实习的日子，我感受到了永中浓厚的教研氛围，拥有了很多向优秀教师学习的机会，也使自己对"非指示性"教育理念理解得更加深入。在和实习组成员试讲、磨课、评课的过程中，我们共享智慧，相互鼓励，一起成长。

上面的结束语，带着自豪之情，概括了从实习之初的"出发"到实习结束的"成长"；也带着感恩之心，表达了从实习学校获得的滋养和教导，以及从实习团队获得的智慧和温暖。

下面是实习生施恺乐的结束语：

实习是什么滋味呢？五味杂陈。欣喜在，遗憾亦在；酸涩在，甜蜜亦在。驻足回首，都是珍贵的回忆。早上6点准时的闹钟，晚上7点准点的实习例会，早自习后的听写默写批改，走廊上啼不住的"猿声"，小房间热闹的试讲，在305寝室越磨越冷的踱步，运动会的极速按表，月饼节的专业揉面，体测时的机械女声提醒，监考改卷时的严肃脸庞，"非指示性"教育研讨会场的拍摄按钮，听课时后排的专属座位，指导老师的香橙，郑老师的板栗饼和猕猴桃，离别前两个班孩子的精心礼物和狂热的签名要求……有好多好多事，有好多好多人。我们在四点一线、按部就班的生活中收获与成长，我们在步入社会的第一次人生历练中反思与前行。

上面的结束语，将实习过程中一个个细微而真实的工作和生活片段连接起来，表现值得自己铭记的"好多好多事"和"好多好多人"，表达自己从中取得的收获和成长，突出自己对实习生活的珍视和眷念。

下面是实习生施晓玲的结束语：

教师是阳光下最伟大的职业，在实习之后我才真正明白这句话的含义。我为自己能成为一位教师而自豪，我会永远记得，我的教师之路是从这里开始的，我会努力成为一位合格的人民教师，努力变得越来越好！

上面的结束语，表达了实习对自己的重要影响，作者不但明白了教师的真正含义，而且坚定了从此起步继续前行当好合格教师的坚定信心。作者施晓玲是前面一位结束语作者施恺乐的姐姐，两人相隔八年跟着著者实习。八年后妹妹实习，姐姐是妹妹的指导教师。而今姐姐已不只是合格教师，而且是优秀教师了。可见每人在实习总结中写下的话语，都是自己的真情实感，能激励自己在未来的教师之路上坚定前行。

上面展示了三类实习总结的案例。这些实习总结汇合起来，展现了他们在实习中的全面成长。而每位实习生在撰写实习总结时，从所做的工作、获得的认识、存在的问题、今后的对策中，都能真切地看到自己的成长。或许以后他们重新打开实习总结，还会有新的感受，新的启发，并能获得新的动力。

有同学说，现在作为实习生写实习总结，明天作为教师要争取日日千字，每天总结教学、班主任、教科研中的得失。如果能够付诸实施，那他们以后肯定会成长得更快，成才得更早。

第十三章 专辑制作

第一节 设计意图:做积木成林合作共进的教师

"非指示性"教育实习,重视实习集体的建设和实习成果的汇编。

从暑假的实习准备期开始,到进入中小学的实习实施期,师范生就在学习和实践的过程中撰写一个个体现自己专业成长的专题材料。这些专题材料上交给实习组,就汇编成了一个个序列性的实习专辑。专辑的主编和编辑都由实习组的同学担任。通过专题撰写和专辑制作,努力让实习生成为积木成林、合作共进的教师。

具体来说,要通过专辑制作,发挥两个较为明显的正面作用。

一、提高实习生工作的专业性和材料的规范性

实习生众多专题的一个个"木",汇积成了实习组专辑的一片片"林"。如果实习生做完专题材料,和平时交作业一样只上交给实习带队教师,或只上传到网络实习平台,可能只会凭自己的方式去做;而现在要积木成林,做成专辑,公开展示,师范生在拿出各自的"木"给实习组时,自然会多一分谨慎、多一分审视,以让自己的"材质"尽可能优秀一些,在这片"林"中表现得出色一些。这样就促使每位师范生把实习工作做得更专业,把实习材料做得更规范。因此专辑制作会推动师范生实习质量的提升。

这其中需要教师的科学引导和学生的自主成长。作为高校带队指导教师,要能对每个实习专题材料的撰写内容和撰写格式做出科学引导,保障专业性和规范性;作为师范生,要有自主成长的意愿,意识到需要做好实习、写好材料,让自己在整个实践过程中获得专业的成长。有了这两点,实习过程中的专题撰写和专辑制作就不会变成高耗低效的形式主义——学生不知道该怎么做,也不想认真做,最后草草应付和匆匆上交,只有赶做任务的压力和负担,没有完成任务的动力和成长。

"非指示性"教育实习,要让实习生自主培育出强壮的"木",成就实习组强盛的"林",通过专辑制作活动,提高实习生工作的专业性和材料的规范性。

二、增强实习组合作的凝聚力和共进的成长力

每个专辑的主编和编辑,为保证专辑的合成质量,会提前预告每位实习生上交材料的时间,并会主动组织材料撰写的交流,不管是教案设计、课件制作,还是课堂实录、作业自纠,还是班主任工作、教育调查等。而每位师范生也会在交流中增进了解,增进共识,这样就会在合作中提升实习组的凝聚力。同时通过交流,每位师范生会继续获得专业上的提升,整个实习组就会形成共进的成长力。

有些实习专辑还会因为独特的内容而更明显地增强实习组的凝聚力和成长力。比如最后一个专辑为《实习视图》,主要以照片和视频的形式记录实习组成员的工作、学习和生活。每届实习组编辑时都会精心取名,且大多取得很温馨,如:我们;在一起;向美而行;闪亮的日子……该专辑设置的栏目也体现了实习组中的"我们",如:我们的团队、我们的风采、我们的工作、我们的生活、我们的专辑、我们的视频。其中,"我们的团队"有全体实习组成员在实习学校门口的合照,有分学科、分学段的合照,有同寝室、同班级的合照;"我们的风采"每人一页,有自己的一张生活照、一篇实习感言、一则教育格言,以及自己的籍贯、生日等个人信息;"我们的工作"包括练字、备课、试讲、上课、改作业、开主题班会、参与学校活动等各种与实习相关的工作。"我们的生活"包括平时的各种生活内容,包括寝室生活、食堂生活,以及实习组集体外出秋游等生活;"我们的专辑"展示实习组每个实习专辑的封面和目录等;"我们的视频"则以链接的方式呈现,包括平时活动的视频、实习开始时自我介绍的视频、实习结束时自我总结的视频等。

因此,专辑制作不是可有可无的工作,也不是出于形式主义的目的。

第二节 实施要求:自主参与编辑合力做好专辑

要让实习生做好专辑不容易,他们进入中小学实习后,每天都比较忙,白天有听课、备课、上课、改作业、管理班级等或固定或不固定的任务,早上还有早读课,晚上还要去坐班。他们有的早上五点多钟就起床,晚上将近十二点才入睡。要让他们在实习过程中随时记录和撰写各类专题材料,无疑让他们忙上加忙。这就更需要教师的科学引导和实习生的自主参与。

实习开始前,著者作为高校带队指导教师就要对实习需要撰写的专题和需要编辑的专辑做出整体设计,然后在第一次的集训会上总体介绍——既介绍每个专辑的内容,也介绍每个专辑的用意,师生形成共识,并在质性和量化两大方面明确基本的实施要求。

一、质性方面的实施要求

(一)内容要求

每个实习专辑都有相应的内容要求,尽可能体现科学性。

仅以实习专辑中的教学设计为例,要反拨各种繁杂的不科学的设计样式,设计为五个部分,前面两个"分析",后面三个"设计",即文本分析、学生分析、任务设计、过程设计和板书设计。其中"文本分析"要写六句话:该文本选自哪个教材,单元学习要求是什么,文后学习要求是什么,该文本的内容是什么,该文本的特点是什么,该文本的教学价值是什么。而"任务设计"中的三维目标,可分为语言知识与能力、思维方法与品质、情感态度与价值观,以此体现语文核心素养的四个要素(其中后一个维度包括审美和文化两个要素)。"过程设计"则根据实习阶段的不同,分为共选型设计、分选型(共选与自选结合型)设计、自选型设计,对应实习的初期、中期和后期,形成三个逐步提升的设计层级。

大部分实习专辑的相关内容已在本书前面各章做了具体的介绍。

（二）格式要求

每个实习专辑都有基本的格式要求，尽可能体现规范性。

比如所有专辑的目录文字都用小四号，行距均为一点五倍。第一行的题目都用宋体加粗，第二行的专业、学号、姓名都用楷体。页面上方的"目录"二字都用二号黑体。所有专辑的正文都用小四号宋体，行距均为一点五倍。第一行的大标题用二号黑体（副标题用小二号黑体），第二行的专业、学号、姓名用三号楷体。正文与前面隔开一行。正文中的一级标题用三号黑体，二级标题用三号宋体加粗，三级标题用四号宋体加粗。如有表或图，则其编号和题名用五号楷体，居中排在表的上方或图的下方。如有参考文献，则与前面隔开一行，"参考文献"四字用四号黑体，别的文字用五号宋体。如文章前面有"内容摘要"和"关键词"，也用五号宋体，并把这两个词加粗。如文章后面有附录，则与前面隔开两行，"附录"用二号宋体加粗，附文与前面的正文样式相同：标题用二号黑体（副标题用小二号黑体），一级标题用三号黑体，二级标题用三号宋体加粗，三级标题用四号宋体加粗；正文均用小四号宋体，行距一点五倍。

（三）分工要求

实习开始前，就把实习专辑一览表（见下表）发在群里，让每位实习生自主报名，最后生成各个专辑的主编和编辑名单（每人都要担任主编或编辑）。其中主编为一人，编辑为一到三人。每个专辑由主编牵头，编辑分工，各司其责。

著者近几年都带小学、初中、高中三个实习点，因此有小学学段、初中学段、高中学段三个实习点的三套实习专辑。

专辑序号	专辑名称	小学实习点		初中实习点		高中实习点		完成时间	
		主编	编辑	主编	编辑	主编	编辑	上交	定稿
专辑 1	《暑假原创教学设计及自评》								
专辑 2	《暑期原创教学课件》								
专辑 3	《暑期名师视频课实录及评价》								
专辑 4	《实习试讲及评价》								
专辑 5	《实习三层级教学设计及自评》								
专辑 6	《实习三阶段课堂实录及自评》								
专辑 7	《对同学实习课的观察报告》								
专辑 8	《作业改评与自纠研究报告》								
专辑 9	《教育调查报告》								
专辑 10	《主题班会设计及自评》								
专辑 11	《特殊学生教育及自评》								
专辑 12	《实习日志》								
专辑 13	《实习总结》								
专辑 14	《实习视图》								

（四）时间要求

实习开始前，就把所有专辑的完成时间在形成共识后发布在实习群里。实习专辑涵盖实习准备期和实习实施期两个阶段，比如实习准备期的《暑期原创教学设计及自评》《暑期原创教学课件》《暑期名师视频课实录及评价》，在两个月的准备期（暑假）就独立完成，并在开学前一周就发给相应的编辑，在开学后的一周内，尚未前往中小学实习时就由相应的主编领头完成这些专辑的制作。

二、量化方面的实施要求

在数量上,要完成十四个实习专辑。具体即如上表所示:专辑 1《暑期原创教学设计及自评》;专辑 2《暑期原创教学课件》;专辑 3《暑期名师视频课实录及评价》;专辑 4《实习试讲及评价》;专辑 5《实习三层级教学设计及自评》;专辑 6《实习三阶段课堂实录及自评》;专辑 7《对同学实习课的观察报告》;专辑 8《作业改评与自纠研究报告》;专辑 9《教育调查报告》;专辑 10《主题班会设计及自评》;专辑 11《特殊学生教育及自评》;专辑 12《实习日志》;专辑 13《实习总结》;专辑 14《实习视图》。

在字数上,有的有基本要求,如每篇实习日志不少于 300 字;有的不设要求。

有了以上质性和量化的具体实施要求,才能保证实习专辑制作的质量。

第三节　案例展评:记录实习组专业成长的专辑

经过教师的科学引导和实习生的自主实践,十四个实习专辑大多能在实习结束后不久全部完成。虽然质量上存在不同届别、不同组别、不同实习者的差异,但对他们自己来说,已经获得了较大的突破和较快的成长,而在同龄人特别是在同届师范生中,可能也有更大的超越和更专业的成长了。

下面展示 2021 年著者带实习的三个实习学段小学、初中和高中中的初中学段——浙江省永康中学实习点的系列实习专辑。限于篇幅,只截取了每个专辑的封面。永康中学是浙江师范大学第一所签约制的附属学校,也是浙江师范大学教育实习基地学校,同时也是教育部授牌的教育硕士实习基地学校。

教育实习专辑1

浙江师范大学
ZHEJIANG NORMAL UNIVERSITY

**暑期原创
教学设计及自评**

（2022 届）

实习学校	浙江省永康中学
实习专业	汉语言文学 汉语国际教育 语文学科教学
总　编	郑逸农
主　编	叶雯烁
编　辑	莫芸

完成时间　2021 年 9 月 5 日

教育实习专辑2

浙江师范大学
ZHEJIANG NORMAL UNIVERSITY

**暑期原创
教学课件**

（2022 届）

实习学校	浙江省永康中学
实习专业	汉语言文学 汉语国际教育 语文学科教学
总　编	郑逸农
主　编	池亨颖
编　辑	张婷婷

完成时间　2021 年 9 月 10 日

实习专辑 1 为《暑期原创教学设计及自评》,汇集了每人在实习准备期做的教学设计模拟性训练成果,展示了每人原创性设计的三个不同层级且不同文体的教案,体现了对共选型设计、分选型(共选与自选结合型)设计、自选型设计的初步探索和自我评价。

实习专辑 2 为《暑期原创教学课件》,汇集了每人在实习准备期做的教学课件模拟性训练成果,展示了每人原创性制作的两个风格迥异的课件,包括封面页、目录页、主体页(边框装饰不重复的四页)、总结页及封底页共八个页面。

教育实习专辑3	教育实习专辑4

浙江师范大学 ZHEJIANG NORMAL UNIVERSITY	**浙江师范大学** ZHEJIANG NORMAL UNIVERSITY
暑期名师视频课 实录及评价 (2022 届)	**实习试讲及评价** (2022 届)

实习学校	浙江省永康中学	实习学校	浙江省永康中学
实习专业	汉语言文学 汉语国际教育 语文学科教学	实习专业	汉语言文学 汉语国际教育 语文学科教学
总　编	郑逸农	总　编	郑逸农
主　编	刘 果	主　编	蔡冬梅
编　辑	蔡冬梅	编　辑	池亨颖
完成时间	2021 年 9 月 5 日	完成时间	2021 年 10 月 5 日

实习专辑 3 为《暑期名师视频课实录及评价》,汇集了每人在实习准备期做的课堂观察模拟性训练成果,展示了每人对网上某位名师视频课中的学生意识、学科意识和技能意识的具体观察和总体评价。

实习专辑 4 为《实习试讲及评价》,汇集了每人在前往中小学实习前集中进行的模拟性上课训练成果,展示了每人的试讲过程以及自己的评价、实习组同学和带队教师的评价。

实习专辑 5 为《实习三层级教学设计及自评》,汇集了每人在实习实施期做的三个代表个人水平的共选型、分选型(共选与自选结合型)、自选型三个层级的教学设计训练成果,以及每人对设计中的格式规范性和内容科学性(尤其是层级适切性)的自我评价。

实习专辑 6 为《实习三阶段课堂实录及自评》,汇集了每人在实习实施期做的三个代表个人水平的牵手、松手、放手三个阶段的教学实施训练成果,以及每人对实施中的学生意识、学科意识和技能意识的常规性表现和阶段性表现的自我评价。

实习专辑 7 为《对同学实习课的观察报告》,汇集了每人在实习实施期对实习组一位同学的某堂课进行观察评价的训练成果,展示了对执教者的学生意识、学科意识和技能意识的全面观察。

实习专辑 8 为《作业改评与自纠研究报告》,汇集了每人在实习实施期做的对某次学生作业的批改、讲评及引导学生自纠的训练成果,展示了学生的自主反思、自主纠正表现和教

教育实习专辑 5

浙江师范大学
ZHEJIANG NORMAL UNIVERSITY

实习三层级
教学设计及自评

（2022 届）

实习学校	浙江省永康中学
实习专业	汉语言文学 汉语国际教育 语文学科教学
总　编	郑逸农
主　编	张婷婷
编　辑	龚帮霞　蔡冬梅　池亨颖

完成时间　2021 年 12 月 10 日

教育实习专辑 6

浙江师范大学
ZHEJIANG NORMAL UNIVERSITY

实习三阶段
课堂实录及自评

（2022 届）

实习学校	浙江省永康中学
实习专业	汉语言文学 汉语国际教育 语文学科教学
总　编	郑逸农
主　编	刘果
编　辑	莫芸　肖玨林　钟倩倩

完成时间　2021 年 12 月 15 日

教育实习专辑 7

浙江师范大学
ZHEJIANG NORMAL UNIVERSITY

对同学实习课
的观察报告

（2022 届）

实习学校	浙江省永康中学
实习专业	汉语言文学 汉语国际教育 语文学科教学
总　编	郑逸农
主　编	龚帮霞
编　辑	姚思

完成时间　2021 年 12 月 5 日

教育实习专辑 8

浙江师范大学
ZHEJIANG NORMAL UNIVERSITY

作业改评与自纠
研究报告

（2022 届）

实习学校	浙江省永康中学
实习专业	汉语言文学 汉语国际教育 语文学科教学
总　编	郑逸农
主　编	叶雯烁
编　辑	龚帮霞

完成时间　2021 年 12 月 5 日

师的科学引导情况。

　　实习专辑 9 为《教育调查报告》，汇集了每人在实习实施期就某个话题做的教育调查训练成果，展示了每人的调查内容、统计分析、基本结论和主要建议。

教育实习专辑 9

浙江师范大学
ZHEIJIANG NORMAL UNIVERSITY

教育调查报告

（2022 届）

实习学校	浙江省永康中学
实习专业	汉语言文学 汉语国际教育 语文学科教学
总　　编	郑逸农
主　　编	赵　烨
编　　辑	肖珏琳　刘　果

完成时间　2021 年 10 月 20 日

教育实习专辑 10

浙江师范大学
ZHEIJIANG NORMAL UNIVERSITY

主题班会设计
及自评

（2022 届）

实习学校	浙江省永康中学
实习专业	汉语言文学 汉语国际教育 语文学科教学
总　　编	郑逸农
主　　编	姚　思
编　　辑	刘　果

完成时间　2021 年 12 月 20 日

　　实习专辑 10 为《主题班会设计及自评》，汇集了每人在实习实施期做的一个面向班级集体进行主题班会设计的训练成果，展示了每人的设计说明、设计过程和课后自评。

教育实习专辑 11

浙江师范大学
ZHEIJIANG NORMAL UNIVERSITY

特殊学生教育
及自评

（2022 届）

实习学校	浙江省永康中学
实习专业	汉语言文学 汉语国际教育 语文学科教学
总　　编	郑逸农
主　　编	肖珏琳
编　　辑	蔡冬梅

完成时间　2021 年 11 月 25 日

教育实习专辑 12

浙江师范大学
ZHEIJIANG NORMAL UNIVERSITY

实习日志

（2022 届）

实习学校	浙江省永康中学
实习专业	汉语言文学 汉语国际教育 语文学科教学
总　　编	郑逸农
主　　编	莫　芸
编　　辑	张婷婷

完成时间　2021 年 12 月 20 日

实习专辑 11 为《特殊学生教育及自评》，汇集了每人在实习实施期做的多个面向特殊学生个体进行定制式教育和连续性引导的训练成果，每个都记录了教育对象、问题表现、引导设想、实施情况、效果反馈和自我评价等内容。

实习专辑 12 为《实习日志》，汇集了每人在实习实施期做的对每个实习工作日进行记录和反思的训练成果，内容包括自己的教育、教学、教科研，对象包括自己、老师、同学和学生。

教育实习专辑13

八 浙江师范大学
ZHEJIANG NORMAL UNIVERSITY

实习总结

（2022 届）

实习学校	浙江省永康中学
实习专业	汉语言文学 汉语国际教育 语文学科教学
总　编	郑逸农
主　编	施恺乐
编　辑	叶雯烁

完成时间　　2021 年 12 月 25 日

教育实习专辑14　　实习视图

永 中 的 我 们

总编：郑逸农
主编：钟倩倩
编辑：施恺乐　姚思　赵烨

目录

我们的团队 | 我们的风采 | 我们的工作 | 我们的生活 | 我们的专辑 | 我们的视频

实习专辑 13 为《实习总结》，汇集了每人在实习实施期做的实习总结训练成果，包括对实习准备期和实施期二十一个项目所做的工作、获得的认识、存在的问题、今后的对策等的全面总结和深入反思。

实习专辑 14 为《实习视图》，汇集了实习组在实习过程中的各种成长故事，全面展示了实习团队和成员的风采，以及实习组的工作、实习组的生活、实习组的专辑和实习组的视频等内容。

2021 年著者所带的实习点还有小学学段的浙江省永康大司巷小学、高中学段的浙江省永康第一中学，共有小学、初中和高中三个学段。每个实习点都做了和上面展示的案例相同的十四个实习专辑。

著者每年带队实习，都做实习专辑（只是每年都处在调整和完善中）。每个实习专辑，都记录了当年实习组成员在实习中的专业成长；而十四个实习专辑汇集起来，又凝聚了整个实习组的集体成长和共同进步。

结语　让实习生在高起点中走向专业成长

本书的十三章内容，是著者开展"非指示性"教育实习的亲身实践和真实展示。

这些内容以及相关要求，可能一般的教育实习暂时还未达到，但著者把它作为带实习的标配，让实习生在高起点中走向专业成长。

一、教育理念高起点

运用"非指示性"教育理念从事教育实习。"不仅重视学生知识和技能的获得，更重视学生独立人格和自主意识的培养，以唤醒学生的生命自觉意识为起点，以培养学生的自我生长力为终点"[①]。

主动走出低级的以教师为中心的"指示性"教育。防止教师指示、学生听从，教师主动、学生被动，教师忙碌、学生空闲。这种反教育的行为，不仅高耗低效，而且忽视了学生的自主成长。

著者曾在研究生毕业时做过"郑门'非指示性'专题毕业教育"，专题一是"不忘初心，传承使命"，其中的开场白就是"灵魂拷问"："忆往昔，还记得入师门时的表态吗？看现在，已经学到应该学到的了吗？想以后，你准备做一个怎样的教师？要成为和他人一个样的教师吗？"著者归纳的"他人型"教师的"标配"是"整天忙"。具体为：整天忙着找课上，整天忙着说废话，整天忙着扔作业，整天忙着改作业，整天忙着训学生。结论是：一个本能的低级的教师。"他人型"教师的"标配"还有"不反思"。具体为：整天忙着找课上，不反思是否需要；整天忙着说废话，不反思是否应该；整天忙着扔作业，不反思是否正确；整天忙着改作业，不反思是否科学；整天忙着训学生，不反思是否人文。结论是：一个顽固的机械的教师。然后问那些即将走出师门、走向教师岗位的研究生们："这是你向往的教师职业吗？"最后直接正告他们："己所不欲，坚定拒绝！"

著者所带的实习生，有大学生，也有研究生。他们在教育实习期间就要有高品位的教育理念，就要能主动摒弃以教师为中心的"指示性"教育，同时也能主动防范以学生为中心的"非指导性"教育。

对两者进行反拨的"非指示性"教育，以"把人当人"为前提，以"自主成长"为目的，以"自主实践"为途径，以"科学引导"为保障。其中的"自主实践"包括自主尝试、自主判断、自主反思、自主纠正这一逐级提升的全过程，其中的"科学引导"贯穿在学生自主实践的前、中、后。"非指示性"教育中的"引导"和"指示性"教育中的"指示"有着本质的区别，前者以唤醒为目的，让学生在独立实践中获得自主成长的方法和能力；后者以控制为目的，让学生在被动实践中完全接受教师单方的结论和观点，在接受中成了一个复制者和传声筒。

有高起点的教育理念，实习生的教育实习才会具有人文性和科学性，日后才能成为与时

---

① 郑逸农.二十年后再谈"非指示性"教育[J].中学语文，2020(11)：4.

俱进的教师。

二、教育技能高起点

运用专业的教育技能从事教育实习。在学科教学、班主任工作、教育科研三大方面都有专业的技术、策略和能力,包括写字的技能、打字的技能、朗读的技能、说话的技能、课件制作的技能、教案设计的技能、教学实施的技能、课堂观察的技能、作业自纠的技能、学生集体教育的技能、学生个体教育的技能、教育调查问卷设计的技能、数据分析的技能、撰写报告的技能,等等。

主动告别各种本能的低级的教育行为,走出写字、打字、朗读、说话等的自然体,教案和课件的抄袭体,上课的他人体,评课的随意体,学生集体教育的灌输体,以及个体教育的训话体。

有高起点的教育技能,才会有教育实习的专业性,才会有教师工作的不可替代性,也才能在教育教学中体现教师的科学引导,并在科学引导的过程中展现教育教学的艺术性。

三、教育理想高起点

教育理念的高起点和教育技能的高起点,往往伴随着教育理想的高起点。

就教育理念来说,要告别人的本能行为中可能就有的教师指示、学生听从的"指示性"教育,主动转向科学引导学生自主成长的"非指示性"教育,往往会给自己带来思想上的激励,产生良好的心理暗示,增加做一名优秀教师的信念感和使命感,进而强化自己的教育理想。

就教育技能来说,要从自然体走向专业体,每一项训练都需要付出不小的努力。而一个个项目依次展开系列化训练的过程,就是不断增强意志力、强化自我教育的过程,因而也是不断强化教育理想的过程。

以上三个"高起点",核心则是"非指示性"教育理念的高起点。"非指示性"教育理念的培养,能带动实习生教育技能的培育和教育理想的培植。

著者的高起点和高要求,大多能在每年的实习中得到师范生的积极响应,并会坚定运用"非指示性"教育的信心。下面是实习生孙姣姣在《实习视图》专辑中写下的实习感言(2016),具有一定的代表性:

当了郑老师四年的学生,从大一到大四,从纯粹的理论学习到切实的实践锻炼,从虚拟的微格教室到真实的学校课堂,我对"非指示性"教育理念的认识又进了一步。曾经的我也认为"非指"只是一个机械死板的教学模式,到现在才知道原来的我对"非指"知之甚微,它不是模式,而是一种理念和策略,需要学生自主实践,教师科学引导。

实习感触最深的是从郑老师身上感受到的教育力量。曾经有人问他为什么作为特级教师还要大材小用,那么辛苦地带实习生,他说想要培养一批新兴的力量。这个回答一直记在我的心中,害怕辜负他的希望,于是只能不断提升自己。有时候他一天听六节课,还是不停地在打字评课,认真地写好评价。晚上还要抽出时间进行集中评课,永中(和)一中(两个实习学校)两头赶,为了自己所热爱的教育事业,他一直坚持着。从1988年到2016年,整整28年,"非指"教育日益成熟,学生日渐增多,"非指"教育的未来在哪里?大概在他的学生这吧。我愿意把我所熟悉的"非指"传达给更多的人,让更多的人了解"非指",认可"非指",践行"非指"。

　　许多实习生毕业入职后，往往会自豪地对著者说："我在坚持原创备课。""我在坚持写教学详案。""我把写实习日志的习惯转移到了每天坚持写教学日志上。"有的在工作中因为执着而被同事"泼冷水"，也能坚定地表态："我要坚持我的教育理想！"

　　中国的教育必须不断向前，不断超越。语文教师，必须一代胜过一代。青年毛泽东1919 年就在《湘江评论》中说："诸君！诸君！我们总要努力！我们总要拼命向前！"

参考书目

[1] 中华人民共和国教育部.义务教育语文课程标准(2022年版)[S].北京:北京师范大学出版社,2022.

[2] 中华人民共和国教育部.普通高中语文课程标准(2017年版2020年修订)[S].北京:人民教育出版社,2020.

[3] 王宁,巢宗祺.普通高中语文课程标准(2017年版)解读[M].北京:高等教育出版社,2018.

[4] 张奇.学习理论[M].武汉:湖北教育出版社,1999.

[5] 吴庆麟.教育心理学——献给教师的书[M].上海:华东师范大学出版社,2003.

[6] 杨善堂,等.心理学原理与应用[M].东营:石油大学出版社,1996.

[7] 张庆林,杨东.高效率教学[M].北京:人民教育出版社,2002.

[8] 陶行知.中国教育的觉醒[M].北京:群言出版社,2013.

[9] 叶澜.变革中生成[M].北京:中国人民大学出版社,2019.

[10] 钟启泉,黄志成.美国教学论流派[M].太原:山西人民教育出版社,1993.

[11] 孙培青,李国钧.中国教育思想史:第3卷[M].上海:华东师范大学出版社,1995.

[12] 全国中语会.叶圣陶、吕叔湘、张志公语文教育论文选[M].北京:开明出版社,1995.

[13] 叶圣陶.叶圣陶教育名篇[M].北京:教育科学出版社,2013.

[14] 陶行知.陶行知教育名篇[M].北京:教育科学出版社,2013.

[15] 叶圣陶.叶圣陶语文教育论集[M].北京:教育科学出版社,2015.

[16] 王尚文.走进语文教学之门[M].上海:上海教育出版社,2007.

[17] 宁鸿彬.怎样教语文[M].北京:商务印书馆,2020.

[18] 孙绍振.名作细读·微观分析个案研究(修订版)[M].上海:上海教育出版社,2009.

[19] 张玉石.做班主任,真有意思![M].上海:上海教育出版社,2020.

[20] 苏霍姆林斯基.给教师的建议[M].杜殿坤,编译.北京:教育科学出版社,1984.

[21] 杜威.学校与社会·明日之学校[M].赵祥麟,等,译.北京:人民教育出版社,1994.

[22] 卡尔·罗杰斯.论人的成长[M].石孟磊,等,译.北京:世界图书出版公司,2019.

[23] 卡尔·罗杰斯,杰罗姆·弗赖伯格.自由学习[M].王烨辉,译.北京:人民邮电出版社,2015.

[24] 艾尔弗雷德·诺思·怀特海.教育的目的[M].张佳楠,译.北京:教育科学出版社,2020.

[25] 霍尔特,等.教学样式:优化学生学习的策略[M].沈书生,等,译.上海:华东师范

大学出版社,2008.

[26] 理查德·I·阿伦兹.学会教学(第九版)[M].丛立新,马力克·阿不力孜,张建桥,等,译.北京:中国人民大学出版社,2016.

[27] 让·皮亚杰.教育科学与儿童心理学[M].杜一雄,钱心婷,译.北京:教育科学出版社,2018.

[28] 郑逸农."非指示性"语文教育初探[M].杭州:浙江教育出版社,2006.

[29] 郑逸农."非指示性"语文教学设计研究[M].杭州:浙江大学出版社,2012.

[30] 郑逸农."非指示性"语文课堂观察研究[M].杭州:浙江大学出版社,2017.

后　记

　　这本书并不是刻意而为的,本来我并没有把教育实习写成书的打算。

　　2008年我从中学转入师大回到母校从事教师教育工作后,每年下半年都主动带师范生去中小学实习。经过十几年的实习带队,我深切体会到教育实习要做得专业是多么的不容易,同时我也从在职教师包括我自己身上,认识到了当初教育实习起步不高与入职后工作乏力的密切关系。

　　于是,我更加注意实习带队的质量,把它作为我需要特别认真对待、特别付出努力的工作。

　　一方面,我对教育实习提高了要求,以培养未来的优秀教师为目标,从教学、教育、教科研三大方面切分出很多项目,开展系列化的训练。另一方面,我也提高自己作为带队指导教师的要求,白天带着笔记本电脑进教室听课,用盲打的方式全程记录实习生上课的基本内容,并以啄木鸟点穴的方式对他们上课的每个细节表现做出随评,最后又对他们在学生意识、学科意识和技能意识上的整体表现依次做出总评;晚上又组织实习例会,总结他们当天的实习表现,肯定优点,指出问题,并现场交流。2018届小教专业的胡俊同学曾在实习日志的最后一篇夸我说:"既严肃又温柔的郑老师,谢谢您! 在我上课的40分钟里,您在键盘上逐字敲击出我的优点和不足,使我能够逐步成为一个真正关注学生的教师;在每晚的会议上,您会总结实习生们存在的普遍问题,让我们在改正一个个问题中不断完善自己。"此外,我让每位师范生写实习日志,自己也写实习日志,记录实习带队的情况,思考实习带队的策略。

　　作为带队教师,除了认真和严格,还要有良好的教育理念。

　　我从参加工作的第二年(1988年)开始,就在班主任工作中探索"非指示性"教育,后来(2000年)又在学科教学中探索,以此反拨教育教学中以教师为中心的"指示性"教育。如今带师范生实习,自然要运用"非指示性"教育,既唤醒实习生的自主成长意识,培养实习生的自主成长能力;也让实习生运用"非指示性"教育,唤醒中小学生的自主成长意识,培养中小学生的自主成长能力。虽然本书写的是语文学科,但"非指示性"教育在各学科、各学段都有普适性,我每年带实习也在不同的学科和学段同时运用。从2009年到2021年我已连续带了13年实习,学科包括语文在内共有13个,学段则涵盖了小学、初中和高中,带过的实习生已有608人。

　　师范生实习不专业,其实不仅仅是教育技能的问题,更是教育理念的问题。如果师范生教育技能良好,但教育理念落后,那就会成为一个整天忙碌却又收效甚微、高耗低效的低级劳动者,就会导致教育全封闭、教学全指示、教师全控制、学生全被动,就没有教育的人文性,也没有教育的科学性和艺术性。教育理念低位,教育理想也就会变得盲目。我在《二十年后再谈"非指示性"教育》一文中曾这样定位"非指示性"教育:"它不仅重视学生知识和技能的获得,更重视学生独立人格和自主意识的培养,以唤醒学生的生命自觉意识为起点,以培养学生的自我生长力为终点。"

长期致力于新基础教育研究的叶澜先生曾说:"即使自己的观点别人看来是错的,也是自己想明白的对。"(叶澜.变革中生成·自序[M].北京:中国人民大学出版社,2019:1.)我研究"非指示性"教育,深有同感。当然有所不同的是,对于我来说,这个"对"要在不断的探索中才能逐渐想明白,并越想越明白。

因此,我每年带实习,一边继续思考和探索"非指示性"教育,使之不断成熟和完善;一边将思考和探索的结果运用到实习中,逐渐形成了较为系统的"非指示性"教育实习方案。

2014 年 5 月,我曾在"最美师大人"师德报告会上,以"用辛苦和责任打造我校教育实习品质"为题,做过专题报告,介绍自己的教育实习带队工作。现在写成这本书,也算完成了一个后续性的作业。

我带实习最多的学校是浙江省永康中学。2009 年末,永康中学成为浙江师范大学第一所签约制的附属学校,我也成为浙师大第一个"外派校长"与永康中学结缘。我在完成师大校内繁重的教学任务(上半年每周有 30 节课左右)的同时,常态性地前往永康中学向领导和老师们学习,并和他们一同开展"非指示性"教育探索;每年下半年则把大学生和研究生带到该校实习,在领导和老师们的指导下参与"非指示性"教育实践。

本书出版时,我特地邀请了与浙师大签约以来一直在永康中学工作,见证了"非指示性"教育成长,也见证了实习生成长的胡德方和徐卫东两位老师写序,作为我和他们两位十几年合作经历的证明,也作为十几年独特情谊的纪念。我们三人志趣相投,理念相同,很有默契感。这份"默契"甚至还包括我们三人的生日,都在十月份,而且他们两人相同的车牌尾号就是我的生日日期。当初他们两位是教科处主任和副主任,现在则是校长和主任。2021 年 10 月,在浙师大学校领导和教师教育学院领导的支持下,永康中学牵头承办了全国"非指示性"教育首届研讨会。办会的建议,就是他们两位在此前一年向师大主动"献计"的。

本来还要请浙师大副校长李伟健教授写一篇序,但他太忙了,不忍心打扰。李校长是我当年就读浙师大时的心理学老师。我能提出"非指示性"教育,并在国内形成一定的学术影响(在中国知网、万方数据知识平台、超星发现平台上分别有 116 篇、146 篇、144 篇,总引频次分别为 602 次、569 次、615 次),完全源于当年李老师的心理学对我的影响。

王尚文教授则在我刚从班主任工作的"非指示性"教育探索转向学科教学时就给予了极大的鼓励和提携。还有张定远、陈钟梁、宁鸿彬、许连贵、李海林、王荣生等许多前辈和专家也给予了热情的关注和指导。

我教过的十多届师范生,他们中的许多人对我偏爱有加,还自称为"农学派""农学会",并动员他们的学弟学妹们继续选我的课,加入我的实习队。他们中的许多人,毕业后已逐渐成为语文教学的重要力量。他们中的一些代表在跟着我实习后参加师范技能大赛,曾在同一年中包揽了省赛的前四名,也曾在连续五年的国赛中囊括了第一到第五届的一等奖且均为第一名。

编辑杜希武老师和我很有缘。这是我出版的第四本"非指示性"教育系列著述,第一本由浙江教育出版社出版,后面三本都由浙江大学出版社出版,编辑都是杜希武老师(还有封面设计也都是刘依群老师）。本书出版前，杜老师曾对我说过一句很暖心的话："我马上要退休了，这个是最后为您服务的一本书了。"

写这本书稿，和带实习一样不容易。在交稿前的整整四个月，我几乎天天熬夜到很迟，且大多在三四点钟。川端康成说："凌晨四点醒来，发现海棠花未眠。"而我却是凌晨四点还未睡，发现窗外的鸟儿已经醒来唱歌了。

本书付印之前，我的许多研究生帮忙审读了书稿，由张婷婷总领头，参与的有沈思诗、叶慧雅、洪佳、杨冰、陈彤童、周海宁、陈婧、盛丹妮、池亨颖、盛雨晴、徐婷、胡冰蔚、黄如如、楼肖燕、吴虹霞、常娟娟、王依婷、王玮等。他们为本书的出版做出了独特的贡献。

这本书的出版，得到了浙江师范大学出版基金的资助，承载了学校独特的关怀。

郑逸农

2022 年 8 月

于浙师大教授工作室